Buch

„Alle Minister sanken erblassend auf ihre Stühle, nur die junge Königin blieb aufrecht und standhaft." So heißt es in einem Bericht aus Maria Theresias ersten Regierungstagen. Eine Frau auf dem Thron! Das war in Deutschland noch nicht dagewesen, und einige wollten das auch nicht dulden. Ein Ende sollte gemacht werden mit dem Hause Habsburg.

So mußte Maria Theresia kämpfen. Sie tat dies nicht so sehr für sich selbst als für ihre Familie, für ihren Gatten, den Herzog Franz Stephan von Lothringen, den sie zum Kaiser machen wollte (und schließlich machte), für ihre Kinder, die sie dem geliebten Mann Jahr für Jahr gebar, für das ganze vielländrige Reich, das sie von ihrem Vater, Kaiser Karl VI., als Erbe übernommen hatte.

Obwohl längst zur Thronfolgerin bestimmt, hatte doch niemand daran gedacht, sie für dieses Amt auszubilden. So mußte sie sich als schon vierfache Mutter in die schwierige Materie der Staatspolitik stürzen. Keine Anstrengung scheuend, hielt sie in unerschütterlichem Eifer Jahrzehnte dabei aus. Aus keinem ihrer Kriege ging sie als Siegerin hervor, aber sie überlebte und begann ihr Reich zu einem modernen Staat umzuformen.

Für die Biographie der Kaiserin bringt Gertrud Fussenegger gründliches historisches Wissen und die Erzählkraft einer bedeutenden Schriftstellerin mit. Sie schildert Maria Theresia als eine sehr lebendige, menschlich berührende Gestalt der Geschichte, unserer, der mitteleuropäischen Geschichte.

Autorin

Gertrud Fussenegger wurde 1912 in Pilsen geboren. Sie studierte in München und Innsbruck Geschichte, Kunstgeschichte und Philosophie. Seit 1936 sind von ihr etwa dreißig Bücher erschienen, vor allem Romane und Erzählungen, aber auch Lyrik, Hörspiele und das Libretto einer Oper. Sie erhielt viele Literaturpreise und lebt heute in Leonding bei Linz.

Gertrud Fussenegger
MARIA THERESIA

Biographie

GOLDMANN VERLAG

Im Text ungekürzte Ausgabe

Die Originalausgabe ist 1980 im Verlag Fritz Molden,
Wien, München, Zürich und Innsbruck, erschienen

Der Goldmann Verlag
ist ein Unternehmen der Verlagsgruppe Bertelsmann

Made in Germany · 2. Auflage · 2/88
Genehmigte Ausgabe
Alle Rechte bei der Autorin
Umschlagentwurf: Design Team München
Umschlagfoto: Stiftung Preußischer Kulturbesitz (Bildarchiv), Berlin
Karten auf Seite 80/81 und 83: Peter Pleyel, Wien
Druck: Elsnerdruck, Berlin
Verlagsnummer: 8389
MV · Herstellung: Sebastian Strohmaier/Voi
ISBN 3-442-08389-3

Inhalt

An der Rampe 9
Europäisches Panorama 11

Erster Teil
DIE ERBIN

Die Eltern 21
Die Pragmatische Sanktion 26
Eine Kindheit 29
Werbungen 34
Wetterfronten 38
Liebesvorspiel: Nähe und Entfernung 40
Das polnische Verhängnis 44
Verzicht und Heirat 46
Böse Abenteuer 49
Die ersten Kinder 52
Toskana 54
Media in vita... 56

Zweiter Teil
DIE KÖNIGIN

Schwieriger Anfang 61
Die würdigen Greise 67

Bange Ruhe 70
Preußen zum ersten: der Vater 71
Preußen zum zweiten: der Sohn 74
Der Weg nach Mollwitz 79
Die Unbeugsame 85
Sturmtief 86
Harte Probe 88
Eine Krone 91
Die Flucht nach vorne 94
Der Kampf um Böhmen 97
Der getreue Khevenhüller 100
Der Bruder 104
Chotusitz 105
Eine morsche Allianz 107
Das „Narrenhäubl" 108
Spektakel 110
Der kleine Portugiese 113
Familiäres 116
Großwetterlage 119
Sterne der Heimat 122
Der Zweite Schlesische Krieg 123

Dritter Teil
DIE KAISERIN

„mäusl" wird Kaiser 129
„Entscheidung auf immer?" 135
„Ein neuer Rathgeber" 137
Geist der Zeit 140
„Die Rezesse" 144
„Das Haubt-System" 147
Fleck auf der Weste 150
Kaunitz 152
Aachen 155
Umsturz der Allianzen – und in der Ferne die Witwe Capet 158
Bündnis-Wehen 161

Gewissensnöte 164
Der Krieg 170
Alltag 174
Noch einmal: der Krieg 180

Vierter Teil
DIE MUTTER

Der Kinderreigen 195
Franz Stephan 199
Der Einzelfall 205
Die Erziehung 206
Joseph heiratet 209
Die Orchidee 211
Der Römische König 217
Das Staatsgefüge 221
Van Swieten und die Folgen 223
Der Keulenschlag 228
Die Witwe 230
Der Mitregent 233
Der Selbstlose 238
Das Blatternjahr 240
Umarmungen 243
Katharina, Friedrich und das Elend von Polen 245
Teilung des Kuchens 250
Die Töchter 254
Antonie wird Antoinette 259
Die Alternde – Versuch einer Vergegenwärtigung 264
„Aller Tadel auf mein graues Haupt" 270
Der Abschied 276

Karten
Das deutsche Reich und seine Nachbarn 80/81
Kriegsschauplätze 83

An der Rampe

Heuer – 1980 – sind zweihundert Jahre seit Maria Theresias Tod vergangen.

Wir haben uns sehr weit von ihrem Zeitalter, sehr weit von Geschichte überhaupt entfernt.

Was sagen uns heute noch Namen wie Joseph I., Leopold I. oder gar die Namen der Ferdinande? Ein Vorhang hat sich zwischen ihnen und uns gesenkt.

Doch an der Rampe steht immer noch eine in helles Licht getauchte Gestalt, eine Frau, bald in goldenen Prunkgewändern, bald in fahler, grauer oder schwärzlicher Witwentracht, Maria Theresia, uns immer noch nah, unserer Vorstellung greifbar, beinahe gegenwärtig, ein Mensch wie wir.

Wieso kommt es, daß sie sich nicht wie ihre Vorfahren, wie noch ihr Vater und die meisten ihrer Zeitgenossen von uns entfernt hat? Was hält sie noch immer in unserer Vorstellungswelt fest? Ihr Schicksal, ihre Menschlichkeit, ihre Mütterlichkeit? Oder ihre Tapferkeit, ihr unbeugsames *königliches* Herz?

Vielleicht liegt es daran, daß sie die erste Frau war, die in unserem mitteleuropäischen Raum selbständig regierte – und zwar jahrzehntelang – und damit bewies, daß Frauen fähig sind, höchste Verantwortung zu tragen.

Vielleicht liegt es daran, daß sich unter ihrer Herrschaft und Leitung erste Reformen in Bewegung setzten, die alten verkrusteten Strukturen zugunsten des *allgemeinen Wohls* aufzusprengen?

Vielleicht liegt es auch daran, daß Maria Theresia maßzuhalten wußte; in einer Zeit schrankenloser Genußsucht hielt sie auf Zucht und Sitte; in einer Zeit imperialer Welteroberung blieb sie sich ihrer Grenzen bewußt; gegen gewissenlosen Machtmißbrauch hat sie sich immer zur Wehr gesetzt.

Aber vermutlich ist uns ihre Gestalt deshalb heute noch so nah, weil diese Frau ein Stück Natur war, das Geschichte wurde; fruchtbar wie die Natur; zwar verletzlich, aber kraftvoll und regenerationsfähig wie die Natur, von unerschöpflicher vitaler Potenz und zarter Menschlichkeit zugleich.

Maria Theresia hat ihre Krone – oder sagen wir es genauer: ihre Kronen – nie anders getragen denn als Zeichen höchster Verantwortung. Darin ist sie ihrem Sohn Joseph vorausgegangen. Sie hat ihre Kronen freilich auch als Zeichen gottgewollter Erwählung getragen. Darin ist sie ihren Vorfahren nachgefolgt. Es war das Großartige an dieser Frau, daß sie sowohl voraus- als auch zurückgedacht hat. Sie hat die Umformung ihres Reiches zum modernen Staat begonnen, ohne die alten Formen niederzuwalzen. Sie hat es verstanden, das Gestern und das Heute nahtlos miteinander zu verbinden.

So hat sie vier Jahrzehnte lang in einer Epoche der Dekadenz ihre Aufgabe erfüllt und wurde inmitten einer politisch düsteren Szenerie zum hellen Fixpunkt ihres Zeitalters. Viele Jahre lang hat sie mit ihrem Erzfeind Friedrich II. auf den Schlachtfeldern Mitteleuropas gerungen. Doch schließlich mußte auch er zugeben: „Diese Frau hat ihrem Haus und ihrem Geschlecht Ehre gemacht."

Um Maria Theresia zu verstehen, müssen wir uns freilich erst einmal in ihrer Welt umsehen, bevor wir uns ihr selbst zuwenden können. Wir müssen das Panorama aufrollen, aus dem sie hervortrat als Charakter, als Liebende, Handelnde, Ringende und auch als Irrende. Wir müssen zuerst den Hintergrund ausleuchten mit seinen Verschneidungen, Verzweigungen, Überlagerungen, die Vorgeschichte ihres Lebens, die politische und geistige Landschaft Europas.

Europäisches Panorama

Die politische Landschaft Europas im 18. Jahrhundert war ein Ergebnis sehr verschiedenartiger Kräfte.

Die Grundkonstellationen hatten sich bereits in den fernen, inzwischen schon sagenhaft gewordenen Jahrhunderten der Völkerwanderung abgezeichnet; die alte Mittelmeerwelt mit ihrem imperialen Zentrum Rom war zerbrochen, die jungen Stämme der Germanen, Slawen und Ugrier hatten ihre neuen Wohngebiete eingenommen; nun hatten sie sich zu entscheiden: konnten und sollten sie zu größeren Einheiten verschmelzen, oder konnten und wollten sie in stammesmäßiger Vereinzelung verharren? Die beiden politischen Urkräfte, Zentralismus und Partikularismus, traten zum Wettstreit gegeneinander an.

Die Auseinandersetzung verlief überall verschieden. Im ottonischen Deutschland wuchs aus Stämmen eine Nation zusammen. In Frankreich ergab sich aus einander überlappenden ethnischen Schichten eine neue Sprachstruktur und damit die Voraussetzung für Verschmelzung und Einheit. Den Westslawen gelang keine umfassende politische Gliederung, sie gerieten unter den Druck ihrer vitalen Nachbarn, der Deutschen, der Ungarn, der Türken. England schuf sich nach harten Kämpfen eine staatliche Struktur, in der Krone und Parlament für ganz Britannien repräsentativ wurden, aber seine atlantische Lage programmierte es darauf, weit über seine Küste auszugreifen und sich auch jenseits der Meere festzusetzen. Da kam es Spanien in die Quere, das – gleichfalls geeint und von einer unerbittlichen Staatsreligion zu einem Block zusammengeschweißt – Vorrechte in der Neuen Welt und ungeheure Reichtümer an sich gezogen hatte. Ganz anders Italien: es war seit dem Untergang des Römischen Reiches zu keiner Einigung mehr gelangt und, trotz seiner hochentwickelten Stadtstaaten und obgleich es als Sitz des Papsttums immer noch eine besondere Rolle innehatte, zum passiven

Spielfeld fremder Mächte herabgekommen. Eine Zeitlang wirkte auch Schweden in das Konzert europäischer Politik herein, doch auf die Dauer konnte es den Nachteil seiner Randlage nicht aufwiegen. Dafür stieg Rußland als ungeheurer Machtblock am Horizont empor, ein unabsehbares und unerschöpfliches Reich, das freilich erst am Anfang seiner Wirkungen stand.

So sehen wir den von allen Landmassen unseres Planeten am reichsten gegliederten, klimatisch bevorzugten und von einer hochaktiven und geistig beweglichen Völkergemeinschaft besiedelten Kontinent zwar nie zu einem einheitlichen politischen Block zusammengeschmolzen, wohl aber in mehreren lebenskräftigen Großstaaten organisiert. Da ist an der Spitze Frankreich: ihm sind Ganzheit und Einheit am schnellsten und gründlichsten gelungen. Da haben wir die beiden maritimen Mächte England und Spanien, und da haben wir schließlich Deutschland, den schwierigsten Fall unter den großen Völkern Europas.

Mit ihm müssen wir uns etwas genauer beschäftigen.

Ein einziges Mal, wenn auch kaum länger als für ein Menschenalter, hatte es sich unter Karl dem Großen in imperialer Einheit mit Frankreich und Italien befunden. Diese imperiale Einheit war von der höchsten moralischen Instanz der Christenheit, dem Bischof von Rom, feierlich abgesegnet worden: Kirche und Reich sollten als die zwei Schwerter Gottes die Ordnung der Welt wahrnehmen und in gegenseitiger Hilfeleistung garantieren. Der augustinische Entwurf von der Zweimächteordnung wurzelte auf der einen Seite im jüdisch-christlichen Glauben, auf der anderen im unvergessenen Erlebnis des Imperium Romanum, des „Goldenen Zeitalters", in der nie mehr verstummten Sage von der Pax Romana, von einem gerechten, alle Völker umfassenden Frieden. Karls Kaisertum war ein in diesem Sinn römisches Kaisertum und ein christliches Amt zugleich, eine Berufung im Zuge christlicher Heilsgeschichte. Unbeschadet einer ganz anderen höchst unfriedlichen, höchst verworrenen und barbarischen Wirklichkeit war das in utopischen Farben glänzende Bild nicht mehr wegzuradieren. Es infizierte den östlichsten der karolingischen Nachfolgestaaten, Deutschland, und beherrschte als Kaiseridee, als Reichsgedanke von nun an die deutsche Szene.

Man hätte annehmen können, daß der anspruchsvolle Entwurf zu überragender Machtfülle und zu straffer Organisation des Trägerlandes geführt hätte. Das Gegenteil war der Fall. Da das deutsche Königtum ein Wahlkönigtum war und blieb, mußte es mit immer neuen Wahlgeschenken erkauft werden. Diese Wahlgeschenke konnten nur in der Vergabe von Rechten bestehen, von Rechten meist im eigenen Stammland. Die Rechte wurden erblich und zehrten an des

Vergebers eigener Macht. Ein Blick auf die Karte Deutschlands in der frühen Neuzeit zeigt die Tragödie der deutschen Zentralmacht ganz deutlich: Die Stammesgebiete der Niedersachsen, der Franken und der Alemannen sind in ein Konglomerat kleiner und kleinster Territorien, in ein Gewimmel reichsunmittelbarer Städte, Fürstentümer, Stifte und Grafschaften zerlegt, in eine unabsehbare Vielfalt partikularer Gewalten zerfallen. Alle diese Herren – es sollen ihrer mehr als siebzehnhundert gewesen sein – fühlten sich, so klein auch ihre Machtbereiche sein mochten, als Träger des Reichs, und viele waren sogar sehr stolz darauf, an der ehrwürdigen Institution karolingischer Provenienz teilzuhaben. Dennoch waren sie sogleich aufs äußerste erbittert, wenn sie nur das Geringste für diese ehrwürdige Institution leisten sollten, und erhoben ein ungeheures Geschrei, wenn sie nur mutmaßen konnten, daß auch der Träger der Krone im eigenen Interesse zu handeln bestrebt war. Auf diese Weise konnte es nicht ausbleiben, daß die in früheren Jahrhunderten hochgeachtete und sogar gefürchtete deutsche Zentralmacht zu einem Sammelsurium anachronistischer Eigenbröteleien verfiel, und so wäre Deutschland sicherlich allmählich um sein staatliches Gefüge gekommen, wäre mehr und mehr unter fremden Einfluß geraten, wäre schließlich womöglich in eine französische und eine osmanische Einflußzone zerfallen, wenn sich nicht doch – zuerst im Südosten, dann im Nordosten – zwei stärkere staatliche Gefüge gebildet hätten: Österreich und Brandenburg-Preußen.

Weder Österreich noch Preußen gehören, wie es Ranke ausdrückt, „zu den nationalen Potenzen uralter Berechtigung". Beide Staatsgebilde sind zwar im Rahmen des deutschen Reichs entstanden, doch von dessen ursprünglichen Bestandteilen, den alten Stammesländern der Bayern und der Niedersachsen, wohl zu unterscheidende territoriale Mächte. Sie haben sich eigenständig und, wenn man will, partikulär entwickelt. Sie haben sich über die alte deutsche Sprachgrenze, die Elbe-Saale-Enns-Linie, hinausgeschoben, sich über slawisch-deutsche Mischgebiete, endlich auch über rein slawische – und ugrische – Länder erstreckt, sie haben also kolonisiert. Hier und dort haben starke Dynastien ihre Basis gefunden. Der einen, der habsburgischen, gelang es von Anfang an, sich den irrationalen Glanz der Kaiserkrone nutzbar zu machen (während die andere, die brandenburgisch-zollernsche, sich erst im späteren 19. Jahrhundert und damit eigentlich erst kurz vor ihrem endgültigen Abgang in der Inszenierung ähnlich irrationalen Glanzes versuchte). Jedenfalls: Zwei solid fundierte Territorialmächte bauten ein Bollwerk an Deutschlands Ostgrenze, zwei Partikularmächte, die ihrerseits, in ihrem Bereich, um Zentralismus bemüht waren.

Eine andere mächtige Komponente im geschichtlichen Prozeß jener Zeit war das Prinzip der Legitimität durch Erbfolge.

Seit jeher haben sich menschliche Gemeinschaften hierarchisch gegliedert. Einer – oder eine kleine Gruppe – befahl, die anderen gehorchten. Schwierigkeiten traten regelmäßig beim Wechsel der Spitze auf. Starb ein Mächtiger, entstand blutiger Streit um seine Nachfolge. Diese uralte Erfahrung ließ die Menschheit auf den Ausweg verfallen, die biologische Erbfolge als Erbfolge auch in der Macht zu legalisieren. Aus Tyrannei entstand Monarchie. Zur Nachfolge berechtigt war der älteste Sohn, dann dessen Sohn oder, wenn keiner vorhanden, der jüngere Bruder, der Brudersohn, Bruderenkel und so fort.

So kam es, daß das Schicksal ganzer Nationen von dem Intimsten, Familiärsten, von Heirat, Fruchtbarkeit, Geschlecht, von den Zufällen biologischer und psychologischer Vorgänge abhing. Die Verzweigungen ihrer Sippe, Vettern- und Schwägerschaften beschäftigten die Köpfe der Herrschenden vielfach mehr als die Vorgänge auf den Schlachtfeldern. Und so versuchte man auch für die Zukunft vorzusorgen: Man bot einander schon unmündige Kinder als Schwiegertöchter und Eidame an, man verkuppelte womöglich schon Säuglinge, sogar die noch nicht einmal Geborenen wurden bereits Faustpfand im Spiel. Das Spiel war weitmaschig und verzweigt. Denn es gab ja nicht nur Königskronen zu vererben, sondern auch Fürstenhüte, Grafschaften, Baronien, Stifte. Sogar der Purpur kirchlicher Würdenträger konnte zur Abfindung dienen.

Durch Eheschließung konnten die entlegensten Landstriche miteinander verbunden werden: Ein Prinz nahm eine Königstocher und kassierte, wenn er Glück hatte, ein ganzes Reich. Im Brautbett wurden nicht nur zwei Menschen, sondern zwei Völker vermählt: ihre materiellen Mittel, ihre Organisationsformen, ihre Armeen. Aus zwei unbedeutenden Provinzen war plötzlich eine mittlere Macht, aus zwei mittleren Mächten plötzlich eine Großmacht geworden. Das Unabsehbare eines solchen Vorgangs rief die Nachbarn auf den Plan; da wurden Proteste eingelegt, Abfindungen verlangt, Abtrennungen von ganzen Gebieten, am liebsten aber wurden Kriege geführt. Und Verwandtschaft war kein Hindernis, einander die Brandfackel ins Haus zu werfen.

Europa war im Besitz von etwa fünfzehn Familien; es sind sehr alte Familien, die meisten führen ihren Ursprung bis zu Karl dem Großen zurück, manche zählen König David oder Cäsar unter ihren Stammvätern auf. Da sind die Habsburger und die Bourbonen, die Wittelsbacher, die Stuarts und die Hannoveraner, die Welfen und das Haus Brandenburg, die Romanows und die Wasas – und einige kleinere, die Lothringer, die Medici, die Farnese, das Haus Savoyen. Einige sind im Abstieg begriffen, andere im Aufstieg; einige blühen in zahlreichen Sippen, andere sind vom Aussterben bedroht.

Das Aussterben einer Familie im Mannesstamm gilt als das größte Unglück. Es bringt schreckliche Konsequenzen mit sich: Krieg, Fremdherrschaft, Überwältigung durch andere Dynastien, denn überall, an allen Höfen sitzen eifrige Leute, die Geschichtsbücher, Urkunden, Testamente und Briefschaften durchstöbern, ob sich denn nicht in einer alten Scharteke, in einem vergilbten Papier eine Andeutung darüber finden lasse, daß der eigene Herr ein Anrecht habe auf das soeben herrenlos gewordene Gut. Da gibt es uralte Verträge und versteckte Klauseln, Modalitäten und Eventualitäten, die, ins rechte Licht gesetzt, einen gewissen Erbanspruch aufscheinen lassen. Schnell wird ein Heer auf den Weg geschickt, der blutige Tanz beginnt. Noch ist der alte Raubinstinkt aus den Völkerwanderungstagen nicht gezähmt, noch sind die Grenzen Europas fließend.

Die Monarchen verfahren mit ihren Staaten nicht in dem Sinne staatspolitisch, in dem wir heute Staatspolitik verstehen. Sie verfahren eher wie Großgrundbesitzer, die das Recht haben, Teile ihrer Güter zu verkaufen, zu verpachten, zu verpfänden oder sonstwie zu vermakeln. Die Bevölkerung wird einfach mitverhandelt, mitvertauscht und mitvererbt, als handelte es sich nur um zu Latifundien gehöriges Nutzvieh.

Verwandtschaft ist, wie gesagt, in diesem System kein Hindernis für bittere Feindschaften. Im Gegenteil. Vetter und Schwäger liefern einander mörderische Schlachten. Man schließt Bündnisse miteinander, vor allem natürlich gegeneinander; man intrigiert, heuchelt, betrügt – und komplimentiert einander nach bester familiärer Tradition. Man bespitzelt einander und besticht fremde Erbprinzen und fremde Minister. Am liebsten aber schaut man zu, wenn ein verwandter Nebenbuhler von einer dritten Macht überfallen und kujoniert wird. So freuen sich die Bourbonen, wenn Habsburg im Kampf mit der Pforte blutet. So freut sich Habsburg, wenn sich Frankreichs und Englands Heere in die Wolle kriegen. Dabei spukt dann und wann noch konfessionelle Solidarität durch den Raum: hie Reformierte, hie Katholiken. Aber die religiösen Konflikte wetterleuchten nur noch am Rande.

Man nennt das System gegenseitiger Ausblutung das System des europäischen Gleichgewichts. Ein schönes Wort, aber gewalttätig agiert. Das ganze 18. Jahrhundert wird am Schluß nur zwanzig Friedensjahre aufzuweisen haben.

Die dritte modellierende Kraft an Europas Völkerlandschaft ist in jenem Jahrhundert eine wachsende Mobilität des Bewußtseins. Der Terminus *Aufklärung* bietet sich an, aber er ist nicht erschöpfend. Die Aufklärung im engeren Sinne war vor allem und vorerst nur die Sache einer verstreuten Gruppe Gebildeter; diese Gruppe war in Frankreich dichter gesät also anderswo, doch sie war auch in England, Holland, Belgien, später auch im deutschen Raum gut vertreten. Sie griff sogar über den aufklärerisch gesonnenen Peter den Großen bis in die Weiten Rußlands aus. Aber es ging dabei durchaus nicht nur um eine philosophische Bewegung, um eine Neuentdeckung des Menschen, seiner Würde, seiner Rechte und Freiheiten. Es ging vielmehr um eine materielle zivilisatorische Bewegung, eine Verfeinerung handwerklicher und manufaktorischer Methoden, um Erfindungen in der Seefahrt, im Ackerbau, im Bergbau, in der Viehzucht, in der Nutzung der Natur überhaupt. In diesen Belangen waren die einzelnen Länder auf sehr verschiedenen Stufen, Frankreich und die Seemächte weit voraus, Deutschland hinkte nach, der Osten Europas war deutlich in der Nachhand. Es gab ein enormes zivilisatorisches Gefälle von Land zu Land und innerhalb der Staaten von begünstigten zu abgelegenen und unbegünstigten Landstrichen.

Dieser Zustand hatte zwar schon immer bestanden, aber er hatte sich dem Bewußtsein der herrschenden Schicht noch nie so deutlich dargestellt. Noch nie hatte man das kulturelle Gefälle von hochgezüchteter Überfeinerung zu steinzeitlicher Zurückgebliebenheit als Skandal, ja als Schuld empfunden. Früher waren die Herrscher vor allem darauf aus gewesen, mit Aufwand zu imponieren. Jetzt kündigte sich die Einsicht an, daß man methodisch wirtschaften könne und daß das Gewicht eines Staates nicht allein von seiner Quadratmeilenanzahl, vom verschwenderischen Pomp seines Hofes und von seinen kriegerischen Erfolgen, sondern immer mehr von der vernunftgemäßen Art seiner Organisation abhänge.

Man könnte sagen: der Mensch jener Epoche stieg vom naiven Umgang mit der Natur, von einem blinden Ausbeuten und Prassen, auf rationale Methodik um. Hier bahnte sich ein langer Lernprozeß an, der auch heute noch nicht abgeschlossen ist. Man *begriff* aber doch, daß man zu *lernen* habe. Das nenne ich: *Mobilität des Bewußtseins*.

In dieser Landschaft allgemeinen Aufbruchs trat der große, der geniale Mensch um so leuchtender hervor.

Seit zwei Jahrhunderten produzierte Europa im Bereich der Kunst, der Philosophie, neuerdings auch im Bereich der Naturwissenschaften zahlreiche Individuen von höchster geistiger Potenz. Die Schwemme der Hochbegabungen hatte in Italien eingesetzt, war dann nach Frankreich und England umgesprungen und näherte sich jetzt auf breiter Front dem europäischen Zentralraum, Deutschland. Im Jahre 1700 ist Newton auf der Höhe seiner Schaffenskraft, desgleichen Leibniz. Voltaire ist eben sechs Jahre alt geworden, Bach und Händel sind Knaben von fünfzehn. Seit zwanzig Jahren entwerfen und bauen Fischer von Erlach und Jakob Prandtauer ihre prachtvollen Architekturen. Ihnen nach drängt Lukas von Hildebrandt. Ehe das erste Viertel des Jahrhunderts um sein wird, wird Kant geboren werden, ehe die Jahrhunderthälfte erreicht ist, das größte Genie deutscher Sprache, Goethe.

Die Zeit ist also schwanger von Genialen, schwanger von Genialität. Sie scheint einen Überhang an Geist, Schaffenskraft, Tatendrang, an originären und originellen Entwürfen hervorzubringen, ein stürmischer Frühling auf vulkanisch bewegtem Boden.

In diese Welt wird am 13. Mai 1717 ein kleines Mädchen geboren. Man gibt ihr in der Taufe den Namen Marie Therese.

ERSTER TEIL
Die Erbin

Die Eltern

Der Vater ist Karl VI., der zwölfte deutsche Kaiser und der sechzehnte deutsche König aus habsburgischem Stamm. Daneben ist er Erzherzog von Österreich ob und nied der Enns, König von Böhmen, König von Ungarn, Gefürsteter Graf von Tirol, Herzog von Steiermark und so fort; ein persönlich integrer, bedächtiger Mann, ein frommer Katholik; Mitglied eines Hauses, das seit zweihundert Jahren Weltgeltung beanspruchen darf, Haupt eines Staatswesens, das unter seinen unmittelbaren Vorgängern zur Großmacht aufgestiegen ist; trotzdem scheint sein Gemüt eher verdüstert als heiter, eher verängstigt als gelassen selbstbewußt. Karl ist langsam von Entschlüssen, hat er aber einmal einen Entschluß gefaßt, will er nicht mehr von ihm lassen. Das bringt ihm den Ruf der Unbeweglichkeit ein. Die Mobilität des Bewußtseins hat an ihm keinen alerten Jünger gefunden.

An seiner Wiege war es ihm nicht gesungen worden, daß er einstmals die deutsche Kaiserkrone tragen würde (denn zwischen ihm und der Krone stand ein älterer Bruder, Joseph); an seiner Wiege sang man viel eher eine andere Mär: Da war von Spanien die Rede, von dessen Krone und sagenhaften Reichtümern im fernen Amerika. Auch in Spanien saßen Habsburger auf dem Thron, und einst waren beide Reiche, unter Karl V., jenes *eine* globale Imperium gewesen, in dem die Sonne nicht unterging. Seither war die Familie in zwei Linien gespalten, die spanische und die österreichische; aber die Erinnerung an die gemeinsame Herkunft und imperiale Herrlichkeit lebte fort – und lebte um so kräftiger fort, als beide, Spanien und Österreich, *einen* und denselben materiellen Gegner hatten – nämlich Frankreich – und *einen* ideellen Gegner – nämlich die Reformation. So war dasselbe Glaubensbekenntnis, eine strenge Katholizität, ein mächtiges Band zwischen den beiden Reichen. So heiratete man denn auch eifrig hinüber und herüber, der gleiche Blutstrom kreiste, die gleichen

Grundsätze prägten. Unterschiede freilich waren nicht zu übersehen: Spanien schwamm in der Flut des Goldes, das ihm die Wellen des Atlantiks aus dem fernen Amerika herübertrugen. Österreich war arm und ohne Hilfsquellen. In Spanien hatte ein starrer und unbedingter Absolutismus gesiegt. In Österreich hatte man es mit widerspenstigen Ständen, partikularen Egoismen, mit Aufständen in Ungarn und mit dem gefährlichen türkischen Nachbarn zu tun. Dafür krankte Spanien an einem anderen Übel: nicht nur, daß seine Bevölkerung durch Auswanderung und Mißwirtschaft dahinschmolz, auch sein Herrscherhaus unterlag einem gefährlichen Verfallsprozeß; zehn Kinder hatte sich der Dritte Philipp gezeugt, aber sie welkten dahin oder verstarben kinderlos, der alte Stamm vermorschte, als letzter Sproß blieb ein Knabe übrig, Karl II., immer kränkelnd, halbidiotisch, auch als Erwachsener eine hilflose Puppe in den Händen der Hofparteien. Auch er ohne Erben.

Seit Jahren lief ein Raunen und Flüstern durch ganz Europa: Was würde geschehen, wenn auch dieser Letzte starb?

Zu Allerheiligen des Jahres 1700 war es soweit. Der große Run begann.

Schon längst waren Testamente abgefaßt und Teilungsverträge unterzeichnet worden, aber letzte Intrigen um den Sterbenden wollten das Glück noch einmal und einseitig zugunsten Frankreichs wenden. Der mächtige Sonnenkönig ersah sich eine prachtvolle Gelegenheit, noch einmal mächtiger zu werden und in Stellvertretung seines jungen Enkels, Philipp von Anjou, Spanien an sich zu ziehen. Sollte die Pyrenäengrenze fallen, dann war Frankreich in der Tat zum „Generaldominat", zur Supermacht Europas geworden.

Das konnte Österreich nicht dulden und England noch weniger. Es holte sich Karl, den jungen Erzherzog aus Wien, der sollte mit britischer Hilfe Frankreichs spanische Suppe versalzen. An Rechtsansprüchen fehlte es nicht aus langer Blutsverwandtschaft. So landete Karl mit englischen Freunden auf der Iberischen Halbinsel und nannte sich König, ein junger Mann von neunzehn, für seine Aufgabe entflammt, und wir können sicher sein, daß er diese Aufgabe, die Wiederherstellung der Weltmonarchie Karls V., für eine heilige und gottgewollte hielt.

Eines Tages im Jahre 1709 erwartete er inmitten seiner Granden im Hafen der kleinen katalanischen Stadt Mataro die Ankunft eines jungen, ihm unbekannten Mädchens. Die Unbekannte war seine ihm per procuratorem angetraute Frau. Als sie die Mole betrat, wurde sie als Königin von Spanien begrüßt. Wer war sie, und: woher kam sie?

Sie stammte aus norddeutschem Fürstengeschlecht, eine Prinzessin von Braunschweig-Wolfenbüttel. Karls Mutter, ebenfalls eine norddeutsche Prinzessin, hatte die Ehe gemanagt. Warum wohl? Die Braunschweig-Wolfenbüttel galten für arm, ihr Einfluß als gering. Wünschte die Kaiserwitwe in ihrer Familie Zuzug aus heimatlichen Gefilden?

Karls Werber hatten in Braunschweig mit dem prospektiven Titel einer spanischen Königin gelockt. Wer konnte solcher Aussicht widerstehen? Herzog Ulrich, der Großvater der Umworbenen, hörte schon amerikanisches Gold in den eigenen Kassen klingeln und stimmte begeistert zu. Der einzige Mensch, der sich der Verlobung widersetzte, war die junge Prinzessin Elisabeth Christine selbst.

Sicher hatte man ihr eine brillantenbesetzte Miniatur des unbekannten Bräutigams überreicht. Das Bild des ernsten jungen Mannes unter der riesigen Lockenperücke schreckte das Mädchen nicht. Nur eines schreckte sie: daß sie ihrem reformierten Glauben abschwören und zur katholischen, das hieß für sie, zur papistischen Kirche übertreten sollte.

Elisabeth Christine weinte und wehrte sich. Man schickte ihr Theologen beider Konfessionen, die redeten ihr zu und demonstrierten christliche Solidarität: Es sei doch gar kein so großer Unterschied zwischen Christentum und Christentum. (Vorher hatte es die Kleine anders gehört!) Nach langen Qualen gab sie nach, wurde dem Unbekannten angetraut und nach Spanien geschickt.

Karl war von den schönen anmutigen, lichtblonden und weißhäutigen Mädchen entzückt. Er faßte sofort eine tiefe Neigung zu ihr, auch sie faßte Vertrauen und wollte das seine verdienen. Karl bedankte sich bei seinem welfischen Schwiegergroßvater mit begeisterten Worten, in sein persönliches Notizheft trug er das schamhaft lakonische Kürzel ein: „Königin Nacht gar lieb."

Also: gar lieb. Gar lieb haben die beiden einander gewonnen (und sie werden einander auch lieb behalten, werden eine harmonische Ehe führen – ein seltener Glücksfall unter gekrönten Häuptern).

Aber ihre Lage im fremden Land wurde immer schwieriger. Während sich Karl in Madrid festzusetzen suchte, war in der Mitte des Erdteils schon ein großer Krieg in Gang gekommen, der *Spanische Erbfolgekrieg,* einer der blutigsten Waffengänge des alten Europa. Seine Kriegsschauplätze erstreckten sich von Italien nach Holland, von Bayern bis Gibraltar, und wenn man den durch Frankreich geschürten Aufstand der Ungarn mitzählt, dann reichte dieser Krieg bis in die Ebenen der Walachei und die Waldberge der karpatischen Moldau. Österreich und England hatten das Glück, über zwei hervorragende Feldherren zu verfügen, Prinz Eugen und Marlborough. Doch so oft diese auch siegten, immer wieder raffte sich Frankreich auf zu wuchtigen Gegenschlägen. In Spanien wehrte sich Karl seiner Haut. Aber die Granden, mit denen er sich umgibt, sind unsichere Kantonisten, sie schwören Habsburg Treue und packeln mit den Bourbonen, und diese hetzen gegen Karl und seine junge Frau, vor allem gegen diese: als abscheuliche Ketzerin geboren, wolle sie Ketzerei einführen in Spaniens katholisch geheiligten Landen . . .

Da geschah etwas Unerwartetes im fernen Wien: Joseph I., Karls Bruder, erkrankte an Blattern und starb nach nur sechsjähriger Regierungszeit, noch nicht einmal dreiunddreißig Jahre alt. Da er nur zwei Töchter hinterließ, Maria Josepha und Maria Amalia, stand der Mannesstamm der österreichischen Habsburger jetzt nur noch auf zwei Augen: Karls Augen. Österreich rief ihn, das Reich rief ihn, er verließ Spanien und eilte nach Wien zurück.

Noch wollte sich Karl nicht damit abfinden, daß nun alle seine spanischen Pläne über den Haufen geworfen waren. Er dachte keineswegs daran, so rasch aufzugeben. Als Pfand, daß er gewiß zurückkehren werde, ließ er seine junge geliebte Frau als Statthalterin in Barcelona zurück. Das war ein Wagnis, aber mit welfischem Mut harrte Elisabeth Christine aus, wenn sie auch an zehrendem Heimweh litt. So schrieb sie an ihre Mutter, die Herzogin von Braunschweig, hier in Spanien sei jetzt die Rede von einem Mann, der sich erboten habe, ein fliegendes Schiff zu erbauen. Sollte es damit seine Richtigkeit haben, wollte sie, die junge Königin, wöchentlich einmal damit in die Heimat fliegen.

In ihre Heimat kehrte Elisabeth Christine zwar nicht mehr zurück, hingegen stand ihr eine andere Reise bevor: Rückzug aus Spanien, wo ihre Lage unhaltbar geworden war. Karl erwartete sie in Linz und führte sie im Triumph in seine Residenz an der Donau. Der Triumph verdeckte eine Niederlage, wie so oft. Was war denn unterdessen geschehen?

Der große europäische Waffengang des Spanischen Erbfolgekriegs war an beiderseitigen Verlusten ermattet, versandet, gescheitert. England, der Hauptinteressent, hatte etliche seiner Kriegsziele erreicht, es hatte als einzige Nation der Welt das Recht erhalten, mit Negersklaven Handel zu treiben, und hatte damit das Fundament seines Reichtums gelegt. Nun aber – nach dem Tod des Kaisers – sah es sich unvermutet vor neue Probleme gestellt. Hatte es zuvor Frankreichs Verschmelzung mit Spanien auf alle Fälle verhindern wollen, so konnte es jetzt doch auch nicht wünschen, daß Habsburg Österreich-Böhmen-Ungarn mit der Iberischen Halbinsel in Personalunion vereinigte. Die Angst vor einem französischen „Generaldominat" schlug in ein Mißbehagen an einer österreichischen Vorherrschaft um. So zog sich England zurück und schloß Frieden. Der

Kaiser tat bei diesem Friedensschluß nicht mit, aber einem zweiten Traktat, dem von Rastatt, konnte er sich nicht mehr widersetzen. Habsburg wurde mit den spanischen Besitzungen in Italien und den Niederlanden abgefunden. Ungarn war nach endlosen Greueltaten von beiden Seiten endlich pazifiziert. Karl konnte im Januar 1712 in Preßburg einziehen, im Jahr darauf wurde auch die Braunschweigerin, Elisabeth Christine, zur Königin von Ungarn gekrönt.

Für eine Weile herrschte Frieden in diesem Raum Europas. Aber im Inneren des Hauses Habsburg rüttelt eine geheime angstvolle Unruhe.

Noch hat die Verbindung von Karl und Elisabeth kein Kind hervorgebracht. Zugegeben, die Eheleute waren fast zwei Jahre getrennt, doch haben sie in Spanien ebensolange miteinander gelebt, leben auch jetzt schon wieder geraume Zeit miteinander. Ist die junge Welfin unfruchtbar?

Karl tüftelt seit Jahren an seinem Testament. Auch seine Untertanen werden von Unruhe ergriffen. Dann und wann treffen Anfragen ein aus den Provinzen, wie es denn wohl stünde um die Erbfolge, wenn ...

wenn Karl stürbe,

wenn er keinen Erben hinterlasse,

wenn, wenn, wenn ...

Karl nimmt solche vorsichtig vorfühlenden – wenn auch nicht immer zartfühlenden – Erkundigungen mit wachsendem Unbehagen zur Kenntnis. Er hat es ja erlebt, was es für ein Land bedeutet, wenn seine Dynastie im Mannesstamm erlischt, und er ist voll panischer Angst, daß es seiner Familie ähnlich ergehen könnte.

Endlich kommt die Kaiserin in die Hoffnung. Sie gebiert einen Knaben. Jubel herrscht im ganzen Reich. Gleich flammen alte Hoffnungen wieder auf: dieses Kind, dieses gesegnete Kind einer glücklichen Ehe, erster Sohn eines Kaisers, soll alle Würden des Vaters erben. Es soll auch, so Gott will, dereinst noch nach der nie verschmerzten spanischen Krone greifen. Es wird auf den Namen des glorreichen Großvaters Leopold getauft, es erhält schon in den Windeln den Titel Prinz von Asturien. Aber leider, nach sechs Monaten macht sich das Knäblein aus seiner goldenen Wiege davon, legt alle Ehren ab und bezieht als ewige Wohnung ein winziges Särglein in der Kapuzinergruft. Die Trauer wäre grenzenlos, wäre die junge Kaiserin nicht wieder in der Hoffnung.

Karl fleht den Himmel an um einen zweiten, vitaleren Sohn.

Die Kaiserin kommt nieder. Auf dem mit Brokat bedeckten Kreißbett in der Hofburg erblickt ein kleines Mädchen das Licht der Welt, Marie Therese.

Die Pragmatische Sanktion

Von allen wichtigen und folgereichen Haupt- und Staatsaktionen, die Karl VI. im Laufe seiner beinahe drei Jahrzehnte währenden Regierungszeit durchführte, war die Pragmatische Sanktion sicher die wichtigste und folgenreichste. Fragen wir uns zuerst einmal: was ist eine *Pragmatische Sanktion?*

Sie ist eine Staats-Grundsatzerklärung in möglichst feierlicher Form. Sie bezieht sich auf einen bestimmten realen Bereich – darum pragmatisch; und sie erhebt eine hier getroffene Bestimmung zu einem unantastbaren – also sanktionierten – unabänderlichen Akt. Es ist begreiflich, daß man eine solche Grundsatzerklärung nicht nur einseitig erlassen möchte; alle die irgendwie mit betroffen sind, sollen sich einverstanden erklären, sie sollen sich womöglich mit verpflichten. Eine pragmatische Sanktion will also einen von allen Partnern heilig mit beschworen Pakt darstellen, das Nonplusultra einer internationalen Vereinbarung.

In diesem Fall ging es um zwei Punkte:

Der erste Punkt war die Erbfolge im Hause Habsburg, der zweite betraf die Ganzheit und Unteilbarkeit aller habsburgischen Besitzungen „für ewige Zeiten".

Zu Punkt 1: Wir wissen schon, daß die meisten Dynastien Europas (und auch der übrigen Welt) nach dem Grundsatz vererbten: Primogenitur im Mannesstamm. Doch was tun, wenn ein Herrscher nur Töchter hinterließ oder wenn sich nur Witwen als Herrscherinnen anboten? War Vererbung auch in weiblicher Linie möglich? Die Sache war umstritten und wechselte von Land zu Land. In England etwa war auch weibliche Erbfolge vorgesehen. So hatte dort die Große Elisabeth regiert und ihr Reich zu Blüte und Macht gebracht. Trotzdem schien ihre Regentschaft befleckt durch Günstlingswirtschaft als Folge weiblicher Eitelkeit, weiblichen Wankelmuts, sogar weiblicher Grausamkeit. Und hatte nicht eine andere Königin, Maria die Katholische, gar den Beinamen *die Blutige* erhalten? Nein, Europas Völker und ihre Führungsschichten zogen Männerherrschaft der Herrschaft durch Frauen vor. Von Männerherrschaft erwartete man sich mehr Stabilität, gesammeltere Tatkraft, strengere Folgerichtigkeit. Uralte Vorurteile.

Nun aber waren in den letzten Jahrzehnten, auch davon war schon die Rede, aus Habsburgs Ehebetten mehr Mädchen als Knaben entsprossen, oder die Mädchen hatten sich als widerstandsfähiger erwiesen. Sie überlebten ihre Brüder, ihre Vettern, und die Frauen überlebten ihre Gatten. So hatte sich in der Wiener Hofburg eine wahre „hierarchia feminina" angesammelt, wie ein Zeitgenosse schrieb; da hausten zwei Kaiserwitwen nebeneinander, die Witwe Leopolds I. und die Josephs I., zwei Erzherzoginnen leopoldinischer und zwei Erzherzoginnen josephinischer Abkunft; hiezu kam nun die neue Kaiserin, Elisabeth Christine. Also junge, weniger junge und alte Damen, wohin man blickte, eine jede eifersüchtig auf die andere und mit Argusaugen darüber wachend, daß die komplizierten protokollarischen Vorschriften des höfischen Zeremoniells jeweils zu eigenen Gunsten gehandhabt würden. Mitten in diesem Geschwader ein einziger Mann, Karl VI. Wie, wenn er starb? Wenn auch ihn die Blattern ereilten wie seinen Bruder Joseph oder sonst eine der immer wieder grassierenden Seuchen? Ein Sturz vom Pferd, ein Jagdunfall: überall drohte Gefahr. Und wenn der Kaiser starb und nichts geregelt war, fiel der Himmel über Österreich ein.

Ja, er fiel ein, denn sogleich würde der Kampf beginnen zwischen den Parteien um das reiche Erbe; die einen würden die leopoldinischen, die anderen die josephinischen Erzherzoginnen auf ihren Schild erheben, und sicher würden die anderen großen ausländischen Dynastien über die Beute herfallen, jede mit anderen haarspalterisch ausgetüftelten Argumenten, jede mit brandschatzender Kriegsmacht, und jede würde jeder das Feld streitig machen: die Bayern, die Savoyer, die Sachsen und vor allem die verhaßten Bourbonen.

Das mußte verhindert werden. Das zu verhindern, hatte sich Karl geschworen.

Als er sich mit diesen Alternativen zu befassen begann, war er noch Erzherzog und unverheiratet. Natürlich wollte er sich vermählen, natürlich hoffte er auf einen Sohn. Doch der Vorsichtige baute vor. Er wollte das Erbrecht seinem eigenen Stamm wahren, selbst für den Fall, daß er nur Töchter hinterlassen sollte. Aber das war nicht so einfach. Denn da waren seine zwei Schwestern, die leopoldinischen Erzherzoginnen: sie mußten ausgeschaltet werden; da waren noch weitere zwei Erzherzoginnen, die jungen Töchter des Kaisers Joseph, auch ihren Ansprüchen zuvorzukommen war rätlich. Nur in dem Fall, daß er, Karl, keinen Sohn und keine Tochter hinterlassen und daß von seinen eigenen Kindern keine Enkel, Urenkel oder Ururenkel am Leben sein sollten, nur dann mochte in Gottes Namen das Erbrecht auf die Nichten und deren Nachkommenschaft und, wenn auch jene ohne Leibeserben zur Grube führen, auf die Schwestern und deren Nachkommenschaft übertragen werden.

Ein kompliziertes und übervorsichtig gedrechseltes System von präjudizierten Modalitäten? Ja, aber Karl war ein Mann, der nichts auf die leichte Schulter nehmen konnte. Als drohender Schatten stand ihm die oft wahrgenommene Dekadenz der Herrscherhäuser vor

Augen: vanitas vanitatum, o Eitelkeit des Irdischen. Er kannte die Grüfte der Fürsten, die Sarglandschaften der Kapuzinergruft und des Escorial, und überdies war er ein Kind des Barocks, der kein Thema mehr liebte in Kunst und Dichtung als Tod und Vergänglichkeit: *Media in vita mortis sumus*. Mitten im Leben sind wir des Todes.

Zu Punkt 2: Die Erbländer des Hauses Habsburg sollten für alle Zeiten unzertrennt als Eines und Ganzes betrachtet werden.

Als Eines und Ganzes, obgleich in sich uneinheitlich zusammengewürfelt, erheiratet, erobert, eine riesige Ländermasse, aber ein bunter Flickenteppich: die deutschen Alpenländer zwischen Bodensee und Leitha, das von Tschechen und Deutschen besiedelte Böhmen in seiner gebirgigen Umwallung; Mähren und Schlesien, letzteres nur über allerlei im Winter fast ungangbare Gebirgspässe erreichbar; dann Ungarn, ein riesiges Land, doch beileibe nicht nur von Ungarn allein bewohnt, ein schwieriges Land, da aufmüpfig und an den alten Erbfeind, das Osmanische Imperium, grenzend, immer in Gefahr, wieder an den Halbmond verlorenzugehen; und dann, jenseits der Alpen, die italienischen Besitzungen aus dem spanischen Erbe, darunter vor allem das Herzogtum Mailand; weitere Ländereien fern im Süden, das Königreich Neapel oder Sizilien oder Sardinien (hier war noch Tausch im Gang!). Doch nicht genug! Da sind die österreichischen Vorlande, im Südwesteck Deutschlands: ein ganzer Archipel kleiner und kleinster Enklaven an der oberen Donau, am oberen Rhein und nun – nach 1714 – auch noch die Niederlande, zwei reiche Landschaften zwischen Luxemburg und Dünkirchen. In diesem Staatsgebilde werden zehn Sprachen und fast unzählige Mundarten gesprochen. In einem Großteil dieses Gebildes ist die habsburgische Herrschaft in fester Erbfolge verankert, aber in anderen Teilen – etwa in Ungarn – nur durch Wahl zu erlangen. Wie ist ein solcher Staat zu regieren? Wie kann er organisiert und zum Schutz seiner selbst motiviert werden?

Von allen Seiten ist er angreifbar. Seine Grenzen sind ausgedehnt und teilweise aufs abenteuerlichste ausgebuchtet. Die Westprovinzen sind inselhaft verstreut und isoliert. Nichts ist begreiflicher, als daß der Herr über diese mächtige und doch so verwundbare Ländermasse für den Fortbestand seiner Herrschaft besorgt ist. So will er ihn befestigen. Er will die Nachbarn schwören lassen: Sie werden diesen Staat ungeschoren lassen, sie werden seinen Bestand respektieren, nicht nur heute und morgen, sondern in Ewigkeit.

Der Mann in der Wiener Hofburg grübelt hin und her, er entwirft immer neue Formulierungen, immer neue noch sicherere Garantien. Garantien klingen gut, klingen feierlich, weihevoll, Karl berauscht sich an ihrem schönen Klang.

Am 19. April 1713 glaubt er soweit zu sein. Er versammelt alle Minister und geheimen Räte um sich. Ihnen verkündigt er die „pacta successoria". Dann verliest der Hofkanzler Graf Seilern die weitschweifigen Erklärungen der „Immerwährenden Satzung". Alle Anwesenden werden auf sie verpflichtet. Von einer öffentlichen Bekanntgabe wird vorläufig noch abgesehen.

Eine Kindheit

Marie Therese war eben einen Tag alt, als sich in der Hofburg zu Wien etwas höchst Denkwürdiges begab. Prinz Eugen nahm Abschied, um wieder einmal gegen die Türken zu ziehen. Im letzten Sommer hatte er die große Schlacht bei Peterwardein siegreich geschlagen, jetzt ging er, um Belgrad zu erobern. Mit Bangen ließ man ihn ziehen. Wieder war ein Riesenheer der Pforte unterwegs, es mußte aufgehalten und zurückgeworfen werden. Von diesem Feldzug hing das Schicksal des Reichs ab. Vor Belgrads Mauern würde es sich entscheiden, ob Habsburg von neuem vor dem Halbmond zittern müßte.

Sorgenvolle Wochen verstrichen. In den ersten Augusttagen trafen Nachrichten ein, die Entscheidung bahne sich an. Nach weiteren zwei Wochen: die Entscheidung stehe bevor. Endlich brachte ein schaumbedeckter Stafettenreiter die erlösende Botschaft: am Maria Himmelfahrtstag habe sich der Prinz zum Sturm entschlossen, und schon am nächsten Mittag war Belgrad sein.

Im Jahr darauf wurde der Frieden von Passarowitz geschlossen. Österreich hatte das Banat, die westliche Walachei und Nordserbien für sich gewonnen. Noch niemals früher (und niemals später) war es so groß gewesen. Ein leuchtender Stern schien über Habsburg aufgegangen. Hatte die kleine Tochter dem Kaiser und seinem Hause soviel Glück gebracht?

Die Wellen der Begeisterung schlugen hoch, sie schlugen sicher in ihren Ausläufern bis in die privatesten Bereiche der kaiserlichen Familie, bis in die Atmosphäre der Kinderstuben, in denen die kleine Therese aufwuchs. Sowenig das Kind davon begreifen konnte, es mochte die glückliche Erregung gespürt, es mochte die gehobene Stimmung seiner Eltern mitempfangen, die Aura des Glückes als Grundierung der eigenen Existenz miterfahren haben.

So begann ein Leben, von dessen ersten Jahren wir wenig Genaues wissen, von dem wir aber annehmen dürfen, daß es so glücklich und so komplikationslos begann, wie Kindheiten immer nur beginnen können.

Die alte Hofburg war damals noch ein düsteres und winkeliges Gebäude. Die kaiserliche Familie zog den Aufenthalt in einem freundlichen Schlößchen mit Namen Favorita vor. Es lag nahe der Stadt im heutigen vierten Bezirk.

In der Nähe der Favorita wuchs in jenen Tagen ein großes Bauwerk aus seinen Fundamenten, die Karlskirche. Der Kaiser hatte vor Jahren, als eine Seuche wütete, ein Gotteshaus gelobt. Die Seuche war vergessen. Des Kaisers bevorzugter Architekt, Fischer von Erlach, war nun daran, einen großen Entwurf auszuführen, dergleichen man hierzulande noch nie gesehen hatte. Es schien, als habe man es dabei nicht so sehr mit einem Widmungswerk der Not, als mit einem Monument des Dankes zu tun, des Dankes für unerhörte Siege, und damit auch mit einem Monument des Ruhmes, mit einer Ehrenhalle kaiserlicher Herrlichkeit. Als Kirchenpatron war Karl Borromäus ausersehen, aber die Namensgleichheit mit dem Kaiser lenkte den Glanz der Dedikation von jenem auf diesen um. Der Entwurf wickelte ein vielschichtiges ikonographisches Programm ab, der Rundbau sollte in Nachfolge alter und uralter ehrwürdig signifikanter Gotteshäuser und Tempel begriffen werden; da war vielerlei zusammengewoben: das Pantheon zu Rom, es sprach imperiale Traditionen an; die Hagia Sophia in Byzanz, sie erinnerte an die Einheit von Staat und Kirche; und schließlich die Trajansäule: sie stand Pate den beiden Säulen des Herkules, die die Kirche flankierten, die eine trug den Adler des deutschen Reichs, die andere die spanische Königskrone auf ihrer Spitze. (So war Spanien noch immer nicht abgeschrieben?) Ein prachtvoller Bau! Von allen Symbolen abendländischen Herrschertums war diese Kirche gewiß eines der deutlichsten und selbstsichersten.

Eben diese Karlskirche war es, deren wachsende Pfeiler, deren allmählich eingewölbte Kuppel in die Lebenslandschaft der kleinen Therese blickten. Gleich nebenan werkte Meister Lukas von Hildebrandt an Prinz Eugens Palais Belvedere; vor dem Äußeren Burgtor wurden die für sechshundert Pferde bemessenen Hofstallgebäude angelegt, und neben der Hofburg wurde ein anderes prachtvolles Gebäude errichtet, die neugegründete Hofbibliothek. Die kleine Therese hörte es mit gebührender Ehrfurcht: dieser Palast sollte Tausende von Büchern aufnehmen, in ihm sollte die gesamte Wissenschaft und alle Weisheit dieser Erde eine Heimstatt finden. Wie der kaiserliche Vater der vornehmste Christ des ganzen Reichs genannt wurde, so war er auch als der vornehmste Förderer und erste Schutzherr der Wissenschaften gepriesen. Therese war eben fünf

Jahre alt, als der Papst mittels der Bulle *Suprema dispositione* Wien zum Sitz eines Erzbistums und St. Stephan zur Metropolitankirche erhob. Gewiß wohnte Therese den prunkvollen kirchlichen Feierlichkeiten bei, stundenlang kniend, geduldig und diszipliniert, wie es einer wohlerzogenen Prinzessin des alten Erzhauses zukam!

Und gewiß war dann und wann in Hofstaat und Familie von einem märchenhaften Schloß die Rede, das Meister Fischer von Erlach schon vor längerer Zeit für das Kaiserhaus entworfen hatte. Die ersten Risse zeigten einen wahrhaft grandiosen Entwurf, der, wäre er ausgeführt worden, sicherlich sogar das sagenhafte Versailles des französischen Sonnenkönigs in den Schatten gestellt hätte. Auf einem Hügel sollte das Schloß liegen, stolz und glänzend wie ein himmlisches Jerusalem, zu dem sich prachtvolle Höfe und Rampen hinaufstaffelten, von dem Bäche in Kaskaden herunterstürzten, vergleichbar den vier Strömen des Paradieses. Nie war, das versicherte man, etwas Herrlicheres ersonnen worden als dieser Bau, der Gottesgnadentum und Rechtsstaatlichkeit in gleicher Weise symbolisierte.

Nun, man hatte später eine bescheidenere Variante zu bauen begonnen, man hatte auf die Lage am Hügel verzichtet und sich im ebenen Gelände eingerichtet und hatte dann auch dieses Haus unvollendet stehen gelassen. Schönbrunn war der Name des Schlosses; wer würde es wohl dereinst vollenden?

So war Theresens All- und Feiertag und ihre ganze Umwelt mit Signen königlicher, kaiserlicher und religiöser Würden und Allegorien durchsetzt; ihre junge empfindsame Seele wurde davon geprägt. Die Infiltration erfolgte Tag für Tag durch tausend Kapillaren.

Begriff Therese etwas davon, daß man im Hause Habsburg noch immer auf einen Knaben wartete?

Sie war drei Jahre alt, als sie ein Schwesterchen, Marianne, bekam. Ein zweites Geschwister, wieder ein Mädchen, starb sehr bald. Die Mutter, Elisabeth Christine, begann zu kränkeln; ihre Schönheit verfiel, diese anfällige Schönheit einer Weißhäutigen, Hellblonden. Sie wurde dick und schlaff, ihr Gesicht war dunkelrot, sie litt an Wallungen. War diese Frau noch imstande, dem Gatten den ersehnten Sohn, dem Reich den so nötigen Thronerben zu schenken?

Die Hoffnung schwand.

Karls ohnehin leicht umwölktes Gemüt verdüsterte sich von Jahr zu Jahr. Er wurde noch langsamer in seinen Entschlüssen, noch ängstlicher in seinen Entscheidungen. Immerhin: seine Gattin, *die Weiße Liesl,* liebte er noch immer, und seine Töchter ließ er es nicht entgelten, daß sie eben nur Töchter waren. So starr und zeremoniös sich der Kaiser in der Öffentlichkeit bewegte, im Familienkreis gab er sich freundlich, geduldig und einfach.

Jagd und Musik waren seine vornehmsten Leidenschaften.

Die Jagd war in jener vergnügungssüchtigen Zeit in Hof- und Adelskreisen das beliebteste Vergnügen. Wer jagen wollte, mußte ausdauernd reiten und treffsicher schießen können, er mußte auch Erfahrung haben mit Meute, Gelände und Witterung. So weit, so gut. Aber das Zeitalter neigte wie in fast allen Bereichen auch hier zur Maßlosigkeit, zur bombastischen und – in diesem Fall – blutigen Übertreibung. Eine kriecherische Hofkamarilla war bemüht, dem jeweils Mächtigsten das Gefühl zu vermitteln, er sei in allen Belangen unübertrefflich, also sei er auch der größte Nabob. So wurde ihm das Wild zugetrieben, reihenweise defilierten die prächtigsten Stücke an seiner Büchse vorbei und kippten, getroffen, wie Schießbudenfiguren weg. Das Jagen entartete zur öden Schlächterei. Was faszinierte wohl an dieser Tätigkeit? Blutdurst, Machtgefühle, Sadismen oder auch nur die berauschende Empfindung, über den unerschöpflichen Reichtum eines Landes, über seine Natur und deren schenkende Fülle frei verfügen zu dürfen?

Mag sein, daß sich Karls vielfach beschwertes Gemüt an solchen Sensationen aufrichtete. Vor den Toren Wiens erstreckten sich weite Jagdreviere, die Donauauen wimmelten von jagdbarem Federvieh. Trotz zunehmender Kränklichkeit nahm auch die Kaiserin öfters an den Hatzen teil. Auch sie schoß gern und gut und bemängelte an ihrer Tochter Therese, daß diese zwar das Schwarze auf der Scheibe recht gut zu treffen wisse, doch auf lebende Ziele zu schießen nicht sehr geschickt sei.

Karls zweite Leidenschaft, die Musik: Er spielte selbst und spielte stundenlang auf dem Klavier, er komponierte auch und gar nicht übel. (Sein Vater, Kaiser Leopold, war ein Tonsetzer von hohen Graden gewesen.) Das Amt des Hofmusikmeisters hatte Johann Joseph Fux inne, dessen Lehrwerk *Gradus ad Parnassum*, zwar schon damals veraltet, in hohem Ansehen stand. Die ganze kaiserliche Familie übte sich nach Fuxens Anleitung in Fuxens und des Kaisers Kompositionen, darüber hinaus aber auch in der großen Musik der Zeit; das gemeinsame Flöten, Geigen, Klavierspielen und Singen verlieh dem täglichen Leben etwas Lockeres, Heiteres, Kooperatives. Bei offiziellen Anlässen steuerte der Hofdichter Metastasio seine gewichtigen Verse bei.

So war die Musik, eine im Geist des Zeitalters durch und durch harmonisierte und in gewisser Weise auch kulinarische Kunst, die Brücke, über die sich der Kaiser seiner nächsten Umgebung am zwanglosesten näherte. War er sonst so würdevoll steif in die protokollarischen Vorschriften des spanischen Zeremoniells eingeschnürt, hier war er Mensch, durfte Mensch sein, Diener und Genießer zugleich. Bei Hoffesten ergriff er sogar selbst den Stab und dirigierte dann ganze Opern.

In der Familie des Kaisers wurden zwei Sprachen gesprochen: Französisch und Wienerisch. Die Erziehung der Kinder war sorgfältig. Die beiden kleinen Mädchen, Marie Therese und Marianne, wurden vernünftigen, verläßlichen Frauen anvertraut: zuerst einer Gräfin von Thurn, dann einer Gräfin von Stubenburg und endlich der verwitweten Gräfin Marie Karoline Fuchs, einer geborenen Gräfin Mollart, von Therese „Mami" genannt. Sie hängte ihr Herz an die kluge, hochgebildete und feinfühlige Frau und bewahrte ihr Freundschaft und Dankbarkeit bis über den Tod hinaus.

Jesuiten besorgten den Unterricht der kleinen Prinzessin: ein Pater Franz Xaver Vogel war ihr Religionslehrer, ein Pater Spannagel führte sie in die Geschichte ein. Von ihm hieß es, er habe ihr erste aufklärerische Neigungen beigebracht. Marinoni sorgte für erste Grundlagen der Rechenkunst, der Hofkapellmeister Caldara war der Musiklehrer, und der Ballettmeister Levassori della Motta lehrte die künftige Kaiserin tanzen.

Die kleine Prinzessin lernte nicht wenig, wenn man den Quellen glauben will, daß sie schon früh sowohl Spanisch als auch Italienisch beherrschte (das Französische verstand sich ohnehin von selbst) und in ihren Lateinstudien so weit gelangte, daß sie die stilistischen Besonderheiten der römischen Autoren zu unterscheiden imstande war. Für Geschichte entwickelte das junge Mädchen viel Interesse. Ihre Stimme war schön, und ihr Gesang erweckte Bewunderung.

So war Therese nach damaligen Begriffen ein hochgebildetes Frauenzimmer. Doch was sie nicht gelernt hatte, worauf man sie nie vorbereitet, wofür man ihr keinerlei Rüstzeug mitgegeben hatte, war ihr künftiger Beruf, der der Herrscherin. Jurisprudenz und Staatsrecht waren aus ihrem Bildungsgang ausgespart worden, ebensowenig hatte die junge Prinzessin von Ökonomie und Finanzen gehört, geschweige denn von der kniffligen Methodik der Diplomatie. Sie war in der schönen Unwissenheit der Realien aufgewachsen. Dabei wurde es doch klar und klarer: sie war die Erbin des Thrones und würde es, mangels eines zweiten Bruders, bleiben.

Über ihrer Stirn schwebte schon die Krone, warum hielt man sie noch immer im Käfig einer mißverstandenen Schonung gefangen?

Werbungen

Karl VI., zärtlicher Gatte und Vater, brachte es doch nicht über sich, seine Hoffnungen – inzwischen schon recht dürftig gewordene Hoffnungen – auf einen männlichen Thronerben endgültig zu begraben. Zwar – von seiner geliebten Weißen Liesl konnte er keinen Thronerben mehr erwarten. Doch – war es nicht möglich, daß die Kaiserin starb? Dann konnte er, der verwitwete Kaiser, wieder heiraten, konnte, mit Gottes Gnade, einen Sohn zeugen, in ihm einen tüchtigen Nachfolger erziehen . . .?

Endlose Spekulationen über tausend Wenn und Aber, Hirngespinste eines schwerblütigen Grüblers über dem – ihm immer schwerer überschaubaren – Schachbrett der Politik.

Auch für ihn, den Kaiser, galt der Grundsatz: auf Frauenherrschaft ist nicht zu bauen. Sollte Therese in der Tat die Krone erben, die Regierung würde de facto doch ein Mann führen, Theresens Mann, der prospektive Schwiegersohn. Wer würde das sein?

Therese war noch nicht einmal geboren worden, als die Stände des kroatischen Ungarns anfragen ließen, welchem Fürsten die älteste Tochter des Kaisers, so eine solche geboren würde, vermählt werden sollte.

Damals antwortete man, das könne man doch wahrhaftig noch nicht voraussehen.

Doch kaum daß die Kleine erschienen war, rührten sich an allen Höfen Europas schon die Kuppler. Wem würde sie einstmals ins Brautbett gelegt werden?

Da war zum Beispiel Spanien und die ehrgeizige und ränkesüchtige Gattin jenes Philipp von Anjou, der Karl aus dem Traumland seines Lebens, aus Spanien, verdrängt hatte; diese Frau, eine geborene Farnese, beherrschte ihren Gatten völlig. Sie hatte ihm in zerrütteter Ehe drei Kinder geboren, zwei Söhne, eine Tochter. Diesen Kindern wollte sie eine glänzende Zukunft verschaffen. Da ältere Halbgeschwister aus des Königs erster Ehe vorhanden, die Krone Spaniens also für keines der drei zu erhoffen war, so spann die Mutter rastlos Pläne anderer Art. Carlos, der Ältere, und Philipp, der Jüngere, sollten sich ein Land erheiraten und womöglich ein ganzes Reich. Was lag näher, als daß sich ihr Augenmerk auf die Töchter des Kaisers richtete?

Freilich hatte Spanien soeben erst wieder einen Waffengang mit Österreich beendet, einen Waffengang, der um die italienischen Besitzungen geführt worden und darauf hinausgelaufen war, daß Spanien in Italien doch wieder Fuß faßte; doch das störte die Königin keineswegs, beim Feind von gestern und vorgestern vorzufühlen. Im November 1724 wurde ein gewisser Ripperda auf den Weg geschickt; er sollte die Geneigtheit des kaiserlichen Hofes erkunden und den Antrag des spanischen Hofes ins Spiel bringen: der junge Carlos sollte mit Therese versprochen werden, der jüngere Philipp mit der kleineren Marianne. Obwohl Ripperda nicht in hochoffizieller Rolle erschien, gelangten seine Vorschläge doch sofort an höchste Stelle. Er war noch nicht einmal zehn Tage in Wien, als in der Hofburg die erste geheime Konferenz über dieses Thema abgehalten wurde.

So war das kleine Mädchen, noch ehe ihm die ersten Milchzähne locker wurden, bereits zum Drehpunkt großer Politik geworden. Ja, zum Drehpunkt großer Politik! Denn – gesetztenfalls, man nahm den spanischen Antrag an, die Folgen waren kaum abzusehen. Ganz Europa würde erschüttert werden! Österreich würde das bestehende politische System verlassen, das Bündnis mit England und Holland brechen, die Feinde von gestern zu Freunden erklären. Das ganze Konzert des europäischen Gleichgewichts müßte umgestimmt und umkomponiert werden. Der hocherfahrene Prinz Eugen widerriet. Auch andere Ratgeber erhoben Bedenken. Nur der Kaiser dachte nicht daran, das angesponnene Palaver abzubrechen. Es war ganz nach seinem Sinn, weitentfernte Modalitäten zweifelnd bedächtig durchzuspielen. Die Verhandlungen wurden in tiefstes Geheimnis gehüllt. Um die Horcher in der Hofburg zu täuschen, verlegte man den Ort der Konferenzen in ein einfaches Landhaus in Hernals. Am Ende aber wollte sich Karl doch zu nichts verpflichtet haben. Er versicherte den Madrider Hof seiner *bonne et sincère intention*, seiner guten und aufrichtigen Absichten, doch das hieß in der diplomatischen Sprache jener Tage so gut wie gar nichts.

Denn da waren noch andere regierende Familien und Häuser, deren Söhne allenfalls für die österreichischen Prinzessinnen in Frage kamen. Die Bayern etwa, die Wittelsbacher, eine Nachbarschaft, mit der nicht gut Kirschen essen war. Um so tunlicher hätte es scheinen können, sie mittels neuer Blutbande an sich zu binden. – Oder die Lothringer! Ja, auch an sie denkt der pläneschmiedende Kaiser. Und an sie am meisten.

Zwar: sie sind eine Familie nur zweiten oder gar dritten Ranges im Chor der europäischen Dynastien. Ihr Land ist nur klein und liegt unglückseligerweise noch dazu gerade an der Ostgrenze Frankreichs. Eine gefährliche, eine brisante Nachbarschaft, von der nichts als Ungelegenheiten zu erwarten sind. Doch Karl hat nostalgische Anwandlungen. Er denkt in die Vergangenheit zurück: Lothringens Herzöge haben den Habsburgern schon so manchen Dienst erwiesen.

So hat einer von ihnen in der Stunde höchster Not Wien von den Türken entsetzt. Karl hieß er, jener treue Held, und jetzt wachsen seine Enkel heran, hoffnungsvolle Burschen, wie man hört, wer weiß, ob nicht einer von ihnen zum Schwiegersohn taugt? – Ihr Vater, der regierende Herzog, läßt sich das nicht zweimal sagen. Bereitwillig setzt er seinen Ältesten, Clemens, in Marsch, einen Jüngling, „der zu den schönsten Hoffnungen berechtigt", ernst, eifrig in seinen Studien und „ein teutsches Gemüt", das heißt ein Hasser Frankreichs.

Wird er für würdig befunden werden, die junge Erbin heimzuführen? Der Kaiser scheint geneigt. Aber da geschieht das Malheur. Der junge Clemens bekommt die Blattern und stirbt. Kaiser Karl kondoliert dem Vater des Verstorbenen aus bewegtem Herzen. Mit sechs Jahren muß sich Marie Therese bereits als kleine Witwe fühlen.

Aber – respektlos ausgedrückt: Nachschub steht schon bereit. Ist Clemens gestorben, kann ja sein jüngerer Bruder Franz in seine Fußstapfen treten, Franz Stephan von Lothringen – und mit ihm Maria Theresias Schicksal.

Als Marie Therese Franz Stephan zum erstenmal begegnete, war sie noch nicht sieben Jahre alt. Er war gerade fünfzehn geworden. Das kleine Mädchen mochte aus allerlei Andeutungen und Indiskretionen aus dem Mund ihrer Domestiken erfahren haben, was es mit dem Auftauchen des zweiten lothringischen Prinzen für eine Bewandtnis hatte. Sein Erscheinen am Hof war durch ein fadenscheiniges politisches Manöver notdürftig bemäntelt worden. Aber nachdem der junge Lothringer dem Kaiser auf Schloß Brandeis vorgestellt worden und „in allem gescheid, manierlich, achtsam" und sogar „recht wunderlich vor so zarte Jahr vollkommen" befunden worden war, hielt man nicht mehr zurück, sondern führte den Jungen mit sich nach Wien, nahm ihn sogar in der Hofburg auf und zählte ihn von nun an zur Familie. Karl VI. schrieb Franz Stephans Vater, seinem Freund Herzog Leopold von Lothringen, einen schmeichelhaften Brief. Er versichert, daß er stets eingedenk, „wie nahe sie befreundt und so zu sagen von einem Hauß seien" und er, der Kaiser „schon lang von einem einzigen will und gedanken beselt", nämlich dem, „die freundschafft beständig zu halten und beide häuser alleweil mehr zu vereinen", er sehe aber doch noch nicht die Zeit gekommen, eine ganz feste Abmachung zu treffen, kurz, auch den Lothringer versichert er seiner besten Intentionen, schiebt auch hier jede Entscheidung auf die lange Bank und läßt alles offen.

Nichtsdestoweniger antwortet Herzog Leopold aus Nancy recht wohlgemut, er danke dafür, daß der Kaiser „seinen unwürdigsten Sohn als Eydam" angenommen habe.

KARL VI. AN HERZOG LEOPOLD, PRAG, 2. SEPTEMBER 1723.
Kan ich Euer Libden zu Dero billichen vätterlichen Trost ohne flateri wahrhafft versichern daß dießer Herr recht wunderlich vor so zarte Jahr vollkomen ist, in allem gescheid, manierlich, achtsamb undt mit einem wort also daß Euer Libden Gott darumb dancken können undt man wohl siehet daß er also vnter des Herrn Vattern stetten Augen vndt obsicht erzogen worden ist. Kan auch Euer Libden versichern daß er bei allen Leuten beliebt vndt admirirt ist, vndt ist nur mein gröste sorg daß er bey vnß gnug bedient vndt gesund bleiben möge, welches mir auch die freyheit genommen, allen seinen absonderlich dem Docter braf einzubinden, dan dieß mein gröste sorg, vndt daß ihm auch bey vnß die Zeit nit lang werdt; hab auch gerathen daß man suche so vill möglich seine ordentliche Stunden halten zu lassen, dan daß bey jungen Leuten sehr nothwenig.

„Der unwürdigste Sohn" hat unterdessen seine Gemächer in der Nähe der kaiserlichen Familie bezogen. Er ist zwar ein einfaches Gemüt, aber doch klug genug zu begreifen, daß ihm hier die Chance seines Lebens winkt. Man hat ihn mit Vorschriften vollgestopft, wie er sich in Wien zu benehmen habe. Sogar der große Prinz Eugen ließ dem Knaben aus Lothringen gewisse Eitzes geben: Es ist nötig, sagte er, daß der Erbprinz sich in der Nähe des Kaisers höchst respektvollen Wesens befleißige, daß er seine Lebhaftigkeit so weit zügle, daß er den Kaiser nie von sich aus anspreche, jede Vertraulichkeit vermeide, keine Fragen stelle und sich der deutschen Sprache bediene. Ist er aber mit der Kaiserin beisammen, darf er schon ein wenig kecker sein. So wird er erreichen, daß die Kaiserin und ihre Damen freundlich von ihm sprechen und dem Kaiser den Wunsch einflößen, den Prinzen einmal auch in zwangloser Munterkeit zu sehen. Ist das einmal der Fall, wird der Erbprinz dem Kaiser gefallen und damit auch dem ganzen Hof.

Nun, Franz Stephan gewöhnte sich ein und gefiel, er gefiel dem Kaiser, infolgedessen auch dem Hof, und er gefiel nicht zuletzt dem kleinen Mädchen Therese, in der sich allmählich die ersten weiblichen Sympathien regen mochten, zarte Vorahnungen liebender Gefühle, erste Schauer der Neugier, erste vorfühlende Versuche der Koketterie. Wie sich das abspielte – wir wissen nichts davon; aber möglicherweise war da ein backfischiges Kichern und Um-die-Ecken-Spähen, ein Sich-Nähern und Flüchten, dann wieder ein Trotzen, Bocken und

Schmollen. Franz Stephan mag abwechselnd geniert und geschmeichelt gewesen sein. Fürs erste hielt er sich vor allem an den Vater seiner kleinen Nymphe, und er tat gut daran, sich an ihn zu halten. Er begleitete den Kaiser zur Jagd. Bei Weidwerk und Reiherbeize machte er sich ihm unentbehrlich.

Karl, der sich sein Leben lang vergeblich nach einem Sohn gesehnt hat, schließt den stets freundlichen, stets heiteren, unkomplizierten Burschen wirklich ins Herz, ohne freilich aufzuhören, in eben demselben Herzen ganz andere Pläne zu wälzen. Denn so weit kann Karl seine kaiserlichen Interessen nicht zurückstellen, daß sie ihn nicht Tag für Tag schmerzlich daran erinnerten, dieser Lothringer würde für seine kostbare Therese doch nur eine mindere Partie sein. Darum schweifen seine Überlegungen nach wie vor von Hof zu Hof, und überall wachsen Erbprinzen heran.

Da hat doch einmal der nun allmählich vergreisende, aber immer noch überaus ehrwürdige Prinz Eugen von diesem Friedrich gesprochen, dem Ältesten des Preußenkönigs, und halb im Scherz, halb im Ernst die Möglichkeit erwogen, ihn mit Therese zu verbinden. Österreich und Preußen, wäre das nicht eine umwerfende Kombination? Nein, der Gedanke ist allzu toll: denn Preußen ist reformiert und Habsburg katholisch in Ewigkeit. Die Kombination ist zu absurd und wird vom Tisch gewischt.

Wetterfronten

Es ist hier nicht der Ort, alle „die Irrungen", die Konflikte und Kriege zu beschreiben, die in jenen Jahren Europa heimsuchten und somit auch Österreich und das Kaiserhaus beschäftigten.

Wir können uns hier nur auf jene einlassen, die Maria Theresia und ihre Familie in engerem Sinne betrafen.

Kaiser Karl hatte seit den glanzvollen Tagen von Peterwardein, Belgrad und Passarowitz nicht mehr viel Glück im Spiel um die Vorherrschaft in Europa gehabt, und Schuld daran trug nicht zuletzt die Garantie, die er für eben dieses Glück erzwingen wollte, die Pragmatische Sanktion.

Dieses fundamentale dynastische Hausgesetz mußte, darüber konnte leider kein Zweifel bestehen, ein wertloses Stück Papier bleiben, wenn es dem Kaiser nicht gelang, völkerrechtliche Verankerungen dafür zu erreichen. Ein an und für sich einleuchtender Gedanke, und doch: der Gedanke eines Idealisten. Hätte er, Karl, denn nicht wissen müssen, daß die Herren, die auf den Thronen Europas saßen, und auch ihre Ratgeber und Minister von Treu und Glauben so wenig hielten wie eine Horde Banditen? Einer der biedersten dieser Fürsten, Friedrich Wilhelm von Preußen, äußerte sich vernichtend über die Haltbarkeit von Abmachungen: „Garantie hin, Garantie her, wird wohl sein Tage eine einzige gehalten? Eine Garantie ist ein Traktat und heute wird kein Traktat mehr erfüllt; indem man einen macht, gedenkt man schon auf Moyens, wie man ihn mit guter Art wieder brechen kann."

So hatte Prinz Eugen, der alte Weise, vermutlich recht, als er sagte, es wäre besser um Österreich bestellt, wenn Seine Majestät seiner Erbin eine starke Armee und eine volle Kasse hinterließen anstatt eines feierlichen Papiers.

Doch Karl war nun einmal von der Heiligkeit von Eidesformeln überzeugt, vor allem wenn sie ihm geleistet wurden (weniger wenn er sie selbst zu leisten hatte) – und so geriet er in die peinliche Lage, als Bittsteller zu den Höfen Europas zu kommen, Bittsteller um Zustimmung, um Gewährung eben jener berüchtigten Garantien. Die sogenannte Quadrupelallianz brachte ihm in dieser Richtung etliche Erfolge ein; England, Frankreich, Holland und auch Rußland zeigten sich der Reihe nach geneigt, die Pragmatische Sanktion mit einigen Wenn und Aber anzuerkennen. Sogar Spanien ließ sich herbei, mit seinem Konsens zu winken. Doch die Wetterfronten wechselten zu rasch, das Netz der gegenseitigen Beziehungen zeigte sich zu anfällig; immerfort gab es Verstimmungen; Mißtrauen wachte überall, überall wurden Minen gelegt und Sicherungen untergraben.

Auf die alten Verbündeten Holland und Britannien war auch nur mit Vorbehalt zu rechnen. Es tat weh, daß man als kaiserliche Majestät immer wieder auf englische Gelder spekulieren und um englische Subsidien bitten mußte. Die Realisten an der Themse wußten sich rar zu machen. Mit Argusaugen wachten sie darüber, daß ihren geheiligten Rechten auf den Meeren der Welt, Kauffahrteirechten, nur ja kein Tüttelchen verlorenginge. So hatte es sich doch der Kaiser einfallen lassen, vor Englands Toren eine überseeische Handelskompanie zu gründen. Das war ein harter Verstoß. Wußte er denn nicht, daß Handel und Wandel über die Weltmeere nur der Seemächte gutes Recht waren und bleiben sollten?! Man hatte ohnehin schon genug Ärger mit Spaniern und Franzosen. Für einen dritten Konkurrenten, gar eine Kontinentalmacht wie Österreich, war hier kein Platz. So ließ man dem Wiener Hof mit aller Deutlichkeit sagen, die Ostendische Kompanie habe zu verschwinden, wer mit England verbündet sein wolle, dürfe England nicht reizen. Und Karl, erschreckt und eingeschüchtert, entsagte auch dieser von ihm seit langem zärtlich gehegten Idee, natürlich der Pragmatischen Sanktion zuliebe.

Ein Jahr später näherte er sich Preußen an und gelobte ihm Gebietszuwachs am Niederrhein. Für diese Versprechungen fand sich der rauhbeinige Friedrich Wilhelm bereit, das kostbare pactum anzuerkennen und sich zu verpflichten, daß er bei einer späteren Kaiserwahl seine Stimme jenem Prinzen geben würde, dem der Kaiser seine Erbtochter vermählen werde, vorausgesetzt, so fügte der Preuße hinzu, jener Prinz entstamme altem deutschem Reichsfürstengeschlecht.

Damit war das immer noch schwelende Heiratsprojekt mit Spanien aufgegeben. Neue Feindseligkeiten flammten auf. Die auf ganzer Linie enttäuschte Elisabeth Farnese versuchte sich zu rächen, Bourbon trat gegen Habsburg in Italien an. Das zermürbene Spiel ging weiter, ging viele Jahre weiter. Unterdessen und überdies bereitete sich im nordöstlichen Mitteleuropa eine neue Tragödie vor: die um die Erbfolge in Polen. Auch sie warf ihre Schatten auf Österreich. Auch hier hatte der Kaiser Haare zu lassen.

Liebesvorspiel: Nähe und Entfernung

Inzwischen nahm das Leben in Wien seinen Gang. Franz Stephan wurde nach wie vor als Mitglied der Familie Habsburg behandelt und als eine Art Erbprinz erzogen. Nachdem man seine lothringischen Begleiter nach Hause geschickt hatte, gewährte man ihm einen eigenen kleinen Hofstaat. Oberhofmarschall bei ihm war ein Graf Cobenzl, ein dem Kaiser ganz ergebener Mann. Ihm zur Seite stand ein General Freiherr von Neipperg, einer der kenntnisreichsten Offiziere des österreichischen Heeres, freilich auch einer der umständlichsten und ängstlichsten. Als Lehrer wurde Franz Stephan der böhmische Appellationsrat Langer beschert.

Was Franz Stephan bei diesem Mann lernte, ist nicht ganz klar. Er war wie alle Prinzen seines Hauses zweisprachig aufgewachsen, deutsch und französisch. Aber er konnte sein Lebtag niemals einen fehlerlosen deutschen noch einen fehlerlosen französischen Satz schreiben. In beiden Sprachen war seine Orthographie sogar für damalige Zeiten haarsträubend. Dafür entwickelte er in den Realien, besonders auf dem Gebiet des Finanzwesens, einen lebhaften praktischen Sinn. Das Studieren war nicht seine Leidenschaft. Alljährlich mußte er vor einem Gremium eigens dafür bestellter Höflinge eine Prüfung ablegen. Doch dabei wurde der junge Mann eher komplimentiert, als daß man ihn in die Mangel nahm. So fiel die Prüfung, wie konnte es anders sein, „zu dero allerhöchsten Zufriedenheit aus". Weiterhin tat sich Franz Stephan auf der Jagd hervor, auch beim Tanzen, Spielen und Komplimentieren machte er sich angenehm, ein gemütlicher, fast immer wohlgelaunter Junge, der sein Leben zu genießen wußte und allem, was nach Theorie, Staatsrecht und Philosophie roch, im Bogen aus dem Wege ging.

Die kleine Therese schien das nicht zu stören. Vorläufig wußte sie ja nichts anderes, als daß der Vater mit dem Plan umging, sie einstmals diesem freundlichen Vetter zu vermählen, und da sie ihren Vater liebte und verehrte, wuchs ihre eigene Neigung zu „mäusl", in schöner Übereinstimmung mit dem Gesetz ihrer Welt. Wann ihre Reife eintrat, weiß man nicht. Aber es ist von ihrem Typus her zu vermuten, daß sie keine Spätentwicklerin war.

Gewiß war der Wiener Hof im Vergleich zu anderen Fürstenhöfen Europas, dem französischen, dem sächsischen, dem spanischen, eine Schule der Tugend und des Anstands. Dennoch dürfte es an leisen Frivolitäten und Zweideutigkeiten nicht gefehlt haben. Die Luft pulste von Sinnenlust jeder Art. Dabei wachte man selbstverständlich mit Argusaugen über alle Schritte der Prinzessinnen. Hier verschränkten sich strengste Tabus mit deftiger Aufreizung. Ein junges gesundes Mädchen von der Vitalität Theresens mag es in solcher Umgebung nicht immer leicht gehabt haben, das Gleichgewicht zu bewahren.

Doch ehe die pubertären Vibrationen der Schwärmerei in die Wellen der Leidenschaft umschlagen konnten, wurden die jungen Liebenden voneinander getrennt.

Im April 1729 traf die Trauernachricht ein, daß Franz Stephans Vater, der Herzog von Lothringen, gestorben war. Nun war Franz Stephan Souverän. Nach sechsjähriger Abwesenheit kehrte er in seine Heimat zurück und trat die Regierungsgeschäfte an.

Lothringen, beiderseits der oberen Mosel gelegen, war deutsches Reichsland, aber, wie schon angedeutet, ein neuralgischer Punkt der Weltpolitik. Frankreich hatte sich im Laufe der Jahrhunderte langsam, aber sicher ostwärts vorgeschoben. Jetzt umklammerte es Lothringen schon in bedrohlicher Weise. Wann würde es so weit sein, daß es auch hier vorzustoßen wagte?

Noch lebte Franz Stephans Mutter, die Herzogin-Witwe, auch ein Bruder Carl war da, und beide waren sehr einverstanden damit, daß

Franz im fernen Wien um die Erbtochter des Kaisers diente. Man erhoffte sich davon auch für Lothringen die glänzendsten Aussichten. Hätte die Verwandtschaft geahnt, daß ihnen eben diese Aussichten Land und Heimat kosten würden, sie wären sicher nicht entzückt gewesen.

Nun war also Franz Stephan in Lunéville und hielt sich wacker. Den Verführungskünsten lothringischer Damen widerstand er – wohl in Gedanken an das ferne Bräutchen. Dafür befaßte er sich mit den zerrütteten Staatsfinanzen, erließ Anordnungen zur Sparsamkeit und zeigte Anwandlungen von – in Lunéville ungewohntem – Lebensernst. Aber bleiben konnte er nicht. Zu gewaltig zog es ihn nach Wien zurück. Vorerst freilich begab er sich auf Kavalierstour in die Welt, in die Österreichischen Niederlande, nach Holland, England, schließlich nach Preußen. Seine Mutter führte indessen die Regentschaft.

Nach Preußen war Franz Stephan zu einem besonderen Anlaß geladen worden. Dort wurde nämlich soeben eine Verlobung gefeiert, eine wichtige und hochpolitische Verlobung: Der Erbprinz von Preußen versprach sich der Elisabeth von Braunschweig-Bevern, einer Verwandten des Kaiserhauses, einer Nichte der Weißen Liesl; ein problematischer junger Mann wurde mit einem unbedeutenden kleinen häßlichen Mädchen verbunden. Diese Verbindung hatte der Vater des Bräutigams geklittert, derselbe Vater, der seinen Sohn kurze Zeit zuvor ins Gefängnis geworfen, wie einen Verbrecher behandelt, ja mit dem Tod durch das Richtschwert bedroht hatte. Entsetzliches wurde über die Vorgänge referiert, alle Höfe Europas gerieten in Aufregung über dieses jedem Begriff familiärer Solidarität hohnsprechende Drama. Das Drama war indessen abgeklungen; der Sohn, so schien es, hatte sich nach einem mißglückten Fluchtversuch, nach Haft und Pönitenz dem strengen Vater unterworfen. Der Vater hatte nun auch die Braut bestimmt, und der Sohn hatte geantwortet: Ja, jede sei ihm recht.

Nun wurde, wie gesagt, die Verlobung gefeiert.

Franz Stephan gehörte zu den vornehmsten Gästen. Man wußte schon, daß man in ihm den künftigen Regenten von Österreich, womöglich den künftigen Kaiser zu vermuten habe. Der Erbprinz von Preußen reagierte entsprechend. Er entfaltete seine liebenswürdigsten Seiten und bezauberte den jungen Herzog von Lothringen so sehr, daß dieser bei seiner Abreise von Berlin der sicheren Überzeugung war, in Friedrich von Preußen einen freundgewillten Verwandten, ja einen echten Freund gefunden zu haben.

Friedrichs eisblaue Augen mögen den netten Jungen aus Wien–Lunéville mit durchdringender Neugier gemustert haben. Niemand erfuhr, was er bei dieser Musterung erkannte. Niemand erfuhr, was sich in ihm dabei an schattenhaften Plänen schon regte. Ihm, Friedrich, war keiner gewachsen.

Franz Stephan war noch nicht einmal in Wien angekommen, als er eine ihm sehr unwillkommene Nachricht erhielt: der Kaiser habe ihn zum Statthalter des Königreichs Ungarn ernannt. War das nicht eine große Ehre für den jungen Herzog, war nicht die Übertragung der Statthalterschaft über das größte und heikelste aller habsburgischen Kronländer ein untrügliches Zeichen dafür, daß der Kaiser ihn endgültig zum Schwiegersohn ersehen hatte? Gewiß eine Ehre, aber eine, die ihn vom Wiener Hof auch weiterhin entfernte. Zwei Jahre lang hatte er Marie Therese nicht mehr gesehen. Was, wenn sie ihr Herz von ihm abwandte? Was, wenn ihm – noch schlimmer – die Zuneigung des Kaisers durch feindselige Intriganten, Ohrenbläser und Zwischenträger entfremdet würde? Denn an solchen war kein Mangel.

Franz Stephan schreckte auch deshalb vor der neuen Aufgabe zurück, da er sich in den verwickelten ungarischen Angelegenheiten so gut wie gar nicht auskannte. Ungarn war in der Tat ein Wespennest der widersprechendsten Interessen, ein Land, in dem der krasseste aristokratische Egoismus über ein in ebenso krasser Unwissenheit und Abhängigkeit gehaltenes Volk herrschte; in dem es überdies nicht nur *eine,* die magyarische Nation, sondern deren mehrere gab, Kroaten, Slowenen, Serbokroaten, Serben, aber auch Deutsche, und jede Nation war eifersüchtig auf die andere und immer bereit, mit anderen, womöglich auswärtigen Mächten, gegen die Nachbarnation zu konspirieren. Franz Stephan graute es. Aber des Kaisers Befehl war eben des Kaisers Befehl, er ging nach Preßburg ab.

Preßburg war in jener Zeit die Hauptstadt Ungarns, nahe an Wien gelegen, das mochte Franz Stephan im ersten Augenblick getröstet haben, doch dann mochte er einsehen, er könnte nicht einfach in Preßburg sitzen bleiben. So machte er sich auf eine lange Visitationsreise durch das Land. Er gründete Manufakturen, er besuchte die Festungen Komorn und Ofen und kümmerte sich um deren fortifikatorischen Zustand. Er besuchte auch die Schlachtfelder, auf denen Prinz Eugen seine glorreichen Siege errungen hatte. Hier mochte der junge Herzog, sonst mit beiden Beinen auf dem Boden stehend, gewissen schmeichelhaften Träumen nachgegangen sein.

Doch während er sich vielleicht am Ufer der Save in heldische Phantasien verlor, geschahen weit hinten im Westen böse Dinge, die ihn mit betrafen.

Das polnische Verhängnis

An welchem Ende kann der Nacherzähler jener Ereignisse den Faden zu fassen kriegen, der sich in endloser Verwirrung und Verschlingung schon seit Jahrzehnten durch die europäische Geschichte fitzte?

Natürlich ging es wieder um die Pragmatische Sanktion.

Schon lange hatte man in Frankreich davon munkeln gehört, daß der Kaiser seine Erbtochter dem Herzog von Lothringen vermählen wollte. Dieser Plan konnte hier nur Mißbehagen auslösen. Denn man hatte, wie gesagt, schon lange sein Augenmerk auf Lothringen gerichtet, man hoffte, es werde eines Tages wie eine isolierte feindliche Festung dem eigenen Machtbereich zufallen. Wenn aber der Regent dieses Landes über Habsburgs Reich verfügte, womöglich noch deutscher König und Kaiser würde, dann war das morsche Bollwerk neu befestigt, dann wurde es womöglich uneinnehmbar.

Kardinal Fleury, der starke Mann in Frankreich, der für seinen König Ludwig XV. regierte, zerbrach sich den Kopf, wie er dies verhindern könnte. Fleury, Nachfolger der mächtigen Kardinäle Richelieu und Mazarin, galt als sanfter höflicher Mann, als abgeklärter Weiser, der nie gröblich verfuhr, nie auf die Pauke schlug. Doch in seinem von silbernen Löckchen umschwebten Haupt herrschte ein eiserner Wille. Er wußte, was er Frankreich schuldete und, vor allem, was er in seiner Position zu erbringen hatte, wollte er seine Position behalten.

Bis in die ersten Monate 1733 war er sich aber noch nicht im klaren, wie er die Sache Lothringen anzupacken hatte.

Da eröffnete der Tod König Augusts von Polen die polnische Thronfolgerfrage, die die Kabinette schon lange und immer wieder beschäftigt hatte und die sich nun rasch zu einem europäischen Konflikt auswuchs.

König August von Polen war nämlich gar kein Pole gewesen. Er war Kurfürst von Sachsen und hatte die polnische Krone nur durch die seltsamen Verhältnisse gewinnen können, die in diesem seinem – allerdings nicht unmittelbar angrenzenden – Nachbarland herrschten. Polen hatte es nie zu einer festen, stabilen Staatsform gebracht. Es war eine Adelsrepublik mit Wahlkönigtum; gewählt wurde vom Adel. Der Adel, eifersüchtig untereinander, pflegte seine Stimme dem Meistbietenden zuzuschlagen. Doch – wer hatte für gewöhnlich am meisten zu bieten? Nicht der Tüchtigste, nicht der für die Regierung des polnischen Volkes Geeignetste und Patriotischste, sondern der, der die kräftigste Unterstützung des Auslands ins Feld zu führen hatte, oder gar ein ausländischer Souverän.

So war dieses große fruchtbare, allerdings schlecht verwaltete Land zu einem politischen Vakuum geworden und, ähnlich wie Italien, zum Spielfeld europäischer Mächte.

August der Starke hatte bewegte Jahrzehnte hindurch über das Land geherrscht. Nun war er tot, und ganz Europa kam über die Frage seiner Nachfolge in Bewegung.

Sachsen hatte Karl VI. die Pragmatische Sanktion feierlich garantiert; so war Österreich seinerseits für dessen Nachfolge in Polen. Den gleichen Kandidaten bevorzugte Rußland. Aber Frankreich hatte einen ganz anderen Mann auf der Pfanne, Stanislaus Leszczynski. Er war schon einmal auf Polens Thron gesessen, war dann vertrieben worden und hatte zähneknirschend zusehen müssen, wie sich August wieder in seinem Land festsetzte. Nun wartete er auf seine Stunde und hoffte; er hoffte nicht ohne Grund, denn er hatte unterdessen eine mächtige Verbindung geknüpft: Er war der Schwiegervater Ludwigs XV. geworden und war damit in das Kraftfeld Frankreichs eingerückt und ein mächtiger Trumpf in dessen Hand.

Und richtig: als Stanislaus winkte – er winkte mit französischem Geld –, zeigte sich Polens Adel bestochen und versprach ihm die Krone. Stanislaus kam unter fremdem Namen, verkleidet und unerkannt durch Deutschland angereist. Unter freiem Himmel trat die Wahlversammlung zusammen. Stanislaus' Anhang schrie jeden Widerspruch nieder. Ein einziger Edelmann wagte vorzutreten und sich für den Kurfürsten von Sachsen zu erklären. Man stürzte sich auf ihn und schlug ihn halbtot, so war der neue König gekürt.

Rußland erhob Protest und marschierte in Polen ein. Leszczynskis Heer war viermal so stark wie das russische Expeditionskorps. Doch Polens Adel wich zurück. Er hatte Leszczynski zwar gewählt, hatte aber keine Lust, für ihn zu sterben. Leszczynski floh quer durch sein eben gewonnenes Reich und rettete sich schließlich nach Danzig. Nun freilich erhob sich Frankreich. Es rächte die Niederlage seines Günstlings an Österreich, da es sich am fernen Rußland nicht rächen konnte. Es griff Österreich mittels spanischer Kräfte in Italien an, und es besetzte Lothringen.

Diese Hiobsbotschaft erhielt Franz Stephan, als er in Ungarn Verwaltungsgeschäfte zu erledigen hatte. Sie mag ein harter Schlag für den jungen Mann gewesen sein, ein um so härterer, als ihm sicher zu Ohren kam, was sich ansonsten tat in den Kabinetten und Kanzleien des österreichischen Hofes, aber auch anderer Höfe. Um ein Haar ging es für ihn, Franz Stephan, um Sein oder Nichtsein.

Österreich verlor fast alle seine Besitzungen in Italien. Es mußte zusehen, wie Frankreich über den Rhein marschierte. Zwar stand noch immer Prinz Eugen an der Spitze des kaiserlichen Heeres, doch leider, es war der alte Eugen nicht mehr. Er war bedenklich und bedächtig geworden, er holte zu keiner Schlacht mehr aus, er verzettelte seine Kräfte und die seiner Verbündeten.

Es stand schlimm um Karls Reich, sehr schlimm.

Und so setzten sich die alten Mühlen der Überlegungen wieder in Bewegung.

Wie, wenn man Abstand nähme von der Einheit und Ganzheit der Monarchie, um doch wenigstens die Erbfolge zu retten? Und wenn man auf die alten Heiratspläne und Werbungen zurückkäme von Bayern oder Spanien? Sogar Prinz Eugen riet jetzt zu einer solchen Lösung.

Franz Stephans und Theresens gemeinsame Zukunft stand für Augenblicke auf Messers Schneide.

Verzicht und Heirat

Da trat wieder eine Wende ein, eine Wende zugunsten der sogenannten Konzertierung der Mächte. Was bedeutete das? Das hochmusikalische Zeitalter bediente sich auch in der Politik eines musikalischen Bildes: so wie in einem Orchester kein Instrument die anderen übertönen und dominieren sollte, so sollte auch unter den Mächten Europas keine Macht die anderen an die Wand spielen dürfen. Eifersüchtig überwachte man den Zustand des Gleichgewichts. War, wie eben jetzt Österreich, ein Staat nahe daran, von einem anderen – nämlich Frankreich – erdrückt zu werden, so meldeten sich Dritte drohend zu Wort; in diesem Falle England mit seinem Partner Holland. Nicht eine militärische Entscheidung führte das Kriegsende herbei, sondern Neid und Mißgunst unbeteiligter oder nur flankierender Nebenbuhler. Sie erzwangen, daß reiner Tisch gemacht wurde. Habsburg war wieder einmal gerupft, doch gerettet: es verlor Neapel und Sizilien im fernen Süden, das mochte zu verschmerzen sein. Bitterer war, daß Frankreich sein Faustpfand Lothringen nicht mehr herausgeben wollte. Mit Lothringen war der französische Vasall Stanislaus Leszczynski abzufinden. Der junge angestammte Herzog sollte verzichten. Dieser Verzicht, so hieß es, erkaufe dem Kaiser den Frieden. Höchst begreiflicherweise war das Haus Lothringen entsetzt. Franz Stephans Mutter, die Herzogin Elisabeth Charlotte, schrieb dem Sohn verzweifelte Briefe. „Dieser Tausch bedeutet nichts anderes, als daß man Ihnen die Kehle durchschneidet, Ihnen und Ihrem ganzen Haus."

Ja, so etwa war es auch. Denn durch den Handel verlor Franz

Stephan alles, was er besaß. Lothringen und Bar, die Heimat seiner Familie und die Achtung des lothringischen Volkes, das seinen Vorfahren in Anhänglichkeit gedient hatte und sich jetzt verkauft und verraten vorkommen mußte. Eine harte Zumutung. Man könnte sogar interpretieren: eine entehrende Zumutung. Und um so bitterer und kränkender mußten dem jungen Mann die immer dringenderen Mahnungen in den Ohren klingen, mit denen ihn jetzt die kaiserlichen Räte belagerten: Er solle unterzeichnen und sich nicht zieren, er solle bedenken, welch glänzender Zukunft er entgegengehe! Der eifrig-scharfzüngige Bartenstein fuhr eines Tages kurz und bündig gegen den Gequälten los: Wenn er nicht verzichte, werde er Marie Therese verlieren. „Keine Unterschrift, keine Erzherzogin."

Freilich: man hielt für Franz Stephan ein Pflaster bereit. Da war doch im mittleren Italien das Großherzogtum Toskana, ein Medici saß dort und hatte keine Erben. Wenn er stürbe, so sollte sein Land an Franz Stephan fallen. Toskana für Lothringen, war das kein Trost? Franz Stephan krümmte sich in innerem Kampf. Er versuchte die Entscheidung aufzuschieben.

Und Marie Therese? – Sie liebte ihren Franz Stephan, und seit kurzem wagte sie sich auch ganz offen zu dieser Liebe zu bekennen. Der ganze Hof wußte Bescheid – und damit freilich auch schon ganz Europa. „Sie ist ein starker Charakter", schrieb der englische Gesandte Robinson im Juli 1735, „trotzdem hegt sie eine zärtliche Liebe zum Herzog von Lothringen. Des nachts sieht sie ihn im Traum und am Tage spricht sie nur von ihm. Sie wird diesen Mann vermutlich nie vergessen . . . und sie wird, wenn sie von ihm getrennt wird, demjenigen nie vergeben, der sie in Gefahr brachte, ihn zu verlieren."

Mit welchen Gefühlen sah sie nun zu, wie ihr Geliebter bedrängt wurde? Wie zwiespältig müssen ihre Empfindungen gewesen sein, als Franz Stephan ihretwegen verzichten sollte!

Gewiß wünschte sie – einsteils – wie jede natürlich empfindende, liebende Frau, daß der Geliebte für sie auch zum höchsten Opfer bereit sei, andernteils mußte es sie doch auch verwirren, daß Franz Stephan ihretwegen in einen Konflikt zwischen Ehre und Liebe, zwischen ererbten fürstlichen Ansprüchen und der eher zweitrangigen Rolle eines Kaisereidams gebracht wurde.

Vermutlich zweifelte sie nie an Franz Stephans Liebe, und vermutlich nahm sie sich schon in jenen Tagen vor, ihn dereinst reichlich zu entschädigen. Vermutlich drang sie auch jetzt in ihren Vater, den Kaiser, die lange schwebende Verlobung endlich ganz offiziell vorzunehmen. Und sie drang durch. Am 31. Januar 1736 erfolgte mit des Kaisers Erlaubnis die feierliche Werbung um ihre Hand. In großer Gala betrat der Herzog die kaiserlichen Gemächer. Er wurde vom Kaiser und von der Kaiserin mit allem Zeremoniell empfangen. In wohlgesetzten Worten brachte er seine Bitte vor. In wohlgesetzten Worten wurde sie ihm gewährt. Franz Stephan wurde feierlich gestattet, seiner Braut sein eigenes Bild zu verehren. Eine brillantenbesetzte Miniatur wurde überreicht und huldvoll angenommen. Damit war der Bund geschlossen, so gut wie geschlossen. Der Kaiser gestattete, daß die Verlobten von nun an miteinander korrespondieren durften.

Maria Theresia an Franz Stephan
Durchleüchtigster Herzog villgeliebter Bräutigamb

Eüer liebden schreiben hat mich sehr erfreüt, bin auch gantz persuadirt das Sie lieber selbes persönlich als schrifftlich versichert hätten wie nicht zweiffle Eüer liebden ein gleiches von mir auch glauben werden. ist wohl gutt das nicht auf lange ist und hoffe das es ins künftige zur einer beständigern und gewüntschtern einigkeit dienen wird, die versichere das zeit meines lebens verbleiben werde
Eüer liebden

Wien dem 8ten Februarij 1736.   getreüeste Braut Maria Theresia.

Caro viso, liebes Gesicht, bin dir unendlich dankbar, daß du mir Nachricht gibst, denn ohne bin ich wie ein arm klein Hündchen. Lieb mich nur ein wenig ... adieu, mäusl, ich umarme dich von ganzem Herzen, gehab dich wohl, nochmals adieu, du lieb Gesicht!
Adresse: Dem durchleüchtigsten Fürsten Francisco Hertzogen zu lothringen meinem villgeliebten bräutigamb.

Franz Stephan an Maria Theresia
d. 9. Febr.

In diesem augenblick erhalte ich Ew. Libden gnädiges schreiben, welches mir in meiner entfernung nicht von geringen trost ist, dann ich versicheren kann, das mir die Täge unerträglich seynt, wo ich die freüd nicht habe meiner allerliebsten braut mich zu füssen zu legen. Von welchem mich nicht consoliren könnte, wann nicht beständig dahin gedenckete, das ich die gnad haben werde, sontags bey denen Augustinern einander näher und in Vollkommenheith meines Vergnügen zu sehen.

Die Braut war im neunzehnten, der Bräutigam im achtundzwanzigsten Jahr: zwei wohlgestaltete junge Menschen, die einander herzlich zugetan waren. Schon zwölf Tage später, am 12. Februar, wurden sie einander in der Augustiner-Hofkirche angetraut. Der päpstliche Nuntius vollzog die Zeremonie. Am Abend desselben Tages umarmte Franz Stephan, in einen mit üppigen Ornamenten bestickten Schlafrock gehüllt, die hohe Braut zum erstenmal.

(Dreißig Jahre später trennte sich die Witwe unter Tränen von diesem Schlafrock: er sollte zu einem Meßkleid umgearbeitet werden, und die Kaiserin glaubte, sie könne Gott „kein größeres sacrifice machen", kein größeres Opfer bringen als mit diesem Stück, unter dessen Falten sie ihre „glickseligste Ehe" begonnen hatte.)

Böse Abenteuer

„Die glickseligste Ehe" hatte also ihren Anfang genommen, die erste wichtigste Station seiner Karriere war von Franz Stephan glücklich passiert worden. Für eine kleine Weile mochten ihm sogar die Plagegeister, die ihn zur Verzichtleistung drängten, Ruhe geben. Aber kaum daß die Jungvermählten eine kurze Honigmond- und Wallfahrtsreise nach Maria Zell absolviert hatten, meldeten sich jene wieder gebieterisch zu Wort. Die Ratifizierung des Friedensvertrags mit Frankreich könne nicht länger aufgeschoben werden. An eine Fortsetzung des Krieges sei nicht zu denken, des Kaisers Kräfte seien erschöpft, sein Heer ermattet, seine Kassen seien geleert. Franz Stephan habe die kostbarste Braut des Abendlandes konsumiert, was wollte er um Himmels willen noch? Wenn er auf Lothringen verzichtete, verzichtete er doch nur auf etwas, was ohnehin verloren war. Allez hopp, allez hopp!

Franz Stephan wand sich noch immer in Qualen. Ihm brannte in der Seele, was ihm seine Mutter schrieb: Er mache sich selbst zu einem länderlosen Fürsten – und damit zu einer lächerlichen Figur. Ihm brannte auch in der Seele, daß er mit seinem Verzicht überdies seinen Bruder Carl mit enterbte. Doch eines Tages wagte er nicht mehr zu widerstehen. Der französische Gesandte war zugegen, als der Herzog unterzeichnete. Dreimal ergriff er die Feder und warf sie wieder von sich. Erst beim viertenmal, so berichtete der Gesandte, setzte er seine Unterschrift.

Nun konnte der Frieden mit Frankreich geschlossen werden.

Es scheint, daß nicht nur Franz Stephan und seine Familie die Schwere des Verzichts empfunden haben. Offenbar empfand sie auch der Kaiser. Er beschloß, seinen Schwiegersohn damit zu ehren, daß er ihm nach der Statthalterschaft in Ungarn das Generalgouvernement in den Niederlanden anbot. Überdies versprach er, Marie Theresens Schwester Marianne nie einem anderen Fürsten vermählen zu wollen als Franzens Bruder Carl. Konnte der Kaiser im Augenblick mehr tun?

Freilich: Franz Stephan trat nie die Stelle des Generalgouverneurs in Brüssel an. Der Unstern, der in den letzten Jahren über dem Haus Österreich gewaltet hatte, trat in neuer Konstellation hervor. Diesmal stieg er im Osten empor und zeigte sich wieder einmal in der Gestalt des türkischen Halbmonds. Ein alter, mit Rußland geschlossener Vertrag verpflichtete Karl VI., gegen die Pforte zu ziehen, sobald Rußland in einen Konflikt mit dem Osmanischen Reich verwickelt würde. Der Bündnisfall trat ein, und Karl, der im Vorjahr dem großen Sieger von Peterwardein und Belgrad das letzte Ehrengeleit gegeben hatte, glaubte nicht zurückstehen zu dürfen. Er stürzte sich in ein neues kriegerisches Abenteuer. Viel zu früh kam dieser Entschluß, denn das Reich hatte kaum ein Jahr lang Ruhe gehabt, kaum ein Jahr lang hatte sich die Armee von neuem auffüllen und aufrüsten können. Karl hatte sich verpflichtet, den Russen ein Hilfskorps von 30 000 Mann zu schicken, er hätte es damit bewenden lassen können. Doch nein, er schickte seine ganze verfügbare Armee. Warum? Nur um Rußland von neuem zu verpflichten, die Pragmatische Sanktion im vollen Umfang anzuerkennen.

Karls fixe Idee ließ ihn wieder einmal alles auf eine Karte setzen. Seine Beharrlichkeit machte diesen ängstlichen Mann zum Hasardeur.

Ein Feldzug gegen die Türken war allemal ein gefährliches Unternehmen. Ob Franz Stephan auch zum Krieg geraten hatte, wurde nicht bekannt. Wahrscheinlich hätte seine Stimme derzeit noch wenig Gewicht gehabt. Obwohl Gatte der Erbtochter und seit seinem fünfzehnten Lebensjahr wie ein Pensionär am Kaiserhof gehalten, galt er vielen Wienern immer noch als Fremder, als Eindringling, als Halbfranzose, als das von der kaiserlichen Familie unverdient verhätschelte Glückskind, dem gegenüber Reserve zu bewahren rätlich schien.

Franz Stephan wußte das, er wußte also, daß er vor einer Mauer der Mißgunst stand. Doch eben der Krieg, so schien es ihm wohl, werde ihm Gelegenheit geben, diese Mauer zu durchbrechen. Er wollte für Österreich kämpfen und siegen. Als strahlender junger Mars wollte er vom Schlachtfeld zurückkehren.

Wie bitter irrte er!

Zwar – im ersten Jahr ließ sich der Feldzug noch nicht übel an.

Obwohl man lange durch Überschwemmungen aufgehalten worden war, gelang es, Nisch im Überraschungsangriff zu nehmen. Doch von da an verlor das Unternehmen an Stoßkraft und zielführender Energie. Die russischen Heere, die – der Absprache gemäß – die Schere gegen die Pforte schließen sollten, verzettelten sich oder blieben im Hintergrund. Wichtige Plätze gingen wieder verloren, einer auf so schmähliche Weise, daß der Kommandant zum Tode verurteilt und enthauptet werden mußte. Auch gegen andere Heerführer wurden bittere Anklagen erhoben, so gegen den Oberstkommandierenden Seckendorff, dessen „landesberufene Eigennützigkeit" angeblich so weit ging, daß er den Proviant der Armee zu eigenem Profit verschacherte. Malaria und Darmerkrankungen dezimierten die Armee. Mit Bitterkeit vermerkte der Kaiser: „Uns schmerzen die Unkosten und Verluste . . . nicht so viel als daß die Ehre unserer Waffen in den Augen der Welt empfindlichen Anstoß gelitten."

Welche Rolle spielte nun Franz Stephan in dem sich glücklos dahinschleppenden Unternehmen?

Er und sein Bruder Carl waren vorerst Seckendorff unterstellt. Das Verhältnis der Brüder zu diesem war nicht ungetrübt. Als die beiden, leidenschaftliche Jäger, gleich am Anfang des Feldzugs bei Budapest einen Jagdausflug unternahmen und sich in den dichten Auwäldern der Donau verirrten, mußten sie es sich danach gefallen lassen, von Seckendorff abgekanzelt zu werden wie Schuljungen. Möglicherweise verbitterte diese Episode Franz Stephan den Aufenthalt am Kriegsschauplatz. Jedenfalls kehrte er im August schon zurück und erlebte nun, vielleicht zu seiner eigenen Überraschung, daß ihn der Kaiser mit Gunstbeweisen überhäufte. Die Regierungsgeschäfte wurden in der sogenannten Geheimen Konferenz abgewickelt. Bisher war Franz Stephan nie herangezogen worden, dieser Versammlung beizuwohnen. Jetzt wurde er zum Mitglied ernannt, ja, der Kaiser bestimmte, Franz habe zu präsidieren, wenn er selbst nicht zugegen sei. Weiters: in diesem Falle habe die Geheime Konferenz sogar in Franzens Wohnung stattzufinden, wie ehedem im Haus des Prinzen Eugen. Überdies ernannte der Kaiser seinen Schwiegersohn zum Generallieutenant, das ist zum Generalissimus der gesamten kaiserlichen Armee und damit auch zum Oberstbefehlshaber gegen die Türken. Freilich – und hier schränkte der Kaiser die neuverliehenen Befugnisse des Eidams wieder ein – werde er eben in diesem Feldzug einen Berater und Mitkommandierenden, Graf Königsegg, zur Seite haben.

Mit hohen Erwartungen also durfte Franz Stephan dem nächsten Jahr entgegenblicken. Und gewiß blickte so auch seine junge Frau. Sie war nun im einundzwanzigsten Lebensjahr und zum zweiten Mal in der Hoffnung.

Die ersten Kinder

Am 7. Februar 1737, nicht ganz zwölf Monate nach ihrer Hochzeit, hatte Marie Therese ein Mädchen geboren, Maria Elisabeth. War nicht ein Knabe erwartet, ja heiß ersehnt gewesen?

Gewiß, und vermutlich hätte auch Marie Therese einen Knaben mit noch größerer Freude begrüßt.

Doch ich kann mir vorstellen – denn Überlieferungen gibt es nicht dafür –, daß sie zwischen all den bestürzten Mienen der Wehmütter, der Ärzte und Assistenten, der Hofdamen und Hofschranzen, ja auch angesichts des Gatten und des Vaters kaum verhehlter Enttäuschung als einzige ihre tiefinnere Gelassenheit behalten hatte.

Ihre Physis, durch und durch weiblich, die Physis einer Weißhäutig-Blonden, Zur-Üppigkeit-Neigenden wußte, besser als alle Ärzte und Hebammen, um die eigene stabile Gesundheit, um ihre auf Empfängnisbereitschaft und Fruchtbarkeit gestimmte Vitalität. Dieser Körper, der so kräftig und bewegungsfreudig, so widerstandsfähig und elastisch war, er war ja wirklich geschaffen, Kinder zu gebären. Er sehnte sich wohl auch seiner weiblichen Bestimmung entgegen – und nicht nur der geschlechtlichen Lust, die ihm sicherlich ebenfalls Bedürfnis war; er sehnte sich der Schwängerung entgegen, der zuerst sanften, dann leise anschwellenden Belastung in der Zeit des Tragens, den schwankenden Beschwerlichkeiten, dem bittersüßen und schmerzhaft-freudvollen Zustand der Mutterschaft; nicht zuletzt wohl auch dem Erlebnis der Geburt, diesem Ansturm der Leiden, diesem sowohl verzweifelten als auch triumphalen Kampf auf Leben und Tod.

Marie Therese war sicher in ihre Ehe gegangen mit dem schon in ihrer Natur wurzelnden, von ihrer Erziehung und der Geschichte des Hauses unablässig hochgezüchteten Wunsch, Kinder zu haben, *viele* Kinder womöglich; das hatte ihr die kirchliche Lehre als Sinn des Ehestandes vorgestellt, das war ihr beim Studium ihrer Familiengeschichte als höchste Pflicht eingeprägt, als erste Staatsnotwendigkeit und unersetzliches Faustpfand für das Glück ihrer Völker dargestellt worden.

Marie Therese unterzog sich dieser Pflicht nicht wie so viele andere Fürstinnen in widerwillig geduldeter, mit Abscheu ertragener Umarmung auf kaltem Bett, sondern als Liebende – und damit in ihrem Stand unvergleichlich Begünstigte. So mag sie schon im ersten Wochenbett bereit gewesen sein, es nach kurzer Zeit von neuem zu wagen und den Umstand, daß ihr erstes Kind ein Mädchen war (nur ein Mädchen), durch eine neue Schwangerschaft zu überholen.

So war Marie Therese in der Tat von neuem in der Hoffnung, als Franz Stephan im nächsten Kriegsjahr 1738 mit seinem Mentor Königsegg gen Osten abging. Die Türken hatten schon im März die Feindseligkeiten eröffnet. Sie waren durch ihr Waffenglück im vergangenen Jahr kecker geworden und forderten die Herausgabe von Belgrad und des ganzen Banats. Darauf einzugehen dachte der Kaiser natürlich nicht. Er erwartete, daß nun endlich Entscheidendes geschähe. Königsegg kannte er als einen langsamen und bedächtigen, von höchster Vorsicht diktierten General. Doch dafür, so mochte der Kaiser rechnen, hatte er ja den jungen Franz Stephan an seiner Seite. Der würde auf Entscheidungen drängen, der würde kühn und feurig darauf erpicht sein, den Türken so gründlich wie möglich den Garaus zu machen.

Doch leider, nach kurzem Aufschwung strandeten beide, der alte Königsegg und sein junger Oberstkommandierender. Sie strandeten an den Schwierigkeiten des riesigen Operationsraumes. Die Truppen waren schwer zu versorgen, der „Abgang der Subsistenz" verhinderte ihren Vormarsch, ja sogar das Halten der errungenen Positionen. Obwohl man bei Mehadia den Türken geschlagen hatte, retirierte man und bezog, um nicht auch noch Belgrad zu verlieren, daselbst ein Lager.

Mit Recht beschwerte sich der Kaiser: Sooft die Armee an den Feind komme, heiße es, sie sei zu schwach, um eine Schlacht zu schlagen. Verstärke man sie dann, dann heiße es wieder, sie sei zu groß, sie könne nicht versorgt werden und habe nichts zu essen.

Was tat nun Franz Stephan in diesem allgemeinen schleichenden Desaster? Er tat vielleicht das Klügste, was er tun konnte, er wurde krank. Um sich zu erholen, ging er zuerst nach Ofen, dann nach Wien, um mit dem Kaiser zu sprechen und ihm sein Herz auszuschütten. Noch einmal versuchte er sein Kriegsglück gegen die Pforte. Aber unterdessen war die Lage dort nur noch schlimmer geworden. „Es bleibt mir", berichtete Franz Stephan an seinen Schwiegervater in etwas weinerlichem Ton, „es bleibt mir nichts zu berichten, als daß es mir unerhört schmerzhaft fällt, nicht im Stande zu sein, den Glauben und die Hoffnung, die in mich gesetzt worden sind, zu erfüllen. Wie empfindlich mir die Lage ist, kann ich wahrhaftig nicht beschreiben... Doch ich bitte Eure Majestät zu bedenken, was ich für eine Figur mache." So war es wohl auch: aus einem siegreichen Mars war ein geschundener Marsias geworden. Eine neue Krankheit warf Franz Stephan nieder und erlaubte ihm, endlich sein Kommando zurückzulegen.

Am 6. Oktober gebar Marie Therese ihr zweites Kind, und auch dieses zweite war ein Mädchen.

Es ist lächerlich, aber leider wahr: diese neuerliche Mädchengeburt schadete Franz Stephan mehr als sein Versagen in der fernen Walachei. Die latente Mißgunst des Hofes, das still schwelende Mißtrauen der Bevölkerung erhielten Auftrieb, üble Nachrede erwachte. Schnell war der Volksmund mit seinem Urteil fertig: Weg mit dem Lothringer, dem weichen Halbfranzosen, der offenbar nichts als Mädchen zu zeugen vermochte, weg auch mit seiner Gattin Therese, die nur Mädchen zu gebären imstande war. Wo stand es geschrieben, daß nur die beiden die Krone erben sollten? Der Kaiser hatte noch eine zweite Tochter, Marianne, vielleicht lief es mit dieser besser. Man sollte sie nur mit einem tüchtigen deutschen Reichsfürsten vermählen, mit einem Bayern etwa, und das Erbrecht zu ihren Gunsten ändern. So war die Stimmung – aber nicht nur im Volk. Männer vom Ansehen eines Gundacker von Starhemberg liebäugelten gleichfalls mit ähnlichen Plänen. Viele adelige Familien, die ihre Güter in der Nähe der bayerischen Grenze hatten, liebäugelten gleichfalls, und so konnte es geschehen, daß bayerische Truppen, die durch Wien marschierten, weil sie auf dem Weg nach Ungarn oder von Ungarn auf dem Weg in ihre Heimat waren, erstaunliche Zurufe zu hören bekamen aus dem Volk, das die Gassen säumte: Bald würden Österreich und Bayern *ein* Staat sein und der Bayer Landsherr auch über Österreich. (Meldete sich da Altbajuwarisches zu Wort?)

Der Kaiser sah sich nach einem Mittel um, um die peinliche Lage zu entschärfen.

Er schickte Therese mit ihrem Mann nach Italien.

Toskana

In Italien hatte sich unterdessen allerlei ereignet. Am 9. Juli 1737 war der letzte Medici gestorben. Laut Erbvertrag und Friedensdokument sollte sein Besitz, das Großherzogtum Toskana, an Franz Stephan gelangen. Aber weder er noch seine Gattin brannten darauf, die italienische Erbschaft anzutreten.

Nun ließ es sich nicht mehr vermeiden; die beiden brachen auf, um mit einem angemessenen Hofstaat nach Florenz zu ziehen. Es war sieben Tage vor Weihnachten, nicht eben die lustigste Zeit zum Reisen. Zum erstenmal verließ Marie Therese das Reich ihres Vaters und mußte sofort erfahren, daß sie außerhalb seiner Grenzen nicht viel mehr galt als eine beliebige Reisende. Drei Tage vor Jahreswechsel betraten sie bei Dolce venezianisches Gebiet. Hier empfing sie der Podesta von Verona und teilte ihnen mit, sie müßten wie alle anderen Leute in die für Ausländer vorgeschriebene Quarantäne.

Ein einfaches Landhaus nahm die Kaisertochter und ihren Gatten auf. Ein einfaches Landhaus im winterlichen Italien, das war kein vergnüglicher Aufenthalt. Die steinernen Fußböden atmeten Kälte, durch die schlechtschließenden Türen pfiff der Wind. Das Haus zu verlassen war den Österreichern verboten. So hockten sie beisammen, froren und fraßen ihren Groll in sich hinein: Niemals würden sie es der Republik Venedig vergeben, daß man sie hier so rüde behandelt hatte.

Endlich wurden sie in die Freiheit entlassen, und am 20. Januar 1739 zogen sie schließlich in Florenz ein.

Wir halten heute Florenz für eine herrliche Stadt, herrlich vor allem durch seine Gebäude aus dem späten Mittelalter und der Renaissance. Aber weder Franz Stephan noch Marie Therese hatten Augen für diese klare und herbe Schönheit. Sie waren Kinder des Barocks und verlangten nach anderen Reizen. Für sie war Florenz nichts als eine enge, arme, schmutzige italienische Stadt mit bizarren Palästen und altertümlichen Kirchen. Franz Stephan nahm die Huldigung seiner neuen Untertanen ohne große Begeisterung entgegen. Wahrscheinlich konnte er sich mit den wenigsten von ihnen anders als radebrechend verständigen. In Eile ordnete er das Nötigste an: Durch ein Verbot der Einfuhr von Wollwaren sollte die notleidende toskanische Schafzucht, sollten damit auch die einheimische Spinnerei und Weberei gefördert werden. Durch die Gründung einer Ritterakademie suchte man dem Adel zu schmeicheln, durch die Senkung des Zinsfußes bei Leihbanken sollte das niedere Volk für den neuen Herrn gewonnen werden.

So hatte man ringsum etliche Gnaden verteilt, für ausführlichere Reformen nahm man sich keine Zeit. Nach vier kurzen Monaten neuer Aufbruch und Rückkehr nach Hause, nach Wien.

Während einer kurzen Stippvisite Franz Stephans bei seinen Verwandten in Turin traf sich seine junge Frau das erstemal mit ihrer Schwiegermutter, der Herzogin-Witwe von Lothringen, derselben, der die Ehe ihres Sohnes so teuer zu stehen gekommen war. Gelang es Therese, die alte Frau für sich zu gewinnen, gar zu versöhnen? Es scheint so. Man verbrachte acht gemütliche Tage miteinander in Innsbruck, ein kurzes freundliches Zwischenspiel vor langen und bittern Widerwärtigkeiten.

Als man im Frühsommer in Wien ankam, stand das Barometer des Kriegs im Osten auf Sturm. Die Pforte, die man seit Prinz Eugen als Großmacht abgeschrieben geglaubt hatte, holte soeben zu schrecklichen Gegenschlägen aus. Belgrad, Symbol der Herrschaft über die untere Donau, war in dringender Gefahr. Graf Königsegg war von seinem Posten abberufen und wie ein lahmer und zahnlos gewordener Hund in das Ausgedinge abgeschoben worden: statt einer Armee zu befehligen, durfte er der alternden Kaiserin als Obersthofmeister dienen. Andere Generäle waren an seine Stelle getreten, ein gewisser Wallis, ein gewisser Neipperg, aber auch sie waren nicht glücklicher als jener. Ohne daß man des Kaisers Zustimmung abgewartet hätte, war man mit den Türken in Verhandlungen eingetreten. Neipperg war so unvorsichtig gewesen, sich persönlich in das Lager des Großveziers zu begeben. Er wurde dort beinahe als Gefangener behandelt und tief gedemütigt. Zuletzt war ein schmählicher Frieden geschlossen worden. Österreich hatte alles auf eine Karte gesetzt, um seine Schlappe von 1735 gegen Frankreich auszuwetzen. Es hatte auf die russische Karte gesetzt, um sich den russischen Verbündeten in Sachen Pragmatischer Sanktion zu verpflichten. Es hatte also nicht nur im Süden, es hatte nun auch im Osten verloren. Was nutzte es, daß man Leute wie Wallis und Neipperg als Sündenböcke abqualifizierte und sie mit anderen Unglücksraben hinter Schloß und Riegel schickte. Was Prinz Eugen erobert hatte in gloriosem Siegeslauf, war an das Osmanische Reich zurückgefallen, und am 12. Januar 1740 gebar Marie Therese eine dritte Tochter, Marie Charlotte. Man war der Verzweiflung nahe.

Media in vita...

Der Kaiser schrieb an seinen vertrauten Ratgeber Bartenstein: „Das heurige Jahr nimmt viel Jahr meines Lebens weg . . . Gott geb mir die Kraft es zu ertragen, damit ich dadurch meine großen Sünden abbüße und es mir zur Besser- und Warnung dienen laß."
Aber Karl hatte nicht mehr lange Zeit, zu Besserungen anzusetzen, sich Warnungen zu Gemüte zu führen und den Modus seiner Regierung zu revidieren. Düstere Ahnungen suchten den Sechsundfünfzigjährigen heim. Am 6. Juni 1740 starb Marie Theresens erstgeborenes Kind, Karls ältestes Enkelchen. Obwohl damit *nur* ein Mädchen aus der kaiserlichen Familie schied, scheint Karl diesen Verlust als weitere Verdüsterung seiner Lebenslandschaft empfunden zu haben. Er brach in bewegende Klagen aus: Es werde ihm kaum noch vergönnt sein, einen männlichen Thronerben begrüßen zu können.

War in Karl ein depressiver Schub im Gange, oder fühlte er in dumpfem Unbehagen eine Krankheit in sich wachsen?

In den ersten Oktobertagen hatte er sich wieder einmal in das ungarische, nahe der österreichischen Grenze gelegene Schloß Halbthurn begeben, um seiner alten Leidenschaft, der Jagd, nachzugehen. Eine plötzliche Unpäßlichkeit zwang ihn früher als beabsichtigt nach Wien zurückzukehren. Vorerst zeigten sich nur Symptome einer schweren Erkältung, doch schon auf der Reise stellte sich heftiges Erbrechen ein. Es konnte kaum noch gestillt werden. Man munkelte, der Kaiser habe sich an einem Pilzgericht vergiftet, er verfiel sehr rasch. Als Marie Therese – wieder in anderen Umständen – an das Krankenbett ihres Vaters eilte, erkannte sie mit Entsetzen, daß er dem Tod nahe war. Sie erschrak so sehr, daß sie wankte, nur noch mit Mühe, so heißt es, erreichte sie den nächsten Sessel, um sich darauf niederzulassen.

Nun entspann sich ein letztes Gespräch. Die Erbin, für deren Rechte der nun schon vom Tod Gezeichnete ganz Europa in Bewegung gebracht hatte, sah mit Schrecken, daß die Stunde nahe war, in der sie die Erbschaft übernehmen sollte. Fragte sie den Vater um politischen Rat? Davon wird nichts mehr berichtet. Man schluchzte miteinander, man beklagte das harte Geschick, bat um Segen, um Verzeihung, um Gottes Barmherzigkeit. Karl verabschiedete die junge Frau und legte ihr Schonung ans Herz. Gleich darauf setzte das fatale Erbrechen von neuem ein. Am 20. Oktober 1740, zwei Uhr morgens, starb Kaiser Karl VI. Mit ihm erlosch das Haus Habsburg in männlicher Linie.

ZWEITER TEIL

Die Königin

Schwieriger Anfang

Im Augenblick, da Karl VI. die Augen schloß, war Marie Therese designierte Erbin und damit
> Königin von Böhmen,
> Königin von Ungarn,
> Erzherzogin von Österreich,
> Herzogin von Schlesien, Kärnten, Krain, Steiermark,
> Markgräfin von Mähren,
> Gefürstete Gräfin von Tirol, Görz und Gradisca

und so fort, das heißt absolute Herrscherin über ein Reich von 10 000 Quadratmeilen und eine Vielzahl von Völkern: Deutsche, Slawen, Ungarn, Romanen.

Oft und oft ist die Szene beschrieben – und auch im Film nachgespielt – worden, wie die junge Frau an der Seite ihres jungen Gatten, bleich vor Erregung, mit Tränen kämpfend, zum ersten Mal in die Versammlung der Großen ihres Reiches tritt, der Minister und Ratgeber des verstorbenen Kaisers. Greise sind sie, oder doch die meisten von ihnen. Mit zitternder Stimme ergreift sie das Wort. Sie ist schön, und die Erschütterung der Stunde macht sie noch schöner; die einzigartige Würde und unabsehbare Last ihres Amtes umgeben sie mit einer Aura ergreifender Hoheit. Da ist keiner unter ihren Ratgebern und Ministern – und mögen unter ihnen auch noch so starre Pedanten, verknöcherte Federfuchser und abgebrühte Ränkeschmiede sein –, keiner, der in diesem Augenblick nicht etwas wie Rührung und Verehrung empfände, Rührung über die Jugend der jungen Fürstin, Verehrung für ihr von Tragik unwittertes Amt, vielleicht auch etwas wie Altmännerentzücken über ihre vollerblühte Fraulichkeit. Aber unter diesen angeflogenen, augenblicks- und augenscheinbedingten Emotionen schlummert das alte eingefressene Mißtrauen der Vielerfahrenen: Furcht vor dem, was jetzt kommen mag. Jeder Regierungswechsel ist für Höflinge ihrer Art ein Alptraum. Ein neuer Herrscher: wessen hat man sich von ihm zu versehen? Neuer Parteiungen und Umstürze? Der Herrscher ist in diesem Fall auch noch eine junge Frau. Um so schlimmer. Wird sie vernünftig regieren? Wird sie sich lenken lassen – und von wem? Wird sie nur ihrer Eitelkeit schmeicheln wollen, den Verführungen der Macht erliegen? Wird sie übermütig, launisch, unberechenbar, ja unerträglich sein?

Den alten Männern ist schwer ums Herz.

Marie Therese tritt ihr Amt als *Maria Theresia* an. Ist es ihr bewußt, was sie mit dieser kleinen vokalischen Korrektur erreicht? Sie läßt die Privatperson hinter sich, die sie bis jetzt war. Nun ist sie Königin.

Aber was bringt sie für dieses Amt an Vorbildung und Kenntnissen mit?

An Kenntnissen so gut wie nichts – nichts in rational definierbarem Sinn. Man hatte sie stets davon abgehalten, sich in Staatsgeschäfte einzumengen. Man hatte sie nie zu einer Kabinettssitzung herangezogen, hatte sie nie Einblick nehmen lassen in die Mechanismen der damaligen Politik, in die Rezepturen der üblichen Intrigen und diplomatischen Kniffe. Sie hatte auch wenig Begriff von den rechtlichen Strukturen ihrer eigenen Erblande, von deren Wirtschaft, deren Finanzen, deren Armee; und sie hatte sich auch bis dahin seltsamerweise gar nicht bemüht, Kenntnisse und Einflüsse zu gewinnen. Kenntnisse und Einflüsse hätte sie sich nur hinter dem Rücken ihres Vaters verschaffen können. Das wollte sie offenbar nicht. Sie war als gehorsame Tochter und, wie sie selbst sagte, als „geringste Vasallin" ihres Vaters in einem Trakt der Hofburg gesessen, umgeben von ihrem Hofstaat, beschäftigt mit ihren Kindern, mit ihrer Liebe zu Franz Stephan. Sie hatte ihren Eltern niemals Kummer bereitet, nie jene Art von Kummer, die gerade hochbegabte Kinder ihren Eltern zu bereiten pflegen. (Ganz Europa hatte eben in jüngstvergangenen Jahren den Kummerfall Friedrich miterlebt und sich nicht genug darüber ereifern können.) Maria Theresia hatte sich bisher verhalten wie eine unbedeutende junge Frau, der nicht viel mehr zuzutrauen ist, als daß sie ihr weibliches Schicksal erfüllt, ihren Gatten bestimmen läßt und schließlich hinnimmt, was auch kommen mag.

Nur der englische Gesandte Robinson hatte tiefer gesehen und von ihr berichtet, sie habe „Charakter und einen starken Geist".

Fürs erste überraschte Maria Theresia ihre Mitwelt über alle Vermutung hinaus, indem sie sich wie eine Musterschülerin in ihre Aufgabe stürzte. Lernbegierig und unermüdlich saß sie nächtelang über Akten und Kompendien. Aus allen Gebieten sammelte sie Auskünfte. Keine Materie war ihr zu schwer oder zu öde, als daß sie sich nicht in sie einlesen, einstudieren wollte. Und doch wären ihre Bemühungen vermutlich vergeblich gewesen, hätte sich nicht in ihr schon längst eine Grunddisposition für ihr Herrscheramt gebildet. Hatte man ihr die nötigen Kenntnisse vorenthalten, so hatte man doch in ihr die nötigen Gesinnungen entwickelt. Der Begriff von der Würde ihres Amtes durchdrang sie ganz. Aus tausend-, ja millionenfachen kaum meßbaren täglichen Einflüssen früher und frühester Erfahrung hatte sie Kraft und Haltung bezogen. Die Rituale der Etikette mögen dabei so wichtig gewesen sein wie die Werke der bildenden Künste und des Kunstgewerbes in ihrer täglichen Umgebung: die goldenen Adler, die prachtvollen Wappen, die Kaiser- und Königskronen, die sie überall erblickte, an Kirchenportalen so gut wie an den Wänden der Thronsäle, an Möbeln, Kutschen und Gebetbüchern so gut wie auf den Zipfeln ihrer Schnupftücher.

Der Reichsstil eines Fischer von Erlach, eines Lukas von Hildebrandt, die schönrednerische Feierlichkeit eines Metastasio und die strahlende Harmonik der zeitgenössischen Tonkunst, das alles mochte das empfindsame Gemüt mit Lebenszuversicht und Lebensernst zugleich erfüllt haben: alle Herrlichkeit und barocke Wucht suggerierten ihr Habsburgs Herrlichkeit und Bedeutung. Ikonographie ersetzte der jungen bildsamen Seele die beste Einführung in die Staatswissenschaft.

Zugegeben: im alltäglichen Leben pflegte es in der kaiserlichen Familie eher leger und fast bürgerlich zuzugehen. Aber Maria Theresias Eltern hatten in einer guten, achtungsvollen Ehe gelebt. Das erfüllte die Tochter mit Zutrauen in die Institution der Ehe, in Institutionen überhaupt. Die Kirche hatte sie Demut vor dem Allerhöchsten gelehrt, ihr aber zugleich eingehämmert, daß es der Wille eben dieses Allerhöchsten sei, sie, Maria Theresia, zum Herrscheramt zu berufen.

So war sie zwar unwissend, aber vorgeprägt, ungeschickt und ahnungslos, aber wohldisponiert. Ihr fehlte alle Raffinesse staatspolitischer Einübung. *Doch sie hatte das Herz eines Königs.* Und auf dieses Herz kam es an.

Wie sah der Staat aus, an dessen Spitze sie trat?

Österreich war, wir hörten es schon, 1740 in einem eher zerrütteten Zustand. Die letzten Kriege hatten seine Finanzen erschöpft und manche Landstriche verwüstet. Doch das war nicht des Übels

Wurzel. Des Übels Wurzel lag tiefer, und zwar darin, daß man zwar einen Riesenkomplex von Ländern zusammengeschlossen und in Personalunion vereinigt hatte, daß man aber keinerlei klare Vorstellung davon besaß, wie diese Ländermasse zu regieren sei. In tausend Belangen steckte man noch im tiefen Mittelalter. In anderen entwickelte man schon die vielfältigsten Bedürfnisse. Das Beispiel höher zivilisierter Länder bestach und forderte zur Nachahmung heraus. Jedermann hörte davon, daß England ungeheure Gelder hortete, daß man in Frankreich in raffiniertem Luxus schwelgte. Begreiflicherweise wollte man ähnliches, ähnlichen Reichtum, ähnlichen Luxus, ähnliche Verfeinerung. Vor allem der Adel war darauf erpicht. Aber er machte sich wenig Gedanken darüber, wie man wirtschaften müßte, um das Sozialprodukt so zu erhöhen, daß es Luxus, Raffinesse und zivilisatorischen Fortschritt ermöglichte. Man bildete sich ein, man könnte nur einfach immer vom Volke nehmen. Man erhöhte Abgaben und Steuern, ohne sich danach zu fragen, wie diese Abgaben und Steuern bezahlt werden könnten. Man lebte eben in den Tag hinein, zog aus den reicheren Provinzen, was sie hergaben, und zog nicht einmal in Erwägung, ob diese Provinzen bei vorsorglicherer Verwaltung, genauerer Nutzung, bei Inanspruchnahme weiterer natürlicher Hilfsquellen und besserer technischer Methoden nicht noch viel mehr erbringen könnten. Was an unterentwickeltem Land dalag, das ließ man eben in Armut und Dumpfheit schlummern, und große Teile der Monarchie schlummerten in der Tat noch in fast steinzeitlicher Zurückgebliebenheit. Der Adel bewegte sich auf der Höhe der Zeit, das niedere Volk vegetierte vielfach im Elend.

Das letzte Jahrhundert hatte Österreich viel Kriegsruhm beschert, es war zur Großmacht aufgestiegen. Aber auf die innere Ausgestaltung und Nutzbarmachung des Reichs hatte auch die Regierung zuwenig Augenmerk gerichtet. Seit jeher waren die Monarchen mit ihren Ländern und Staaten, mit Rechten und Privilegien verfahren, als hätte es sich dabei jeweils um Privatbesitz gehandelt. So verschenkte und verlieh man nach augenblicklichen persönlichen Bedürfnissen, nach Laune und Lust. Um dem eigenen Seelenheil zu dienen, überschüttete man die Kirche mit Geschenken und Stiftungen. Um dem Adel zu gefallen und sich seiner Gefolgschaft, oft auch nur seiner schmeichlerischen Liebedienerei zu versichern, überlieferte man ihm riesige Kameralien. So saß der Monarch, der das Staatsganze repräsentieren sollte, sehr bald selbst auf schmalem Laden. Er hatte die Krone, die anderen die Einkünfte. Und immer wenn die Zentralgewalt, auf die Mithilfe der Stände angewiesen, deren Mithilfe auch tatsächlich verlangte, suchten sich diese zu drücken oder doch möglichst billig davonzukommen. Wenn das nicht gelang, so wälzten sie die Lasten flugs auf ihre Untertanen ab und sogen jene aus, die die Substanz des Staates eigentlich hätten bilden sollen. Das allgemeine Wohl blieb eine fremde Vokabel.

Rechtspflege und Verwaltung waren altertümlich schwerfällig und schienen nur dazu ausgebildet worden zu sein, um jenen zu dienen, die sie ausübten.

In den Städten gor es da und dort in den unteren Schichten. So hatten vor nicht allzu langer Zeit die Schuhknechte von Wien rebelliert, und die Stadtguardia hatte sich auf ihre Seite geschlagen. Auch das Landvolk zeigte sich vielfach widerspenstig; selbst in der Nähe von Wien nahm es beim Tod des Kaisers die Gelegenheit wahr, seiner Erbitterung Luft zu machen.

Der Umstand, daß gerade die wirtschaftlich Stärksten im Reich, Geistlichkeit und Adel, steuerfrei waren, hatte die Finanzen seit langem ausgehöhlt. Provinzen, aus denen beträchtliche Summen nach Wien geflossen waren, wie die Königreiche Neapel und Sizilien und die Walachei, waren im letzten Jahrfünft verlorengegangen. Man steckte tief in Schulden, auf eine Vermehrung der Staatseinkünfte konnte im Augenblick nicht gehofft werden. Ungarn war durch die Greuel der Türkenherrschaft halb entvölkert worden und der Rest seiner Bevölkerung durch schwere Seuchen dezimiert. Auch die deutschen Erblande waren am Rande ihrer Kräfte. Der Staatsschatz war leer.

Und was die Armee betraf?

Die Armee galt für die erste und wichtigste Stütze der Monarchie. Das Gewicht eines Staates wurde vor allem am Zustand seiner Bewaffnung gemessen. Doch gerade in diesem Belangen stand es in jenen Jahren um Österreich recht erbärmlich.

Wohl, man hatte unter Prinz Eugen gesiegt; man hatte mit Siegen prahlen gelernt, hatte gelernt, sich für Siege preisen und verherrlichen zu lassen.

Doch das war lange her, volle zweiundzwanzig Jahre. Die Herrlichkeit war mürbe geworden und verblaßt. Schlimmer: sie war verspielt und verhudelt worden. Man hatte gemeint, daß man sich auf Lorbeeren ausruhen dürfe, und man hatte dabei das Heer im alten korrupten Schlendrian weitervegetieren lassen.

Niemand war auf den Gedanken verfallen, der Armee eine einheitliche Form zu geben und damit ihre Schlagkraft zu erhöhen. Noch immer wurde jedes Regiment nach anderem Reglement exerziert und kommandiert. Der Adel okkupierte den Offiziersstand, trotz aller Bemühungen war es nie gelungen, den Handel mit Offizierspatenten zu unterdrücken. Junge Prinzchen und Gräflein konnten altgedienten und erfahrenen Offizieren auf der Nase herumtanzen, wenn sie nur ihren Rang dabei ins Spiel brachten. Nicht Kenntnisse und Tapferkeit gaben den Ausschlag, sondern Stammbaum und Dukaten. Das brachte einen verderblichen Zustand mit sich. Das Privilegienunwesen durchwucherte auch die Armee wie eine Krebsgeschwulst.

Dabei war der Armee eine ungeheure Aufgabe gestellt. Nicht nur, daß sich die Grenzen der Stammlande zwischen Oder und istrischer Küste, zwischen Save und Oberrhein über viele Tausende Kilometer erstreckten, auch weit verstreute Gebiete wie die Österreichischen Niederlande, die südwestdeutschen Enklaven, die italienischen Besitzungen waren zu verteidigen. Wohl befanden sich die meisten dieser Provinzen im deutschen Reich oder schlossen an das Reich an, und die fast zum Erbanspruch gediehene Gewohnheit der Habsburger, sich für die Reichskrone prädestiniert zu halten, gaukelte eine Verbindung mit jenen Provinzen vor. Aber in Wirklichkeit konnte der Weg zu ihnen jederzeit durch äußere und innere Feinde verlegt werden. Im Ernstfall waren sie kaum zu verteidigen.

Für diese immensen Aufgaben hatte Österreich in seinen besten Zeiten 160 000 Mann unter Waffen gehalten. Jetzt verfügte es kaum über die Hälfte. Seine Artillerie war veraltet, sein Pferdebestand miserabel, die meisten Festungen waren verfallen. So sah das Erbe aus, das Maria Theresia antrat.

(Und wieder war sie schwanger.)

Was geschieht heute beim Tod eines Geschäftsmanns, Inhabers einer größeren Firma?

Die Erben werden nicht nur für ein würdiges Begräbnis sorgen und das Andenken des Seniorchefs mit bewegten Worten feiern. Sie werden vor allem auf die Zukunft der Firma bedacht sein, und sie wissen, die Zukunft liegt im Fortbestand ihrer alten Verbindungen. Sie werden sehr wohl darauf achten, in welchem Ton die Kondolenzschreiben gehalten sind; ob sie Zutrauen ausdrücken – oder Rückzug aus der Verbindung ankündigen? Ob etwa schwebende Forderungen angedeutet oder gar alte Querelen neu aufgerührt werden? Jede Äußerung ist wichtig und läßt Schlüsse auf die Zukunft zu.

Was heute im Geschäftsleben üblich ist, das war damals in der Epoche dynastischer Verflechtungen und diplomatisch ausritualisierter Kabinettspolitik ein festes Versatzstück politischen Verhaltens. Man gab auf möglichst feierliche Weise den Hingang eines Monarchen bekannt und paßte wie ein Schießhund auf, welche Antwort auf die Trauernachricht erfolgte: Jedes Wort der Beileidsbotschaften war von Bedeutung, jeder halbe Satz konnte politische Sprengkraft haben.

Die Situation war brisant. Das wußten alle, die damit zu tun hatten, alle die Mitglieder und Minister der Geheimen Konferenz – und sogar auch schon die junge Königin.

Die würdigen Greise

Wir wollen uns für einen Augenblick in der Runde umsehen, die die Geheime Konferenz bildete, eine Runde würdiger Greise, hoch in den Sechzigern und einer sogar den Achtzigern nahe. – (Und vergessen wir nicht, damals alterten die Menschen früher als heute.) Vermutlich waren sie fast alle zahnlos, von Gicht gekrümmt, in der Künstlichkeit, die ihnen ihre hohen Ämter auferlegte, erstarrt. Alle waren von Karl VI., diesem skrupulösen Zögerer, ausgesucht und in ihre Stellungen befördert worden. Sie alle hatten etwas vom melancholischen Fatalismus ihres langjährigen Herrn und Meisters angezogen. Möglicherweise war der Oberste Hofkanzler Sinzendorf von allen diesen „Ministri und Generalpersonen" noch der munterste. Doch leider war gerade er die unerfreulichste Gestalt: ein alter Korruptionär, ein hemmungsloser Bonvivant, ein Schlemmer von hohen Graden. Was er vielleicht an Vitalität und Geist einbringen konnte, machte er auf der anderen Seite durch Charakterdefekte zunichte.

Ein braver Mann war der Kammerpräsident Thomas Gundacker Starhemberg, ein, wie Maria Theresia betonte, „gerader Teutscher". Ihm, einem alten Haudegen, oblagen die Finanzen. Ein anderer bejahrter Freund des seligen Kaisers, Landmarschall Alois Thomas Raimund Graf Harrach. Er hatte Karl nach Spanien begleitet und das unglückselige iberische Abenteuer mit ihm durchgestanden. Später hatte er als Vizekönig Neapel verwaltet und auch da Schiffbruch erlitten. Ein Dunstkreis von Mißgeschick umgab den Schwergeprüften. Nun saß er in der Geheimen Konferenz und strahlte Pessimismus aus. Kaum anders stand es um seinen Bruder Josef Graf Harrach, Feldmarschall; kaum anders um den erst kürzlich in Ungarn abgehalfterten, nur gnadenweise im Staatsrat belassenen Grafen Königsegg. Ein Graf Uhlfeldt war mit den Auswärtigen Angelegenheiten betraut. Leider war auch er kein Kirchenlicht, überdies seines aufbrausenden Wesens wegen gefürchtet und Quelle vielfältiger Verlegenheiten. Da war nun als letzter, rangunterster, auch jüngster in dieser mürben Runde der Protokollführer Hofrat von Bartenstein noch eine wahre Lichtgestalt. Der Mann war ein Aufsteiger, als Sohn eines Professors der Philosophie in Straßburg geboren, studierter Jurist. Mit fünfundzwanzig war er nach Wien gekommen, hatte sich dort durch scharfsinnige Kasuistik in einem kniffligen Rechtsstreit ausgezeichnet, hatte sich in vierzehn Jahren über alle Stufen diplomatischer Hilfsdienste hinaufgedient und war schließlich in der einzigartigen Vertrauensposten eines Protokollführers in das Kabinett aufgerückt. Hier wußte er sich nun ganz unentbehrlich zu machen. Er arbeitete Tag und Nacht, alle österreichischen Staatspapiere jener Zeit stammen aus seiner Feder.

Karl VI. scheint mit geradezu abgöttischer Liebe an ihm gehangen zu sein. Mancher seiner Briefe an Bartenstein läßt tief, nämlich in die fast tragikomisch verschränkten Beziehungen blicken, die in jener Zeit des monarchischen Absolutismus hinter den Kulissen entstanden sein mögen: Da zitterte der Diener nicht so sehr vor seinem gestrengen Herrn, als der Herr um seinen treuen Diener zitterte, dessen Wohlwollen und dessen Fähigkeiten ihm unentbehrlich waren.

KARL VI. AN BARTENSTEIN
liber Partenstein. dis ist nicht vmb euch zu plagen, sondern nur mein billige sorg vndt rechte auf lieb vndt vertrauen in euch komendte vnruh zu bezaigen, auf den daß ... vernomen, daß ihr schon sidter vorgestern (welchs nicht gewust) mit etwas halsweh ... nicht wohl seyth. dis ficht mich mehr an als alles was sonst vnlustig vorfallen kan, dan so lang ihr wohl, gewis eins treyen ... beystandt vnd rath in allen sicher bin, welches mir sonst manglt ... glaub daß ihr von meiner wahren lib, vertrauen vndt naigung vor euch genug versichert seyt ... sorgt vor ewr gesundheit wegen mir et crede me ex corde semper vere tuum. Vale. (Glaub mir, daß ich von Herzen der Deine bin!)
Carl

Es ist sicher: Arbeitspotenz und Vitalität des österreichischen Kabinetts wurden in jener Zeit vor allem von Bartenstein repräsentiert. Nun freilich war es eben jener Bartenstein gewesen, der sich Maria Theresia in den vergangenen Jahren wenig angenehm gemacht hatte. Er, der kaltherzige Jurist, war kein Freund ihrer Liebe gewesen, und er hatte sich wenig darum kümmern zu müssen geglaubt, daß die junge Erzherzogin Franz Stephan und sonst keinen Mann auf der Welt zum Gemahl haben wollte. So war es Bartenstein gewesen, der den jungen Lothringer Herzog mit harten Worten angefahren und von ihm den Verzicht auf sein Stammland erzwungen hatte.

Wie würde es ihm nun ergehen? Er warf sich dem jungen Herrscherpaar zu Füßen und bot seinen Rücktritt an. Auch die anderen Häupter der Geheimen Konferenz beugten sich demütig und murmelten Bitten um Vergebung, daß sie früher so manches Mal Intrigen gesponnen und aufgewiegelt hatten.

Aber die junge Frau und ihr Gatte waren klüger, als es die „Generalpersonen" für möglich hielten. Sie waren vielleicht sogar gütiger. Sie straften keinen mit Ungnade, sie verziehen oder taten doch so, als könnten sie verzeihen. (Und in Maria Theresia mochte sich in der Tat etwas wie echte Zuneigung zu den alten unentbehrlichen Freunden ihres toten Vaters geregt haben.) Sie ließen Bartenstein in seiner Stellung, sie verzichteten – wenigstens im Augenblick – auf jeden Wechsel. Sie holten sogar die von Karl VI. strafweise verbannten und in Festungshaft gesetzten Generäle Neipperg und Wallis aus ihren Gefängnissen.

Die Huldigung durch die niederösterreichischen Landstände erfolgte ohne Schwierigkeiten. Jäh aufflammende, aber unbedeutende Krawalle in der Hauptstadt und in der nächsten Umgebung wurden teils mit Gewalt, teils dadurch unterdrückt, daß man an die aufgeregten Leute Brot, Wein und Fleisch verteilte. Als ergänzende Maßnahme ordnete Maria Theresia an, das überschüssige Wild in den Geländen rund um Wien abzuschießen. So beschwichtigte sie die Bauern, die schon lange über arge Wildschäden geklagt hatten; so dämpfte sie vielleicht auch ihren eigenen Ärger ab, den sie schon so manches Mal in früheren Jahren über die allzu hitzige Jagdleidenschaft ihres Vaters und ihres Gatten empfunden haben mochte.

An große Festlichkeiten zur Thronbesteigung war nicht gedacht. Die Herzogshüte von Ober- und Niederösterreich waren für einen Habsburger schon zu so selbstverständlich zu vereinnahmenden Insignien geworden, daß man sich ihrer nicht mehr rituell versichern mußte. Anders stand es um die Kronen Ungarns und Böhmens. Mit ihnen würde man sich später schmücken lassen. Fürs erste beriet man in der Geheimen Konferenz die zu gewärtigenden Reaktionen des Auslandes: die Pragmatische Sanktion war in Kraft getreten. Nun sollte sich das berühmte pactum bewähren.

Mit Spannung wartete man auf die ersten Symptome der internationalen Wetterlage.

Bange Ruhe

Die erste Enttäuschung ließ nicht auf sich warten. Sie kam gleich vom nächsten Nachbarn, von Bayern.

Der Kurfürst Karl Albrecht ließ durch seinen Botschafter Perusa erklären, er lehne es rundweg ab, Maria Theresia als Erbin Österreichs anzuerkennen. Er bestreite die Rechtskraft der Pragmatischen Sanktion, denn diese sei durch ein älteres Dokument von vornherein außer Kraft gesetzt: schon Kaiser Ferdinand habe bestimmt, die Erblande dürften nie anders als im Mannesstamm weiter vererbt werden; hiemit sei nicht des Kaisers Tochter, sondern vielmehr er, Karl Albrecht, der rechtmäßige Erbe.

Die bayerische Botschaft wurde in Wien nur mit Achselzucken zur Kenntnis genommen. Bayern-Wittelsbach war schon seit langem Habsburgs Gegner im Reich. Daß es sich patzig machen werde, hatte man erwartet, und was das angeblich so gravierende Testament des Kaisers Ferdinand betraf, so brauchte man sich nicht zu echauffieren. Denn Kaiser Ferdinand hatte nicht von *männlichen*, sondern von *ehelichen* Nachkommen gesprochen, und ehelicher als Maria Theresia konnte doch wohl niemand geboren sein! Man hielt das fragliche Dokument in guter Verwahrung und ließ den Bayern fürs erste anrennen. Je gründlicher er anrannte, desto deutlicher würde seine Blamage sein.

Daß des Bayern Nächst-Verwandte, der Kurfürst von Pfalz-Neuburg und der Erzbischof von Köln, in das gleiche Horn blasen würden, auch damit hatte man gerechnet und erregte sich nicht weiter darüber. Es kam doch nur darauf an, wie die Großmächte reagierten, Frankreich vor allem. Wenn Frankreich den teuer erkauften Abmachungen gemäß verfuhr, dann war ringsum nichts oder wenig zu befürchten.

Frankreich ließ es an ehrenden Beileidsbezeugungen für Karl VI. nicht fehlen. Ansonsten verhielt es sich seltsam einsilbig. Österreichs Noten an das Kabinett Fleury erzielten keine Antwort, und als man, ungeduldig geworden, eine Mahnung losließ, erfolgte eine höchst fadenscheinige Entschuldigung: Man habe den Thronwechsel formell bisher nicht anerkennen können, da man noch immer nicht wisse, unter welchen Titeln die neue Herrscherin anzusprechen sei.

In der Geheimen Konferenz zu Wien wurden erste Bänglichkeiten laut. Seit dem letzten Friedensschluß mit Ludwig XV. hatte man gemeint, sich auf Frankreich verlassen zu können. Man hatte doch dessen Versicherung, es wolle die Pragmatische Sanktion anerkennen –? Doch da trieb sich ein Nebensatz herum in dem staatspolitisch so überwichtigen Dokument: Ja, anerkennen wolle Frankreich Karls feierliche Erbfolgeregelung, doch nur, wenn die Rechte Dritter dadurch nicht geschmälert würden.

Immerhin: noch herrschte Ruhe, noch regte sich keine Hand gegen Österreich. Aus Rußland, aus Sardinien, von der Kurie trafen beruhigende Nachrichten ein. Und so glaubte Maria Theresia ihrem Herzen folgen zu dürfen: Ihr Vater, Onkel, Großvater, ihre Ahnen in langer Reihe waren Kaiser des Reichs gewesen und hatten die Krone Karls des Großen getragen. Nun wünschte sie für ihren Gatten Franz Stephan dieselbe höchste Würde des Abendlandes; sie wünschte es heiß und innig. Da sie auf die Kurfürsten von Bayern, Köln und der Pfalz nicht rechnen konnte, wandte sie sich in einer Note an den jungen Kurfürsten von Brandenburg, Friedrich II.: Wenn er Franz Stephan seiner Stimme versichern wolle, dann werde sie, die Kaisertochter, ihm für diese große Gefälligkeit zu immerwährendem Dank verpflichtet sein. Die Note ging ab. Aber der Kurier, der sie trug, begegnete schon dem Aufmarsch friderizianischer Truppen.

Preußen marschierte – gegen Österreich, gegen Maria Theresia.

Preußen zum ersten: der Vater

Wir haben in diesem Buch bisher noch kaum von Preußen gesprochen. Nur in der ersten Übersicht über die politischen Verhältnisse in Europa wurde Preußen-Brandenburg als *der* Staat am Ostrand des deutschen Reichs genannt, der – ähnlich wie Österreich, nur um etliches später – in deutsch-slawischen Mischgebieten zu einem größeren Gefüge herangewachsen war. Es war eine kolonisatorische Macht ähnlich Österreich. Wie dieses – aus dem bayerischen Stammesgebiet ausgefällt – sich zu einem neuen Konzentrat verfestigt hatte, so hatte sich Preußen aus dem Stammesgebiet der Niedersachsen ausgegliedert und war seinerseits erstarkt. Freilich waren da gewaltige Unterschiede. Österreich war reicher an alter Kultur, reicher an fruchtbarem Land, und es bildete wenigstens in seinem Kern nun schon längst einen großen geschlossenen Komplex. Brandenburg-Preußen war weniger begünstigt. Bis in unsere Tage hat sich der spöttische Beiname *Des Heiligen Römischen Reiches Streusandbüchse* erhalten. Riesige Sümpfe und Seenplatten durchsetzten sein Gebiet. Doch das Entscheidende war, daß Brandenburg-Preußen bislang nicht vermocht hatte, sein Staatsgebiet auch nur einigermaßen zu arrondieren. Es bestand aus acht inselhaft verstreuten Provinzen, ein für eine zielstrebige Regierung wohl unhaltbarer Zustand.

Seit fast einem halben Jahrhundert durften sich die Kurfürsten von Brandenburg auch Könige nennen, Könige freilich nicht von Brandenburg, sondern nur zu Preußen, einem, wie es damals schien, höchst unbedeutenden Landstrich, der noch dazu außerhalb des deutschen Reiches lag. Immerhin hatte der junge Staat von Jahrzehnt zu Jahrzehnt, von Regent zu Regent, stetiges Wachstum aufgewiesen: einmal fiel ihm hier eine Grafschaft zu, einmal dort ein Fürstentum oder ein Stift. Erbschaften im Westen ließen Hoffnung keimen, daß man Anschluß gewinnen könnte an die hochentwickelten Zonen rund um den Niederrhein. Zwei, drei prunkliebende Monarchen hatten, trotz geschickter politischer Manipulationen, das Land an den Rand des Ruins gebracht. Da trat ein Herrscher von ganz anderen Graden auf, einer der zum Ärgernis und zum Idol der Mit- und Nachwelt wurde: Friedrich Wilhelm I.

Zweifellos, er war nicht nur in seinem Jahrhundert ein rarer Vogel: einer der größten Rabauken und der achtbarsten Männer seiner Zeit zugleich. Unter seiner Herrschaft zu leben war hart, und doch hat es kaum je ein Herrscher besser gemeint mit seinen Untertanen. Friedrich Wilhelm war ein rabiater Militarist und ein entschiedener Friedensfürst in einem. Ehrbar und fromm bis in die Knochen, hat er unzählige Menschen in die Verzweiflung getrieben, nicht zuletzt seinen eigenen Sohn. Launenhaft und konsequent zugleich hat er sein Herrschertum als Dienst am Staat aufgefaßt, diesen Staat selber aber nicht als einen Verband menschlicher Wesen, sondern als eine Art großer Maschinerie begriffen, die er, der König, zur höheren Ehre Gottes und zum Ziele der eigenen Perfektion im Schwung zu halten hatte. Alles sollte nach Plan und Ordnung vor sich gehen, eingeteilt, eingeübt, bis aufs kleinste leistungsgerecht. Der einzelne Mensch wurde nur als Teil einer Staatsapparatur verstanden, er hatte als Rädchen oder Schräubchen zu funktionieren, während der König, gleichfalls dienstbar, das große Schwungrad bewegte.

Diese durch und durch mechanistische Auffassung von Leben, Welt und Gesellschaft machte Friedrich Wilhelm zum wütenden Feind aller Künste: sie waren für ihn nur nutzloser Firlefanz. Sie machte ihn zum Feind der in seinem Jahrhundert so hochgeschätzten höfischen Kultur mit ihren funkelnden Facetten von Witz, Ironie, Luxus und Weltläufigkeit. Das alles galt ihm nur als „elende Bärenhäuterei". Seine nahezu krankhafte Versessenheit auf das Instrumentale ließ ihn jene Marotte entwickeln, die ihn zum Spott seiner Mitwelt machte: großgewachsene Leute, die „langen Kerls", wurden in allen Ländern Europas geworben und wenn nötig mit Gewalt in Preußens Armee geschleppt. Ihre Phalanx scheint Friedrich Wilhelms höchster Herzenstrost gewesen zu sein.

Der Mann regierte siebenundzwanzig Jahre lang. Sein Hof war inmitten der Zerrüttung der Sitten ein Hort steifleinerner Tugend. Sein Land, von Waffen starrend, eine Zone des Friedens. Obgleich er über eine der stärksten Armeen verfügte, war der Gebietszuwachs, den er in diesen siebenundzwanzig Jahren erreichte, ganze 116 Quadratmeilen. Das Unglück dieses Mannes war, einen genialen Sohn zu haben und, statt auf ihn zu hoffen, auf ihn zu bauen, ihn mit eifersüchtiger Haßliebe zu verfolgen.

Ein Buch über Maria Theresia kann nicht auf Einzelheiten dieses Verhältnisses eingehen. Aber es lädt uns doch dazu ein, einen vergleichenden Blick zu werfen auf die Verhältnisse in Österreich und die am preußischen Hof, auf die Beziehungen Friedrichs zu seinem Vater und die der jungen österreichischen Erbprinzessin zu ihren Eltern. Hier in Wien: heile Welt, friedliche Familie, ein braves kleines Mädchen, gehorsam, geliebt, gelobt, wenn sie mit Anmut tanzte und sang. Sogar ihre Neigung, ihre frühe Schwärmerei für den netten freundlichen Vetter aus Lothringen – ein Gehorsamsakt gegen den Vater.

Dort in Preußen düstere Dramatik. Aus Berlin und Potsdam, aus Wesel und Küstrin werden fürchterliche Exzesse gemeldet und in ganz Europa mit wohllüstigen Schaudern rapportiert. Ein Kronprinz wird mit Härte und Verachtung traktiert, der Vater versucht seinen Eigensinn zu brechen, er schleudert ihm sogar das vernichtende Wort entgegen: Er hätte sich, von seinem Vater ebenso mißachtet, längst eine Kugel vor den Kopf geschossen. Der Prinz will fliehen, wird eingefangen, eingekerkert, sein Freund wird vor seinen Augen enthauptet. Schon flattern Gerüchte von Land zu Land, der König wolle sogar seinem eigenen Sohn das Todesurteil schreiben; der Skandal kulminiert, indem sich die Souveräne anderer Länder, darunter auch der Kaiser, verpflichtet fühlen, den Erben vor dem wütenden Vater in Schutz zu nehmen.

Endlich ist es Friedrich Wilhelm gelungen, seinen Sohn zu ducken. Nach langen Leidensmonaten in Küstrin wird er endlich dazu begnadigt, als kleiner Beamter dem preußischen Staat zu dienen. Und siehe da: er dient. Er lernt ein Stück Land verwalten, lernt einsehen, daß die Verwaltungsprinzipien des Vaters so unsinnig nicht sind. Die Augen gehen ihm auf für das, was der Verhaßte will und anstrebt: Ist er ein Feind der Künste, so ist er doch ein Freund allgemeiner Wohlfahrt. Ist er ein Menschenschinder, so schindet er doch aus Pflichtgefühl und einer Sache zuliebe, die auch der Vernunft des

Sohnes einleuchtet: Preußen muß stark werden. Es soll nicht nur seine hochgefährdeten Grenzen verteidigen, es soll auch seinen Führungsanspruch unter den protestantischen Mächten Deutschlands behaupten können. Und wenn der Sohn Protestantismus denkt, so denkt er zugleich auch Toleranz, Nüchternheit, Liberalität, Aufklärung.

Kurzum: der pubertäre Aufstand des Hochbegabten verwandelt sich allmählich in adoleszente und schließlich partnerschaftliche Zustimmung zu des Vaters Plänen und Idealen. Auch des Vaters Tyrannei dämpft sich ab. Plötzlich entdeckt Friedrich Wilhelm, daß sein Ältester kein *Kujon,* sondern ein hoffnungsvoller junger Mann ist, zwar feiner geartet als er selbst, aber würdig, einstmals die preußische Krone zu repräsentieren. Er vermählt ihn, er erklärt ihn für mündig und ruft schließlich emphatisch aus: Da steht der, der mich einstmals rächen wird.

Rächen wofür – und an wem?

Preußen zum zweiten: der Sohn

Man muß zugeben: die Art und Weise, wie der Wiener Hof, und Karl VI. an der Spitze dieses Hofes, bisher mit Preußen umgesprungen war, hatte – gelinde gesagt – wenig Takt und wenig Geschick bewiesen. Man verfuhr mit Friedrich Wilhelm wie mit einem beliebigen kleinen Reichsfürsten, mitunter sogar wie mit einem ganz gewöhnlichen Untertanen. Friedrich Wilhelm war, seiner emotional aufgeladenen Natur gemäß, allen Traditionen sentimental zugeneigt. So hatte er fast immer Achtung und Anhänglichkeit an das Reich gezeigt und sich deutlicher als andere Reichsfürsten „kindlicher Ergebenheit" gegenüber dem Kaiser beflissen. Aber wie alle anderen wollte auch er machtpolitischen Zuwachs verzeichnen können. Seine Ambitionen gipfelten (bescheiden genug, muß man sagen) in der Erwerbung der Grafschaften Berg und Jülich, auf die Preußen Erbrechte anzumelden hatte. Der Kaiser versprach ihm den Erwerb, aber zog zurück, sobald Friedrich Wilhelm zugreifen wollte. Vertröstung folgte auf Versprechen, Versprechen auf Vertröstung, so ließ der Kaiser die Bergsche Erwerbung wie einen Köder über der Nase des brandenburgischen Bären tanzen. Das war ein gefährliches Verfahren einem Fürsten gegenüber, der zwar gut gesinnt, doch bis an die Zähne gerüstet war.

Noch kränkender, ja geradezu empörend war das Verhalten des

Wiener Hofes, als es um die geplante Vermählung des preußischen Kronprinzen ging. Man hatte dem jungen Friedrich eine Nichte des Kaisers, Elisabeth, aus dem armen und machtpolitisch ganz unbedeutenden Haus Braunschweig-Bevern zugespielt. Friedrich Wilhelm war's zufrieden. Der Bräutigam stimmte seufzend zu. Die Hochzeit war beschlossene Sache und schon von allen Kanzeln des Königreichs verkündet worden; Bräutigam und Braut standen gleichsam schon bereit, vor den Altar zu treten. Da brachte der österreichische Botschafter, Minister Seckendorff, eine dringende Note aus Wien: Man möge die Feier absagen, alle Abmachungen umwerfen, die Braut nach Hause schicken; eine neue Konstellation in der großen Politik lasse es ratsam scheinen, daß der preußische Kronprinz um eine englische Prinzessin werbe; denn eine englisch-preußische Heirat paßte dem Kaiser augenblicklich besser in das politische Konzept.

Ein starker Tobak, allerdings. Mit Recht geriet Friedrich Wilhelm außer sich. Man habe, wird berichtet, „den König Zeit seines Lebens nicht in einer solchen Rage gesehen". – „Eh bien", tobte er, „man mutet mir Dinge wider meine Ehre zu, und wann man ja will, daß ich soll variabel sein, so soll der Kronprinz gar nicht heiraten. Ich habe aber dann noch drei Prinzen, und wenn ja das Haus aussterben soll, so ist es besser, es stirbt ohne die Blâme aus, als daß das, was man heute gewollt hat, morgen verändert wird."

So spricht nur ein tief verletzter Mensch. Friedrich Wilhelm *war* tief verletzt. Und Friedrich selbst?

Er war alles andere als begierig darauf gewesen, die bevernsche Prinzessin ins Brautbett zu bekommen. Doch in diesem Punkte stimmte er mit dem Vater voll überein: einen solchen Schandfleck könne man seiner Ehre nicht anhängen lassen, und einige Zeit später schreibt er: „Dieser Kaiser ist ein altes Phantom eines Götzenbildes ... Er war einmal ein starker Mann, aber die Franzosen und Türken haben ihm die Lustseuche gebracht, und jetzt ist er entkräftet."

Starke Worte. Man merkt, das Zeitalter reichsfürstlichen Respekts vor der kaiserlichen Majestät neigt sich dem Ende zu. Vielmehr: in der Seele des jungen Preußenprinzen ist es schon zu Ende gegangen. Die Tochter des Kaisers wird die hochfahrende Unvorsicht ihres Vaters schwer zu büßen haben.

Aber vielleicht lag die weitere Entwicklung der Dinge schon nicht mehr im Bereich psychologischer Effekte, sondern in der Mechanik von Sachzwängen, auf dem Gravitationsfeld ökonomischer, militärischer und machtpolitischer Tatbestände?

Man hat das Jahr 1740 ein Schicksalsjahr der europäischen Geschichte genannt, mit Recht. Nicht nur Karl VI. wurde zu seinen Vätern versammelt, am letzten Maitag war auch Friedrich Wilhelm gestorben. In den ersten Novembertagen wurde ein dritter Thronwechsel gemeldet, der Zarin Anna Iwanowna folgte der minderjährige Iwan und ihm auf dem Fuß die Tochter Peters des Großen, Elisabeth. Auch ein Papst war gestorben; der Vierzehnte Benedikt hatte an Stelle des Zwölften Clemens den Stuhl Petri bestiegen. Durch das politische System des Erdteils lief ein tektonisches Beben. Die persönlichen Veränderungen machten neue politische Valenzen frei. Sie konnten die Schichten verschieben und neuen Konstellationen Raum geben.

Es wird berichtet, daß, als die Stafette, die die Todesnachricht aus Wien brachte, von Friedrich empfangen wurde, dieser totenblaß geworden sei. Erfaßte er so rasch, daß seine Stunde geschlagen hatte?
 Was Österreich betraf, wußte er – wie ganz Europa –, daß Maria Theresias Lage gefährlich war. Friedrich zieht einen einfachen Schluß: Die Gefährdete braucht Hilfe; sie wird dem, der ihr hilft, auf Gedeih und Verderb ausgeliefert sein. Friedrich zögert nicht. Er sagt sich: Ich stelle ihr meine Armee zur Verfügung. Ich verteidige Österreich oder stelle ihm doch Verteidigung in Aussicht. Ich habe nicht einmal etwas dagegen einzuwenden, daß dieser exlothringische Herzog von Toskana die Kaiserkrone bekommt. Dafür aber fordere ich Schlesien, und damit man mich ja nicht um diesen von mir geforderten Preis betrügen kann, marschiere ich zur Vorsicht gleich in Schlesien ein.
 So rechnete Friedrich – und stellte ein, von seiner Seite gesehen, verblüffend einleuchtendes simples Konzept auf, und ohne weitere Gewissensbisse unterzeichnete er noch am 6. Dezember einen verwandtschaftlich herzlichen Brief an „Madame sa sœur, die Königin von Ungarn, als ihr alle Gefühle vollkommenster Wertschätzung hegender bon frère Frédéric".
 Inzwischen hatte Friedrich dem österreichischen Gesandten Botta seine Rechnung eröffnet. Sie enthielt unverhüllte Drohungen. Sollte Maria Theresia das preußische Angebot nicht akzeptieren, würde sie demnächst einer mächtigen Koalition von Feinden gegenüberstehen, und auch Preußen würde dann unter ihren Gegnern anzutreffen sein.
 Als Bottas Bericht eintraf, glaubte Maria Theresia ihren Augen nicht trauen zu dürfen. Hilfe bietet das kleine Preußen dem großen Österreich. Was kommt ihm bei? Und erfrecht sich zugleich, eine der besten Provinzen für sich zu fordern. Hat denn Preußen die

Pragmatische Sanktion nicht anerkannt, das pactum, in dem es die Unteilbarkeit dieser Monarchie mit garantiert hat? – Und seine erste Handlung zielt darauf ab, sich den besten Bissen aus dem großen Braten zu reißen.

MARIA THERESIA AN GRAF OSTEIN, NOVEMBER 1740
Zu sachen mehrerer erleutherung hast Du zu wissen, daß Niemand weniger als Preußen zu trauen ist ... Es wird sich annebst auf eine solche arth in nahmen besagten Hofes geausseret, alß ob es ohne dessen Beystandt um unser Hauß gethan wäre und wir gleichsam noch frohe sein müsten, durch den Verlust eines ansehentlichen stuckhes den überrest zu retten ...

Maria Theresia müßte von Sinnen sein, ein solches Angebot anzunehmen. Noch mehr: sie müßte eine schlechte Landesfürstin, eine schlechte Regentin und sie müßte vor allem ihrem Vater eine schlechte, feige, treulose Tochter gewesen sein.

Noch glaubt man in Wien nicht recht daran, daß es Preußen ernst meint. Man empfängt Botschafter, fertigt Kuriere ab, läßt sich von Konfidenten berichten. Zwischen Wien und Berlin jagen Nachrichten hin und her. Sie bringen nichts Gutes. Maria Theresia ist aufs höchste erbittert. Sie hat Bayerns Feindseligkeit erwartet, sie hat mit Hangen und Bangen auf Frankreichs Reaktionen gewartet. Daß von ganz unvermuteter Seite der Angriff erfolgt, bringt sie auf. Sie begreift instinktiv: dieser Angriff ist gefährlich, um so gefährlicher, als er aller Welt offenbar macht, daß sie im Grunde schutz- und hilflos ist. Denn Schlesien ist schlecht besetzt, vier schwache Regimenter stehen in diesem Land. Seine Festungen sind unbestückt, ihre Wälle sind verfallen.

Um die Weihnachtszeit 1740 lassen sich die ersten Stimmen in der Geheimen Konferenz vernehmen, die zu einer ersten Kapitulation raten: „In Nöten müsse man etwas sakrifizieren" – das heißt, man werde am Ende doch Preußens Rechte auf Schlesien, auf einen Teil von Schlesien, anerkennen.

Rechte? Preußens Rechte auf Schlesien?

Maria Theresia braust auf: Nie hat sie von solchen gehört. In den ganzen vergangenen Jahrzehnten war nie von irgendwelchen Ansprüchen dieser Art die Rede. Keine Kabinettsordre erwähnt sie. Kein Gesandter hat sich je mit ihnen vernehmen lassen. Aus grauer

Vergangenheit, längst vergessenen ad acta gelegten Papieren sind alte Streitpunkte ausgegraben und ans Tageslicht hervorgezerrt worden!

In der Tat: Friedrich hatte etliche seiner spitzfindigsten Bücherwürmer angesetzt, um sie uralte Causae aus dem Moder der Jahrhunderte hervorwühlen zu lassen. Der für uns heute nur noch undurchschaubare Wust von Rechtsnachfolgestreitigkeiten, deren Wurzeln bis ins späte Mittelalter und womöglich noch weiter zurückreichten und für längst geschlichtet und erledigt galten, feierte mühsame Urstände. Niemand zweifelte daran, vermutlich auch Friedrich nicht, daß es hier nur um einen künstlich geklitterten Vorwand ging. Aber Friedrich war zum Krieg entschlossen.

Die österreichische oder mit Österreich sympathisierende Literatur hat seinen Einmarsch in Schlesien in Grund und Boden verdammt. Die profriderizianische hat sein Verhalten kritiklos bejubelt. Vielleicht ist ein mittlerer Standpunkt zu halten: Es lag wohl in der (weithin unerfreulichen) Logik der Geschichte, daß die beiden stärksten, beide nach Osten gelagerten politischen Faktoren des in so viele politische Faktoren zergliederten deutschen Reichs einmal in aktive Konkurrenz geraten mußten. Dieselbe Logik der Geschichte forderte, daß Preußen danach streben mußte, sein zerstücktes und zerstreutes Staatsgebiet durch Neuerwerbungen zu arrondieren, zu „kompletieren". Überdies: daß ein straff verwalteter, in jeder Weise angespannt dynamisierter Staat seine Dynamik auf irgendeine Weise in ein weniger straff organisiertes Nachbargebiet ablassen mußte. Zugegeben: die Richtung hätte fürs erste auch eine andere sein können, Polen oder Sachsen. Wäre Karl VI. länger am Leben geblieben, oder hätte er seiner Pragmatischen Sanktion nicht so viele Kräfte geopfert, wäre Friedrich vielleicht nicht auf den Gedanken verfallen, gerade Österreich anzugreifen. So stießen seine Ambitionen in den Raum hinein, der ihm den geringsten Widerstand zu bieten schien. Dazu kam: Schlesien war eine reiche Provinz mit blühenden Städten, hochentwickeltem Gewerbe, ertragreicher Landwirtschaft. Was lag näher, als sie anzuzapfen und einen Teil des Segens den armen sandigen Marken im Norden zuzuführen?

„Sachzwänge" also gab es in Fülle für Friedrichs Vorgehen. Er hat später über seine eigenen Motive Auskunft gegeben. Erstaunlicherweise führt er keine sachlichen Gründe an. Als echter Intellektueller war er immer darauf aus, sich selbst zu analysieren und die Gründe, die ihn zum Handeln bewegten, eher eitel-geschwätzig ins Psychologische zu verlagern, so überzubewerten und als frei-schwebend darzustellen. So bekannte er in späteren Jahren, er habe den Schlesischen Krieg nicht so sehr aus politischen Notwendigkeiten, sondern aus Ruhmsucht und Neugier unternommen. Er habe den

Wunsch gefühlt, „in die Gazetten zu kommen", das heißt Gesprächsthema in ganz Europa zu werden.

Gewiß, Ruhmsucht und Neugier waren mit im Spiel. Doch woher solche Ruhmsucht, solche Begier, sich selbst in den Mittelpunkt zu stellen?

Mit im Spiel war gewiß auch Friedrichs verquer verzwicktes, tief verworrenes Verhältnis zu seinem Vater. Friedrich Wilhelm hatte ihn, den Sohn, so lange schlappschwänziger Untüchtigkeit, weibischer Feigheit und Weichlichkeit bezichtigt, daß Friedrich nun die erste Gelegenheit ergriff, diesen Vorwurf zu widerlegen und sich dem Schatten des Vaters zu stellen: „Sieh, wer ich bin!"

In jungenhaft aufgekratztem Ton schrieb er an seinen Brieffreund Voltaire, es werde „von nun an mehr auf Pulver, Soldaten und Tranchéen ankommen, als auf Schauspielerinnen, Ballets und Komödien", und die Offiziere seiner Berliner Garnison verabschiedete er mit den hochtrabenden Worten: „Brechen Sie auf zum Rendezvous des Ruhmes, wohin ich Ihnen ungesäumt folgen werde."

Der Weg nach Mollwitz

Der Krieg begann.

Schon in den ersten Tagen des Dezember hatte der König seine Streitmacht, 22 000 Mann Fußvolk und 5 000 Reiter, an der schlesischen Grenze versammelt. Am 14. Dezember traf er selbst dort ein, und zwei Tage später führte er seine Truppen auf österreichisches Gebiet.

Die Bevölkerung war teils überrascht, teils bestürzt. Was sollte dieser preußische Einmarsch bedeuten? Man hatte eben erst die angestammte Fürstin, die „Erblandfrau", anerkannt. Die Stände hatten Maria Theresia gehuldigt. Nun kamen Fremde ins Land, Protestanten. Die Reformierten freuten sich und glaubten, Friedrich käme, um sie in ihrer Religion zu unterstützen. Die Katholiken duckten sich verwirrt, denn Friedrich hatte die Nachricht aussprengen lassen, er käme mit Wissen und Willen der Königin, sein Einmarsch sei eine mit Wien vereinbarte Sache.

Vorerst fand Friedrich keinerlei Gegenwehr. Unter Aufgebot aller Kräfte setzte man von Wien aus einige Regimenter nordwärts in Marsch. Da war ein gewisser Feldmarschall-Lieutenant Maximilian Ulysses Browne, ein Mann von Erfahrung und Entschlußkraft. Vielleicht hätte er mit stärkeren Kräften hinhaltenden Widerstand

leisten können. Aber schon die nächsten Truppen, die ihm folgten, standen unter einem anderen, unglückseligen Kommando. Jener Graf Neipperg stand an ihrer Spitze, der im letzten Türkenkrieg durch unerträgliche Langsamkeit, durch ewiges Zögern und Retirieren alle Chancen vertan und zuletzt eine vernichtende Niederlage erlitten hatte. Der gute Mann war in seiner Strafhaft, in die ihn Karl VI. geschickt und aus der ihn das frischgebackene junge Herrscherpaar eben befreit hatte, weder rascher noch entschlußfreudiger geworden. Man hätte kaum einen Ungeeigneteren gegen Friedrich schicken können. Noch dazu sollte er jetzt mitten im Winter operieren. Die Pässe nach Schlesien waren vereist und verschneit. Neipperg hatte sich niemals vorstellen können, daß man auch im Winter Krieg führen könnte. Aber der Preuße zwang ihn dazu. Ihn schienen die Beschwerlichkeiten der Jahreszeit nicht aufzuhalten. Am 2. Januar rückten seine Truppen vor Ohlau und nahmen den Platz. Gleich darauf fiel Ottmachau. Neisse und Brieg wurden hart bedrängt, und was Breslau betraf, die stärkste Festung Schlesiens, so wußte es Friedrich nicht durch ein militärisches Manöver, wohl aber durch die Gewandtheit und Finesse seines politischen Schachspiels auf seine Seite zu bringen.

Breslau hatte sich bei Annäherung der preußischen Armee dagegen verwahrt, seine Verteidigung kaiserlichen Truppen zu überlassen. Es verwies auf ein altes Privileg, das ihm zugestand, für seine Verteidigung selbst zu sorgen. Und wirklich regte man sich auch eine Weile ganz tüchtig: die Wälle wurden ausgebessert, mit Geschützen bestückt, Schanzkörbe angebracht, an die jungen Mannschaften wurden Gewehre verteilt. Aber Friedrich war zu klug, um seine Armee vor Breslau aufzuopfern. Er schickte zwei Emissäre an den Stadtrat, die versicherten, es läge ihm nichts ferner, als die Stadt anzugreifen, er verpfände sogar sein königliches Wort, daß er als Freund gekommen sei. Das einzige, was er erbitte, daß er einige Truppen in die Vorstädte legen und ein Magazin errichten dürfe. Überdies wolle er alles bar bezahlen, was seine Soldaten brauchten.

Die braven Breslauer fanden, das sei ein Vorschlag. Sie erlaubten schließlich alles, worum Friedrich bat, sie erlaubten schließlich sogar, daß er Einzug hielt in ihrer befestigten Stadt. Friedrich zeigte sich äußerst huldreich. Nur der österreichische Oberamtsdirektor Graf Schaffgotsch wurde angewiesen, Breslau binnen vierundzwanzig Stunden zu verlassen.

Daß auch die österreichischen Kassen Friedrich zufielen, versteht sich fast von selbst.

Gegen diesen Mann rückte nun der ängstliche Neipperg vor, der – wie gewohnt – seine Truppen im Schneckentempo führte. „Ich sehe

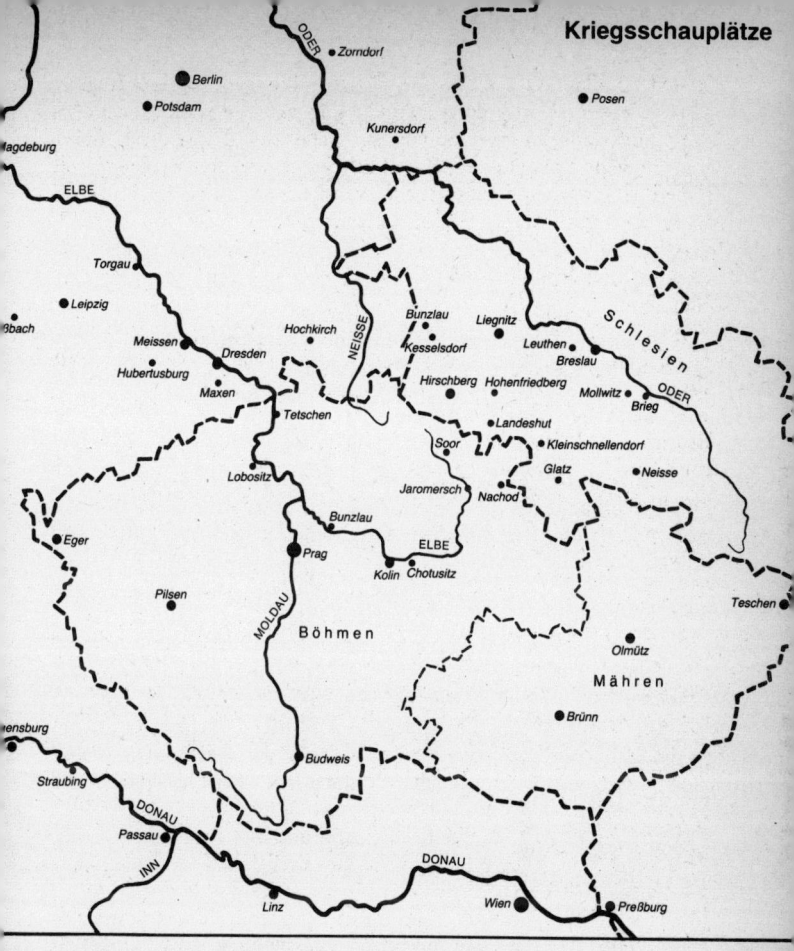

Kriegsschauplätze

wohl", schrieb der Kommandant des belagerten Neisse verzweifelt, „daß bei uns Alles mit viel zu großer Langsamkeit geschieht. Sie wird immer unser Verderben sein, und man beeilt sich niemals das zu thun, was das Allernothwendigste ist."

In zwei Monaten war es Friedrich gelungen, fast ganz Schlesien einzunehmen. Die erbitterten Österreicher spannen Pläne, wie man sich des fürchterlichen Feindes erwehren könnte; es waren zum Teil recht romantische Pläne. Wenn es doch möglich wäre, den König zu fangen! Ein Husarenoberst Baron Trips, ein Oberstleutnant Baron Barkoczy, ein Kommandeur Komaromy erhielten den Befehl, Jagd zu machen auf das edle Wild. Aber diese Husarenstreiche schlugen fehl. Man überfiel marschierende preußische Abteilungen, eroberte Beutestücke, machte Gefangene. Doch der König war nicht unter ihnen. Schlimmer noch: er begriff die Gefahr, in der er schwebte – und war von nun an auf der Hut.

Was geschah unterdessen in Österreich?

Die Namen Barkoczy und Komaromy lassen uns aufhorchen. Sie zeigen an, daß in den sich um Schlesien entwickelnden Aktionen von österreichischer Seite vor allem ungarische Truppen eingesetzt wurden. Nicht aus den deutschen Kronländern, sondern aus der östlichen Reichshälfte kamen die ersten stärkeren Kontingente. Sie kamen langsam, sie tröpfelten herbei. Unter Neippergs Fahnen sammelten sich allmählich 15 000 Mann. Ihr Kern bestand aus zwölf Infanterie-Bataillonen und elf Regimentern Kavallerie. Die Mehrzahl war kriegserfahren, verläßlich und tapfer. Kroaten, Hannaken, Goralen bildeten brauchbare Schützenkompanien. Hervorragend waren die beweglichen und kampflustigen Husaren, die, leicht bewaffnet und schnell beritten, dem Feind in raschen Vorstößen zusetzten.

Ende März hatten sich die Heere so weit einander angenähert, daß mit einer großen Schlacht gerechnet werden konnte. Friedrich, der nach den ersten leichten Anfangserfolgen in den Fehler verfallen war, den Feind zu unterschätzen, mußte sich nun zum erstenmal mit der geballten Masse eines ernsthaften Gegners messen. Am Morgen des 10. April führte er seine Truppen bei Mollwitz in Schlachtordnung.

Neipperg, der Zauderer, war noch dabei, den Kern seiner Armee zu ordnen. Schon fingen die Preußen an, die Österreicher zu beschießen und Unruhe und Verwirrung in die bereits aufgestellten Truppen zu bringen, da wollte ein junger und hitziger Feldmarschall-Lieutenant von Römer nicht mehr zuwarten. Er setzte sich, ohne Neippergs Befehle abzuwarten, vorzeitig in Bewegung und stürzte sich mit sechsunddreißig Schwadronen in voller Wucht auf den Feind. Die Wirkung war furchtbar. Die Preußen waren ihr nicht gewachsen. Ihre Linien wankten. Der König selbst geriet in Gefahr.

Nicht, daß dieser Tag von Mollwitz Friedrichs Feuertaufe gewesen wäre. Er war schon früher, vor Jahren, in das Schußfeld fremder Artillerie geraten. Er hatte diese erste Bewährungsprobe gut bestanden. Doch der Ansturm der österreichischen Reiterei, der Anblick des blutigen Gemetzels erfüllten ihn mit Entsetzen, und als ihm sein Mit-Feldherr und Freund Fürst Schwerin eine beschwörende Botschaft zukommen ließ, die Schlacht sei wahrscheinlich verloren und er, der König, möge sich in Sicherheit bringen, da vermochte er nicht zu widerstehen, er ergriff die Flucht.

Ja, er ergriff die Flucht, der große Heros Friedrich ritt davon, obwohl die Schlacht hinter seinem Rücken weiter tobte und – entgegen aller Voraussicht trotzdem von Preußen gewonnen wurde.

Was war geschehen? Die österreichische Reiterei hatte die preußische außer Gefecht gesetzt. Aber hinter dieser stand, ein eiserner Block, die in tausend Exerziertagen bis zur bewußt- und gefühllos klappenden Mechanik dressierte preußische Infanterie. Sie stand und feuerte, lud und feuerte, lud und feuerte wieder, jeder Füsilier bis zu sechsmal in der Minute. Die Soldaten verhielten sich wie Automaten. Später lobte man sie, sie hätten wie die alten Römer gekämpft. Doch nein, sie kämpften wie modern gedrillte Massen, während ihr König auf schnellem Pferde nach Norden entwich.

Schwerin gewann den Tag. Nie wagte irgend jemand, später Friedrich an die Schlacht von Mollwitz zu erinnern. Er selbst kam auch nicht mehr darauf zu sprechen. Achttausend blieben tot auf dem Schlachtfeld, fünftausend Österreicher, dreitausend Preußen. Wieder hatte Neipperg eine Schlacht verloren.

Wie nahm Maria Theresia diese Hiobsbotschaft auf?

Die Unbeugsame

Vier Wochen, ehe sich die Heere bei Mollwitz formierten, hatte die Königin endlich – nach drei Mädchen – einen Sohn geboren. So leicht war die Geburt vonstatten gegangen, daß sie, noch in den Nachwehen liegend, mit dem Selbstbewußtsein einer Glücklich-Gebärenden verkündete, es tue ihr leid, nicht schon wieder im sechsten Monat schwanger zu sein.

Endlich ein Sohn, ein Thronerbe. Die Eltern jubelten, und Wien jubelte mit ihnen. Es jubelte so sehr, daß es, als die bösen Nachrichten aus Schlesien eintrafen, diese anfangs kaum zu glauben vermochte. Nur allmählich breiteten sich Ernüchterung und Enttäuschung aus. Die Freude schlug in Erbitterung um, und als Maria Theresia beim ersten feierlichen Kirchgang nach der Geburt des Thronfolgers durch die Straßen von Wien fuhr, hielt man ihr einen auf eine Stange gesteckten Holzkopf vor das Kutschenfenster: Friedrichs karikiertes Portrait, der König als Justifizierter. So, meinte man in treuherzigem Patriotismus, so sollte es dem bösen Feind in Wirklichkeit ergehen.

Maria Theresia wehrte nicht ab. Denn nicht nur die Volksseele kochte in Haß gegen den frechen Eindringling. Auch in Maria Theresia fraß sich Erbitterung fest, und viele Jahrzehnte lang sollte sie sich über dieses Gefühl nicht mehr erheben können.

Ihr war, so empfand sie es, Vergewaltigung geschehen. Das teuer erkaufte Erbe des Vaters, die sakrosankte Unantastbarkeit der Monarchie, war durch Friedrichs Angriff gleichsam defloriert worden. Das konnte sie nie vergeben, nie vergessen. Nur zähneknirschend ließ sie sich herbei, den diplomatischen Gepflogenheiten entsprechend, Verhandlungen zu führen, Elastizität zu simulieren. In Wirklichkeit verfuhr sie nicht anders als eine an ihrer Scholle klebende Bäuerin, die den Hof ihrer Väter bis zum letzten Ackerrain für sich und ihre Kinder verteidigen will. Archaische Schichten meldeten sich in ihr zu Wort: die abergläubische Scheu, sich von Ererbtem zu trennen, als wäre das Frevel und zöge Rache nach sich.

Daß sie nun einen Sohn geboren hatte, bestärkte sie nur in dieser Haltung. In ihm achtete sie heute schon den künftigen Erben des Reiches: unverstümmelt, unbeschnitten sollte es dereinst an ihn gelangen.

So geschah es immer wieder in jenen Tagen und Wochen der ersten schmerzlichsten Einbuße, daß die junge Frau im Kreis ihrer vertrautesten Mitarbeiter in ein und denselben Ruf ausbrach: „Macht mit mir, was ihr wollt. Von Schlesien geb ich nichts her."

Sturmtief

Je härter sie die Nachricht von Mollwitz traf, um so unbeugsamer bot sie dem Unglück die Stirn. War ihr eigenes Heer im Augenblick zu schwach, dem Preußen zu widerstehen, so konnte doch vielleicht eine Koalition gegen ihn zustande gebracht werden. Maria Theresia schickte Boten an alle Höfe Europas: Helft mir und schlagt den Störenfried. Aber Europa dachte nicht daran, ihr beizustehen. Nicht einmal England, der traditionelle Verbündete, hatte Verständnis für ihre Lage; im Gegenteil, er riet nachzugeben, sich abzufinden, Schlesien abzuschreiben, denn ansonsten sei zu befürchten, daß sich noch Schlimmeres anbahne.

Das Schlimmere bahnte sich an. In allen Himmelsrichtungen braute sich Unheil zusammen.

Die Quelle des Unheils war wieder, wie so oft, die deutsche Uneinigkeit, anders gesagt, Verwandtengezänk und Verwandtenmißgunst.

Seit langem waren sich Habsburg und Wittelsbach wenig gewogen. Sie hatten zwar gemeinsam den Dreißigjährigen Krieg überstanden, gemeinsam den katholischen Glauben nördlich der Alpen gerettet.

Nun aber saßen sie als eifersüchtelnde Nachbarn nebeneinander. Die Wittelsbacher neideten den Habsburgern die Kaiserkrone. Die Habsburger vermerkten mit Erbitterung, daß der Münchner Vetter viel zu häufig und viel zu gern mit dem großen Gegner, mit Frankreich, Absprachen traf. Frankreich war immer bereit, sich deutschen Fürsten als Verbündeter anzubieten, und deutsche Fürsten hatten ja auch im Westfälischen Frieden das Recht ertrotzt, mit ausländischen Fürsten koalieren zu dürfen, wenn auch, wie es im Nachsatz hieß, diese Bündnisse nie gegen Kaiser und Reich gerichtet sein durften. Doch – wer konnte das schon hindern? So waren die Dinge auf ein schlimmes Geleise geraten. Frankreich hielt Bayern für sein eigenes Vorland, von hier aus strebte es das ohnehin schon von tausend Rissen durchzogene deutsche Reich endlich, endlich aus allen Fugen zu bringen. Darum herrschte tiefes Mißtrauen zwischen Wien und München, seit langem schon.

Warum war Karl VI. nicht auf den Gedanken verfallen, diesen unbequemen Nahverwandten dadurch auf seine Seite zu bringen, daß er noch nähere verwandtschaftliche Bande knüpfte, indem er etwa seine Tochter Therese mit dem bayerischen Kurprinzen vermählte? Dann wären Bayern und Österreich miteinander verschmolzen worden, und Frankreich hätte ein für allemal das Nachsehen gehabt.

Ja, Karl war auf den Gedanken verfallen, aber die bayerischen Gegenforderungen waren so ungeheuerlich, daß man sich schon nach den ersten Verhandlungen wieder zurückzog. Nachdem die große Lösung gescheitert war, konnte man es mit der kleineren Lösung versuchen.

Man winkte mit anderen Erzherzoginnen, mit den josephinischen Nichten. So kam man schließlich nach langen Querelen überein, die eine Nichte, die jüngere, Maria Amalia, mit dem Bayern zu vermählen, während man die andere, ältere, Maria Josepha, an den Sachsen verheiratete, nicht aber ohne zuvor von beiden einen Generalverzicht verlangt zu haben: auf die Krone Österreichs würden sie niemals Anspruch erheben, solange ein Nachkomme Karls VI. am Leben war.

Alle diese Vorgänge müssen Bayern – und nebenbei auch Sachsen – verärgert haben, und die Erbitterung gegen den nunmehr schon längst zu seinen Ahnen versammelten Kaiser übertrug sich auf seine Erbin.

Zu allem Unglück kam jetzt auch in Frankreich eine entschieden österreichfeindliche Partei ans Ruder. Ein gewisser Belle-Isle bestürmte Kardinal Fleury, die prächtige Gelegenheit am Schopf zu packen und dem alten Feind Frankreichs an der Donau den Garaus zu machen. Friedrichs leichter Sieg in Schlesien ermutigte alle, die mit

Österreich ein Hühnchen zu rupfen hatten. Durch seinen Vormarsch war die Lawine losgetreten, und sie wälzte sich heran.

In Maria Theresia sollte das ganze Haus Habsburg ein für allemal gründlich gedemütigt werden.

Als man Friedrich die Kaiserkrone antrug, winkte er verächtlich ab. Dafür war Bayern begierig, sie an sich zu bringen. Das wieder kam Frankreich zupaß. Obgleich es Lothringen schon längst unter seine Kontrolle gebracht hatte, behauptete es nun allen Ernstes, es müßte sich bedroht fühlen, wenn der ehemalige Herzog dieses Landes, also Franz Stephan, die deutsche Kaiserkrone trüge. Auch Sachsen, das wenig Grund hatte, sich für Friedrich zu erwärmen, glaubte den Augenblick günstig, Österreich unter Druck setzen zu können. Schließlich gelang es Belle-Isle, die Gegner Habsburgs um einen Tisch zu versammeln. In Nymphenburg bei München wurde ein Vertrag ausgehandelt: Bayern, Preußen, Frankreich und Sachsen traten zusammen und schlossen gegen Österreich ab. Eine eiserne Klammer legte sich um die westlichen und nördlichen Erblande. Nun fehlte es noch, daß auch Spanien beitrat und vom Süden her angriff. Und prompt geschah auch das!

Begriff Maria Theresia die tödliche Gefahr, in die sie geraten war?

Sie begriff sie wohl. Sie sah ihre alten Ratgeber erbleichen und nach Atem ringen. Sie sah ihren Gatten wanken und verzweifelt nach einem Ausweg suchen. Sie spürte, daß keiner mehr wagte, auf einen guten Ausgang zu setzen. Aber sie empörte sich gegen die allgemeine hasenherzige Niedergeschlagenheit. „Was vor Grillen", schrieb sie ihrem Ratgeber Kinsky, „Warumb solche Gesichter und nicht die arme Königin noch mehr zu decouragieren, sondern ihr helfen und rathen. Morgen fruhe komme Er zu Mir. Ich will reden . . ."

Harte Probe

Seltsamerweise kam gerade in jenen schwarzen Wochen der jungen Königin von einer Seite Beistand, von der er am allerwenigsten zu erwarten gewesen wäre, nämlich vom alten Erbfeind, dem Türken, und wenn dieser Beistand auch nur darin bestand, daß er nicht ebenfalls in den Reigen der Feinde trat. Im Gegenteil. Die Hohe Pforte verurteilte das Vorgehen Friedrichs mit scharfen Worten, sie versicherte Maria Theresia ihrer sympathisierenden Neutralität. Ein neuer Grenzvertrag wurde ausgehandelt und abgeschlossen. Dieser Vertrag war Goldes wert, denn er erkannte Habsburg als Herrscher über Ungarn an und vergewisserte es der hier vorhandenen Hilfsquellen. Damit waren die Weichen gestellt, Maria Theresia konnte nach Preßburg reisen und sich dort krönen lassen. Maria Theresia konnte darauf hoffen, die Magnaten Ungarns für sich zu gewinnen. Waren der Norden, der Westen, der Süden gegen sie verbündet, so würde vielleicht der Osten ein Einsehen haben, und die magyarische Nation würde es vielleicht – vielleicht! – doch für richtig erachten, großmütiger gegen sie zu verfahren als die eigenen Verwandten.

Im Januar hatte man die Mitglieder des Landtags, Adel, Geistlichkeit und die Vertreter der Städte nach Preßburg geladen, am 18. Mai sollte der Landtag eröffnet, im Juni die Krönung vollzogen werden.

Maria Theresia brach zu ihrer Krönung nicht auf wie zu einem Fest, sondern wie zu einer schrecklichen, lebensentscheidenden Prüfung. Zwei Punkte lagen ihr am Herzen mit Mühlsteingewicht. Der erste war, daß sie auch Ungarn zur Anerkennung ihres Gatten als Mitregenten bringen wollte; der zweite Punkt: daß sie militärische Hilfe erhielt. Das hieß nichts anderes, als daß sie nicht sosehr das Volk als den Adel für sich gewinnen mußte, denn nur der Adel konnte Subsidien leisten, er konnte Soldaten stellen, der Adel und die Stände, sie waren in diesem Land allmächtig.

Nicht alle, das wußte die Königin, waren gut habsburgisch gesinnt. Zu deutlich waren gewisse Jahre ins Gedächtnis geprägt, Kriegsjahre, Greueljahre. Der Name Rakoczi war noch nicht vergessen. Damals hatte Ungarn gemeint, daß es zwischen der Pforte und Habsburg eine eigene freistaatliche Existenz behaupten könnte. Der Traum war zerronnen, und es lag doch wohl klar auf der Hand, daß Habsburgs Herrschaft besser, erträglicher, auch einträglicher und gerechter war als die Herrschaft der Pforte. Trotzdem lauerten überall alte Bedenklichkeiten, mißtrauische Vermutungen und Widersetzlichkeit. Die Königin von Ungarn war eine Deutsche. Kam sie als Feind ins Land? Kam sie, um das Land mit ihrem deutschen Anhang zu erfüllen, kam sie, um seine alten angestammten Rechte mit allerlei Machenschaften einzuschränken, es auszubeuten, womöglich zu verknechten?

Maria Theresia fürchtete das Mißtrauen der Magnaten. Sie war entschlossen, es zu entschärfen. Sie war entschlossen, um die Gunst jedes einzelnen Ungarn zu werben. Sie lernte ein paar Phrasen in dieser seltsamen Sprache, die keiner anderen in Europa glich. Sie memorierte ihr Latein, Amts- und Schriftsprache jenseits der Leitha. Sie lernte reiten, um, wie in Ungarn üblich, als berittener König die Huldigung zu empfangen. Sie prüfte vielleicht auch vor den Spiegeln der Hofburg ihr Lächeln, ihren Gang, Huld und Ernst, Gnade und

Festigkeit in Mienen, Blicken und Gesten. Hilfe in schwerer Stunde erwartete sie von der Nähe ihres Gatten, der sie begleiten sollte. Doch man hatte ihr gesagt, man werde ihn eben in den Stunden der Krönungsfeierlichkeiten nicht an ihrer Seite dulden; alles müsse sie selber durchstehen, und allein. Sie stand es durch.

Während sich die Armeen Europas gegen ihr Land in Bewegung setzten, bestieg sie mit ihrer Familie ein in den Farben Ungarns, Rot-Weiß-Grün, über und über bunt bewimpeltes Schiff, um sich auf dem Donaustrom nach Preßburg zu begeben. An der Landesgrenze willkommen geheißen, dann in das alte Schloß geführt, das, vor wenigen Jahren eingeäschert, teilweise noch den Anblick einer Ruine bot, am nächsten Tag der Versammlung vorgestellt, von deren Wohlwollen alles für sie abhing: man hat diese Vorgänge oft beschrieben, und eine vaterländische Geschichtsschreibung hat sich darin gesonnt, das Entzücken zu schildern, das die junge schöne Frau erregt und die ritterlichen Ungarn in opferwillige Begeisterung versetzt hatte. Später hat man dann, um das idyllische Bild abzurunden, auch noch die Sage aufgebracht, Maria Theresia habe sich sogleich mit dem kleinen Joseph auf dem Arm den Ungarn präsentiert, eine königliche Madonna, und habe mit dieser Geste im ersten Ansturm auf ganzer Linie gesiegt.

So allerdings lagen die Dinge nicht. Und doch mag die populäre Fabel einige Elemente richtig erfaßt und wie verstreute Strahlen in einer Linse gebündelt haben.

Vielleicht war es so: Zum erstenmal war Maria Theresia einer reinen Männergesellschaft ausgesetzt – und zwar nicht einer höfisch-domestizierten Greisenrunde wie im Wiener Kabinett, sondern einer vielköpfigen, höchst vitalen und von brennenden Interessenkonflikten aufgeheizten, mehr oder minder ungezügelten Schar. Diese Leute waren Fürsten, Grafen, Geistliche und Richter. Sie waren es gewohnt, allein und unbeschränkt zu herrschen, jeder in seinem Bereich. Sie brachten den unbändigen Stolz und den aus allen Nähten platzenden Egoismus ihrer Klasse mit, und jeder hielt sich für den Wichtigsten, seine Interessen, Rechte und Freiheiten für den Angelpunkt der Welt. Die Gesellschaft war in zwei *Tafeln* geteilt, die eine umfaßte den hohen, die andere den niederen Adel und die Vertreter der Städte. Hier gab es Gegensätze. Eine weitere Parteiung war zwischen Katholiken und Protestanten. So wogte es zwischen ihnen von Streitigkeiten und Widersprüchen. Kam einer zu Wort, wurde er von anderen niedergeschrien, ein festes Verfahren war nicht vorgesehen, alle standen zugleich auf und wollten zugleich sprechen. Da saß nun die junge Frau, nahm Forderungen entgegen und mußte doch die eigenen Rechte wahrnehmen. Sie mußte dabei klug und hinhaltend taktieren, sie mußte merken, wo ihr Fallen gestellt waren. Obgleich ihr sicher der Kopf dröhnte von dem Geschrei und obgleich kein Vertrauter ihr zur Seite stand, mußte sie doch das Beste aus der Lage machen: mußte in Aussicht stellen, ohne sich zu binden, mußte Unumgängliches zugestehen und Vermeidliches zu vermeiden versuchen.

Zwar – sie hatte hier in Ungarn einen sicheren Freund, Johann Graf Palffy, und es bedeutete schon einen Sieg für sie, daß dieser treue Diener des Kaiserhauses zum Palatin gewählt wurde. Doch leider war er krank, uralt, eine schwankende Greisengestalt. Er konnte während der Verhandlungen nicht einmal zugegen sein. Nur für eine kurze Weile wurde er herangebracht und auf einer Bahre in den Saal getragen. Als ihm Maria Theresia gerührt die Hand entgegenstreckte, bedeckte er sie mit Küssen und Tränen, Tränen vermutlich vor allem über das eigene Elend. Das war nun Maria Theresias zuverlässigster Freund in diesem Land.

Aber – und es ist in der Tat ein Wunder zu nennen – die ruhige Besonnenheit der jungen Frau, ihre Fassung und Vorsicht, die durch keinerlei Ausbruch zu verwirren war, die Unbeugsamkeit, mit der sie ihre Rechte verteidigte, ohne jemals heftig zu werden, das alles imponierte und erwarb ihr Sympathien. Die Männer spürten, diese Frau ruhte in sich selbst. Schmeicheleien, die andere Frauen in Verwirrung versetzt oder doch zu einem Anflug von Koketterie verführt haben würden, glitten an ihr ab. Sie argumentierte sachlich, wenn auch gewiß nur selten perfekt, und ließ doch ahnen, daß sie eine warmherzige Frau war, ein weibliches Wesen voll Temperament, Charme, Sinnlichkeit. Das imponierte. Und die vitale Ausstrahlung ihres mütterlich-gefestigten Wesens half ihr weiter.

Eine Krone

Drei Tage dauerte das große Palaver. Am späten Abend des 24. Juni 1741 war alles so weit ausgeheckt, daß Maria Theresia die Unterzeichnung des Diploms vornehmen und sich dann, am Morgen des 25., eines Sonntags, die Krone des heiligen Stephan aufs Haupt setzen lassen konnte. Alle zeitgenössischen Quellen stimmen darin überein, daß die Krönung mit außerordentlicher Pracht gefeiert wurde. Volk und Adel schienen zufriedengestellt und in Begeisterung geraten. Nur die Königin selbst sah zuerst bleich und traurig drein. Der Primas von Ungarn, auch er ein Greis, setzte ihr die Krone auf, bekleidete sie mit dem Krönungsmantel und überreichte ihr den Reichsapfel. Zum erstenmal wurde sie nach altem Brauch mit der Formel „Geheiligte Apostolische Majestät" angesprochen.

Später leistete sie unter freiem Himmel und weithin sichtbar auf einer mit rot-weiß-grünem Tuch bedeckten Tribüne den Krönungseid, den ihr der Primas vorsprach. Dann sprengte sie auf einem auf ungarische Art prachtvoll aufgeschirrten Rappen auf den Krönungshügel und schwang das Schwert in alle vier Weltrichtungen zum Zeichen dafür, daß sie das Reich der Ungarn gegen alle Feinde verteidigen und es sogar vergrößern wolle.

In Wahrheit zitterte sie um die Hilfe eben dieses Landes und hatte selbst Verteidigung am allernötigsten. Während sie auf die Jubelrufe „Vivat domina, rex noster!" mit Winken und Lächeln zu danken hatte, hatte sie zugleich die Bitternis hinunterzuschlucken, daß der Mann, den sie liebte, der Vater ihrer Kinder, gerade in dieser Stunde nicht an ihrer Seite weilen durfte. Man hatte Franz Stephan nicht einmal erlaubt, in ihrem engeren Gefolge zu erscheinen. Durch ein Seitengäßchen mußte er sich wie ein beliebiger Bürger durchdrängen, um wenigstens von Ferne einen Blick auf die gekrönte Gattin werfen zu können: eine groteske Situation, eine Demütigung, die sogar Franz Stephan beinahe unerträglich war; er war wütend und dachte eine Weile daran, abzureisen. Dann bezwang er sich und blieb – und spielte das Spiel weiter, das ihm das Leben auferlegt hatte.

Trotz Krönungsherrlichkeit und wogender Volksbegeisterung (unsere Zeit weiß Bescheid über die Ansprechbarkeit der Massen, denen unter Hörnerklang und Glockenläuten ein farbiges Schauspiel geboten wird), trotz dieser Szenen auf historischem Boden, zwischen geputzten und von Schmuck funkelnden Magnaten, Szenen uralter Symbolik und feierlicher Bedeutsamkeit, war Maria Theresias schwierige politische Aufgabe hier in Ungarn noch keineswegs ausgestanden. Gleich am anderen Morgen bekam sie eine neue Kostprobe davon, welch ätzenden Demütigungen auch sie, das gekrönte Haupt, von seiten ihrer sogenannten Untertanen ausgesetzt sein konnte.

Es ging um das Krönungsgeschenk. Krönungsgeschenke waren damals üblich, sie betrugen zumeist zwischen zweihundert- und fünfhunderttausend Gulden.

Maria Theresia war nicht nur arm, sondern auf schreckliche Weise verschuldet. Mit Herzklopfen wartete sie nun darauf, was ihr das Land als Krönungsgeschenk – gleichsam als Morgengabe ihrer Herrschaft – anbieten würde.

Der Präsident der zweiten Tafel, Grassalkovics, erhob sich und nannte die Summe hunderttausend.

Nur hunderttausend? Maria Theresia schwindelte es. Aber – was war das? Statt daß sich Protestrufe erhoben, die mehr verlangten, oder doch mindestens Rufe der Zustimmung: Ja, hunderttausend Gulden für die Königin!, breitete sich lähmendes Schweigen aus. Im Hintergrund erhob sich ein unzufriedenes Murmeln: Hunderttausend? Hunderttausend wollte man dem Land entpressen, das soeben wieder einmal durch Seuchen, Überschwemmungen, Feuersbrünste gelitten hatte? Nein, soviel könne Ungarn nicht bezahlen. Und eine Stimme erscholl: Zwölftausend Dukaten, das sei doch wahrlich mehr als genug! – Zwölftausend Dukaten waren knapp die Hälfte!

In diesem Augenblick mag Maria Theresia sich und ihr Amt verflucht haben.

Zum Glück fanden sich Gegenstimmen für sie, und nach langem Hin und Her und neuem tobenden Streit bewilligte der Landtag die erstgenannte Summe. Doch sofort folgte ein neues Desaster: das Geld war nirgends aufzutreiben. Alle die juwelenfunkelnden Magnaten behaupteten Mann für Mann, augenblicklich nicht bei Kasse zu sein. Schließlich schickte man zu einer reichen Witwe und bat sie um Aushilfe, worauf sich diese schließlich herbeiließ, dem Landtag das Krönungsgeschenk einstweilen leihweise zu überlassen.

Und so ging es weiter! Mit Heftigkeit drang man in die junge Königin, sie solle in Ungarn nur Ungarn mit Ämtern betrauen, ja, sie solle ungarische Angelegenheiten auch im Ausland nur durch Landeskinder führen lassen; sie solle am eigenen Hof einen ungarischen Rat errichten, und dieser Rat solle auch über die Kriegskasse zu entscheiden und damit im allgemeinen Kriegskommissariat eine gewichtige Stimme haben. Doch wieder waren sich zum Glück der Königin ihre Widersacher nicht einig, Mißhelligkeiten zwischen dem hohen und dem niederen Adel verschafften Maria Theresia Luft: Sie versprach Erfüllung ungarischer Forderungen, ohne doch zu versprechen, daß die Erfüllung geradezu obligatorisch werde, so wand sie sich hindurch zwischen Paragraphen und Traktaten und trat schließlich ihrerseits mit einer Forderung hervor.

Es war die Forderung, die ihr das liebende Herz diktierte, vielleicht auch die Furcht diktierte vor des Gatten Empfindlichkeit und verletztem Ehrgefühl. Über die österreichischen Erbländer war Franz Stephan als Mitregent eingesetzt, die Einsetzung war glatt und ohne Schwierigkeiten vor sich gegangen. Nun sollte er aber auch über Ungarn als Mitregent herrschen, und gegen die nun erhobenen Einsprüche blieb die Königin hart.

Sie blieb hart, auch als man ihr – deutlicher Wink mit dem Zaunpfahl – ein anonymes Pamphlet in die Hände spielte, das im Volk kursierte und, so hieß es, die Stimmung der Massen spiegelte.

Da war sie als schlaue Füchsin dargestellt, die sich unter Vortäuschung mütterlicher Fürsorge in den friedlichen magyarischen Hühnerhof eingeschlichen habe und da nun ihre Schnauze in Blut tauche.

Doch weder Mißtrauen noch Feindseligkeit schüchterten Maria Theresia ein. Sie wußte: Einschüchterung durfte sie sich nicht leisten. Wohl gab es Stunden, in denen sie mit der Verzweiflung rang. Wohl geschah es ihr, daß sie mitten in den Verhandlungen in Tränen ausbrach. Doch immer wieder wußte sie sich zur rechten Zeit zu fassen. Nicht kalte Berechnung oder Spiel mit der Schwäche der anderen halfen ihr schließlich über die Runden, sondern der Mut, der sie in einem Augenblick höchster Bedrängnis die Flucht nach vorne antreten ließ.

Ja, es war Zeit, daß sie diese Flucht antrat. Denn hinter ihr schwoll die Sturmflut.

Die Flucht nach vorne

Habsburgs Feinde hatten sich miteinander verständigt. Das Nymphenburger Traktat, im Mai vereinbart, im Juni komplettiert, trat in Kraft. Friedrichs bislang ungestrafter Angriff forderte, wir sagten es schon, zur Nachahmung heraus: das Wild war gestellt und blutig gebissen, und seine Schweißspur lockte alle Hetzhunde herbei. Zwar wagte Frankreich noch immer nicht, Österreich offen den Krieg zu erklären: der listige Fleury wollte den Vorwurf vermeiden, daß er selbst den Aggressor spielte. Er glaubte es fein eingefädelt zu haben, indem er sich nur als Verbündeter Bayerns aufspielte und diesem Subsidien gewährte. Subsidien, das hieß in diesem Fall ein ganzes Heer. Man führte 20 000 Franzosen über den Rhein, steckte ihnen bayerische Kokarden an und glaubte sie so als Bayern getarnt. An der Spitze dieses Heeres, von Franzosen umgeben und angetrieben, setzte sich Kurfürst Karl Albrecht in Bewegung, überschritt bei Passau die österreichische Grenze. Am 15. September zog er in Linz ein. In rascher Folge fielen Wels, Enns, Steyr, Lambach und Gmunden. Karl Albrecht behauptete, nicht als Feind zu kommen, sondern als Träger natürlicher Rechte, und in der Tat konnte er ja auf die alte bayerische Stammeszugehörigkeit des Landes hinweisen. Da kamen alte Sympathien und Verbindungen ins Spiel, ein Teil des oberösterreichischen Adels war schnell bereit, ihm zu huldigen.

Sogar die niederösterreichischen Stände gaben schon Anzeichen, daß sie einer friedlichen Übereinkunft mit dem Eindringling nicht abgeneigt seien. So stand ihm der Weg nach Wien offen? Fiel aber Wien, so war das Habsburgs Ende. Fleury verstieg sich schon zur Behauptung: Ein Haus Österreich gebe es nicht mehr.

Die junge Königin, noch immer in Preßburg, hüllte sich in Trauerkleider, setzte sich die schwere Stephanskrone aufs Haupt und bereitete sich vor, dem neu einberufenen, wenn auch durchaus nicht vollzählig präsenten Landtag gegenüberzutreten. Diesmal erschien sie nicht als Herrscherin, sondern als Bittende, von ihrem eigenen Volk Verlassene und Bedrängte; aber sie kam zugleich als Kaisertochter. Sie hatte im Augenblick nichts zu bieten als Blut, Schweiß und Tränen. Aber hinter ihr stand die durch Jahrhunderte bewährte Würde ihres Hauses, Kaisertum und Reichsordnung. Zugegeben: in diesem Moment nichts weiter als ein Nachbild, Schatten einer versunkenen, ohnmächtig gewordenen Realität. Aber auch Nachbilder und Schatten haben manchmal ihre Wirksamkeit. Für die Ungarn war Maria Theresia an jenem 11. September 1741 das Inbild ihrer eigenen historischen, kulturellen und auch ethnischen Bindung an Mitteleuropa. Uralte Erfahrungen dieses Volkes an der Völkerpforte Donau hatten ihm gezeigt, daß es als kleine oder höchstens mittlere Nation nur die Wahl hatte zwischen der Bindung an West oder Ost, an Mitteleuropa oder Vorderasien, will besagen: an Habsburg oder die Hohe Pforte. An diesem Tag wurde Bilanz gezogen aus einer Unsumme historischer Fakten. Die Entscheidung stand vielleicht auf Messers Schneide, und es war Maria Theresias *fortune* und die Wirkung ihrer Person, daß sich die Schale auf ihre Seite neigte.

Wirkung ihrer Person!? Gewiß wird der Gang der Geschichte durch viele anonyme Kräfte bestimmt. Der einzelne geht zumeist in ihrem Schub unter. Aber es kann ihm gelingen, in seiner Person den Text der Geschichte wie in einer Chiffre zu bündeln; es kann ihm gelingen, in seiner begrenzten und sterblichen Individualität das Allgemeinere und Längerwährende transparent zu machen, so daß der Zeitgenosse in ihm – und durch ihn hindurch – die Sinnfigur historischer Entwicklungen zu erblicken meint. Auf der Möglichkeit solcher Konstellationen beruht das dynastische Prinzip. Maria Theresia hatte diese Fähigkeit, sie wußte sie einzusetzen, vielleicht nicht einmal berechnend, manipulativ und rational, sondern aus einer tieferen ererbten Schicht ihres Wesens und gewiß aus ihrer emotionalen Fülle und aus der Stabilität ihrer von mütterlicher Erfahrung geprüften Physis. Langsam und würdevoll trat sie in den Saal, langsam und würdevoll wie in einem Trauerkondukt bestieg sie den Thron. Diesmal trug sie wirklich den kleinen Joseph auf ihrem Arm. Er saß, so wird berichtet, still wie ein kleines, aufmerksam um sich spähendes Kaninchen. Die Zeremonie begann. Wie es bei Vorlage

„königlicher Propositionen" immer der Fall war, sprach zuerst der ungarische Hofkanzler Graf Batthyany. Er sprach zur Lage. Er schilderte die Bedrängnis des Erzhauses. Nur noch Ungarn könne helfen, und Ungarn werde, wenn es hülfe, seinen uralten Ruhm vor den Augen der Welt wieder neu aufleben lassen.

Nach dem Hofkanzler ergriff Maria Theresia selbst das Wort. Sie sprach lateinisch: „Von Allen verlassen flüchten wir einzig und allein zur Treue der Ungarn und zu ihrer altberühmten Tapferkeit. Wir bitten die Stände, in dieser äußersten Gefahr für Unsere Person, Unsere Kinder, die Krone und das Reich ohne die geringste Versäumniß werkthätige Sorge zu tragen. Was an uns liegt, soll geschehen, um den früheren glücklichen Zustand Ungarns und seines Volkes, den Glanz seines Namens wieder herzustellen. In all dem werden die getreuen Stände die Wirkungen Unserer gnädigen Gesinnung erfahren."

Gegen Ende der Rede war Maria Theresia wieder einmal in Tränen ausgebrochen. Das störte nicht, im Gegenteil, es griff an die Herzen. Und so stimmten die Anwesenden, in plötzlich ausbrechender Begeisterung, in den Ruf ein: „Vitam nostram et sanguinem consecramus." Wir weihen unser Leben und unser Blut!

Leben und Blut? – Worum ging es eigentlich? Es ging in der Tat um nichts Geringes. Maria Theresia forderte, daß der Fall der „Insurrektion" eintrete, also der äußerste nationale Notfall, die totale Mobilisierung. Die ungarische Nation wurde aufgerufen, sich bis an die Zähne zu bewaffnen, um ihr, der Königin, Hilfe zu bieten.

Ungarn – bis an die Zähne bewaffnet? Hieß das nicht andererseits, sich Ungarn auszuliefern? Es gab Stimmen, die Maria Theresia davor warnten. Doch in diesem Augenblick schlug sie alle Warnungen in den Wind. Mochten ihre Vorfahren Schreckenstage erlebt haben, weil sich eben diese Nation bewaffnet gegen sie erhoben hatte, mochten jetzt ihre deutschen Minister vor Schrecken erbleichen, weil sie im Geiste schon die halbbarbarischen Scharen der Panduren über Österreichs Gefilde herfallen sahen: in diesem Augenblick hatte Maria Theresia alle Halbherzigkeit hinter sich gelassen, hatte alles auf eine Karte gesetzt – und hatte zugleich und ganz nebenbei auch ihre erste wichtigste Forderung durchgebracht, die nämlich, daß Franz Stephan zum Mitregenten auch für Ungarn ernannt wurde.

Der Kampf um Böhmen

Es war auf den Tag genau ein Jahr nach Maria Theresias Regierungsantritt, als sich am 21. Oktober 1741 eine feindliche bayerisch-französische Armee zwei gute Tagmärsche vor Wien über die Donau bewegte und nordwärts einschwenkte, nordwärts – in Richtung Böhmen. Sollte das heißen, daß die Hauptstadt gerettet war, daß ihr wenigstens im Augenblick eine Belagerung erspart blieb? In Wien atmete man auf. Man hatte auch schon davon gehört, daß die Königin in Preßburg die ungarische Nation für sich gewonnen! Die Nachricht erregte Staunen und Freude: sie würde die allzu übermütige Siegesgewißheit der Feinde dämpfen.

Schon sickerte eine zweite Nachricht durch, die noch mehr Verwunderung hervorrief: Friedrich habe ein Abkommen mit Österreich geschlossen, eine Art Waffenstillstand. Sonderbar.

Man traute der Kunde kaum.

Indessen bewegten sich Bayern und Franzosen in drei starken Heeressäulen in den böhmischen Raum hinein, die eine aus dem Waldviertel, die zweite aus dem Mühlviertel, die dritte aus der Gegend von Amberg. Vom Norden rückten die Sachsen vor. Alle vier strebten konzentrisch auf einen Punkt zu, auf Prag. Jeder wollte dort als erster ankommen, jeder als erster in die böhmische Hauptstadt einziehen.

Hilf Himmel, was nun? Wie war Böhmen zu schützen?

Was von Neippergs Armee übriggeblieben war, kroch nun langsam aus Schlesien heran. Das Abkommen mit Friedrich gab ihm die Möglichkeit, sich von der preußischen Front zu lösen. Aber dieses Abkommen war unter sehr merkwürdigen Umständen zustande gekommen, heimlich, unter dem Deckmantel der Nacht, in einem Nest namens Kleinschnellendorf. Friedrich hatte sich den österreichischen Unterhändlern gegenüber äußerst schroff und hochmütig verhalten. Um keinen Preis hatte er etwas Schriftliches von sich geben wollen. In drohendem Ton hatte er verlangt, die Vereinbarung müsse geheim bleiben. Bei der leisesten Indiskretion werde er das Abkommen für gebrochen erachten und Österreich von neuem mit Krieg überziehen.

Die Österreicher schwuren hoch und heilig tiefe Verschwiegenheit. Auch das Wiener Kabinett bemühte sich darum. Doch wie kann ein politisches Faktum je ganz unter Verschluß gehalten werden? Es liegt in seiner Natur, daß es öffentlich wird. – Immerhin: der Würgegriff durch Preußen hatte sich gelockert. Neipperg konnte versuchen, in Böhmen Fuß zu fassen und sich dort mit anderen österreichischen

Truppen zu vereinigen. Maria Theresia setzte alles daran, ihre Kräfte in Böhmen zu verstärken. Sie setzte sogar ihr Liebstes daran, den Gatten, Franz Stephan. Er sollte das Oberkommando führen. Liebevoll und beschwörend lag sie ihm in den Ohren: Nächst Gott sei er ihre ganze Hoffnung, ihre ganze Zuversicht.

Also begab sich Franz Stephan nach Böhmen. Armer Prinzgemahl! Zum drittenmal in seinem Leben sollte er sich als Held bewähren. Aber sein Talent zum Helden war nur gering. In der Hofburg, unter dem Emblem kaiserlicher Siege hatte er sich mutig vernehmen lassen. Kaum bei der Truppe angekommen und mit der rauhen, ja elenden Wirklichkeit des Kriegsalltags konfrontiert, war er von tausend Zweifeln heimgesucht. Der Zustand der Soldaten schien ihm beklagenswert, ihre Ausrüstung lückenhaft, ihre Moral fragwürdig. Kaum war Franz Stephan mit den anderen Generälen zusammengetroffen, mit diesen bedächtigen, ängstlichen, schwankenden, vielfach von alten Wunden und Leiden geplagten Männern, war auch der Rest seines Elans geschwunden, und er war genauso ängstlich, schwankend und unentschlossen. Statt den Feind in seiner offenen Flanke anzufallen, zog man im Zickzack hinter ihm her. Wo ein kühner Troupier einen Erfolg errang, wagte man nicht, ihn auszunützen. Im Kriegsrat selbst waren so viele Meinungen als Köpfe – und jeder glaubte den anderen schuldig und suchte ihn in Wien anzuschwärzen.

MARIA THERESIA AN KINSKY, HERBST 1741
Mein Herz sagt mir nichts Gutes und ich bin schrecklich niedergeschlagen, ich fühls an meiner Gesundheit, aber das geht vorbei wenn ich nur mal gute Nachrichten habe!

So war es wohl kein Wunder, daß es dem Kurfürsten von Bayern gelang, Prag am 26. November zu nehmen. Sogleich ließ er sich zum König von Böhmen ausrufen, und einige Tage später erfolgte die öffentliche Huldigung.

Hier geschah dasselbe, was sich kurz zuvor in Oberösterreich abgespielt hatte. Das Land versuchte sich mit dem Sieger zu arrangieren. Der einfache Mann war ohnehin ohne politisches Recht und ohne politische Stimme. Er duckte sich und schwieg und war bedacht, Wetter- und Klimawechsel so gut wie möglich zu überstehen. Krieg war allemal eine schlimme Sache. Sie konnte Leben und

Gut kosten. Raub und Brandschatzung waren täglich zu gewärtigen. Für das Schlimmste aber galt lange Einquartierung.

Karl Albrecht hatte sich einfallen lassen, ein Patent unter das Volk zu bringen, in dem er den Bauern Befreiung versprach und sie sogar zur Rebellion aufrief. Es ist nicht bekannt, ob diese aufrührerische Schrift eine Wirkung zeitigte. Vielleicht erreichte sie gar nicht die Masse, die in ängstlicher Dumpfheit dahindämmerte. Vielleicht wurde sie auch wieder rasch aus dem Verkehr gezogen. Denn Karl Albrecht mußte vor allem daran gelegen sein, den Adel zu gewinnen.

MARIA THERESIA AN KINSKY, HERBST 1741
Ich schicke Levrier mit üblen Zeitungen; hier ist nicht viel zu tandeln und muß gleich geschehen; der gute Kriegspräsident ist langsam, Geld, Artigleristen und Befehl, wo Hülf? und die Stadt zu providiren. Der Feind ist schon avanciret . . .

Der Adel hatte sich zu entscheiden. Wollte er noch auf die Königin setzen – oder lief er dem neuen Herrn zu?

So mancher geriet in die Zwickmühle. Böhmens Adel hatte Habsburg viel zu verdanken. Aber Dankbarkeit ist eine rare Tugend. Man traute nicht mehr der Sache Österreichs. Der Erzbischof von Prag aus dem Hause Manderscheid trat an die Spitze der bayerischen Partei, mit ihm die Häupter erlauchter Familien, ein Kinsky, ein Kolowrat, ein Chotek, ein Gallas. Sie fungierten bei der Huldigung, etliche bewarben sich um das Amt eines Kämmerers. Fast täglich speiste der Erzbischof mit seinem neuen Herrn.

Als Maria Theresia die Nachricht erhielt, Prag sei gefallen, brach sie beinahe zusammen. Dann aber faßte sie sich wieder (und wie oft würde sie sich noch nach schwersten Schlägen zu fassen und aufzuraffen haben!) und entschied – klüger als mancher ihrer Generäle –, den Feind dort anzugreifen, wo er schwach war, wo er sich selbst der Deckung beraubt, von Deckung entblößt hatte: das war an der Gelenkstelle seiner Operationen, in Oberösterreich. Hier war nur eine schwache Besatzung zurückgeblieben. Hier konnte Maria Theresia nachstoßen, und für diesen Stoß fand sie auch den richtigen Mann, einen erfahrenen General, Schüler Prinz Eugens, Ludwig Andreas Khevenhüller. Noch aus Preßburg dirigierte sie die neue Phase des Krieges.

Einem ihr treu verbliebenen Kinsky schrieb sie: „Prag ist verloren.

Die Folgen werden schrecklich sein. So ist der Augenblick gekommen, in dem man Mut zeigen muß ... Ohne Böhmen wäre ich eine nur arme Fürstin. Mein Entschluß ist gefaßt, alles aufs Spiel zu setzen – und vielleicht alles zu verlieren, denn Böhmen muß gerettet werden. ... Alle meine Heere, alle Ungarn sollen eher vernichtet werden, als daß ich irgendetwas abtrete ... Schonet das Land nicht. Helft dazu, daß der Soldat zufriedengestellt werde und nichts entbehre. Unterstützt meinen armen Gatten, der sich ebenso sehr für die Truppen als für das Land härmt. Ihr werdet sagen, daß ich grausam sei. Ja, das ist wahr. Ich weiß aber auch, daß ich alle Grausamkeit ... hundertfältig zu vergüten imstande sein werde."

Wußte Maria Theresia, was diese Worte bedeuteten, als sie sie niederschrieb?

Am 11. Dezember kehrte sie aus Preßburg zurück. Bald darauf erschien auch Franz Stephan wieder in Wien. Sie hatte ihn zurückgerufen, ihn, der sich sosehr – und in ihren Augen vielleicht *zu* sehr – um Land und Truppen härmte. Mit weichen Gefühlen war ihr nicht gedient, und sie fürchtete, Franz Stephan würde – weiterhin unentschlossen und schwächlich agierend – den böhmischen Feldzug vollends verderben, dazu seinen Ruf verlieren, womöglich zum Gespött werden. Zum drittenmal stand er vor ihr als geschlagener Feldherr. Weiß Gott, wie das ihr Stolz, wie das ihrer beider Liebe überstand.

Maria Theresia war jetzt zum fünftenmal schwanger. Ihre Natur mußte das Äußerste leisten, um die Last zu tragen, die ihr auferlegt war.

Der getreue Khevenhüller

Zu ihrem Glück: Khevenhüller marschierte unterdessen. Er kam zügig voran. Maria Theresia sandte ihm ein Bild von sich und ihrem Söhnchen, dazu einen eigenhändigen Brief: Hilferuf einer Verzweifelten.

Lieber und getreuer Khevenhüller!
Hier hast du eine von der ganzen Welt verlassene Königin vor Augen und ihren männlichen Erben. Was vermeinst du wohl, soll aus diesem Kinde werden?

Siehe, deine gnädigste Frau entbietet sich dir als einem getreuen Minister, mit diesem Bild auch ihre ganze Macht, Gewalt und alles, was Unser Reich vermag ... Handle o Held und getreuer Vasall, wie du es vor Gott und der Welt zu verantworten dich getrauest. Nimm

die Gerechtigkeit als ein Schild. Tue, was du recht zu sein glaubst ... Folge deinem in Gott ruhendem Lehrmeister in den unsterblichen Eugenischen Taten und sei versichert, daß du und deine Familie zu jetziger und ewigen Zeiten von Unserer Majestät und allen Nachkommen alle Gnaden, Gunst und Dank, von der Welt aber einen Ruhm erlangest. Solches schwören wir dir bei Unserer Majestät. Lebe und streite wohl.
Maria Theresia.

Ein bemerkenswertes Stück Prosa, schwungvoll, leidenschaftlich, glaubhaft.

Die augenblickliche Wirkung des Briefes war entsprechend. Khevenhüller erhielt ihn im Kreis seiner Offiziere und las ihn vor. Er schluchzte dabei vor Erregung. Die Erregung teilte sich mit. Die Männer – sonst wohl ausgepichte Kriegsgurgeln – sprangen von ihren Sitzen auf, weinten, schrien, schworen und warfen sich dem Überbringer des Briefes zu Füßen, um seine Hände mit Küssen zu bedecken. Und in entflammter Tatkraft ging man wenige Tage später daran, das von Franzosen besetzte Linz einzuschließen.

Wer aber war der Überbringer des Briefes und Konterfeis gewesen? Niemand anderer als Franz Stephan. Hatte Maria Theresia Khevenhüller soeben „ihre ganze Macht, Gewalt und alles was ihr Reich vermag" entboten, als Oberkommandierender wurde ihm zugleich Franz Stephan vor die Nase gesetzt. Die Gattin hatte den Gatten aus dem unglücklichen böhmischen Feldzug herausgezogen; jetzt, da sich in Oberösterreich glücklichere Aktionen anzubahnen schienen, schob sie ihn hierher. Vielleicht lief hier die Sache mit mehr fortune?

Ja, sie lief, denn Khevenhüller behielt das Heft in den Händen und stritt in der Tat als „Held und treuer Vasall" umsichtig und energisch. Er drang im Land vor und fegte die schwachen feindlichen Truppen vor sich her. Auch die Belagerung von Linz machte gute Fortschritte. Der französische General Segur bot die Kapitulation an. Aber er verlangte nach oft geübtem Brauch der Zeit freien Abzug seiner Truppen. Weder Maria Theresia noch Khevenhüller waren einverstanden. Sie wollten Härte walten lassen, auch um den Preis, daß sich der Fall von Linz um Wochen verzögerte. Doch wieder „härmte sich" Franz Stephan allzusehr. Ihn dauerte, höchst begreiflicherweise, die Stadt, deren Vororte schon in Flammen aufgegangen, deren Einwohner von Hunger geplagt waren. Zwar nur zum Schein Oberkommandierender, griff er in diesem Fall doch ein und agierte an Khevenhüller und sogar an seiner Gattin vorbei: er gewährte der französischen Besatzung freien Abzug auf ihr Ehrenwort hin, ein Jahr nicht gegen Österreich kämpfen zu wollen.

Maria Theresia war unzufrieden: ihr schon geschärfter politischer Instinkt ließ sie vermuten, daß sie in gar nicht langer Zeit eben mit diesen Entlassenen Ärger bekommen werde.

In weiblicher Entschiedenheit wollte sie auch die bestrafen, die sich von ihrem angestammten Herrscherhaus abgewendet und sich den Bayern-Franzosen in die Arme geworfen hatten. „Sei blind in der Verurteilung der Meineidigen!" hatte sie Khevenhüller geschrieben. Nun, da sich das Blatt gewendet hatte, kamen diese „Meineidigen" wieder herbei und wollten sich unter allerlei oft recht fadenscheinigen Ausflüchten wieder Liebkind machen. „Nichts da!" entschied die Königin als strenge Landesmutter. „Keine Wiedereinstellung solcher Verräter! – Es werden sich noch genug treue und ehrliche Leute finden lassen, diese Dienste zu versehen – und noch gehen viele Schlesier umher, die wegen ihrer Treue nicht das Brot zu essen haben, worunter sich schon taugliche Leute finden werden."

Mit der Besetzung von Linz war Oberösterreich zurückgewonnen. Aber Khevenhüller dachte nicht daran, sich auf die faule Haut zu legen. Er drang westwärts vor, überschritt die bayerische Grenze und bedrohte München.

Eigentlich war die Lage absurd.

Auf der einen Seite waren zwei der wichtigsten Erbländer, Schlesien und Böhmen, vom Feind besetzt. Auf der anderen Seite drang man tief in feindliches Gebiet vor. Der Kurfürst von Bayern spielte König von Böhmen – und verlor unterdessen das eigene Stammland. Nicht genug damit. Während seine Hauptstadt München von Österreich genommen wurde, wurde er, als Karl VII., zum deutschen Kaiser gewählt und begab sich, eskortiert von seinen französischen Freunden, nach Frankfurt zur Kaiserkrönung.

Ein Wittelsbacher – deutscher Kaiser. Das war nun allerdings eine Sensation – und ein Schock für die Betroffenen: Zum erstenmal seit fast dreihundert Jahren trug kein Habsburger die Krone Karls des Großen. – Wer war nun dieser Siebente Karl? Die österreichischen Quellen wissen nicht viel Freundliches von diesem Zwischenkaiser zu berichten. Die Bayern hingegen haben gute Gründe, sich seiner mit Dankbarkeit zu erinnern – und wenn vielleicht auch nicht seiner Person, so doch seiner Regierungszeit.

Es war die Epoche, in der sich das bayerische Rokoko entfaltete, dieser einzigartige Stil, aus Feierlichkeit, Lebenslust, Leichtigkeit und Innigkeit gewoben. Ein staunenswertes Phänomen! Denn obwohl das Land durch lange Kriege und höfische Mißwirtschaft ausgesogen war, brachte es doch aus der Tiefe seiner unerschöpflichen Volkskraft die schwerelosen Raumkonzeptionen der Asam-, Fischer- und Zimmermann-Kirchen hervor, erfüllt von den in Gold und Rosa schwelgenden Visionen einer raffinierten Dekorationskunst. Doch das vielleicht Erstaunlichste daran war, daß nicht nur der Hof, der Adel und das städtische Patriziat Anteil hatten an dieser neuen Aufbruchstimmung, die sich auf Verfeinerung und Schmuckhaftigkeit des ganzen Daseins zubewegte, sondern auch das Volk in seiner breiten Masse. Auch in den Quartieren der Ärmeren, auf dem platten Land in Bauernhäusern, Feldkapellen, an Kleidung und Gerät des kleinen Mannes zeigte sich in tausendfältiger Abwandlung der heiter-galante, naiv-emphatische Formenreichtum des Rokoko – und zwar in einer Breite und Dichte, die uns davon überzeugen kann, daß die Regierung Karl Albrechts trotz allerlei Mißständen eine recht gute, freundliche und, um im Jargon des Jahrhunderts zu bleiben, „wahrhaft segensreiche" Zeit gewesen ist.

Leider fand sie mit Karl Albrechts Aufbruch zu höheren Ehren, mit seinem böhmischen Feldzug und der folgenden Krönung zu Frankfurt ein jähes Ende.

Neuerlich drang der Krieg in sein Land ein; und es war, wir müssen es zugeben, ein furchtbarer Krieg. Khevenhüllers reguläre Truppen füllten sich langsam, aber immer deutlicher mit jenen auf, die im Zug der ungarischen Insurrektion aus dem östlichen Raum kamen: Reitervölker von nahezu asiatischer Wildheit. In Bayern begann die Pandurenzeit. (Wir werden darüber noch zu berichten haben.)

Aber Karl Albrecht sollte auch persönlich wenig Freude an seinen böhmischen und kaiserlichen Abenteuern haben. Am Abend seines Krönungstages schrieb er in sein Tagebuch: „Von Stein- und Gichtschmerzen befallen, krank, ohne Land, ohne Geld kann ich mich wahrlich Hiob vergleichen."

Hiob hin oder her. Die Kaiserkrone war fürs erste Habsburg verloren. Maria Theresia war voll Bitterkeit. Sie hatte, als sie ihres Vaters Amt übernahm, so sicher darauf gehofft, es werde ihr nur ein kleines kosten, die deutsche Kaiserkrone auf Franz Stephans Haupt zu setzen. Alles in ihr wehrte sich, die neue Majestät anzuerkennen; und bald sah sie sich einem neuen Unheil gegenüber. Das Unheil – wie konnte es anders sein? – hieß Friedrich.

Der Unberechenbare hatte sich einen neuen Schachzug einfallen lassen. War er in Kleinschnellendorf – unter allerlei Kautelen zwar – aus dem Geschwader der Verbündeten ausgeschert: vier Wochen später schloß er mit diesen eine neue Union. Seine Truppen drangen aus Schlesien in Mähren ein. Seine Husaren schweiften bis vor die Tore Wiens.

Auf wen sollte Maria Theresia noch bauen?

Der Bruder

Franz Stephan von Lothringen, jetzt von Toskana, hatte einen Bruder Carl. Seit das Stammland der beiden an Frankreich verlorengegangen war, hatte auch dieser keine andere ständige Bleibe mehr als den Hof in Wien. Zu Franzens Hochzeit war er das erstemal aufgetaucht, und seine Erscheinung hatte Aufsehen erregt. Maria Theresias treuer Chronist, Ritter von Arneth, schreibt in seiner vorbildlich schonenden Weise: „Galt schon Franz von Lothringen als außergewöhnliche Persönlichkeit, so war dies bei Carl in noch höherem Maße der Fall. So wie er seinen Bruder an Leibesgröße um ein Ansehnliches überragte, wie seine Gesichtszüge noch schöner waren als die des Großherzogs", so hatte er auch einen sorgfältigeren Unterricht genossen und brillierte „auf den verschiedenen Gebieten des Wissens." Vor allem jedoch hatte er die militärischen Kenntnisse, die Franz fehlten, und „da er sich außerdem ... mit Leichtigkeit auszusprechen wußte, so ist es begreiflich, daß er bald eine hohe Meinung von seiner Befähigung zu erwecken verstand".

Sehr begreiflich, daß Maria Theresia diese hohe Meinung teilte, daß sie dem Prinzen ihre Freundschaft und Zuneigung schenkte, um so mehr, als Carl selbst – sonst nicht selten recht scharfzüngig urteilend – von ihr, seiner Schwägerin, nicht wenig angetan gewesen zu sein scheint: „Eine sehr schöne Prinzessin, fein, ein großes Urteilsvermögen, voller Lebhaftigkeit, ... vom besten Willen beseelt, ... das beste Herz der Welt ..."

Alle Welt verglich die beiden Brüder. Sollte Maria Theresia als einzige nicht verglichen haben? Ihr hätten eigentlich bittere Gefühle aufsteigen müssen – und das um so eher, als sie doch gewiß an Carl die gleichen „still redenden Züge" entdecken mußte, die ihr an Franz Stephan schon früh so teuer geworden waren. (Aber wer getraute sich, ihr, der vorbildlich treuen tugendhaften Königin, eine wenn auch nur flüchtige, anflugweise auftauchende und nie zuzugebende Verwirrung der Gefühle zu unterschieben?)

Da Franz Stephan an der Front versagt hatte, schickte sie nun Prinz Carl, von tausend Segenswünschen begleitet, als Oberkommandierenden auf den böhmischen Kriegsschauplatz. Leider war auch Carl kein Feldherrngenie. Immerhin war er lebhafter, entschlossener als sein Bruder, er behielt Überblick und handelte als militärischer Fachmann. Maria Theresia stellte ihm anheim, gegen welchen der drei Feinde, Franzosen-Bayern, Sachsen oder Preußen, er sich zuerst wenden wolle. Es gereicht Carl zur Ehre, daß er sich sogleich gegen den gefährlichsten der Feinde warf, gegen Preußen – gegen Friedrich.

Chotusitz

So bewegten sich nun zwei Armeen in jenem Mai 1742 durch das östliche Böhmen. Carl zog vom Süden nach Norden, Friedrich vom Osten nach Westen. Wo sich ihre Wege kreuzten, mußte es zur Schlacht kommen. Sie kreuzten sich in der flachhügeligen Landschaft rund um die junge Elbe.

Carl war nicht gesonnen, den Angriff tatenlos zu erwarten, wie das seitens Neipperg bei Mollwitz geschehen war. Carl stand in Bereitschaft. Als es klar war, daß das Treffen bevorstand, versammelte der Prinz seine Offiziere und sprach energische Worte. Er sparte nicht mit Versprechungen. Er gelobte im Namen der Königin: Wenn die Schlacht geschlagen und, so Gott wollte, auch gewonnen sei, so sollte eine neue Zeit anbrechen in der Armee; Reformen stellte der Prinz in Aussicht, eine gerechtere Ordnung; nicht nach Rang, sondern nach wahren Verdiensten sollte von nun an befördert werden, niemand sollte mehr wegen geringer Herkunft oder gar wegen seiner Religion benachteiligt sein.

Eine seltsame Feldherrnrede am Vorabend einer Schlacht!

In der Nacht zwischen dem 16. und 17. Mai setzte man sich feindwärts in Bewegung. Das schwere Geschütz und Gepäck wurde zurückgelassen. Keine Marketenderin durfte – bei Todesstrafe – den Truppen folgen. Keine Trompete sollte geblasen werden, laute Rufe waren verboten.

In der Tat gelang es, sich den Preußen unbemerkt zu nähern. Die Österreicher zählten 38, die Preußen 30 Bataillone. Auch an Reiterei waren die Österreicher stärker, 90 zu 72 Schwadronen.

Die Schlacht entspann sich zuerst am rechten preußischen Flügel, sprang aber dann sehr bald auf den linken Flügel und auf das Zentrum über. Es kam zu mörderischen Kämpfen. Später versicherten kriegserfahrene Offiziere, noch nie im Leben hätten sie ein so entsetzliches Handgemenge, nie eine solche Kette furchtbarer Turbulenzen erlebt. So wogte die Schlacht hin und her. Beide Teile schlugen sich mit Bravour. Doch es fiel auf, daß sich Friedrichs Truppen jedesmal, wenn sie in der Raserei des Schlachtens an Boden verloren hatten, rascher wieder sammeln, ordnen und abermals gegen den Feind dirigieren ließen. Der unaufhörliche Drill trug seine Früchte und bewirkte in solchen Augenblicken disziplinäre Wunder. Trotzdem wäre die österreichische Übermacht auf dem Feld von Chotusitz siegreich geblieben – da erfolgte ein unerwartetes Desaster. Husaren und Panduren hatten das Dorf in Brand gesteckt und erspähten dahinter das preußische Lager. Statt sich an den brennenden Häusern vorbei wieder auf den Feind zu stürzen, stürzten sie sich auf dessen Zelte und dessen Gepäck. Wie vom räuberischen Kleinkrieg am Balkan gewohnt, rissen die Männer an sich, was sie in der Eile nur an sich reißen konnten. Heißhungrig begannen sie Proviant zu verschlingen und Bouteillen und Fässer zu leeren. Die gezielte Wut der Schlacht schlug in blinde Zerstörungswut um. Aber – wo die einen genießen, haben andere keine Lust mehr zu sterben. Schließlich war das prasselnde Glutnest, in das sich das Dorf verwandelt hatte, den Österreichern selbst hinderlich. Dennoch vermochte sich Carl mit dem Gros zu halten. Erst zuletzt entschied Friedrich die Schlacht, indem er durch eine Schwenkung in Carls Flanke erschien. Zahlreiches Feldgeschütz rumpelte der Infanterie voran. Friedrich hatte in den letzten Jahren seine Artillerie erneuern und statt der üblichen Sechspfünder leichtere und beweglichere Dreipfünder gießen lassen. Sie wirkten fürchterlich. Die Österreicher wankten. Carl erkannte, daß er das Schlachtfeld räumen mußte, wenn er die totale Niederlage vermeiden wollte. Er hatte Mühe, die noch immer plündernden Panduren aus dem preußischen Lager an sich zu ziehen – dann befahl er den Rückzug.

Auch diesmal blieb Preußen Sieger. Aus welchem Grund Friedrich darauf verzichtete, Prinz Carl zu verfolgen und sein Heer gänzlich aufzureiben? Ein gewisser Schmettau, ehemals in österreichischen Diensten, hatte ihn dazu mit leidenschaftlichen Worten aufgefordert. Friedrich lehnte ab. Er ließ aus eroberten Geschützen einen Ehrensalut für die Gefallenen schießen. Dann zog er sich in sein Feldquartier zurück und verfaßte die Siegesdepeschen: „Die Aktion war größer und vollständiger als die bei Mollwitz. Wir haben für unsere Truppen einen außerordentlichen Ruhm erreicht." Er fügte nicht hinzu: Diesmal habe auch ich in der Schlacht ausgeharrt. – Doch seinem Vertrauten Jordan gegenüber äußerte er sich in bemerkenswert kokettem Ton: „Da ist nun dein Freund zum zweitenmal Sieger in einem Zeitraum von dreizehn Monaten. Wer würde wohl vor einigen Jahren geglaubt haben, daß dein Schüler in Philosophie, der Schüler Ciceros und Bayles eine militärische Rolle in der Welt spielen würde? Wer hätte geglaubt, daß die Vorsehung sich einen Poeten dazu ausersehen hätte, das System Europas umzustürzen?"

Eine morsche Allianz

„Das System Europas umzustürzen . . ." Ein großes Wort. Es schoß um einiges über die Realität hinaus, die Realität, wie sie sich in den nächsten Monaten entwickelte. Denn Friedrichs Bäume sollten in diesem Sommer 1742 keineswegs in den Himmel wachsen.

Dafür sorgten schon seine Verbündeten.

Seine Verbündeten, Bayern, Franzosen und Sachsen, hatten in das gemeinsame Unternehmen gegen Österreich sehr verschiedene Kräfte, sehr verschiedene Motive und beträchtliche Meinungsverschiedenheiten eingebracht. Seit einem Jahr operierten sie miteinander. Das war lange genug, um ihre Allianz zu zermürben. Kleine Streitigkeiten säten Mißtrauen, Mißtrauen säte neue und größere Streitigkeiten. Eigentlich sollte der frischgebackene Kaiser Karl VII. den Oberbefehl führen. Aber die Franzosen dachten nicht daran, ihm zu gehorchen. Sachsen merkte, daß weder Preußen noch Bayern gewillt waren, seine Kastanien aus dem Feuer zu holen. Der Kurfürst, ohnehin von allem Anfang an nur ein halbherziger Verbündeter, entdeckte plötzlich pietätvolle Gefühle für das Haus Österreich, mit dem er verschwägert war. Frankreich war es schon lange leid, seine guten Truppen im fernen Böhmen operieren und sie unter bayerischen Farben verheizen zu lassen. Kurzum, die heiteren hoffnungsvollen Tage der kriegerischen Verbrüderung waren vorbei. Die Allianz war morsch, kernfaul und ermattet.

Trotz der Niederlage bei Chotusitz ließ sich Carl nicht entmutigen. Er zog sich an die Moldau zurück, vereinigte sich dort mit dem Korps Lobkowitz, nahm Pisek und Pilsen.

Und dann: ein neuer Paukenschlag. So plötzlich wie Friedrich neuerlich in den Krieg eingetreten war, zog er sich zum zweitenmal aus ihm zurück. Zum zweitenmal sprang er von der Koalition ab und schloß Frieden mit Österreich. Am 11. Juni wurden die Präliminarien in Breslau ausgehandelt, am 28. Juli wurde der Frieden in Berlin unterzeichnet.

Nun freilich: seinen Raub Schlesien gab Friedrich nicht mehr heraus. Seit zwei Jahren lag England Maria Theresia in den Ohren: Verzicht auf Schlesien! Damit müsse sie sich abfinden. Mürb geworden, doch innerlich immer noch voll Widerwillen, gab sie nach. „Das grosse opfer an Preußen ist beschehen –"

Österreich hatte viel verloren: ein Land von 750 Quadratmeilen mit mehr als einer Million Einwohnern – und nicht weniger als ein Viertel seiner Gesamteinkünfte. Ein harter, fast tödlicher Schlag. Doch die Natur der Königin – pflanzenhaft regenerationsfähig – sammelte sich zu neuer Tatkraft, richtete sich in neuem Optimismus auf: „Ist also zu sehen, daß dieser Verlust anderwärts wieder eingebracht werde . . . und ein aequivalent verschafft wird."

Das „Narrenhäubl"

Indessen kam der Winter, ein höllischer Winter in dem von Kriegswirren ruinierten, von wandernden Heeressäulen und marodierenden Deserteuren ausgesogenen böhmischen Land. Weder die Bayern noch die Franzosen konnten ihre Soldaten selbst ernähren: diese, weil sie sich zu weit von den eigenen Grenzen entfernt, jene, weil sie ihr eigenes Land an den Feind verloren hatten. Krankheit und Mangel setzten ihnen zu. Prag war von den Österreichern eingeschlossen worden. Zwar gelang es dem unentwegten Belle-Isle auf fast unbegreifliche Weise aus der zernierten Stadt auszubrechen, in Richtung Nordwest zu entkommen und sich mit den Resten seiner Truppen in das feste Eger zu retten. Doch von nun an war der Fall von Prag nicht mehr aufzuhalten. Am 28. Dezember öffnete es seine Tore. Das Elend, das die siegreich einmarschierenden Österreicher übernahmen, war grenzenlos: Zweitausend Verwundete und Gefangene füllten die Lazarette. Immerhin fand man auch hundertfünfzig Geschütze vor.

Nun war Böhmen, bis auf einige Plätze, vom Feind gesäubert und damit auch wieder bereit, seine angestammte Herrscherin mit der Krone des heiligen Wenzel zu schmücken. Aber ach! Wie viele waren ihr in den Tagen der bayerisch-französischen Invasion untreu geworden. Wie viele hatten dem Wittelsbacher den Treueid geleistet, ja etliche hatten sogar die Unverfrorenheit gehabt, bei Maria Theresia anzufragen, ob sie etwas dagegen habe, wenn sie dem neuen Herrn huldigten. Jetzt, da Habsburgs Sterne wieder kräftiger leuchteten, wurde den Ungetreuen mulmig zumute. Düstere Erinnerungen stiegen auf. War nicht damals vor gut hundert Jahren in einem ähnlichen Fall Habsburgs Rache mit Feuer und Schwert über die Wankelmütigen hergefallen und hatte am Altstädter Ring die erlauchtesten Köpfe des Landes rollen lassen? Sollte es wieder dazu kommen?

Durchaus nicht. Die Zeiten hatten sich gewandelt. Sie waren – allen kriegerischen Irrungen zum Trotz – doch sanfter und nachsichtiger geworden.

Das hieß freilich nicht, daß Maria Theresia alles zu vergeben und zu vergessen gesonnen war.

Am Morgen des 25. April 1743 brach sie in Begleitung ihres Gatten zu ihrer zweiten Krönungsreise auf. Das erste Nachtlager wurde in Znaim gehalten. Vier Tage war die Königin unterwegs. Am 29. April zog sie in Prag ein.

Zum erstenmal sah sie die Spuren des Krieges (dieses Krieges, der für sie und ihre Rechte geführt wurde) mit eigenen Augen: die Vorstädte lagen in Schutt und Asche. Indessen war es in aller Eile gelungen, die Innenstadt freundlich aufzuputzen. Doch weder Schlüsselüberreichung noch unterwürfige Willkommensreden konnten die düsteren Mienen der Königin aufheitern. „Werd ohnehin grantig sein!", so hatte sie sich's vorgenommen. Zu bitter empfand sie, daß sich der Adel von Böhmen so treulos erwiesen hatte, gerade er, der Habsburg soviel schuldig war.

Manche hatten es sogar vorgezogen, mit Bayern und Franzosen aus dem Land zu ziehen. Etliche suchten sich jetzt mit kriecherischen Entschuldigungen zu nahen. Maria Theresia wies sie ab. Sie setzte zwar nur wenige hinter Schloß und Riegel. Andere wies sie an, sich in Hausarrest auf ihre Güter zu begeben. Sogar dem Erzbischof verbot sie, sich ihr zu nähern. Ungeduldig verlangte sie eine rasche Krönung. Als ihr Graf Kinsky, der die böhmischen Belange wahrnahm, zu bedenken geben wollte, der Landtag werde mit diesem Vorgehen nicht zufrieden sein und auch die Bürger würden sich in ihren Gewohnheiten gestört und vor den Kopf gestoßen fühlen, brauste Maria Theresia auf: Soviel Federlesens brauche hier nicht gemacht werden. Der Landtag sei nicht von solcher Importanz – wie etwa in Ungarn! Und was die Bürger betreffe, so sollten sie sich zu behelfen wissen. – So kehrte sie die strenge Herrin heraus.

Es war richtig: der böhmische Landtag war dem ungarischen nicht zu vergleichen. Seine Macht, seine Rechte waren gering. Seit der Schlacht am Weißen Berg hatte Habsburg in Böhmen absolutistisch regiert: hier konnte es fordern, was es in Ungarn nur vorschlagen, aushandeln, ja erbitten konnte. Maria Theresia, nun schon daran gewöhnt, zu befehlen, ließ die Böhmen merken, daß sie in ihrem Hause das Sagen hatte, und selbst die Krone, die ihr zustand, bedachte sie mit der mißächtlichen Bemerkung: „Sieht aus als wie ein Narrenhäubl."

Die Krönung wurde dann doch, wie Kinsky vorgeschlagen, um etliche Tage verschoben. Und die Verschiebung lohnte sich, denn am Morgen des Krönungstages traf eine günstige, eine glückverkündende Nachricht ein: Carl von Lothringen habe bei Braunau einen Sieg über die bayerischen Truppen erfochten. Die Nachricht verbreitete sich in Windeseile durch alle Gassen und Straßen von Prag. Vivatrufe erhoben sich, erst schüchtern, dann stärker, dann begeisternd brausend. Plötzlich glaubte man wieder an Habsburgs Glück, und war auch gleich bereit und eingestimmt, glücklich mit den Glücklichen zu sein. Auch Maria Theresias Stimmung heiterte sich auf. Nachdem man ein tüchtiges Tedeum gesungen, ließ sie sich das „Narrenhäubl" aufs blonde Haar setzen.

Mit ihren Gegnern verfuhr sie dann doch glimpflich – so wie sie auch mit dem oberösterreichischen Adel letzten Endes glimpflich verfahren war. Eine Kommission wurde gebildet, die sollte die Schuldigen in drei Kategorien einteilen: in Wankelmütige und Schwachgewordene, „in Neuerungssüchtige" – beiden wurde Verzeihung gewährt oder doch in Aussicht gestellt –, schließlich in die „Gar-Abholden" – sie wurden verbannt oder mit einer saftigen Geldstrafe belegt.

Ein einziger Mann bekam die Schwere des Gesetzes zu fühlen. Es war – wie konnte es anders sein? – ein Bürgerlicher. Er hatte sich nicht nur für den Feind erklärt, er hatte auch für ihn agiert, an ihn vernadert, für ihn erpreßt. So wurde er zum Tod durch das Schwert, zu Vierteilung und Räderung verurteilt.

Er kniete schon vor dem Richtblock und erwartete den Streich, da trat im Namen der Königin ein Bote vor und verlas die Begnadigung.

Spektakel

Zum erstenmal seit zweijähriger Drangsal und Beängstigung schien die Sonne wieder über Österreich, zwar – eine umflorte Sonne (denn es war ja nicht nur Schlesien verloren, sondern auch in Italien und in den Niederlanden schwelte der Brand kriegerischer Misere fort). Immerhin: zum erstenmal, seit sie die Krone trug, durfte Maria Theresia wieder ihres Lebens froh werden – oder glaubte doch, froh werden zu dürfen.

Sie hätte nicht sie selbst, eine junge kraftvolle, gesunde, von Kräften überschäumende Frau, sein müssen, wenn sie nicht die Stunde des Glückes genützt und genossen hätte. Nach soviel Anspannung, Kummer und Sorge schwang das Pendel aus: Endlich wollte sie aufatmen, endlich feiern, das heißt, sie wollte festlich gestimmte Menschen um sich versammeln, mit ihnen tafeln, tanzen, tollen, spielen und musizieren, sie wollte endlich königlich schalten und walten und ein königliches Schauspiel geben.

„Spectacle muß sein", schrieb sie eines Tages auf eine Verordnung betreffs des Theaters.

In der Tat: Spektakel mußte sein. Spektakel war das Wesen des Zeitalters. Es war auf Schaustellung programmiert. Auf Schaustellung war die Baukunst ausgerichtet mit ihren großen Fassaden, Rampen, Auffahrten, Terrassen, mit ihren Treppenhäusern, Sälen und Theaterräumen, Schaustellung veranstalteten die Gartenkünstler mit ihren weiten Prospekten, ihren Springbrunnen, Wasserfällen, ihren Bosketten, Alleen und Rondellen. Schaustellung waren die Aufzüge der Wachtposten, die Defilees und Militärparaden. Wenn man auf Besuch fuhr und Besuch empfing: Schaustellung und Schaugepränge. Nichts anderes, wenn man in Audienz empfing, wenn man ausritt, sogar wenn man promenierte. Immer ging es dabei um Darstellung, um Augenschmaus, und auch der Ohrenschmaus durfte nicht fehlen. Deshalb das klingende Spiel des Militärs, die Hörnerrufe der Jäger, darum Glocken- und Orgelklang, darum Opern und Oratorien.

Theater: das war in der höfischen Welt mehr als der Aufzug einiger Figuren, die mit- und gegeneinander agierten und ihre Sentenzen zum besten gaben. Theater war der Ort, an dem sich eine Welt des Unwirklichen entfalten konnte: hier öffnete sich ein neues Reich, das der Phantasie. Das bislang nur Imaginierte sollte sichtbar werden. Die kühnsten Entwürfe der Malerei sollten, in eine Quasi-Wirklichkeit hereingeholt, Leben und damit Bewegung gewinnen. Da schwebten Wolken herein und trugen Genien, da wallten Feuervorhänge und entließen höllische Geister, Lichtbüschel sprühten und zauberten bunte Blüten, auf spiegelnden Teichen lieferten goldene Schiffe einander Regatten und Seegefechte. Da war die Insel der Cythere so nah wie der Olymp, und am Ende der gelungenen Vorstellung sprang die politische Katze aus dem Sack: da erschienen die ineinander verschlungenen Initialen des jeweils herrschenden Paares als alles überstrahlende Apotheose über der staunend jubelnden Menge.

Welch ein Entzücken! Welch ein berauschendes Machtgefühl für den, der diese Zauberwelt entfalten konnte. Sinnreich konstruierte Maschinen lieferten den schönen Schein. Die Konstrukteure dieser Maschinen waren gesuchte und hochbezahlte Meister. Das ganze Spektakel kostete Geld, es kostete Unsummen.

Man weiß: Frankreich war allen anderen Staaten in der Raffinesse dieser Scheinwelt-Entfaltung weit voraus. Sein Beispiel feuerte an. Kein Hof konnte auf Nachahmung gänzlich verzichten. Aber nicht nur die Landesfürsten wetteiferten miteinander. Auch die großen Adelsherren wollten nicht zurückstehen. Viele von ihnen entfalteten fürstlichen Aufwand. So hatte es sich längst herumgesprochen, daß etliche magyarische Magnaten den kaiserlichen Haushalt an Prunk übertrafen. Wenn ein Habsburger wissen wollte, was die Zeit an

Glanz und Luxus bot, mußte er sich von einem Esterhazy einladen lassen.

Unter Karl VI. hatte man am Kaiserhof zu Wien dem Charakter des Kaisers entsprechend eine Art düster gefärbten, gewissermaßen gravitätischen Prunks getrieben, der, mit der frechen Prasserei am Versailler Hof verglichen, eher unbetamt, ja sogar bieder wirkte. An Jagd und Musik sparte der Kaiser nicht, auch nicht an der Zucht der weißen Hengste, die, auf spanische Weise zugeritten, ihm auch in späteren Jahren noch immer spanische Herrlichkeit vorgaukeln konnten. Auf der anderen Seite suchte man bei Kleinigkeiten zu sparen. So geriet man in Erregung, als es sich herausstellte, daß man der Hofhaltung täglich mehrere Humpen Wein als Nachttrunk für die zwei Kaiserwitwen verrechnete, wobei doch eher zu vermuten war, daß der Wein jeweils durch andere Gurgeln als die der beiden alternden Damen rann. Der Mißbrauch wurde abgestellt. Kleinlichknausriger konnte man kaum mehr verfahren.

Nun aber war eine junge Frau Herrin des Reichs – und ein junger lebenslustiger Gatte stand ihr zur Seite. Wie würden sie es nun halten mit Prunk und Spektakel? Es gab Schmeichler genug, die ihnen nahelegten, ihr fürstliches Leben in fürstlichen Vergnügungen zu genießen und dem Zug der Zeit zu schrankenloser Verschwendung zu gehorchen.

Maria Theresia war nicht ganz unempfindlich gegen solche Versuchungen. Sie mochte sich in ihrem Kabinett darüber entsetzen, wie verschuldet sie war, sie mochte sich nächtelang darüber grämen, daß sich „die Contribuenda allerorten in betrüblichstem Stand und unerklecklich zeigeten", daß sie infolgedessen nicht selten ihren Soldaten den Sold und ihren Dienern die Löhne schuldig blieb: gegen den Geist der Zeit kam auch ihr sorgenvolles Hausmutterherz nicht auf, und schließlich verlangte auch ihre Jugend nach langer qualvoller Anspannung wieder nach Lebensgenuß.

Sie hatte für die Krönungsfeierlichkeiten in Preßburg reiten gelernt und eine Leidenschaft für „das Glück der Erde auf dem Rücken der Pferde" entwickelt. Nun wollte sie zeigen, was sie konnte. So wurde ein großes „Karussel" abgehalten – und sie selbst, die Königin, wollte es anführen.

Freudige Aufregung erfüllte ganz Wien, von nichts anderem, so berichtet ein Zeitgenosse, war mehr die Rede. Wir haben Bilder davon erhalten: zierlichste von Gold funkelnde Kutschen, mehrfach bespannt, und Scharen von Reitern auf erlesenen Pferden bewegten sich in einer Art Quadrille in der festlich geschmückten Hofreitschule, ein Vorgang von präziser balleteuser Anmut, genau einexerziert. Das Besondere: nur Damen nahmen daran teil, also eine Art amazonischer Veranstaltung, wobei „jedermann sich verwunderte, daß alles so ordentlich und ohne widrigen Zustoß abgeloffen", obwohl „Ihre Majestät bereits einige Zeichen eines abermals gesegneten Leibes gespüret . . . war es doch gut, daß sie weiberisch geritten, wobei noch weniger Gefahr und Anstößigkeit supponieret. . . . Andere aber, Frauen und Fräulein waren nach Männerart plaziert, worüber es ebenfalls an Remarquen nicht fehlete." Unnötig hinzuzufügen, daß alle Teilnehmerinnen prunkvoll gekleidet und mit Juwelen behängt waren.

Natürlich gab es nicht nur das große Reitfest, es gab auch, und zwar beinahe ununterbrochen, Bälle und Redouten, und die Königin tanzte halbe und ganze Nächte. Sie verschmähte es nicht, sich zu maskieren und sich so unter die Masse der Tänzer zu mischen in der festen Überzeugung, inkognito zu bleiben, aber – wird uns erzählt – sie war leicht herauszufinden und an ihrem stolzen und freien Gang für jedermann sogleich kenntlich.

Sie saß auch oft am Spieltisch und war auch hier, wie bei allem, was sie trieb, leidenschaftlich bei der Sache. Sie glaubte es ihrer Stellung zu schulden, daß sie hoch und generös spielte. Manche Anekdote berichtet von bedeutenden Summen, die sie in einer Nacht verlor.

In diesen Belangen war sie – wie vielleicht auch in der Liebe – von irrationaler Heftigkeit.

Sie schien (oder war) wie ein Licht, das an zwei Enden brannte.

Mußte man nicht fürchten, daß dieses Licht sich eines Tages und viel zu früh verzehrt haben würde?

Wer konnte es dämpfen? Der Gatte? Nichts weist darauf hin, daß er zur Schonung geraten hätte. Ihre Mutter? Sie scheint sehr wenig Einfluß auf Maria Theresia gehabt zu haben. Die alte Erzieherin „Mami", die kluge Gräfin Fuchs? Ihr sanfter Rat reichte nicht aus. Und Maria Theresias Beichtvater? Kriterien der Moraltheologie griffen in andere Bereiche.

Zum Glück fand die Königin einen geeigneten Zuchtmeister, der sie davor bewahrte, sich selbst zu zerstören.

Der kleine Portugiese

Sein Name: Emanuel Graf de Silva-Tarouca. Er war Portugiese, als junger Mann mit seinem Vater nach Wien gekommen, einer der zahlreichen Gefolgsleute, die sich Karl VI. von seinem iberischen Abenteuer mit nach Hause gebracht hatte.

Es gehört zu den Merkwürdigkeiten des Zeitalters, daß gerade damals, als sich die europäischen Nationalstaaten herauskristallisierten, die herrschenden Klassen beinahe aller Länder von starken Gruppen fremder Herkunft durchsetzt waren. Der Umstand, daß die Herrscherhäuser durcheinander heirateten, brachte einen starken Austausch der Höflinge mit sich: jeder Prinz und jede Prinzessin war von Vertrauten begleitet. Außerdem war es üblich, daß junge Adelige in fremden Armeen dienten; solange der Krieg in gewissen Kreisen als Kavaliersunternehmen galt, nahm man kavaliersmäßige Freizügigkeit auch unter den Waffen in Anspruch. Das berühmteste Beispiel: Prinz Eugen. Am kaiserlichen Hof waren viele Fremde unentbehrlich und dadurch zuletzt in den Erbländern heimisch geworden. Da waren die Montecuccoli, Caraffa, Hoyos, O'Gilvy, O'Donell, Wallis, Taaffe, Buquoy, Arenberg, Salm, Mercy. Und gehörte schließlich nicht auch Carl von Lothringen in diese Reihe?

Nun aber: Emanuel Silva-Tarouca. Ein kleiner Mann, eher häßlich, mit einem seltsam zerklüfteten Gesicht. Er war, an der Seite seines Vaters in die Österreichischen Niederlande delegiert, früh in diplomatische Dienste eingeschult worden. Doch er war mehr als ein Diplomat, er war ein Menschenkenner – und auch mehr als ein Menschenkenner, denn seine geradezu divinatorische Fähigkeit, andere zu durchschauen, verführte ihn nicht dazu, mit Menschen wie mit Schachfiguren zu spielen und sie nur zu seinem Vorteil zu manipulieren, wie es doch sonst bei Höflingen und Ministern üblich war. Tarouca hatte Mut und hegte *die* Achtung vor der menschlichen Natur, die den guten Pädagogen auszeichnet. So war er vor allem Erzieher, und sein erzieherischer Eifer konzentrierte sich auf den erlesensten Erziehungsgegenstand, der ihm erreichbar war, auf die junge Königin.

Wie schon gesagt: man hatte Maria Theresia nicht auf ihre große Aufgabe vorbereitet. Man hatte ihr eine mehr gefällige als gezielte Bildung vermittelt, sie im übrigen heiraten und Kinder hervorbringen lassen. Sie hatte die ersten Jahre ihrer Ehe zwischen Andachtsübungen und ehelichen Schäferstündchen, zwischen den Wiegen ihrer Kinder und Geplauder mit ihrem Hofstaat vertrödelt. Neben den Auftritten hochoffizieller, doch zumeist passiver Repräsentation verbrachte sie die meiste Zeit in weichem Schlendrian, nicht einmal richtig angekleidet, in Schlafrock und Pantoffeln, an ihrer Kaffeetasse nippend, Süßigkeiten knabbernd, spielend, scherzend, tändelnd.

Nach ihrem Regierungsantritt: schärfste Anspannung. Nächtelanges Aktenstudium, endlose Konferenzen, nervenaufreibende Diktate und Korrespondenzen. Und dann – im ersten Aufschwung des Glückes – neben der in vollem Umfang weiterbetriebenen Regierungsgeschäftigkeit auch noch scharfe Ritte, endlose Bälle, Spiel und Tanz, Spektakel und Karusselle.

Ein Licht, das an zwei Enden brannte.

Tarouca an Harrach, Dezember 1740
Die Königin nimmt sich nicht die nötigste Zeit für Schlaf und Essen.

Tarouca sah eine Weile zu. Dann wagte er zu warnen.

Die Königin horchte auf. Sie war – anders als die meisten Mächtigen ihrer Zeit – bereit, zu hören. Sie glaubte nicht, immer im Recht zu sein, im Gegenteil: tief in ihr eingewurzelt war die Furcht, das Verkehrte zu tun, falsche Entscheidungen zu treffen, Irrtümern zu unterliegen. Und wenn sie in ihrem Amt irren konnte, war sie in ihrem persönlichen Leben vor Irrtümern gefeit?

So wurde sie hellhörig, als Tarouca warnte. Vielleicht hatte sie selbst schon an ersten vagen Anzeichen gespürt, so könnte sie nicht weitermachen. Andernteils wollte sie sich auch nicht von einem Tag zum anderen in Zucht und Zügel nehmen lassen. Er rede, forderte sie den kleinen Portugiesen auf, er rede immerhin, wenn sie auch nicht gleich auf ihn hören werde.

Tarouca ließ sich das nicht zweimal sagen. Er mahnte, erklärte, erläuterte. Schließlich drang er durch. Die Königin wurde seine Schülerin in Sachen Menschenkenntnis – und sein Zögling in Sachen Selbstzucht.

Selbstzucht hieß in diesem Fall das rechte Maßhalten zwischen Arbeit, Vergnügen, Entspannung und neuer Arbeit. Tarouca entwarf ihr einen Tagesplan: sie akzeptierte ihn. Tarouca erlaubte ihr nicht mehr, die Nächte durchzutanzen oder durchzuarbeiten. Er zwang sie in ein System, von dem er hoffte, es würde sie erhalten. Er wurde ihr Manager.

Um acht Uhr soll die Königin aufstehen; eine halbe Stunde Toilette. Dann hört die Königin die Messe. Darauf Frühstück. Dann kümmert sie sich um ihre Kinder, bespricht sich mit Wärtern und Erziehern. Dann kommen die Staatsgeschäfte daran. Viermal die Woche Beratung mit Ministern. Zweimal die Woche Briefschaften und Depeschen. Alles pünktlich und auf die Minute. Berater und auswärtige Botschafter haben sich nur zu festgesetzten Stunden einzufinden, können dann aber auch sicher damit rechnen, empfangen und angehört zu werden. Das bringt Ökonomie in die politischen

Abläufe. Am Sonntag gibt die Königin zwei Stunden lang Audienz für Bittsteller, ehe sie sich zum Hochamt in die Burgkapelle verfügt, „denn sie könne den Tag des Herrn nicht besser feiern als durch Mildtätigkeit an Unglücklichen". Doch auch das eigene Wohl soll nicht vernachlässigt werden. Tarouca rät zu Spaziergängen. Er schreibt Pünktlichkeit bei den Mahlzeiten vor, gibt kleine medizinische Winke „pour la petite santé de sa Majesté": Der Kaffee soll heiß getrunken werden! Nach einer üppigen Mahlzeit – eine Portion Rhabarber!

Also Zucht. Doch Zucht ohne Pedanterie. Taroucas Vorschriften sind nicht stur, sondern erlauben Abwechslung und Elastizität. Und vor allem – sie sind auf die Person der Königin abgestimmt. Sie gehen auf ihre Stimmungen, auf ihre Schwächen ein: „Darum vermeiden wir, Madame, die Melancholie sowie jede müßige Verzettelung der Zeit, denn eine wie die andere Untugend ist schädlich und würde uns sündig werden lassen. Es hieße gegen unsere Pflicht verstoßen . . ., gegen unseren Beruf und Millionen Untertanen. Dabei gilt es vor allem nicht zu vergessen, daß ganz Europas Augen auf uns gerichtet sind."

Familiäres

Schon längst betrachtete sich Maria Theresia als Chef ihrer ganzen Familie. So agierte sie auch und hielt es nur für natürlich, auch das Schicksal ihrer jüngeren Schwester Marianne zu dirigieren. Übrigens liebte sie diese Schwester sehr und wollte nur ihr Bestes. Marianne wieder bewunderte die Ältere und duckte sich demütig in deren Schatten. Sie soll der Königin geglichen, ihr auch im Wesen geähnelt haben, ein bescheideneres und blasseres Nachbild.

Nun stand es für Maria Theresia von vornherein fest, wer als Gatte für die Jüngere zu ersehen war. Kein anderer als Carl von Lothringen kam in Frage. Nicht so sehr, weil schon der Vater, der verstorbene Kaiser, diese Verbindung geplant hatte, sondern weil ihre, der Königin, eigenste Neigung dazu trieb: Maria Theresia schätzte und liebte ihren Schwager. Das kleine Quentchen Schwärmerei, das sie sich diesem Mann gegenüber *bewußt* gestattete und unter dem vielleicht – vielleicht? – eine tiefere Betroffenheit schlummerte, überzeugte sie davon, daß Carl ein bezaubernder Gatte, daß Marianne an seiner Seite eine glückliche Frau sein werde. Also wurde Carl zur Werbung ermutigt und die Hochzeit geplant.

Die Kaiserwitwe, die Welfin Elisabeth Christine, war nicht entzückt. Carl, ein Fürst ohne Land! Ein Mann, der im Dienst des eigenen Bruders und seiner Schwägerin stand – war ein solcher Ritter Habenichts würdig, eine Kaisertochter heimzuführen?

Die alte Dame intrigierte und tribulierte, so gut sie konnte. Aber Tochter Maria Theresia hörte nicht viel hin. Sie ließ verbreiten, daß sie nicht nur Prinz Carl die Regentschaft in den Österreichischen Niederlanden, sondern ihrer Schwester nach vollzogener Heirat die Mitregentschaft auf Lebenszeit zu übertragen gedenke und daß sie auch versprochen habe, den aus dieser Ehe zu erwartenden Kindern dieselbe Würde in alle Zukunft erblich übertragen zu wollen.

Im Januar 1744 fand die Trauung statt. Marianne scheint sich in dem ganzen Handel eher passiv verhalten zu haben. Sie nahm ihr Schicksal aus der Hand der älteren Schwester an. „Immerhin", bemerkt der Chronist, „zeigte auch sie Zeichen der Zufriedenheit."

Andere, liebedienerische Berichterstatter priesen Pracht und Aufwand dieser Hochzeit: die beiden Damen, die Königin und ihre Schwester, seien „von unbeschreiblicher Schönheit" gewesen, „Berge von Diamanten glänzten auf ihren Häuptern".

Von tausend Segenswünschen begleitet, fuhr das junge Paar in Richtung Niederlande davon. Mit Sorge verfolgte man in Wien den Weg der Neuvermählten. Denn noch immer befand man sich im Kriegszustand mit Frankreich und Bayern (nebenbei gesagt, auch mit Spanien), und es war zu befürchten, daß französische Regierungsstellen versuchen würden, dem prinzlichen Reisezug aufzulauern, ihn zu überfallen, die Herrschaften aufzuheben und als kostbare Geiseln nach Frankreich zu verfrachten.

Doch nichts dergleichen geschah. Carl und Marianne kamen unbelästigt in Brüssel an.

Ein rascher Kurierdienst wurde eingerichtet. Die Schwestern schrieben einander zärtliche Briefe. Da wurden eheliche Erfahrungen ausgetauscht und kleine oder größere Kümmernisse beschrieben.

MARIA THERESIA AN MARIANNE, EIGENHÄNDIG,
3. OKTOBER 1744
Ich war krank vor Zorn und Kummer und habe durch meine Bosheit (sogar) meinem Alten Fieber verursacht. Auf einmal ist ihm nämlich die Idee gekommen, wieder zur Armee zu gehen, und zwar mit solcher Lust darauf, ... daß er schon seine Equipage bestellt hatte. Da erst begann er mich ganz sachte darauf vorzubereiten. Zuerst konnte ich nur spaßen, aber dann merkte ich, daß es ihm ernst war. Da setzte ich unsere gewohnten Mittel ein, Zärtlichkeiten, Tränen, aber was

haben die noch für Wirkung nach neun Ehejahren? Nichts erreichte ich, obwohl er doch der beste Gatte der Welt ist. Schließlich habe ich getobt und das hat geholfen, sodaß nicht nur ich sondern auch er krank wurde. Nach einem Aderlaß fühlte ich mich wieder wohl.

Leider sollten die Kuriere nicht mehr viele Briefe zwischen den Schwestern hin und her zu spedieren haben. Zehn Monate nach ihrer Hochzeit erwartete Marianne ihre Niederkunft.

Mit Bangen, aber auch in zärtlicher Hoffnung fieberte Maria Theresia diesem Ereignis entgegen. „In diesen Tagen", schrieb sie, „wagte ich kaum mehr zu atmen." Seltsam bei dieser Frau, die fast jedes Jahr wohlgemut das Kreißbett bestieg, die sich kaum je über Beschwerden der Schwangerschaft, über die Schmerzen der Geburt beklagte! Um die Schwester zitterte sie. „Denn ich weiß, was eine Niederkunft bedeutet – und denke nur mit Schrecken daran." Gingen böse Ahnungen in ihr um?

Am 2. Oktober traten bei Marianne verfrüht die Wehen ein. Vier Tage quälte sie sich vergeblich. Am 5. Oktober empfing sie die Sterbesakramente, am 6. gebar sie ein totes Kind.

Immerhin hofften die Ärzte, das Leben der jungen Mutter erhalten zu können.

Wieder stürzte Maria Theresia an den Schreibtisch, um die jüngere Schwester mit Zärtlichkeiten zu überschütten. So bitter die Totgeburt: Hauptsache ist und bleibt Mariannes Genesung. „Denken wir jetzt nur an Ihre Wiederherstellung und versenken wir uns nicht in traurige Betrachtungen. Gewiß wird uns Gott helfen . . ." Und im Nachsatz die Warnung: „Nehmen Sie sich kein Beispiel an mir, denn ich war immer nur so glücklich bei meinen Entbindungen, mehr als ich es verdient habe."

Aber Marianne blieb wenig Zeit, die liebevollen Mahnungen der Älteren zu beherzigen. Sie erholte sich nicht mehr. Obwohl man alle berühmten Ärzte des Landes an ihr Lager rief, darunter auch den bedeutenden van Swieten, starb sie am 16. Dezember, „im sechs und zwanzigsten Jahr ihres Alters".

„Die Trauerbotschaft war" – so Maria Theresia – „der schwerste Schlag, den der gütige Gott über mich verhängen konnte": sie traf zur gleichen Stunde ein, als in Wien das Tedeum für die Vertreibung der Preußen aus Böhmen gesungen wurde. So wechselten Glück und Leid in fast unerträglicher Wucht und zerreißendem Gegensatz in Maria Theresias Leben. – Und wieder war sie im achten Monat schwanger.

Großwetterlage

Winter 1744.

Neuerliche Vertreibung der Preußen aus Böhmen: wieso das? Haben wir denn nicht erst von den Breslauer Friedensverhandlungen und dem Friedensschluß von Berlin gehört? Schlesien war in Friedrichs Händen geblieben, die Großmacht England hatte das Traktat garantiert. Wie kam er nun neuerlich nach Böhmen? Was war geschehen, daß man ihm Prag abermals entreißen mußte?

Um das zu erklären, müssen wir weiter ausholen.

Alle politischen Bewegungen und Ereignisse in jenen Jahrzehnten spielten sich vor ein und demselben Hintergrund ab, vor dem Grund- und Weltkonflikt zwischen den beiden größten Mächten Europas, Frankreich und England. Sie, die wir in unserem Jahrhundert in so enger Kooperation als Alliierte erlebt haben, standen seit Jahrhunderten und immer wieder in wildem Wettkampf miteinander.

Gegen wen hatte schon Johanna von Orleans gekämpft? Gegen das Inselreich. Und durch wen fühlte sich die Reformation in England stets bedroht? Durch die katholischen Stuarts und ihre katholischen Freunde in Frankreich. Unter den katholischen Jakobitern waren die englischen „Pilgerväter" in die Neue Welt geflohen. Nun stießen sie dort von neuem auf französischen und damit katholischen Einfluß. Der alte Wettkampf um die Beherrschung des Kanals verlagerte sich jetzt nach der Entdeckung Amerikas und Asiens an überseeische Küsten und wuchs sich zu einem globalen Konflikt aus. Kauffahrteirechte und Handelsinteressen heizten ihn auf. Je weiter die Welt wurde, desto deutlicher zeichnete sich ab, wieviel Reichtümer aus dieser Welt zu holen waren, und um so erbitterter geriet man sich darüber in die Haare. Beide Mächte wappneten sich zu einem entscheidenden Ringen. Natürlich wußten sie, daß sie sich nicht nur auf den Weltmeeren und in fremden Kontinenten, sondern auch innerhalb Europas kriegerisch begegnen würden. Und ebenso natürlich waren beide darauf aus, sich dabei verläßliche und potente Verbündete zu verschaffen.

Da Frankreich Habsburgs Gegner war (zu lange hatten sich die beiden um den Einfluß sowohl in Deutschland als auch in Italien gestritten), galt Habsburg für Englands Freund und Partner. Desgleichen waren die sogenannten Generalstaaten, Holland, an England gekettet. Damit hatten die Briten ein Bein in Europa stehen. Von hier aus konnten sie Frankreich in die Flanke fallen.

Das bourbonische Frankreich operierte gemeinsam mit dem jetzt ebenfalls bourbonischen Spanien; es hatte auch in Deutschland verläßliche Freunde, das zersplitterte Reich stellte treue Vasallen, etwa die Bayern. Seit neuestem war man auch mit Preußen verbunden. War doch der junge König – unerwartet genug – als erster europäischer Souverän gewalttätig gegen Österreich vorgegangen und hatte der verdächtigen Pragmatischen Sanktion einen ersten, aber wahrscheinlich entscheidenden Stoß versetzt. Zugegeben: er war bald darauf aus der französisch-bayerisch-spanischen Waffenbrüderschaft ausgeschert. Immerhin hatte er Österreich geschädigt und dessen Freundschaft mit England belastet.

So rechnete Frankreich. So rechneten Kardinal Fleury und sein König Ludwig XV. Sie rechneten nicht falsch.

Friedrich stand seit anderthalb Jahren Gewehr bei Fuß. Aber er stand sozusagen mit gespitzten Ohren, hellhörig um sich lauschend und gespannt darauf, was sich ringsum tat. Daß Maria Theresia ihn haßte, wußte er wohl. Er wußte, wie ungern sie auf Schlesien verzichtet hatte und daß sie diesen Verzicht auf ein Hauptglied ihrer Monarchie nicht für endgültig ansah. Er wußte auch, daß Rußland, von der Zarin Elisabeth mehr launenhaft als staatsmännisch regiert, mit Österreich packelte, und sosehr er sich bemühte, beide Mächte voneinander zu trennen und die beiden Herrscherinnen mittels allerlei Nadelstichen gegeneinander aufzubringen, so scheiterte er dabei an der geopolitischen Grundtatsache, daß beide Mächte, Österreich und Rußland, immer noch einen gewaltigen gemeinsamen potentiellen Gegner hatten, die Hohe Pforte. Österreichs Bündnis mit England regte Friedrich auf und verursachte ihm schlaflose Nächte; zwar war es England gewesen, das Maria Theresia mit Beharrlichkeit zugesetzt und von ihr den Frieden von Berlin erzwungen hatte; doch schon morgen konnte sich – angesichts des schwelenden Weltkonflikts mit Frankreich – diese Konstellation geändert haben. Denn da war noch ein weiterer Umstand, der den Preußenkönig mit bohrender Sorge erfüllte, der Umstand einer seltsamen dynastischen Verknüpfung: Preußens nächster Nachbar, der Kurfürst von Hannover, war zugleich König von England.

Wieder einmal hatten familiäre Zufälle zu einer merkwürdigen weltpolitischen Lage geführt: vor fast drei Jahrzehnten war, auf übrigens ganz friedliche Weise, das Haus Hannover in Georg I. auf Englands Thron gelangt. Diese zweideutige Nachbarschaft war Friedrich unheimlich. Georg I. und auch sein Sohn Georg II. fühlten sich ebensosehr als deutsche Kurfürsten wie als englische Könige, als englische Könige aber waren sie mit Österreich verbündet und waren es um so nachdrücklicher, als sich jetzt der Konflikt mit Frankreich von neuem auflud. Friedrich verstärkte seine Wachsamkeit. Ihm ging es um Schlesien. Immer ging es ihm um Schlesien. Tauchte am

Horizont ein Schatten auf, der diese Eroberung gefährdete oder auch nur von Ferne zu gefährden schien, wollte er zur Stelle sein, fürchterlich und mit ganzer Präsenz.

Kehren wir zu Maria Theresia zurück:

Im Winter 1742 rauschende Fest in Wien. Im Mai 1743 Krönung in Böhmen. Vielleicht haben wir darüber fast vergessen, daß noch immer Krieg war. In Deutschland, in Italien, in den Niederlanden wurde gekämpft, wurde scharmützelt und belagert: im Süden hatten sich die Österreicher mit Spaniern, im Norden mit Franzosen, Bayern, Pfälzern herumgeschlagen. Hier wie dort passierte längere Zeit nichts Entscheidendes. Krieg auf kleiner Flamme. Bitter für den, der von ihr gebrannt wurde. Aber weltgeschichtliche Entscheidungen wurden auf ihr nicht gar gekocht.

Nun trat eine Wendung ein. König Georg II. erschien im Juni 1743 auf dem Kontinent. Hier stand schon seit längerem ein Heer von Engländern, Hannoveranern, Niederländern und Österreichern. Es führte den Namen *Pragmatische Armee*. Ihre Spitze war gegen Frankreich gerichtet. Die Gegenwart des Königs zeigte an: nun sollte es endlich ernst werden. Die Armee setzte sich in Bewegung, um gegen den Herzog von Noailles zu operieren, der 20 000 Mann am Main stehen hatte. Hier gelang es tatsächlich, die Franzosen zu schlagen. Bei Dettingen wurden sie aufgerieben und zersprengt. Die Walstatt war von Tausenden Toten bedeckt. (Nichtsdestoweniger ließ sich König Georg auf dem Schlachtfeld servieren. Der Anblick der Leichname verdarb ihm nicht den Appetit. Diese „Seelenstärke" wurde von zeitgenössischen Berichterstattern rühmend hervorgehoben.)

Kein Wunder, daß Maria Theresia ihrerseits über diesen Sieg entzückt war. Sie war gerade auf dem Weg von Linz nach Wien, als die Nachricht eintraf. Sie reiste zu Schiff, wie sie das gern und so oft wie möglich tat. Die Hauptstadt war vor Freude außer sich, meilenweit waren ihr die Menschen auf den Ufern des Stromes entgegengeeilt, die Wälle der Stadt über dem Donauarm waren dicht besetzt. Maria Theresia winkte, grüßte und ließ sich dann unter Kanonendonner um die Stadt fahren. Aus einem Fenster der Burg jubelten ihr Mutter und Kinder entgegen, und der kleine Joseph schwenkte, wohl nicht wissend, was der Wirbel sollte, eine kleine Fahne.

Der Sieg zu Dettingen hatte den Franzosen schlimmen Schaden zugefügt, den schlimmsten aber Karl VII. aus dem Hause Wittelsbach. Diesem Kaiser waren Kaiserwahl und Krone nun wahrlich zum

Unglück ausgeschlagen. Als trauriges Gespenst irrte er durch Deutschlands Gaue und mußte, wie Goethe in „Dichtung und Wahrheit" schreibt, gewissermaßen die Gastfreiheit seiner Reichsstädter anflehen. Er, der vor knapp zwei Jahren siegesgewiß in Prag eingezogen war, wollte sich jetzt entmutigt und gedemütigt in den Status der Neutralität wie in ein Schneckenhaus zurückziehen. Eine ohnmächtige und sogar ein wenig lächerliche Geste, die den Unglücklichen vollends zum Gespött der Welt machte.

Freilich rief sie ihm auch einen entschiedenen Fürsprecher auf den Plan: Friedrich. Er, der die Kaiserwürde im Grunde verachtete, fand nun plötzlich warme Worte und ergreifende Argumente für Kaiser und Reich: „demnach bei denen jetzigen verworrenen Zeiten vornehmlich darauf zu denken sei, daß die so längst erwünschte Ruhe in dem geliebten teutschen Vaterland wiederhergestellt und ferneren verderblichen Folgerungen bestmöglichst vorgebauet werden möge. Mit wahrem patriotischem Eifer" verwendete er sich für „die Wohlfahrt des gesamten Reichs nebst dessen alten Grundgesetzen, Gebräuchen, Konstitutionen und Verfassungen ... auch für die Ehre und Würde des höchsten Oberhauptes nebst heilsamem und nötigen Band zwischen Haupt und Gliedern."

Dieser Eifer war verräterisch: es knisterte im Gebälk des Berliner Friedens.

Sterne der Heimat

Nichtsdestoweniger agierte Österreich wohlgemut parallel zu den Aktionen der Pragmatischen Armee gegen Frankreich. Wieder führte Carl von Lothringen das Kommando. Was aber konnte, ja mußte das letzte Ziel dieses Mannes sein? Doch nichts anderes als die stets erträumte, ersehnte, wenngleich von der Welt auch nicht mehr für möglich gehaltene Rückkehr in die alte Heimat. Seit Jahren hatte sich Carl für Österreich auf den entlegensten Kriegsschauplätzen geschlagen. Jetzt näherte er sich wieder dem Rhein. Phantasmagorisch tauchten die Berge und Fluren der Heimat vor ihm auf.

Weder er noch Franz Stephan hatten die Beziehungen zu ihrem alten Stammland durchtrennen können oder mögen. Ihre Mutter und Schwester lebten noch dort, und aus ihren Briefen war nichts anderes herauszulesen, als daß das Volk von Lothringen seinen neuen polnischen Herrn, Stanislaus Leszczynski, verabscheue und nach seinen alten Gebietern seufze. Auch andere Freunde meldeten sich in diesem Sinne. Sprachen sie die Wahrheit oder schmeichelten sie nur?

In Carls Herzen wuchsen ungeheure Hoffnungen. Wie, wenn es ihm gelänge, den Polen zu vertreiben, die Franzosen zu schlagen, vielleicht sogar bis vor Paris zu ziehen?

Sachte, sachte. Erst war der Rheinübergang zu bewältigen. Zwei starke französische Armeen erwarteten ihn, um ihn blutig zurückzuweisen. Sie erwarteten ihn bei Mainz. Aber der Streich gelang. Man setzte weiter stromaufwärts bei Schreck über, als erster zog der tüchtige, wenn auch berüchtigte Trenck mit seinen Panduren unter den Klängen österreichischer Feldmusik über den Strom. Das Gros folgte. „Endlich, mein geliebter Bruder", schrieb Carl nach Wien, „endlich sind wir im Elsaß."

Gewiß wäre Carl jetzt am liebsten schnurstracks auf Lunéville zu marschiert. Freilich, so leicht ließ sich der Vorstoß doch nicht bewältigen. Es galt sich rückwärts abzusichern, den Brückenkopf links des Rheins strategisch zu erweitern. Man nahm Weißenburg, dann Hagenau. Bis auf eine Stunde kam man an Straßburg heran. Durfte Carl hoffen, das längst verlorene Reichsland, das Elsaß, wieder an Deutschland zurückzubringen?

Doch mitten in die glücklichen Unternehmungen platzte eine fürchterliche Nachricht. Am 10. August 1744 war Friedrich zum drittenmal, wieder ohne Kriegserklärung, eingefallen.

Der Zweite Schlesische Krieg

Im Juni 1744 hatte der Preußenkönig in Bad Pyrmont eine Brunnenkur absolviert. Dort traf er sich in einem Wäldchen mit dem militärischen Bevollmächtigten Frankreichs, Graf Mortaigne. Unter vier Augen wurde ein hochwichtiges Gespräch geführt. Auf einer Rasenbank sitzend, erteilte der junge König seinem Partner eine energische Lektion. Nicht nur, daß er das Konzept seiner künftigen Politik entwickelte (natürlich ging es ihm dabei um Schlesien), daß er zu beweisen suchte, Frankreich müsse mit ihm zusammen Maria Theresia von neuem angreifen, seine, Friedrichs, Stellung sei eine durchaus günstige und er dadurch ein höchst begehrenswerter Verbündeter! – er drang in Mortaigne mit beschwörendem Eifer: Frankreich müsse sich diesmal besser halten als im vergangenen Krieg; sinnlos sei es, zu vorsichtig zu agieren; Angriff sei geboten, immer nur Angriff, dann werde der Feind verwirrt und der Krieg rasch zu beenden sein. „Aber keinen Augenblick der Untätigkeit darf es geben; in unseren Operationen muß alles Nerv sein."

So Friedrich zu seinem französischen Partner; so auch sein Plan: „Alles Nerv." Er rückte gegen Sachsen vor, rückte in Sachsen ein, um sich dann so rasch und energisch wie möglich nach Böhmen zu werfen.

In Wien war man außer sich vor Schrecken und Zorn über den neuerlichen, dritten Einbruch binnen kaum vier Jahren. „Das Ungeheuer", schrie Franz Stephan, der sonst so Maßvolle. „Wenn man das Ungeheuer doch nur mit einem Schlag vernichten könnte." In rasender Eile wurde Prinz Carl benachrichtigt. So eilig wie nur immer möglich mußte er über den Rhein zurück. Adieu, schöner Traum von Heimat, Rückkehr und Sieg, adieu, du liebes Lothringen! In gewaltigen Eilmärschen ging der Rückzug vor sich. Das heikle Abenteuer, den Rhein noch einmal, jetzt ostwärts, zu überqueren, glückte fast ohne Verluste. Carl operierte nun seinerseits „mit Nerv" und Geschick. Fast unbelästigt kam er vorwärts. Der Bayer Sinzendorf tappte nur ängstlich hinterdrein, und Ludwig XV., der sich bei Carls Annäherung in höchst eigener Person zu seiner Armee begeben hatte, um die Grenzen Frankreichs zu verteidigen – eine deutliche Drohgebärde! –, er hütete sich, weiter in Deutschland einzudringen. „Keinen Augenblick der Untätigkeit darf es geben!" hatte der junge Preuße gesagt. Der Franzose lächelte bloß darüber.

Nur er, Friedrich, war wie immer präsent.

Zwar gelang es ihm diesmal nicht, Sachsen für sich zu gewinnen. Aber er marschierte auf Prag zu und nahm es mit leichter Hand. Ehe Carls Armee ihn stören konnte, nahm er auch Budweis und stand schon wieder an den Grenzen des deutschen Kernlandes. Die Österreicher mußten München räumen und sich in der böhmischen Festung konzentrieren.

Karl VII., der so lange ruhelos umhervagabundierende Franzosengünstling, konnte nun endlich wieder in seiner Hauptstadt erscheinen. Was er kaum noch zu erhoffen gewagt hatte – die Münchner bereiteten ihm einen freundlichen Empfang. Doch in ihrer Freundlichkeit schwang mehr Mitleid als Begeisterung: zu deutlich war der Heimkehrer von seinen Leiden gezeichnet. Er hatte alle hochfliegenden Pläne aufgegeben, er sehnte sich nur noch nach Ruhe und Frieden.

Unterdessen schwelte in Böhmen ein verheerender Krieg fort. Zwar hatte Friedrich in Prag einen starken Stützpunkt gewonnen, doch die Rechnung, die er im Wäldchen von Pyrmont auf einen raschen Sieg gemacht hatte, diese Rechnung ging nun doch nicht auf. Seine werbenden Redensarten für Kaiser und Reich hatten wenig Wirkung gezeigt, die geringste Wirkung auf das überfallene Sachsen. Mit ihm, seinem Bundesgenossen im Ersten Schlesischen Krieg, bekam er nun Ärger. Der Kurfürst mobilisierte gegen ihn, ließ 20 000 Mann marschieren und vereinigte sich mit Prinz Carls Truppen zu einer starken Armee von 80 000. Diese standen nun 60 000 Preußen gegenüber. Friedrichs Lage wurde gefährlich.

Diesmal hatte er sich politisch verrechnet, nun zeigte es sich, daß er sich auch militärisch verrechnet hatte. Mit Carl von Lothringen, so hatte er gemeint, könne er leicht fertig werden. Aber an Carls Seite stand jetzt ein erfahrener Mann, General Graf Traun, der mit seinen Kräften hauszuhalten und der die Besonderheiten und Tücken des Geländes für sich zu nutzen wußte. So kam es wieder im nordöstlichen Böhmen zu einer Konfrontation der beiden Heere. Friedrichs Armee hatte sich innerlich auf eine Schlacht eingestellt. Doch Traun hatte die Preußen in eine Gegend zu manövrieren gewußt, die für ein großes Treffen nicht günstig war. In seinen Erinnerungsschriften spricht der König von „Abgründen", die sich vor seinen Truppen aufgetan hätten. Es kann sich dabei in diesem Teil von Böhmen höchstens um einige steil abgeböschte Hänge gehandelt haben. Immerhin: sie mochten ihm, dem Flachländer, wie Abgründe erschienen sein. Er meinte, wer hier als erster angriffe, müßte die Schlacht verlieren. Also griff er nicht an. In seinem Heer, das das Treffen erwartet hatte, griff mit der Enttäuschung etwas wie Desorganisation um sich. Friedrich konnte auch nicht hindern, daß die Österreicher die Elbe an dem ihnen gelegensten Platz überschritten. Damit wurde er immer weiter von Prag abgedrängt. Dort befanden sich jedoch seine Verpflegungslager und Magazine. Seine Truppen begannen Mangel zu leiden. Heldentum und Pflichtgefühl mögen noch so sorgfältig anerzogen und für den Augenblick der Bewährung eingedrillt sein, gegen einen leeren Magen kommen sie auf die Dauer nicht auf. Hinzu trat, daß sich in der ausgesogenen und verzweifelten Bevölkerung Haß gegen die preußischen Eindringlinge regte. Sobald sie sich einer Ortschaft näherten, trieben die Bauern ihr Vieh in die Wälder, vergruben ihr Getreide, flohen selbst und nahmen aus ihren Häusern mit, was nicht niet- und nagelfest war. So kam es, daß sich der einzelne Mann zusätzlich isoliert und einer feindlichen Umwelt ausgesetzt fühlte. Desertion breitete sich aus. Es heißt, daß Friedrich ein Drittel seiner Leute verlor: sie liefen einfach davon und versuchten sich auf eigene Faust zu retten.

Dabei wurde es Winter.

Friedrich mußte Prag aufgeben. Er zog sich nach Schlesien zurück. Jubel in Wien. Aber auch Jubel in Dresden. Preußens Feinde, Österreich, Sachsen, England und Holland, fanden sich zu einem Viererbund zusammen. In Warschau wurde am 8. Januar 1745 wieder eine Quadrupelallianz unterzeichnet.

Gut vierzehn Tage darauf traf die Nachricht ein, daß Friedrichs Liebkind und Protégé, Karl VII., für dessen kaiserliche Majestät er zu kämpfen vorgegeben und für dessen Rechte er in Böhmen einmarschiert sein wollte, in München gestorben sei.

Damit zerfielen die Reste der kaiserlichen Union im Reich. Damit war der Kaiserthron Deutschlands wieder vakant, die Kaiserkrone als Preis für die Wahlwerber ausgesetzt.

Keine Minute zögerte Maria Theresia, ihre Entscheidung zu treffen: nun sollte endlich Franz Stephan zum Zuge kommen.

Bald würde man sie selbst Kaiserin nennen.

Was niemand für möglich gehalten hatte: die junge Frau hatte die große Krisis ihrer Macht, die Krisis ihres Hauses, die tödliche Gefährdung Österreichs überstanden.

In jenem Winter 1745 endete Maria Theresias Kampf um die nackte Existenz; es endete ihre heroische Zeit.

DRITTER TEIL

Die Kaiserin

„mäusl" wird Kaiser

Was bedeuteten in jener Zeit, Mitte des 18. Jahrhunderts, noch Reich und Kaisertum?

Sie waren, wie wir hörten, im realpolitischen Bereich zu Schatten abgeblaßt. Das staatliche Leben in Deutschland war – nach französischem Muster – durch das absolutistische Landesfürstentum bestimmt, der politische Alltag war lokal-partikularistisch definiert. Doch daneben und darunter hatte sich das nationale Selbstverständnis der Deutschen noch eine ganz andere archaische, man könnte auch sagen, nostalgische Färbung bewahrt. Das Heilige Römische Reich Deutscher Nation bestand auch in Ohnmacht und Zerrissenheit als moralisch-ästhetische Veranstaltung fort. Gewiß hatte es durch die Glaubensspaltung einen unheilbaren Knick abbekommen und war durch andere politische Entwürfe, wie zum Beispiel durch den der nordischen Hanse, weithin unterlaufen worden. Doch die Reichweite von Ideen hängt nicht immer nur von territorialen Ausdehnungen, verfügbaren Machtapparaten und finanziellen Potenzen ab. Selbst wenn man gar nicht mehr weiß, wie sie im einzelnen zu täglicher Wirksamkeit zu beleben wären: sie nähren die unermüdlich webende Phantasie breiter Schichten, sie geben Hoffnungen und Erwartungen Raum, sprechen die emotionalen Reserven des Menschen an, und zwar um so kräftiger, je entleerter, je abgeflachter oder je bedrohter sich dessen sonstiges Leben anläßt. So wirkte auch damals die alte universale Kaiser- und Reichsidee in Deutschland fort, nicht zuletzt deshalb, weil man im lokal-partikularistischen Bereich bittere Erfahrungen zu machen so reichlich Gelegenheit hatte: deutsche Zwistigkeiten führten zu Fremdherrschaft, Fremdherrschaft zu Krieg, Leid und Verheerungen. Stünden Kaiser und Reich in Saft und Kraft, so – folgerte man – wäre man schon verschont und gerettet.

Ich weiß mir für diese alte Anhänglichkeit keinen besseren zeitgenössischen Kronzeugen als Goethe in seinem großen Erinnerungsbuch „Dichtung und Wahrheit". Er erzählt, wie er als Kind mit den Traditionen seiner Heimatstadt, der alten Reichs- und Krönungsstadt Frankfurt, bekannt wurde:

„Größeren Reiz hatte alles, was sich auf Wahl und Krönung der Kaiser bezog. Wir wußten uns die Gunst der Schließer zu verschaffen, um die neue, heitre, in Fresko gemalte, sonst durch ein Gitter verschlossene Kaisertreppe hinaufsteigen zu dürfen. Das . . . Wahlzimmer flößte uns Ehrfurcht ein . . . Wir hofften wohl auch noch einmal eine Krönung mit Augen zu erleben. Aus dem großen Kaisersaale konnte man uns nur mit sehr vieler Mühe wieder herausbringen . . . und wir hielten denjenigen für unsern wahrsten Freund, der uns bei den Brustbildern der sämtlichen Kaiser . . . etwas von ihren Taten erzählen mochte.

Von Karl dem Großen vernahmen wir manches Märchenhafte; aber das Historisch-Interessante für uns fing erst mit Rudolf von Habsburg an, der durch seine Mannheit so großen Verwirrungen ein Ende gemacht . . . Maximilianen hörten wir als einen Menschen- und Bürgerfreund loben, und daß von ihm prophezeit worden, er werde der letzte Kaiser aus einem deutschen Hause sein; welches denn auch leider eingetroffen . . . Bedenklich fügte man hinzu, daß nun abermals eine solche Weissagung oder vielmehr Vorbedeutung umgehe: denn es sei augenfällig, daß nur noch Platz für das Bild *eines* Kaisers übrigbleibe; ein Umstand, der . . . die Patriotischgesinnten mit Besorgnis erfülle.

. . . es war kein Frankfurter von einem gewissen Alter, der nicht diese beiden Ereignisse (die Krönungen der letzten beiden Kaiser) für den Gipfel seines Lebens gehalten hätte."

In diesen wenigen Goethe-Zeilen schwingt die ganze Polyphonie, die einer halb sakralen, halb politischen Idee auch in ihrer Verfallsperiode noch innewohnt; da wird das Symbolische beschrieben, in das sie sich verkleidet, aber auch das Historisch-Individuelle, wo es Achtung und Interesse erweckt, hinzu tritt ein Element des Semantischen: Prophetie wird erwähnt, Schicksalsschauer klingt an. Gewiß hat Goethe diese kleine Passage mit der leisen Ironie geschrieben, die seine Kindheitserinnerungen vielfach grundiert.

Aber gleich darauf fährt er in vollem Ernst fort: „Mein Gemüt war von Natur zur Ehrerbietung geneigt", und später, in ähnlichem Zusammenhang: „Eine politisch religiose Feierlichkeit hat einen unendlichen Reiz. Wir sehen die irdische Majestät vor Augen, umgeben von allen Symbolen ihrer Macht; aber indem sie sich vor der himmlischen beugt, bringt sie uns die Gemeinschaft beider vor die Sinne. Denn auch der einzelne vermag seine Verwandtschaft mit der Gottheit nur dadurch zu betätigen, daß er sich unterwirft und anbetet."

Eben um diesen Komplex, diese Mischung aus Symbolischem, Semantischem und Himmlischem, ging es Maria Theresia, als sie sich zuerst vergeblich, dann erfolgreich bemühte, ihrem Gatten (und damit ihrer Familie) die Kaiserkrone von neuem zu sichern. Niemand wußte besser als sie, daß die Kaiserwürde wenig reale Macht verlieh, und laut gewisser Protokolle soll sie sogar selbst immer wieder vom „leeren Titel und Schein" des Kaisertums gesprochen haben. Trotzdem glaubte sie nicht darauf verzichten zu können; ihre Katholizität, ihr „teutscher Patriotismus" und ihr dynastisches Selbstgefühl vereinigten sich in diesem Punkt auch mit einem höchst persönlichen leidenschaftlichen Motiv: mit der Ehrsucht einer Liebenden für ihren Geliebten. Denn – zweifeln wir nicht – Maria Theresia liebte ihren Franz Stephan, sie war jedenfalls entschlossen, ihn zu lieben. So setzte sie gleich nach Karls VII. Tod Himmel und Erde in Bewegung, ihm die Kaiserkrone aufzusetzen. Die Sache ließ sich auch nicht übel an. Mit Bayern war sie soeben in einem Friedensschluß, dem von Füssen (22. April 1745), klargekommen. „Das fromme Kind", der junge Kurfürst Maximilian Joseph, war froh, sein Land von ihr zurückzuerhalten, und versprach ihr dafür seine Kurstimme. Von den Erzbischöfen Kurmainz und Kurtrier war nichts zu befürchten, sie waren ohnehin gut österreichisch gesinnt, trotzdem wurden sie von Maria Theresia in diesem Fall höflichst umworben.

MARIA THERESIA AN DEN KURFÜRSTEN VON MAINZ, EIGENHÄNDIG

Hochwürdigster hochgeehrter Hr. öhm. nicht nur die zärtlichste liebe, die wie billig meines gemahls Königl. hochheit und lieben zuwende, sondern zugleich auch die begirde des Vatterlands allgemeine ruhe und wohlstand noch kräfftiger, als bis anhero von mir beschehen, unterstützen zu können, erwecket bey mir das verlangen, seine hoheit und libden zur Kaiserlichen würde erhoben zu sehen ... werde die meinem ersuchen gemäß von E. L. erwartende grosse willfährigkeit nimmehrmehr in vergessenheit setzen, villmehr gegen E. L. deren untergegebenes ertzstift ... auf das danckbahrste jederzeit erkennen und werckthättig erwidrigen. Verbleibe anbey E. L. mit Freundschaft beständig beygetan Euer Liebden

freundwillige muhm
Wieen dem 13. Juli 1745   Maria Theresia

Auch von Hannover, mit dem verbündeten England uniert, waren keine Schwierigkeiten zu erwarten. Schlimmer stand es schon um Pfalz und Kurköln. Sie segelten im französischen Fahrwasser. Ihre Stimmen mußten gekauft – oder es mußte auf sie verzichtet werden. Auf Brandenburg war keinesfalls zu hoffen, und die eigene Kurstimme, die böhmische, war umstritten. So schwankte die Waage. Fest stand nur eins: Man mußte sich stark machen gegen Frankreichs Heere, die inzwischen wieder einmal bis tief ins Herz Deutschlands vorgedrungen waren. Graf Traun, der Friedrich in Böhmen so gut Paroli geboten, wurde beordert, mit 45 000 Mann die Franzosen aus dem Reich hinauszumanövrieren. Jetzt bloß kein Zaudern, schrieb Bartenstein, sonst ist die Kaiserkrone hin!

Man zauderte trotzdem und rückte nur bedächtig voran. Immerhin trat nun die sogenannte Hauptperson an die Spitze des Unternehmens: Franz Stephan, zum erstenmal in eigentlich eigener Sache. Es kam zwar zu keiner Schlacht, nur zu Scharmützeln und taktischen Operationen; immerhin erreichte man, daß der Feind hinter den Rhein zurückwich. Nun umschloß man Frankfurt und legte einen schützenden Ring um die alte Kaiserwahl- und Krönungsstadt. Der Ring bot Schutz vor gewaltsamem Zugriff, nicht aber Schutz vor den politischen Manövern, mit denen Frankreich gegen Franz Stephans Wahl agierte. Alles ging sehr langsam, sehr steif, von Förmlichkeiten gebremst vor sich. Endlich bündelten sich sieben von neun Stimmen für Maria Theresias Gatten. Am 13. September wurde er zum deutschen Kaiser gewählt. Brandenburg und Pfalz verließen das Kollegium unter Protest.

Nun aber geschah etwas Merkwürdiges: Maria Theresia lehnte es ab, sich gemeinsam mit ihrem Gemahl krönen zu lassen.

Die deutsche Reichsverfassung erlaubte nicht, daß eine Frau als Kaiser die Krone trug, wohl aber als Kaiserin, und so war es auch vorgesehen und in unzähligen Fällen gehandhabt worden: die Gattin wurde in die politisch-sakramentale Würde des Gatten mit einbezogen. Sie wurde zwar nicht gesalbt, aber gekrönt, das heißt, sie wurde nicht Mitregent, aber Mit-Würdenträger. Sie teilte mit dem Mann nicht die potestas, aber das decus. Das Licht seines Amtes fiel auch auf sie.

Maria Theresia verweigerte sich dieser Teilhaberschaft. Sie wünschte Franz Stephan ins Licht zu rücken, nicht aber von ihm angestrahlt zu werden. Was hatte sie dagegen? All die Zeit, in der die schwierigen Wahlverhandlungen geführt wurden, hatte man damit gerechnet, daß Maria Theresia an der Krönung teilnehmen und ebenfalls gekrönt werden würde. Man hatte von österreichischer Seite sogar darauf gehofft, darauf gebaut, denn man wußte, daß Maria

Theresia im Reich viele Sympathien besaß: ihre Schönheit, ihre Jugend, ihre Tapferkeit hatten für sie eingenommen; so wollte man den Charme ihrer Person zu vollem Einsatz bringen; man sah es für ein Gebot der Staatsklugheit an, daß sie ihr Licht nicht unter den Scheffel stellte.

Auch Maria Theresia wünschte nach Frankfurt zu kommen. Sie äußerte zwar Bedenken wegen der Kosten, die diese Reise verursachen würde, doch diese Bedenken konnten zerstreut werden. Zu sehr lockte sie wohl die Aussicht auf das glanzvolle Fest, es lockte sie, sich auch einmal der Öffentlichkeit des „geliebten teutschen Vatterlandes" zu stellen. Aber als Franz Stephans Gemahlin gekrönt zu werden, dagegen sträubte sie sich.

Natürlich hatte sie eine Ausflucht parat. Sie, die Königin, sei wieder in anderen Umständen; und in der Tat war sie in jenem Sommer abermals schwanger – mit ihrem achten Kind! Hätte sie es abgelehnt, überhaupt zu reisen, man hätte den Grund passieren lassen können. Die Reise war weit: elende Straßen, rumpelnde Kutschen konnten ihrem Zustand nur allzu leicht gefährlich werden. Nun aber reiste sie *doch!* Ihre Weigerung konnte also nicht am Medizinischen liegen. War Maria Theresia zu eitel, um sich gesegneten Leibes dem Volk zu präsentieren? Keineswegs. Denn sie war bei anderen hochoffiziellen Anlässen ebenfalls schwanger und fallweise sogar hochschwanger gewesen. Im übrigen hätten faltenreiche Gewänder, Mäntel, prachtvoll geschürzte Reifröcke und reichlich goldflirrendes Ornament sicher jede erwünschte Verhüllung gewährt. Nein, Maria Theresias Gründe müssen schon tiefer gelegen haben, sie müssen, so scheint mir doch, mit ihrem Verhältnis zu Franz Stephan zu tun gehabt haben. Doch gerade deshalb verschwieg sie sie standhaft (vielleicht sogar vor sich selbst) und verschanzte sich lieber hinter Ausflüchten, die wir doch nur recht fadenscheinig nennen können.

Maria Theresia war nun gut zehn Jahre verheiratet. Ein Abgrund der Erfahrungen trennte sie von der jungen Braut, die ihren Geliebten als „mäusl" umschmeichelt, als „caro viso" – liebes Angesicht – angehimmelt hatte; ein Abgrund trennte sie von der jungen Liebenden, die sich Franz Stephans kleine „chienne" nannte, das treue Hündchen, das zitternd auf seinen Herrn wartet. Aus „mäusl" und „caro viso" war im vertraulichen Gespräch „mon vieux" geworden, „mein Alter". Mag sein, das war Ehealltagssprache, gutmütigbehaglich gemeint. Im Hintergrund bleibt ein schattierender Rest, unausräumbar. Auch wenn der Welt gegenüber immer volle Einigkeit herausgekehrt wird, wenn selbst ein so scharfblickender Höfling wie Tarouca bestätigen kann, die Eheleute seien „ein Herz und eine

Seele", wenn in offiziellen Privatbriefen auch immer wieder die Versicherung auftaucht, Franz Stephan sei „der beste Mann von der Welt", ja sogar „l'adorable époux", der anbetungswürdige Gatte – es kann kein Zweifel bestehen: der Mann war allmählich aus dem Lebensbrennpunkt der Frau gerückt. Die Tage der demütig ergebenen „chienne" waren vorüber. Vielleicht waren diese Tage schon in jenen ersten bangen Wochen zu Ende gegangen, als Maria Theresia gleich nach ihrem Regierungsantritt, von Friedrich angegriffen, das erstemal in ihrem bisher geschonten Leben Konfrontation und Gewalt, um nicht zu sagen: Vergewaltigung, erlitten hatte.

Damals war Franz Stephan unvorsichtig genug gewesen, als einer der ersten davon zu reden, daß man diesen jungen Preußenkönig mit einem Opfer beschwichtigen müsse. Maria Theresia lernte mit der Zeit begreifen, daß er so unrecht ja nicht hatte, und sie selbst war schließlich dahin gelangt, mit Friedrich Abkommen zu treffen und Zugeständnisse zu unterzeichnen. Doch in ihrem weiblichen Herzen war wohl – in einer tieferen Schicht – jene erste durchbohrende Erfahrung eingezeichnet: er, den sie liebte – und immer lieben wollte –, der Gemahl hatte hier versagt. Sie war zu stolz, das zuzugeben. Sie blieb dabei: der beste Mann der Welt, „l'adorable époux". Nun wurde er Kaiser. Sie hatte ihn erst zum Mitregenten gemacht und für seine Mitregentschaft in Österreich, Böhmen und vor allem in Ungarn zäh und erbittert gekämpft – und hatte ihn dann doch nicht oder kaum mitregieren lassen. So oft einer ihrer Armeen das Kriegsglück lachte, hatte sie ihn als Oberstkommandierenden an die Front delegiert, um ihn mitnaschen zu lassen an Fortunas Füllhorn. Doch jedesmal war dieser Versuch gescheitert. Nun hatte sie ihn auch noch zum Kaiser gemacht, aber zur Kaiserin wollte sie sich an seiner Seite nicht krönen lassen. Sie wollte alles für ihn, aber nichts durch ihn sein.

Man hat gesagt: die Tochter Karls VI. war zu stolz gewesen, um eine Sekundärkrone zu tragen. Das mag stimmen. Nur frage ich mich, ob diese Frau, die sich als Tochter der väterlichen Autorität ohne den geringsten Widerspruch gebeugt und sich als geringste Vasallin ihres kaiserlichen Vaters bezeichnet hatte, nicht auch bereit gewesen wäre, sich der Autorität eines kaiserlichen Gatten so weit zu beugen, daß sie an seiner Seite die Krone in Empfang genommen hätte, wenn – wenn –

Wenn Franz Stephan, der adorable Gatte, behende Tänzer, freundliche Plauderer, der, wie es scheint, auch immer liebesbereite Bettgenosse, auch der Mann gewesen wäre, dessen sie bedurfte, als sie von allen Seiten angegriffen war; einer, der ihren Mut gestärkt, der ihre Standhaftigkeit unterstützt hätte. „mäusl" aber härmte sich im

Feld, er zeigte Furcht, und wenn sie ihn nach Böhmen schickte, damit er dem Feind auf den Fersen bliebe, entzog er sich dem kriegerischen Elend und zog es vor, sich aus dem Lager zur Jagd zu begeben. Hätte er für sie und ihre Sache geleistet, was sein Bruder Carl leistete – auch er kein strategisches Genie, aber doch ein braver, solider, standhafter Feldherr –, was ein Khevenhüller, ein Traun oder später gar ein Laudon für sie leisteten, vermutlich hätte sie sich gern an seiner Seite im Frankfurter Dom auf den Purpurschemel gekniet, um als seine Gattin die Krone zu empfangen.

Statt dessen saß sie – wir wissen es durch Goethe – „über die Maßen schön" und Zielscheibe aller Blicke „an einem Balkonfenster des Hauses Frauenstein, gleich neben dem Römer", während im Dom „die unendlichen Zeremonien, welche die Salbung, die Krönung, den Ritterschlag vorbereiten und begleiten", abgespult wurden. „Als nun ihr Gemahl in der seltsamen Verkleidung aus dem Dome zurückgekommen und sich ihr sozusagen als ein Gespenst Karls des Großen dargestellt, habe er wie zum Scherz beide Hände erhoben und ihr den Reichsapfel, den Zepter und die wundersamen Handschuh hingewiesen, worüber sie in ein unendliches Lachen ausgebrochen; welches dem ganzen zuschauenden Volke zur größten Freude und Erbauung gedient, indem es darin das gute und natürliche Ehgattenverhältnis des allerhöchsten Paares der Christenheit mit Augen zu sehen gewürdigt worden. Als aber die Kaiserin, ihren Gemahl zu begrüßen, das Schnupftuch geschwungen und ihm selbst ein lautes Vivat zugerufen, sei der Enthusiasmus und der Jubel des Volks aufs höchste gestiegen, so daß das Freudengeschrei gar kein Ende finden können."

Soweit Goethe. Er berichtet hier, was ihm selbst als Kind davon zu Ohren gekommen war. Unzählige Male ist die Szene in der Literatur erwähnt und in Goethes Sinn in gleicher Weise freundlich interpretiert worden. Es tut mir leid, daß ich so freundlich-naiv nicht interpretieren kann. Das „unendliche Lachen" – was gab es frei? Dann: das Schnupftuchwinken und die Vivatrufe – was sollten sie einholen?

„Entscheidung auf immer?"

Trotz allem – gekrönt oder nicht gekrönt –, sie war nun Königin-Kaiserin und kehrte nach Wien zurück in den gewohnten politischen, diplomatischen und militärischen Alltag.

Dieser Alltag war grau, und er war manchmal nicht nur grau, sondern schwarz und stürmisch. Die verheerendsten Wetterwirbel und Hagelschläge, wo anders brauten sie sich zusammen als an der preußischen Front, wo anders gingen sie nieder als in Böhmen und Schlesien?

Wieder müssen wir hier an die Großwetterlage in Europa erinnern! Die Hauptfronten kennen wir schon: Hie England, Holland, Österreich, Sachsen, dazu mit wechselnden Fragezeichen Rußland und Sardinien-Piemont. Auf der anderen Seite: die Bourbonen, die französischen wie auch die spanischen, an ihrer Seite Preußen und einige Reichsfürsten. Die blutige Schlacht bei Fontenoy zwischen dem in französischen Diensten stehenden Moritz von Sachsen und der englisch dominierten Pragmatischen Armee hatte dieser zwar eine Niederlage, doch für den Gesamtkrieg keine Entscheidung gebracht. Friedrich II. durfte sich wieder einmal als Zünglein an der Wage fühlen.

Freilich: diese Stellung bezahlte er mit einem beträchtlichen Schwund an allgemeiner Sympathie. Frankreich mißtraute ihm als einem unsicheren Verbündeten, der nur auf seinen eigenen Vorteil bedacht war. Georg II. von England hielt mit seiner Erbitterung nicht hinter dem Berge: Dieser Friedrich, so äußerte er sich vor dem österreichischen Gesandten, sei ein unwürdiger Fürst; man sollte über ihn die Reichsacht erklären und seinen Bruder an seiner Statt auf den preußischen Thron setzen. Auch im eigenen Lager wurde harte Kritik laut: Der vorletzte Feldzug sei für Preußen sehr übel ausgelaufen, der König habe auf die falsche Karte gesetzt. Er sei eigensinnig, selbstherrlich und übe keine Rücksicht; verdiente Offiziere beleidige er, seine Truppen schinde er bis zum Weißbluten.

Doch – was sollte das Schimpfen und Meckern? Im Felde blieb Friedrich zuletzt doch immer Meister. Er hatte im böhmischen Feldzug Einbußen erlitten, weil man ihn daran gehindert hatte, sich zu schlagen. Wenn er sich aber schlagen konnte, tat er das mit Genie und geballter Kraft. Da war doch etwa dieser 4. Juni 1745, der Tag von Hohenfriedberg. Hohenfriedberg, ein winziges Städtchen zwischen den waldigen Kuppen des schlesischen Gebirges, dort wo dieses in sanfte Schwellen und dann in die Ebene übergeht: ein unübersichtliches, waldreiches Gelände. In acht Kolonnen kamen Österreicher und Sachsen über die schlesischen Pässe heranmarschiert. Unten lag Friedrich, um sie blutig zu empfangen. Schon vor Sonnenaufgang begann das Gemetzel. Friedrich agierte diesmal in „schiefer Schlachtordnung". Er warf sich zuerst auf die Sachsen. Sie schlugen sich tapfer, doch dem eisernen Zugriff der preußischen Truppen konnten sie nicht widerstehen. Dann warf sich Friedrich auf die Österreicher. Prinz Carl, auch diesmal wieder Oberkommandierender, schlug sich wie ein Löwe. Sein Beispiel riß hin, aber es fruchtete wenig. Zwischen den Hügelschwellen und Waldschöpfen vermochte er nicht Übersicht zu halten. Friedrich aber schien zu ahnen, was wo soeben vor sich ging. Sein Kampfinstinkt witterte, wo sich Schwachstellen des Feindes öffnen ließen, wo eigene Lücken gestopft werden mußten, wohin die stärksten Vorstöße zu wenden waren. Friedrichs Befehle griffen in das Getriebe der Schlacht, die des Lothringers stießen nur zu oft ins Leere. Schon um acht Uhr morgens war die Entscheidung so gut wie gefallen. In Hohlwegen und auf Schneisen türmten sich die Leichen zu Bergen. Noch fuhr man fort, mit Kanonen aufeinander zu feuern. Zu Mittag war auch das zu Ende. Der Lothringer führte seine zerfetzte Armee über die Pässe zurück. Wieder einmal war der Vorstoß nach Schlesien – so hoffnungsvoll begonnen – an Friedrichs eisernem Willen gescheitert. Es mag stimmen, was Ranke schreibt: „Das ganze Land empfand, daß dies eine Entscheidung auf immer gewesen sei." Natürlich freuten sich die Protestanten des errungenen Sieges, denn nun wußten sie sich sicher vor dem katholischen Übergewicht. Die Katholiken trauerten, nur mit Bitterkeit hörten sie in Breslau die Jubelstürme der Reformierten, als sechzehn blasende Postillons mit der Kunde von Hohenfriedberg in der Stadt anlangten. „Drei Tage darauf brachte man die eroberten Fahnen, noch meistens neu und schön, darunter die Hauptfahne mit dem Namenszug der Königin. Unter denen, die sie zu sehen herbeidrängten, war auch ein katholischer Bürgersmann, der den Namenszug noch einmal betrachtete, dann kniend den mit Blut besprizten Zipfel küßte; hierauf ging er nach Hause zu seinem Tagewerk."

„Ein neuer Rathgeber"

Maria Theresia saß in ihrer Hofburg und blickte voll düsterer Gedanken auf die Karte ihrer Erbländer. An allen Ecken und Enden schwelten Brände, kleinere, größere, und zehrten an Grenzen und Provinzen. Maria Theresia grübelte, was diesem Zustand ein Ende bereiten könnte. Sie hatte errechnet – oder sich errechnen lassen –, daß eine Armee von mindestens 108 000 Mann nötig sei, diesen Staat zu schützen. Eine solche Armee kostete jährlich mindestens sechzehn Millionen Gulden. Ihr ordentlicher Haushalt betrug zur Zeit nur zwischen sieben und acht Millionen. Woher sollte sie die Mittel nehmen, um ihre Monarchie, dieses überlastete und vielfach leck geschlagene Flaggschiff, über Wasser zu halten?

Wer konnte wohl raten?

„Die wichtigste Obsorge eines Regenten", schrieb Maria Theresia später, „ist die Auswahl seiner Rathgeber."

Ihr Gatte Franz Stephan war zwar, wie man ihm vielfach bestätigte, „ein sehr gutter Hauswirth"; das heißt, er hatte realistischen Verstand und ein Faible für finanzielle Operationen. Ein ausgebildeter Fachmann war er nicht. Doch eines Tages machte er Maria Theresia auf einen Mann aufmerksam, der ihm als gewiegter Spezialist aufgefallen war, ein Graf Haugwitz aus Schlesien, der bei Friedrichs Einmarsch nach Wien geflohen war und sich da eine Zeitlang ziemlich elend durchgefrettet hatte. Nach dem Friedensschluß von Dresden (Weihnacht 1745) war er nach Schlesien zurückgekehrt, zurückgekehrt vielmehr in das kümmerliche Fetzchen Land, das Maria Theresia von dieser Provinz geblieben war. Hier hatte Haugwitz der Sache der Kaiserin an leitender Stelle gute Dienste erwiesen, aber er hatte sich auch mit den Neuerungen bekannt gemacht, die Friedrich jenseits der Grenze eingeführt hatte. Maria Theresia horchte auf. Sie war von brennender Neugier erfüllt auf alles, was ihr Tod- und Erzfeind drüben in seinem neuen Lande trieb, und als ihr nun Haugwitz auch von Tarouca empfohlen wurde, so wollte sie nicht nur seine Denkschrift lesen, sie wollte auch hören, was er zu berichten habe.

Haugwitz war ein kleiner, häßlicher Mann mit Knollennase und Tränensäcken, rund um die fünfzig. Aber er gefiel der Kaiserin: ein klarer und feiner Kopf. Doch – was ihr am meisten imponierte: er war redlich, selbstlos, ohne jeden egoistischen Hinterhalt. So dauerte es nicht lange, bis sie von seinen Vorschlägen und Ideen fasziniert war.

Zuerst einmal ging es um die dringend nötige Auffüllung ihrer Einnahmen.

MARIA THERESIA, POLITISCHES TESTAMENT, 1750/51
Bis zu dem Dresdner Frieden habe herzhaft agieret, alles hazardieret und alle Kräfte angespannet, weilen neben meinen vorhin ausgesetzten Principio noch ein besonderes gehabt, daß nämlich meinen armen Erblanden nicht Unglückseligeres geschehen könnte, als in preußische Hände zu verfallen . . .

Und wie gesehen, daß die Hände zu dem Dresdner Frieden reichen mußte, so habe auch auf einmal meine Gedenkensart geändert und solche allein auf das Innerliche deren Länder gewendet, umb die erforderlichen Maßreguln zu ergreifen, wie die teutschen Erblande von denen so mächtigen beeden Feinden, Preußen und Türken, . . . noch zu erhalten und zu beschützen wären . . .

...Und seit dem Dresdner Frieden ware mein einziges Trachten, mich von der Länder Situation und Force zu unterrichten... in deren Ansehen alles in dem verwirrtesten, üblesten Stande und Konfusion befunden...

Wir wissen es schon: seit jeher hingen die Finanzen der Krone (mithin auch die Reichskriegskasse) von den Bewilligungen der Stände ab. In jedem der österreichischen Erbländer gab es den sogenannten Landtag, der sich in drei oder vier, in Ungarn auch nur in zwei Tafeln oder Kammern konstituierte. Diese bewilligten dem Landesfürsten, was dieser an Bewilligungen zu erreichen vermochte. Begreiflicherweise wollten die Stände so billig wie möglich davonkommen. Ebenso begreiflicherweise verlangte der Souverän mehr. Er hatte ja die Ganzheit des Staates und dessen vielfältige Belange zu vertreten. Doch gerade für diese ganzheitlichen und allgemeinen Belange waren die Stände nur sehr schwer zu interessieren. Jedes Erbland versuchte dem anderen die schwerere Last aufzubürden. Das Schlimmste aber war, daß die Bewilligungen *jährlich* zu erfolgen hatten. Das brachte alljährliches Palaver mit sich, alljährliches Gezänk und Tauziehen. Man kann sich denken: die Lage war unhaltbar, jeder großzügigeren Planung war der Atem abgedrückt. Der Egoismus der Provinzen, die rabiate Selbstsucht der Stände höhlten den Staat aus.

Schluß jetzt damit, riet der kleine Haugwitz, und wies auf die Methoden hin, mit denen der König von Preußen soeben angefangen hatte, in seiner neuen Provinz Schlesien zu regieren.

Wohl habe er bis zur vollzogenen Erbhuldigung nur freundliche und huldreiche Mienen zur Schau getragen und habe von Neuerungen wenig verlauten lassen. Als ihm aber bei der Erbhuldigungsfeier nach altem Brauch die Bitte vorgetragen wurde, die Stände in ihren Rechten und Freiheiten zu bestätigen, habe er die Katze aus dem Sack gelassen und geantwortet, ja, er werde das tun, doch nur insoweit, als es den Ständen selbst und der allgemeinen Wohlfahrt zuträglich sei. Und gleich sei er dann mit seinen Plänen herausgerückt, wie dieser obgenannten Wohlfahrt auf die Beine zu helfen sei. Im Finanzwesen habe er bedeutende Veränderungen vor: nicht um Bewilligung gehe es ihm von seiten der Stände, sondern um allgemeinen Untertanengehorsam gegen ihn, den Vertreter des Staates. Binnen Jahr und Tag habe eine Klassifikation aller Güter stattzufinden, und nach dieser Klassifikation werde er, der König, die Steuern festsetzen. Bis jetzt habe man sich der irrigen Meinung hingegeben, ein Amt bestehe vor allem aus Nutzungsrechten. Dem sei nicht so. Ein Amt sei Dienst am Staat – nichts weiter. Mit den blühenden Privilegien des einzelnen sei es zu Ende. Die Verwaltung der Finanzen habe nicht mehr durch beliebige, ununterrichtete und deshalb auch willkürlich verfahrende Leute, sondern durch ausgebildete Beamte zu erfolgen. Die Hauptsache aber sei, daß die Lasten gleichmäßig verteilt würden. Nicht der Bauer und der Bürger habe sie allein zu tragen, sondern auch der Feudalherr, ob geistlich, ob weltlich. Sogar der König sei diesem Maßstab unterworfen, und auch auf seinen eigenen Domänen werde er dieselbe Ordnung einführen wie im ganzen Land.

Soweit Haugwitz' Bericht aus dem neupreußischen Erbland. Das war nun allerdings ein radikales Programm. Maria Theresia mag es in stiller Bestürzung angehört haben. Eben erst hatte sie alles, was Friedrich in Schlesien neu einführte, als ungesetzlich, gefährlich, ungerecht, ja als teuflisch verschreien lassen. Jetzt aber, da Haugwitz davon sprach, schien ihr das System so abwegig nicht. Niemand hatte es ihr vorher so klar erläutert, niemand hatte sich unterstanden, es ihr sogar zur Nachahmung anzuempfehlen. Aber das System war im Geist der Zeit.

Es konnte, begriff die Kaiserin, die Kassen füllen, es konnte Handel und Wandel beleben. Es konnte eine schlagkräftige Armee garantieren. Es konnte den Staat retten.

Und damit war die Entscheidung gefallen.

Geist der Zeit

Ja, Friedrichs Maßnahmen lagen im Geist der Zeit. Die Zeit war reif geworden für die Ablösung des Feudalismus durch den Etatismus oder durch die geschichtliche Erscheinung, die wir *aufgeklärten Absolutismus* nennen.

Der Feudalismus hatte, wie „alles was der Fall ist", seine guten und seine schlimmen Seiten. Er war eine historisch gewachsene Struktur, allmählich gewachsen in Jahrhunderten, die noch nicht auf Begrifflichkeit, sondern auf emotionale Bindung, noch nicht auf Massenwirkung, sondern auf individuelle Eigenart gestimmt waren. Der Feudalismus war einem krausen phantastischen Garten zu vergleichen mit dem undurchdringlichen Dickicht seiner Kompetenzen, mit der Vielgestaltigkeit seiner landschaftlichen Ausformungen, dem reichlich wuchernden Unkraut seiner Mißbräuche, den dämmernden Grotten seines mystisch-magischen Ursprungs. Zweifellos war ein solches Gebilde nur schwer zu überblicken, noch schwerer in rationaler Weise zu fruktifizieren. Der blühende krause Garten konnte nicht mehr dauern. Die Zeit begann in ihm zu roden. Schritt für Schritt sollte er gejätet, sein Gelände planiert und mit der Monokultur eines zielstrebigen Etatismus bebaut werden. Europa zog seine Kinderschuhe aus und beendete die träumerische Phase seiner Frühzeit. Das Bewußtsein hatte so viel Mobilität erreicht, daß es sich kritisch auseinandersetzen und neue Entwürfe anpeilen wollte.

Und an Anlässen zur Kritik fehlte es nicht. Schon seit langem zeigte der Feudalismus krasse Verfallserscheinungen. Das ursprüngliche Schutz- und Vertrauensverhältnis zwischen Lehensherren und Hintersassen war durch den Egoismus der herrschenden Klasse zu einem Verhältnis einseitiger und hemmungsloser Ausbeutung pervertiert worden. Die Lebensverhältnisse des einfachen Mannes waren unerträglich geworden. Dem Grundherrn hatte er Abgaben und Robot zu leisten, vom Grundherrn hing er personen- und sachrechtlich ab. Überdies war der Grundherr sein Richter und in nicht seltenen Fällen auch noch sein Kriegsherr.

Schon 1686 schrieb in Wien ein Herr von Schröder: So sei „der gemeine Pövel in grausame Dienstbarkeit gesetzt, indem die Potentiores alle Anlagen (Lasten) auf den kleinen Mann wälzeten und das Land in eine erbärmliche Armuth brachten, alle Rechte nach ihrem eigenen Interesse aussprächen und verkaufften, gute Ingenia von allen Promotionen ausschlossen und selbige unterdrückten." – In unsere Sprache übersetzt: Der einfache Mann war nicht nur der Ausbeutung und dem Mißbrauch der Ämter ausgeliefert, er war sogar um seine intellektuelle und moralische Identität gebracht, in Stumpf- und Dumpfheit niedergehalten. Er sank zum Halbtier herab.

Um so enger hielten die Standesherren als ein durch Blutbande gekitteter, über ganz Europa verbreiteter Klüngel der Bevorzugten zusammen. Keiner sollte ihre Kreise stören. Der Fluß der Glücksgüter, der Ämter und Würden war durch verwandtschaftliche Rücksichten kanalisiert und wurde in einer ebenso naiven wie schamlosen Vetternwirtschaft verbraucht. Wer diesem System angehörte, war ein gemachter Mann; jeder andere verkam im Abseits.

Nun aber reifte eine Gesellschaft heran, die fähig war, Änderungen in Betracht zu ziehen. So wie sich der Mensch mit wachsendem Interesse der Erforschung der Natur zuwandte und deren Gesetzlichkeiten zu durchschauen begann, so versuchte er auch nach den Gesetzlichkeiten seiner eigenen Bedingungen zu fragen und dem Allgemeinen im Besonderen nachzuspüren. Man lernte die Belange des öffentlichen Lebens von privaten Verhältnissen unterscheiden, sie begrifflich zu ordnen und auseinanderzudividieren. Dabei stieß man auf den Satz von der Gleichheit aller menschlichen Wesen: ein scandalum und ein fascinosum zugleich.

Schon immer hatte die Kirche verkündigt: Vor Gott sind alle Menschen gleich. Obwohl dieser Lehrsatz viele Jahrhunderte so gut wie unberücksichtigt blieb (er war, so würden wir heute sagen, von der gesellschaftlichen Realität in keiner Weise gedeckt), wurde er doch nie aus dem Lehrgebäude der Kirche entfernt oder gar widerrufen. Jetzt begann eine Art Wiederbelebungsversuch an diesem Satz in Gang zu kommen. Man rückte den religiösen Aspekt zur Seite; die Gleichheit vor Gott, also sub specie aeternitatis, ließ man auf sich beruhen, dafür gewann der Satzkern die Leuchtkraft eines möglichen Programms: Alle Menschen sind einander gleich, sie *seien* einander gleich! Hinter der metaphysischen Dimension meldete sich eine soziale und politische Dimension zu Wort, und zwar gebieterisch.

Gebieterisch; freilich nicht in dem Sinne, daß sich mit dem Begriff der Gleichheit sofort auch schon der Begriff der Freiheit in Bewegung gesetzt hätte. Der Aufstand der Massen ließ noch auf sich warten. Der Satz von der Gleichheit wurde seltsamerweise gerade für jene interessant, die auf der Spitze der gesellschaftlichen Pyramide standen, die also – so möchte man meinen – doch die größten Nutznießer der Ungleichheit waren: die Dynasten. Sie beziehungsweise ihre Familien waren durch die verschiedensten geschichtlichen Prozesse in die höchsten Regionen hinaufkatapultiert worden. Sie genossen nun beinahe göttliche Ehren. Bossuet hatte ihnen bestätigt, daß sie ausersehen seien, sich mit Gott in die Regentschaft der Welt zu teilen. Doch gerade die ihnen unterstellte Übermacht, Übergröße, Überwürde enthielt in dialektischer Umkehr die Gegenposition: ihr Verhältnis zur Masse, zum Staat. Der absolute Herrscher war so hoch über alle Stände gestiegen, daß die reichgestufte Standespyramide unter ihm zusammenschmolz, so wie Gebirge, Hügel und Flachland unter den Augen des Jet-Piloten ununterscheidbar ineinanderschmelzen. Je gleichgültiger dem Dynasten die vertikale Gliederung seiner Untertanen wurde, desto interessanter wurde ihm ihre horizontale Dichte und Erstreckung, die Masse als solche, *das Volk*. Das produzierte und konsumierte, belebte und bevölkerte, trieb Handel, war tätig und effektiv. Sogar das einzelne Individuum gewann an Bedeutung, sofern es durch Geschicklichkeit und Erfindergabe neue Quellen entdecken und ergiebige Tätigkeitsfelder erschließen konnte. Merkantilismus nannte man den Entwurf, oder Physiokratie. Handel und Gewerbe brachten Zölle, volkreiche Länder brachten Steuern.

Zölle, Akzisen und Steuern bildeten gleichsam die goldene Ausdünstung der Länder, die wie Opferrauch zu den Thronen der regierenden Halbgötter emporstieg. Und jeder Dynast verlangte diese Opfer.

Jeder verlangte danach aus unterschiedlichen Motiven.

Zarin Elisabeth von Rußland zum Beispiel wollte ihre Höflinge und Kammerfrauen mit Dukaten und Juwelen bewerfen, sie wollte als die frömmste Tochter ihrer Kirche und zugleich als die schönste und begehrenswerteste Frau ihres Reiches gelten. Sie wollte sich die tollsten Kapriolen leisten und sich ansonsten mit ihren Liebhabern aufs ausführlichste amüsieren dürfen.

Ludwig XV. wollte in einer künstlichen Welt des Luxus, in einer Feenwelt aus Gold, Seide, Diamanten, Spiegeln und Pfauenfedern seine Mätressen genießen, seine Schmeichler belohnen und zugleich verachten dürfen. Im übrigen wollte er an der Spitze der kultiviertesten Nation im Brennpunkt des Zeitbewußtseins stehen und Frankreich zu globaler Führung emporheben.

Friedrich II. wollte Kriege führen und das Hundeleben schelten dürfen, das er sich dabei eingebrockt hatte. Er wollte aber nicht minder als Philosoph und Dichter glänzen, dichtende Philosophen und geistreiche Freunde um sich versammeln, er wollte – immer im Kampf mit dem Schatten seines Vaters – zu jeder Stunde Unabhängigkeit, politische, moralische, personale Einzigartigkeit und zugleich ein wütendes Pflichtbewußtsein beweisen. Es war sein Ehrgeiz, für den kühnsten, zielstrebigsten Feldherrn und zugleich für den elegantesten Schöngeist seiner Zeit zu gelten. Feldherr und Schöngeist sollten einander zu einem einmaligen Phänomen potenzieren.

Und Maria Theresia? Was wollte sie?

DER SCHLESIER FREIHERR VON FÜRST UND KUPFERBERG ÜBER MARIA THERESIA, 1752
Die Kaiserin ist eine der schönsten Prinzessinnen von Europa. Aller ihrer Nachtwachen und Wochenbetten zum Trotz hat sie sich sehr gut konserviert. Sie hat einen majestätischen und doch zugleich freundlichen Blick, selten verschwindet die Heiterkeit von ihrem Gesicht ...

Die Kaiserin wendet nicht die Sorgfalt anderer Frauen auf ihren Putz. Ihre Kammerfrauen entscheiden über ihren Anzug. An dem, was man Zerstreuung nennt, findet sie kein Vergnügen. Früher liebte sie Jagd, Spiel und Theater; das einzige, woran sie jetzt Geschmack findet, ist die Regierung ihres Staates und die Erziehung ihrer Kinder ...

Sie wollte gewiß kein Schöngeist sein, und an Liebhaber dachte sie nicht. Sie ließ sich zwar „spectacle" gefallen, aber von der Künstlichkeit einer unwirklichen Feenwelt hätte ihr realistischer Sinn bald genug gehabt. Auf geistreiche Tafelrunden legte sie wenig Wert, Kunst und Dichtung ließ sie nur nebenbei gelten, nicht einmal die Musik, der ihr Vater so leidenschaftlich ergeben gewesen war, lag ihr besonders am Herzen. Sie wollte sich zwar würdig präsentieren, aber sie war dem Wunsch nach Luxus und Aufwand nicht hörig. Eins aber wollte sie sicherlich: sie wollte Mutter sein, Mutter nicht nur ihrer vielköpfigen und immer noch wachsenden Kinderschar, sondern Mutter – ich sage nicht ihrer Völker –, aber ihrer zahlreichen und vielgestaltigen Provinzen. Eine strenge Mutter, gewiß, die kein Federlesens machte, wenn Not am Mann war, eine junge sprungbereite Löwin, die ihre Tatzen zu gebrauchen wußte, wenn es galt, ihre Brut zu verteidigen. Nachdem sie einmal begriffen hatte, daß diese Verteidigung nicht möglich war, solange sie ihr eigenes Haus nicht in Ordnung gebracht, wollte sie aufräumen; lange genug, so meinte sie, habe sie sich an dessen altertümlichen Einrichtungen gestoßen und sich mit tausend Unbequemlichkeiten abgeplagt. Jetzt krempelte sie die Ärmel auf und machte sich an die Arbeit.

„Die Rezesse"

Zurück zu Haugwitz.

Maria Theresia hatte sich für den kleinen Schlesier entschlossen, noch ehe sie – im Januar 1748 – seine Vorschläge in der Geheimen Konferenz zur Diskussion stellte. Sie hatte nicht vor, ihn mit der Tür ins Haus fallen zu lassen. Zuerst einmal sollte nur das Dringendste beredet und beraten werden: die Frage, wie die Armee zu unterhalten sei. Haugwitz' Vorschlag war folgender: Man sollte die Bewilligungen bei den Landtagen nicht jährlich, sondern nur alle zehn Jahre einholen. Man sollte, ja man müßte eine um ein Drittel höhere Summe fordern als bisher, dafür aber die Länder von allen Lasten befreien, die ihnen sonst durch das Heer, durch dessen Verproviantierung, Fouragierung und andere Requisitionen entstanden seien.

Die Mehrzahl der Konferenzminister war bestürzt. Sie konnten es nicht leugnen, der Vorschlag war tauglich, eine schlagkräftige Armee zu schaffen. Andernteils schien er voll Tücken und geheimer Fußangeln. Ein Vorgefühl sagte den Herren, daß ihre eigenen Felle davonschwimmen könnten. Dennoch wagte kaum einer geradezu zu widersprechen. Nur Graf Harrach, der sich als Haupt- und Stimmführer des Adels fühlte, replizierte: Haugwitz' Vorschläge taugten nichts. Er, Harrach, könne beweisen, daß die Landtage stets viel mehr geleistet hätten, als Haugwitz behauptete. Er stehe auch nicht an, einen Gegenvorschlag einzubringen: Man sollte den Ländern nicht wegnehmen, sondern geben; dann würden sie um so lieber bereit sein, ihrerseits zu helfen, wo Hilfe nötig war. So sollte man die alten Regalien und die Monopole auf Salz und Tabak den Landtagen überlassen; um so leichter werde es diesen fallen, die Forderungen der Regierung zu erfüllen. Harrach sprach voll Eifer mit Menschen- und Engelszungen. Aber seine Standesgenossen, Kinsky, Uhlfeldt, Starhemberg, sekundierten nur kleinlaut. Zu klar war, daß das, was Harrach verlangte, auf das Gegenteil dessen hinauslief, worauf die Kaiserin abzielte. Sie selbst ergriff nicht ausführlicher Partei, sie ließ erst Bartenstein, dann ihren Gatten reden. Die beiden wußten ja schon Bescheid: der Rezeß war beschlossene Sache. Der erste Schritt zur zentralistischen Straffung der Monarchie war demnächst zu erwarten.

Mähren war das erste Erbland, dem die Neuordnung bekanntgegeben wurde. Und siehe, das Wunder geschah, Mähren nahm an. Auch Böhmen muckte nicht. Oberösterreich folgte mit kleiner Verzögerung. Maria Theresia frohlockte: „Ist zu meinem besonderen Vergnügen wie eifrig die Stände zu Werke gehen mir zu helfen." – Nun freilich: aus Niederösterreich kamen die ersten Weigerungen, hier war Harrach Landmarschall. Der alte Feudalherr wollte sich so schnell nicht ergeben. Es kam zu einer heftigen Szene zwischen ihm und der Kaiserin. Zum erstenmal geschah es, daß sie einem Minister das Wort verbot: „Vergißt Er, daß Er seine Fürstin vor sich hat?"

DER ENGLISCHE GESANDTE SIR CHARLES HAMBURY WILLIAMS, 1753
Ihre (Maria Theresias) Persönlichkeit ist ganz dafür geschaffen, eine Krone zu tragen; ihr Gemüt aber verleiht derselben erst den rechten Glanz. Ihr Antlitz verrät Verstand, Geist und Anmut, jede ihrer Bewegungen ist voll Grazie und Würde.

Auch anderswo baute sich Widerstand auf. Was Ungarn betraf, so konnte Maria Theresia ohnehin nicht daran denken, in diesem Reichsteil eine Neuordnung einzuführen. Dort hatte sie ja selbst die alten Freiheiten und Rechte beschworen. Auch im sogenannten Innerösterreich, in den Provinzen südlich der Alpen, gab es Streit und Widerstreben. Der Rezeß kam in Krain nur für drei statt für zehn Jahre zustande. In Kärnten zeigten sich die Stände anfangs zwar willfährig, versuchten aber sogleich, alle neuen Lasten den ohnehin schon rechtlosen Untertanen aufzubürden. Als die Kaiserin das merkte, fuhr sie dazwischen: Dieser Antrag, so zürnte sie in landesmütterlichem Gerechtigkeitssinn, könne nur in Unwissenheit oder Bosheit seinen Ursprung haben! – Und als sich neues Hickhack ergab, machte sie kurzen Prozeß und verfügte jure regio, durch einfachen Machtspruch, die neue Verfassung.

Die Ära Haugwitz war in vollem Gange.

Es war nur zu natürlich, daß der eben erst hereingeschneite kleine Schlesier nicht beliebt war. Die Runde der *würdigen Greise,* aus hohem und höchstem Adel stammend, erblickte in ihm nur einen frechen Eindringling. Harrach haßte Haugwitz, auch Kinsky spann Intrigen. Maria Theresia litt unter diesen Entzweiungen. „Aber es mag geschehen, was immer will: ich bleibe bei meiner Resolution. Wer nicht gehorsamen kann, der lasse es bleiben. Allein hier und vor meinen Augen soll keiner mehr erscheinen."

War das noch dieselbe junge Frau, die – es war nicht einmal ein Jahrzehnt her – so schüchtern, so „timide" zum erstenmal vor ihre Minister getreten war? Das Schicksal hatte sie gehärtet, die Schwere ihres Amtes hatte ihre Kräfte gestählt. Und doch, so meinte sie später, wäre sie an den „Brouillerien" zwischen ihren „Generalpersonen" gescheitert, hätte nicht der Lauf der Dinge für Erleichterung gesorgt.

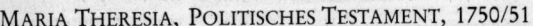

MARIA THERESIA, POLITISCHES TESTAMENT, 1750/51
... habe nachgehends viel gebraucht, umb meine Brouillerien in Ministerio wieder beizulegen und ein – oder andern zuzureden, welches mich jedoch allezeit in mehreres Labrynth und Finsternüs gezogen ... daß wann Gott nicht selbst einen Strich gemacht hätte mit Absterbung aller, so wäre niemals in Stand gewesen zu remedieren ...

So trat Harrach endgültig vom Schauplatz ab, indem er die Blattern bekam und nach drei Tagen das Zeitliche segnete. Auch Kinsky starb; die Greisenrunde lichtete sich, und die neue Zeit hielt auf die natürlichste Weise Einzug auch im höchsten Gremium.

„Das Haubt-System"

Man hätte nun meinen mögen, Haugwitz, der erklärte Günstling des Kaiserpaars, würde sehr schnell zu höchsten Ehren emporgestiegen sein. Seltsamerweise aber vermied es Maria Theresia vorerst, ihren Vertrauten und spiritus rector in ein hohes Amt zu hieven. Das war klug von ihr, denn er sollte ihr unbehindert von beschränkenden Kompetenzen in den verschiedensten Bereichen je nach Gelegenheit und Belieben zur Verfügung stehen. Es gab ja in diesem veralteten Staat Österreich noch so viel zu tun!

Es verhielt sich nun freilich nicht so, daß nur das Beispiel Friedrichs II. auf Richtung und Tempo der Reformen gewirkt hätte. In allen Ländern regten sich ähnliche Ideen. In Österreich waren unter Karl VI. wie auch unter seinem Bruder Joseph schon erste Vorschläge eingebracht worden. Mitte des 17. Jahrhunderts hatte Colbert den französischen Zentralismus in einem ersten (später freilich wieder versandeten) Anlauf auf Vordermann gebracht. Selbst im altertümlichen Rußland war von Zar Peter ein reformatorischer Wind angeblasen worden. So keimte an allen Ecken kritisch-mobiles Gedankengut, rüttelte an alten Formen, suchte nach neuen Auswegen und vernünftigen Praktiken. Aber es bedurfte mehr als nur Gejammer über Mißstände und mehr als nur einzeln verstreuter Ideen zur Besserung. Das „Haubt-System" mußte umgestürzt werden, und dieses „Haubt-System" war zu jener Zeit nur von der Spitze her zu verändern.

Es hatte im Wesen der feudalistischen Strukturen gelegen, daß sie einesteils große lokale Unterschiede aufwiesen, andernteils aber die einzelnen Sachbereiche, wie Wirtschaft und Justiz, nahezu unentwirrbar verkettet und verfilzt hatten. Hinzu traten noch viele kirchliche Kompetenzen, die ihrerseits wieder den Zugang zur Bildung regelten – ein Zustand, der zwar auf bestimmten Gebieten fruchtbares kulturelles Leben hervorbrachte, aber für den Regenten des Ganzen nur ein Bild der Verwirrung bot.

Der Regent mußte darauf aus sein, erstens die lokalen Unterschiede einzuebnen, zweitens die einzelnen Bereiche des gesellschaftlichen Lebens zu definieren und zu entmischen; die Verklumpungen, die sich in der Feudalstruktur gebildet hatten, mußten aufgelöst, auseinandergeharkt und dem Zugriff des Staates offengelegt werden.

Der kleine Schlesier hatte auch für diesen Vorgang ein Programm parat.

Man glaube ja nicht, daß die Zentralmacht in Wien schon die Organe entwickelt hatte, ihre Souveränität wirksam zu handhaben!

Da waren etwa im Schatten des Thrones vier Hofkanzleien eingerichtet, für jeden Reichsteil eine: die österreichische, die böhmische, die ungarische, die siebenbürgische. Weiters gab es je eine Zentralstelle für die italienischen und die niederländischen Provinzen, es gab die Finanzbehörden, die Hofkammer und die Ministerialbancodeputation, der die Belange des Staatskredits anvertraut waren. Alle diese Stellen hätten miteinander und im Interesse des Gesamtstaates arbeiten sollen. In Wirklichkeit arbeiteten sie gegeneinander und in unedlem Wettstreit, einander das Wasser abzugraben. Dem Hofkriegsrat wäre es zugekommen, das Reich gegen seine zahlreichen Feinde zu verteidigen. Doch gerade er hing in einem Netz komplizierter Abhängigkeiten. Genaugenommen durfte der Hofkriegsrat gar keine militärische Operation durchführen, sondern hatte nur Verwaltungsarbeit zu leisten. Die Hofkammer verfügte über sein Säckel und knabberte ihm ab, was immer abzuknabbern war. Feldzugspläne und strategische Entscheidungen fielen in die Kompetenzen der Geheimen Konferenz. Andere Behörden wie die Innerösterreichische Kriegsstelle und das Ober- und Vorderösterreichische Militärdirektorium sorgten für weitere Verwicklungen. Jeder Entschluß hing von einer Kettenreaktion anderer Entschließungen ab, und nur in seltenen Glücksfällen kam es zu keinem Ausfall, zu keiner Panne. Gegenseitige Behinderung war an der Tagesordnung. Alle Berichte strotzten von Klagen, gegenseitigen Anklagen und Anschuldigungen. Welcher Souverän konnte das auf die Dauer aushalten und dabei klare Entscheidungen treffen? Karl VI. hatte sich in seine Jagdgründe zurückgezogen oder sich an sein Klavier geflüchtet. Maria Theresia hatte die eisernen Nerven und die unbeirrbare Arbeitskraft ihrer Jugend, um etliche Jahre lang bei diesem System durchzuhalten. Solange sie im Kampf um ihr Erbe einen mörderischen Krieg führen mußte, konnte sie an eine grundsätzliche Neuordnung nicht denken. Nun aber legte sie Hand an das „Haubt-System".

Vor allem ließ sie es sich angelegen sein, eine direkte Beziehung zu den Erbländern zu knüpfen. Nicht mehr die Stände sollten den Draht überwachen, der die Regierung mit der Provinz verband. Maria Theresia setzte in jedem Erbland eine von ihr ernannte „Deputation", die Kreisbehörde, ein. Sie stellte „das bracchium" dar, das, unbehindert durch feudale Zwischengelenke, von der Krone zu jedem Untertanen reichen sollte. Das war ein erster wichtiger Schritt, und man kann sich denken, daß er die alten Standesvertretungen in nicht geringe Aufregung versetzte.

Ein zweiter wichtiger Schritt war der vorerst noch tastende Beginn, die Rechtsprechung zu reformieren. Sie lag im argen. Die hier üblichen Mißbräuche schrien zum Himmel. Nun freilich: das Motiv, das Maria Theresia und ihren Rechtsberater Haugwitz dazu trieb, sich mit der Regeneration der Justiz zu befassen, war nicht sosehr Barmherzigkeit mit den Justifizierten, Gerechtigkeitssinn und der Wunsch, Willkür und Bestechlichkeit der Richter auszurotten. Das Motiv war viel nüchternerer Art. Zu eng schienen Justiz und Wirtschaft miteinander verquickt. Nun sollte die Wirtschaft eher aus der Umklammerung des Gerichtswesens als die Justiz aus den Fängen wirtschaftlicher Interessen befreit werden. Eifriger versuchte die Zentralmacht Einfluß auf ökonomische Vorgänge zu erlangen, als etwa die Prozeßordnung von ihren barbarischen Elementen zu säubern. Das Justizwesen, weil wenig einträglich, beließ man vorerst bei Ländern und Landtagen; hier mochten die Herren wie früher schalten und walten und alte Machtvollkommenheit genießen.

Der dritte und wichtigste Eingriff betraf nun das Zentrum selbst: die schwerfällige und verworrene Vielfalt der Regierungsbehörden sollte abgebaut werden. Den Länderkanzleien wurde eine „Hauptdeputation" zugeordnet, der die Aufgabe zufiel, die politischen und finanziellen Agenden zu bündeln. Das war nun freilich eine arge Zumutung für die ehrwürdigen „Generalpersonen", die jene Kanzleien wahrzunehmen und einander in „erblicher Präpotenz" zuzuschanzen gewohnt gewesen waren. Der Widerstand war beträchtlich. Doch Haugwitz gab nicht nach. Die neue Behörde hatte zwar anfangs weder eine Einlaufstelle noch ein Expedit, noch eine Registratur. Nichtsdestoweniger machte sie sich daran, den aufgestapelten Wust des Staatsfiskus zu sichten.

Aber eben auf diesem Gebiet stieß man auf ein Chaos. Die Buchhaltung rund um die Staatsfinanzen muß in der Tat in vorsintflutlicher Unordnung dahingemodert sein. Aktiva und Passiva waren kaum zu entwirren, noch weniger waren die rechtlichen Hintergründe aufzudecken, aus denen sich Einnahmen und Ausgaben ableiten ließen. Nun wandte sich Maria Theresia an ihren Gatten, denn hier, im ökonomischen Bereich, lagen Franz Stephans eigentliche Gaben. Sein Kaiseramt nahm ihn sehr wenig in Anspruch. Auch in anderen politischen und militärischen Belangen war er mehr und mehr ins Abseits geraten. Er betätigte sich eher als Unternehmer und Sammler. Er sammelte vor allem Münzen. Warum sollte er nicht auch Schätze für den Staat zu sammeln versuchen?

Im August 1748 wurde die Schuldenkasse-Direktion gegründet, im September wurde das Kameralsystem zum Abschluß gebracht. Der Wust des Staatshaushalts begann sich zu lichten. Die vormals mächtigen „Ministri und Generalpersonen" mußten spätestens jetzt merken, daß sie von einer neuen Behörde matt gesetzt werden sollten. Haugwitz drängte darauf, daß man die Hofkammern einfach auflöse. Maria Theresia taktierte und verzögerte. Obwohl sie auf der einen Seite mit voller Kraft auf das Reformziel zuhielt, scheute sie sich auf der andern Seite doch, ihre bisherigen Freunde allzu derb vor den Kopf zu stoßen. Ihr weibliches Mitempfinden riet ihr, den Alten eine Weile Zeit zu lassen, sich in ihre neue Lage hineinzudenken. Am 2. Mai 1749 war es dann soweit: Ein Handschreiben der Kaiserin verfügte die neue Verfassung.

Fleck auf der Weste

Die letzten Kapitel könnten den Eindruck erwecken, als habe Maria Theresia immer nur zielstrebig agiert, sei in ihrer Politik immer nur rational vorgegangen, habe nie eine überstürzte Maßnahme zurückzunehmen oder gar zu bereuen gehabt. Das Gegenteil war der Fall.

Wir sagten: in ihrer Regentschaft habe sich ein starkes Element naturhafter Mütterlichkeit kundgetan. Und wirklich: es fiel ihr nicht schwer, für ihre Völker und Provinzen etwas wie eine obsorgende Wohlmeinung zu entwickeln. Sie mußte nur ihr familiäres Solidaritätsgefühl in die Breite wirken lassen, so war ihr Selbstverständnis als Völkermutter unerschütterlich. Dieses unreflektierte Solidaritätsgefühl hatte freilich seine Grenzen, tragische Grenzen für alle jene, die nicht mit eingeschlossen waren.

Maria Theresia brauchte lange, ehe sie dem Glauben entsagte, daß nur Katholiken brave und vertrauenswürdige Staatsbürger sein könnten. Dieses Mißtrauen war alte habsburgische Tradition. Noch mißtrauischer, feindseliger, ja geradezu erzstiefmütterlich verfuhr sie gegen die Juden.

Es war in jenem Spätherbst 1744, als Prag zum zweitenmal in österreichische Hand fiel. Man erinnert sich: Beim Einzug des Bayern Karls VII. hatte sich ein großer Teil des Adels, darunter sogar der Erzbischof, in dessen Dienste gedrängt; man hatte nach Karls Vertreibung die Verräter ausfindig gemacht und bestraft. Nun, 1744, fahndete man wieder nach Leuten, die mit dem Feind, diesmal mit den Preußen, konspiriert hatten. Diesmal war von abtrünnigem Adel nicht viel die Rede. Auch die Geistlichkeit hatte sich, wie natürlich, vor dem Ketzerkönig zurückgehalten. Dafür aber ergoß sich eine Flut von Anklagen gegen die Juden: sie hätten mit dem Feind nicht nur Handel getrieben, sie hätten auch für ihn spioniert. Maria Theresia war empört, und ihr Haß gegen Friedrich wandte sich ungehemmt gegen das Volk Israel.

Von jeher, so wird berichtet, sei ihr das jüdische Element

unangenehm gewesen; so habe sie sich jedesmal geärgert, wenn sie in Preßburg auf ihrem Weg zum Landtag die Judengassen durchqueren mußte. Waren ihr die bärtigen Männer in den faltigen Kaftanen, die bleichen, mit Schmuck behängten Frauen unheimlich gewesen? Schienen ihr die Sitten dieses Volkes fremdartig, seine durch jahrhundertelange Verfolgung geprägte Unterwürfigkeit, seine Fähigkeit zur Anpassung undurchschaubar, undurchdringlich, unfaßbar? Offenkundig regte sich in Maria Theresia dieselbe atavistische Aggression gegen das andersgeartete Volk wie in unzähligen – und gerade auch in den rohesten – ihrer Untertanen. Die populäre Auslegung der Passionsgeschichte, daß die Juden am Tode Christi Schuld trügen, diese Version, die dem tieferen Sinn des Christentums zuwiderläuft, dürfte aber schon in der jungen Maria Theresia ihre Wurzeln geschlagen haben. So erlag sie dem mysterium judaicum, indem sie an den Unglücklichen schuldig wurde. Ohne weitere Untersuchungen entschied sie, daß die gesamte mosaische Kultusgemeinde noch im Januar 1745 die Stadt zu verlassen habe.

Schon längst waren die Juden vor allem in den östlichen Provinzen der Monarchie zahlreich geworden. In Prag allein saßen ihrer zwanzigtausend. Sie lebten im Getto auf engstem Raum zusammengepfercht. Absurde Meinungen waren über sie im Umlauf: nur unter den reichen Juden gäbe es ehrbare Leute; die Armen lebten von Diebstahl, Betrug und Raub. Und darum, so folgerte man, verdienten die Armen noch eher als die Reichen, aus Prag vertrieben zu werden.

Graf Kinsky, Kanzler der Böhmischen Krone, erhob Einspruch: Jetzt mitten im Winter sei die Austreibung unmöglich durchzuführen, angesichts der vielen Gebrechlichen, Kranken und kleinen Kinder müsse man Aufschub gewähren. Die Königin blieb hart: So möge man sie auf Wagen fahren. Kinsky beteuerte: In dem verwüsteten Land seien so viele Fahrzeuge nicht aufzutreiben. Die Königin blieb ungerührt: Sie werde nicht nur die Juden von Prag, sie werde alle Juden aus Böhmen vertreiben. Kinsky stellte ihr vor: Mit dem Auszug der Juden werde auch ein Teil der christlichen Untertanen betroffen, da jene für diese zu bürgen pflegten; der Ruin der Juden werde auch den Ruin ihrer zahlreichen christlichen Klientel nach sich ziehen.

Maria Theresia beharrte auf ihren Entschlüssen. Nur mit Mühe ließ sie sich dazu bewegen, den Termin des Exodus zu verschieben. Eines Tages war es dann doch soweit. Ein Zug des Jammers bewegte sich aus Prag. Doch er kam nur bis in die benachbarten Dörfer. Dort strandete er, die Verzweifelten und Obdachlosen ergossen sich in die Häuser, Ställe und Scheunen und nahmen hier improvisierte Quartiere ein. Unordnung breitete sich aus, Übergriffe gaben zu Klagen Anlaß, Krankheiten traten auf und ließen Seuchen befürchten. Aus Wien trafen weitere Befehle ein: Maria Theresia bestand darauf, die Juden hätten sich zu entfernen. Aber die Verzweifelten wußten nicht, wohin. Maria Theresia verfügte, jedermann, der einem Juden Unterkunft gäbe, sollte eine Strafe von hundert Dukaten bezahlen. Mit der Kraft der äußersten Not klammerten sich die Vertriebenen an die Gegend rund um Prag – und schon kehrten etliche von ihnen wenigstens tagsüber in die Stadt zurück, um dort ihren Geschäften, ihrem Lebensunterhalt nachzugehen. Die entsetzliche Maßnahme erwies sich als undurchführbar. Da auch das von der Invasion geplagte Landvolk die Unhaltbarkeit des Zustandes darlegte, wurden erste kleine Erleichterungen gewährt. Immer mehr Stimmen erhoben sich zugunsten der Verbannten: Der Juden könnte man nicht entraten, da sie Handel und Wandel in Bewegung hielten, da ohne sie die ganze Ökonomie zum Erliegen käme. Endlich gab Maria Theresia nach. „Pur allein, weil inständigst die Länder es verlangen . . . so will wegen der Juden, aber positive nicht länger als auf zehn . . . Jahre, wo nachgehends es bei meiner vorigen Resolution sein Bleiben haben solle, accordiren." Jedenfalls, so verfügte sie, hätten selbe eine Kontribution von wenigstens dreimalhunderttausend Gulden zu zahlen, „wo sonsten gewiß abgeschafft werden sollen".

Kaunitz

Er war von seinen Eltern wohl schon vor seiner Geburt für den geistlichen Beruf bestimmt worden. Noch in den Windeln wurde er zum Domizellar von Münster ernannt, mit dreizehn wurde er Domherr. Dann aber starb ein älterer Bruder, dieses Ereignis holte ihn von geistlichen auf weltliche Geleise zurück. So wurde dem Kelch abgeschworen und die Tonsur mit der Perücke des höfischen Kavaliers bedeckt; Wenzel studierte Jus, widmete sich der diplomatischen Laufbahn, wurde von Karl VI. zum Reichshofrat ernannt und erhielt schließlich von Maria Theresia den ehrenvollen Auftrag, die Geburt des lang ersehnten Thronfolgers Joseph nicht nur dem Papst in Rom, sondern auch dem Hof von Turin, dem König von Sardinien-Piemont, zu melden. Das geschah im Jahre 1741. Von da an spielte der junge Mann eine bedeutsame Rolle.

Wenzel Graf – später Fürst – Kaunitz-Rietberg war ein hochmanirierter Mensch, klug und schlau, in sich selbst verliebt, voll Finten und Kniffe, daneben ein Hypochonder hohen Grades. Er umgab sich gern mit erlesenen Dingen, Luxus war seine Leidenschaft, seine tägliche Toilette erhob er zu einer kultischen Handlung. Weil er sich für den Klügsten hielt, liebte er es, Bescheidenheit an den Tag zu legen und seine eigene Unfähigkeit jeweils so lange zu beteuern, bis er die wahren Ziele seines Ehrgeizes erreicht hatte. Er war, als er in Turin ankam, eben dreißig Jahre alt. In diesem Alter ist sogar ein Mensch wie Kaunitz noch unfertig und sein Charakter bildsam. In Turin geriet er in die Hohe Schule raffinierter Diplomatie und kaltblütig verschlagenen Taktierens. Bei wem?

In der gebirgigen Region zwischen der Côte d'Azur und dem Hauptkamm der Westalpen hatte sich seit dem Zerfall des Römischen Reiches und der Zersplitterung Italiens in viele, meist vom Ausland abhängige Kleinstaaten ein Herzogtum Piemont-Savoyen gebildet: ein unruhiges Völkchen unter einer nahezu neurasthenisch-ehrgeizigen Dynastie. Seit kurzem Königtum und mit der Insel Sardinien verbunden, blieb das Land seiner alten Rolle treu, sich einesteils gegen seine mächtigen Nachbarn zu wappnen, andernteils seine geographische Lage, seine rauhe Natur, seine an Entbehrungen gewohnte Bevölkerung als Trumpf auszuspielen; seine Nachbarn: Frankreich, Genua, die lombardischen Republiken, Spanien (insofern es sich in Italien festgesetzt hatte) und seit neuestem auch Österreich; keine einfache Situation; sie forderte virtuose Wendigkeit. Der eben regierende Fürst Karl Emanuel war ein solcher Virtuose. Er wurde darin vielleicht nur noch von seinem Minister d'Ormea überboten. Die beiden wurden zu Wenzels Lehrmeistern. Er war ein gelehriger Schüler.

Wie bereits mehrfach erwähnt, befand sich Maria Theresia seit dem Frühsommer 1741 nicht nur mit Frankreich und Preußen, sondern auch mit Spanien im Kriegszustand. Spanien machte ihr die italienischen Besitzungen streitig. Es war mühsam genug, sich seiner Invasionsarmeen zu erwehren. Alles hing davon ab, wie sich Savoyen-Piemont verhielt. Wollte es mit oder wollte es gegen Maria Theresia kämpfen?

Karl Emanuel hatte keine Lust, ein mächtiges Spanien am Halse zu haben; er fürchtete die französisch-spanische Umklammerung. Ebensowenig aber wünschte er die Habsburger zu mächtig werden zu lassen. So steuerte er vorerst zwischen beiden Parteien, ließ sich Neutralität honorieren und jede kriegerische Handlung von seinem Verbündeten bezahlen. Maria Theresias Lage war äußerst prekär. Die meisten ihrer Botschafter waren auf dem glatten Turiner Parkett zu Fall gekommen. (Einer hatte darüber sogar den Verstand verloren.) Nun trat Kaunitz in das Spiel ein. Er hielt durch. Ihm gelang es, Karl

Emanuel für die kommenden Jahre an den österreichischen Kurs zu binden. Zwar mußte Österreich Haare lassen: die Gebiete westlich des Tessin und des Lago Maggiore und auch anderes gingen an Turin verloren. Dennoch war der politisch-militärische Vorteil dieser Allianz unbestreitbar. Maria Theresia rechnete ihn Wenzel Kaunitz als Verdienst an.

Und doch war seines Bleibens dort nicht lange. Die Regentin hatte eine andere, noch wichtigere Verwendung für den zähen und schlauen Mann. Soeben hatte sie ihre Schwester, die geliebte Marianne, mit Carl von Lothringen vermählt und verabschiedete das junge Paar in die Österreichischen Niederlande. Wie würde es den beiden dort ergehen? Die Niederlande waren ein heißes Pflaster, eine höchst ausgesetzte Position. Da brauchten sie einen guten Ratgeber. Maria Theresia wußte keinen besseren als Kaunitz. Sie sandte ihn den Neuvermählten nach. Kaunitz war nicht entzückt. Er wäre, wenn nicht in Turin, doch lieber in Wien, im Zentrum der politischen Aktionen, geblieben.

In der Tat ließ sich die Statthalterschaft von Carl und Marianne übel genug an. Carl wurde sehr bald zur Armee zurückberufen. Marianne erkrankte und starb nach ihrer Niederkunft. Nun hatte Kaunitz die niederländischen Affären alleine durchzustehen. Sie waren rundum unerfreulich.

Die Österreichischen Niederlande waren eine extrem isolierte Provinz, Ziel französischer Offensiven, nur mit Hilfe von Verbündeten zu halten. Als solche boten sich die Seemächte an, England und Holland. Aber gerade sie sorgten für Kummer und steten Ärger. Da gab es doch schon seit langem die sogenannte *Barriereakte*, eine Vereinbarung, in der Österreich den Holländern das Recht eingeräumt hatte, einen im Süden der eigenen Provinz gelegenen Festungsgürtel zu besetzen. Dieser Festungsgürtel sollte natürlich gegen Frankreich abschirmen. Die Generalstaaten legten Besatzungen in die festen Plätze und verpflichteten sich, diese im Notfall auch tapfer zu verteidigen. Man ging dabei nicht viel anders vor als die großen Militärbündnisse heute, die in befreundeten Ländern Truppen und Material stationieren. Freilich: trotz Besatzung soll die Souveränität des Verbündeten nicht angetastet werden. Wo heute zumindest der Schein gewahrt wird, verfuhr man damals hemdärmelig-grobschlächtig und recht bedenkenlos. Die Holländer taten, als seien sie die einzigen Herren im Hause, und ließen die Einwohner ihre Willkür spüren. Maria Theresia war erbittert, als sie ihre Herrschaftsrechte von den eigenen Verbündeten mit Füßen getreten sah, und sie grämte sich darüber, daß sie ihren Untertanen so wenig Schutz gewähren konnte.

Trotzdem hätte sie sich mit diesen Kränkungen vielleicht abfinden können, wenn die Seemächte im Ernstfall auch wirklich ihre militärische Bündnispflicht erfüllt hätten. Doch wenn französische Heere erschienen und die befestigten Städte einschlossen, so stießen sie selten auf ernstlichen Widerstand. Eine nach der anderen fiel, die Barriere zerbrach – und die österreichischen Truppen hatten alle Mühe, die vollständige Überschwemmung des Landes durch französische Truppen hintanzuhalten.

Unter solchen Umständen den Generalgouverneur zu spielen, das war nicht nach Kaunitz' Geschmack. Er war kein Liebhaber kriegerischer Eskalationen, sofern er selbst in ihre Reichweite geriet; er lavierte lieber in diplomatischen Zirkeln und ließ es auch mit dem Gegner selten bis zum Äußersten kommen. So unterzeichnete er 1746 eine Kapitulation für Brüssel, die der Stadt die Zerstörung ersparte und vor allem seine eigene, Kaunitz', Person vor der Gefangenschaft rettete. Er war glücklich, als Carl von Lothringen endlich wieder auf der Bildfläche erschien und, diesmal – nach Franz Stephans Kaiserwahl – sogar als Reichsfeldmarschall in doppelter Funktion, wieder das Regiment ergriff. Nun wollte Kaunitz um keinen Preis mehr bleiben. Sollten sich doch andere Leute an den schon angesengten niederländischen Kastanien die Finger verbrennen! Seine Abberufung traf ein, die ersehnte Rückberufung nach Wien. „Kein lebhafteres Vergnügen habe ich mein Lebtag empfunden, als da ich endlich die zuverlässige Nachricht empfangen, daß Ihre Majestät meine Abrufung festgestellet, mithin solche keine weiteren Veränderungen unterworffen seien . . ."

Als geborener Höfling wußte Kaunitz, daß sich seine Karriere nur in der nächsten Nähe seiner Souveränin zu *der* Höhe entwickeln ließ, die er anzielte, für die er sich geeignet hielt, für die er auch geeignet war. In seinem Kopf begannen sich neue Ideen zu formen, von denen er glaubte, daß sie die Zukunft für sich hätten. Doch noch war diese Zukunft fern.

Aachen

Nach den preußischen Siegen von Hohenfriedberg, Soor und Kesselsdorf war am Weihnachtstag des Jahres 1745 der Dresdener Frieden geschlossen worden. Wieder hatte Maria Theresia auf Schlesien Verzicht leisten müssen. Dafür durfte sie Friedrichs Anerkennung der Kaiserwahl und der böhmischen Kurstimme in Empfang nehmen. Ein schlechter Tausch, der ihrer Bitterkeit nichts an Schärfe nahm. Wieder hatte England seine Hand im Spiel gehabt, wieder hatte England zu Friedrichs Gunsten geraten.

Das trist dahinschleichende Kriegstheater in Italien und in den Niederlanden ging weiter. Es zog sich am Rande des französisch-englischen Weltkonflikts als mißtönige Begleitmusik globaler Auseinandersetzungen durch Europas intensivste Kulturlandschaften hin. Österreich kämpfte mit wenig Glück. Es wäre vor allem in den Niederlanden längst gescheitert, wenn nicht England immer wieder Zuschub an Kräften herangebracht hätte. Aber dieser Zuschub war nie stark genug, um Frankreich wirklich zu schlagen. Immerhin breitete sich am Hof Ludwigs XV. lähmende Kriegsmüdigkeit aus. Auch Spanien war der langen Kämpfe überdrüssig. Gegen England war, so erkannte man, derzeit doch nicht aufzukommen. So bequemte man sich zu Vorverhandlungen in Breda, Wien, Lissabon und Lüttich. Als Ort letzter Abmachungen wurde die alte Kaiserstadt Aachen gewählt.

Der einzige der beteiligten Souveräne, der sich nicht an den Verhandlungstisch drängte, der nicht bereit oder noch nicht ausgehöhlt genug war, um die Waffen aus der Hand zu legen, war seltsamerweise Maria Theresia. Sie, deren Heere in diesem Krieg so oft geschlagen worden waren, die selbst so oft schlimme Nachrichten, ja wahre Hiobsbotschaften zu verkraften gehabt hatte, sie zögerte immer noch. Worauf hoffte sie? Auf den Umstand, daß sie durch erst neulich geschlossene Verträge mit Rußland und der Pforte an Gewicht im europäischen Konzert der Mächte gewonnen hatte? Oder war sie einfach nur wieder die unbeugsame Bäuerin, die auf ihren Besitz beharrt und nicht aufgibt, weil sie das Recht auf ihrer Seite glaubt und weil in einem Winkel ihres Herzens die Überzeugung nistet, daß der Wille der Vorsehung letzten Endes darauf abzielt, das gute Recht (das ihrige nämlich) zum Sieg zu führen?

Schließlich war aber auch sie so weit, daß sie die allgemeine Friedenskonferenz mit einem Mann ihres Vertrauens beschickte. Dieser Mann war natürlich kein anderer als Kaunitz. Er, der sich vor jeder neuen Aufgabe zierte, seine Unfähigkeit betonte, sich auch gern auf seine angegriffene Gesundheit ausredete und in dieser Richtung immer neue wehleidig-kokette Argumente vorzuschützen wußte, er setzte sich schließlich doch mit einem Portefeuille voll allerhöchster Instruktionen in Richtung Aachen in Bewegung. Seine Aufgabe war nicht leicht. Es stellte sich heraus, daß alle Mächte schon miteinander verhandelt und zweiseitige Vorabkommen getroffen hatten; und wie immer, wenn sich zwei Gegner in Heimlichkeit einigen, kamen Dritte zu Schaden. So sah sich Österreich plötzlich in der peinlichen Lage, von England zugunsten Frankreichs, Spaniens, sogar auch zugunsten Sardiniens schmählich abgehalftert zu sein. Empört stellte Kaunitz fest, daß er neuerdings von Versailles weniger Schaden zu befürchten habe als vom Hof von St. James. In Wien ging ein heftiger Auftritt zwischen der Kaiserin und dem englischen Gesandten Robinson über die Bühne. Um die Lage noch weiter zu verwirren, hatte Frankreich wieder den Degen gezogen und war vor die Stadt Maastricht gerückt, um sich vor dem allgemeinen Friedensfest noch schnell ein kriegerisches Federchen auf den Hut zu stecken. So zogen sich die Präliminarien hin: Alle Modi wurden durchgespielt, alle nur möglichen Tausch-, Abtrennungs- und Wiedergutmachungsaktionen erwogen, Europas Landkarte als Schachbrett in einer gigantischen Partie bespielt! Die Verhandlungen dauerten und dauerten. Das Morden um Maastricht hatte zwar aufgehört, doch Frankreichs Kriegsheld Nummer eins, der Marschall von Sachsen, war nun darauf aus, seine Truppen noch rasch aus den Kornspeichern der Niederlande aufzufüttern. So verging der Frühling, so verging auch der Sommer des Jahres 1748, erst im Oktober wurde schrittweise abgeschlossen und unterzeichnet. Worauf lief der Vertrag hinaus?

England räumte ein französisches Kap und beendete die Blockade, mit der es Frankreich vom Welthandel abgeschnürt hatte. Dafür behielt es, sehr zum Mißvergnügen Spaniens, das Recht, als einzige Macht mit Negersklaven zu handeln. Sardinien rückte wieder in den Bergen von Savoyen ein, das Don Philipp besetzt gehalten hatte; dafür durfte sich dieser in die Herzogtümer von Parma, Piacenza und Guastalla einnisten. Somit war eine vierte bourbonische Monarchie, die zweite in Italien, installiert. Maria Theresia behielt die Österreichischen Niederlande, mußte aber ihre Souveränität durch einen neuen Barrierevertrag einschränken lassen. Schließlich kam auch noch die Pragmatische Sanktion zur Sprache: Sie wurde von allen Mächten anerkannt, mit den Einschränkungen allerdings, die durch die kriegerischen Ereignisse seit Karls VI. Tod eingetreten waren. Friedrich wurden Schlesien und Glatz garantiert.

Wenzel Kaunitz hatte sich in Aachen wacker gehalten. Er war freilich – so gut wie seine übrigen Amtskollegen – dem wohleinstudierten Trick französischer Diplomatie erlegen: die verbündeten Gegner so gründlich wie möglich voneinander zu trennen und gegeneinander zu erbittern. Der englische Gesandte Robinson wurde in Wien so übel verabschiedet, daß es einem Skandal gleichkam. Als sich sein Nachfolger beim Kaiserpaar melden ließ, um zum Friedensschluß zu gratulieren, weigerte sich Maria Theresia, ihn zu empfangen. Glückwünschen wolle ihr England, wo es ihr doch besser kondolieren sollte?

In der Tat, der neue Frieden in Europa war vor allem auf Kosten

Österreichs ausgehandelt worden. Und doch blieben sogar Österreichs Verluste gering oder doch erträglich, verglichen mit den Verlusten, die ihm vor einem halben Jahresdutzend von seinen Gegnern zugedacht gewesen waren. Damals hatte Europa vorgehabt, mit Habsburg ein Ende zu machen. Die junge Löwin hatte sich tapfer gewehrt. Sie hatte Wunden und Striemen hinnehmen müssen. Aber sie hatte überlebt.

Und nun neigte sie ihr Ohr den neuen Vorschlägen, die ihr, wenn auch als derzeit noch zaghaft summende Zukunftsmusik, eine grundsätzliche Wendung der Lage zu verheißen begannen. Der listige Kaunitz löste den braven Zuchtmeister Tarouca, den trockenen Rechenmeister Haugwitz in ihrem Vertrauen ab. Seine Ära brach an.

Umsturz der Allianzen – und in der Ferne die Witwe Capet

Friedrich II. hatte sich kurz nach seinem Regierungsantritt gerühmt, er habe durch seinen Angriff auf Österreich das politische System Europas über den Haufen geworfen. Das war eine übertriebene Behauptung. Nun aber bewegten sich in der Tat die Dinge einer grundsätzlichen Änderung entgegen. Der eitle, listenreiche Manierist Kaunitz bastelte an dem Wehr, das den Strom der politischen Kräfte in ein neues Bett lenken sollte. Er bastelte geduldig.

Ein knappes halbes Jahr nach dem Aachener Abschluß ließ sich Maria Theresia von ihren Ministern Vorschläge ausarbeiten, nach welchen Gesichtspunkten Österreich von nun an außenpolitisch agieren sollte. Auch ihr Gatte hatte einen Vorschlag einzureichen. Den meisten der „Generalpersonen" fiel nichts anderes ein, als nach altem Trott auf die Seemächte zu setzen und die eingefahrenen Bündnisse weiter zu verfolgen und als unabänderlich hinzunehmen. Auch darin war Franz Stephan keine Ausnahme. Auch seine Denkschrift war wie die der anderen altgedienten „Ministri" kurz gehalten und ziemlich matt. Dafür erschien das jüngste Mitglied der Geheimen Konferenz, Wenzel Kaunitz, mit einem gewaltigen Dossier von brisantem Inhalt.

Was enthielt sein Memorandum?

Mit einer Akribie, um die ihn sogar Bartenstein beneiden konnte, stellte er die politische Lage Europas und die jüngste Geschichte, die zu dieser Lage geführt hatte, dar. Er erwog jede Beziehung der Staaten untereinander und zu Österreich im besonderen. Und er kam zu dem überraschenden Schluß, daß Österreich nur *eine* reale Chance habe, das ihm unentbehrliche Schlesien der preußischen Oberhoheit zu entreißen. Die Chance bestehe darin, daß es die alte Urfeindschaft gegen Frankreich abbaue und dessen Freundschaft gewinne. Das bedeutete Umsturz des gesamten Systems.

Man kann sich denken, daß dieser Vorschlag im Kabinett Erstaunen, Aufsehen, ja Bestürzung auslöste. Nach allerdings bestrittenen Aussagen soll sich Franz Stephan empört erhoben und mit dem Ausruf, ein solches Bündnis sei unmöglich weil unnatürlich, die Versammlung verlassen haben. Nichtsdestoweniger beharrte Kaunitz auf seiner Idee; er hatte leicht beharren, denn er wußte sich mit Maria Theresia schon im Einverständnis. Längst hatte er ihr Ohr und ihr Herz für seinen Plan gewonnen. Genauso wie Graf Haugwitz hatte Kaunitz die Kaiserin in langen intensiven Gesprächen unter vier Augen zu seinem neuen System bekehrt; der überlegene Geist hatte sie überzeugt, und von nun an wich sie nicht mehr von ihrer Überzeugung.

Im Jahr darauf schickte sie Kaunitz als ihren Gesandten nach Paris. Diesmal reiste Kaunitz gern. Es schmeichelte seiner Eitelkeit, daß er eines der größten diplomatischen Abenteuer des Jahrhunderts ins Werk setzen sollte. Das politische Kunststück reizte ihn: der Virtuose war in ihm erwacht und wollte sich am „Unmöglichen", ja „Unnatürlichen" versuchen.

Es war kein Zufall, daß sich Kaunitz gerade Frankreich als prospektiven Partner erkor. Nicht, daß er etwa Frankreich sosehr geliebt hätte; Land und Volk waren ihm wohl gleichgültig. Fasziniert aber war Kaunitz von dem eben in Frankreich hochgezüchteten luxuriös artifiziellen Lebensstil. Wenn Wenzel Kaunitz einem Idol verfallen war, so war es das Idol formaler Perfektion; und nirgendwo auf der Welt war die Perfektionierung des Formalen so weit getrieben worden wie in den Eliten in und rund um Versailles.

Auf dieser Bühne eine Rolle zu spielen war sein Traum. So ließ er sich von Maria Theresia reichlichst mit Geld versehen, um in Paris als würdiger Vertreter eines möglichen Bündnispartners aufzutreten. Er residierte wie ein kleiner Fürst, gab rauschende Feste, demonstrierte Macht, Reichtum, Ebenbürtigkeit. Wenn er mit herrlichem Gespann in goldglänzender Kutsche ausfuhr, staunte sogar das Volk von Paris, und Kaunitz berichtete seiner Monarchin mit Stolz, der Pöbel sei in begeisterte Rufe ausgebrochen: „Vive l'Autriche!"

Freilich, mit solchen Rufen war wenig getan. Der Virtuose merkte, daß die Materie, auf die er sich eingelassen hatte, schwieriger war als erwartet. Als er drei Jahre später nach Wien zurückkehrte, war das Bündnis mit Frankreich noch immer nicht geglückt. Maria Theresia nahm das nicht übel. Es entsprach ihrer großzügigen Natur, daß sie Schwierigkeiten und Schlappen hinnahm, ohne sie jenen anzulasten, die in diese Schwierigkeiten und Schlappen mit verwickelt waren. Ihr Vertrauen in Kaunitz war nicht erschüttert. Im Gegenteil: in seine Hände legte sie nun die Leitung der Hof- und Staatskanzlei und damit der ganzen Monarchie. Immer gehorsamer ließ sie sich von Kaunitz lenken. Immer duldsamer ertrug sie seine Launen.

Woran lag das?

Das Rezept, nach dem Kaunitz mit seiner Souveränin verfuhr, war einfach und raffiniert zugleich: einfach insofern, als er ihren tiefwurzelnden Haß gegen Friedrich mit immer neuen, begründeten und fallweise auch unbegründeten Verdachtsmomenten nährte und ihre zuzeiten nur noch schwach glimmende Hoffnung auf den Wiedergewinn Schlesiens immer von neuem anblies. Raffiniert war sein Verfahren insofern, als er, ein profunder Kenner der politischen Szene Europas, nie starrsinnig auf *ein* Ziel zuhielt, sondern elastisch blieb und doch jede kleinste Chance im diplomatischen Wechselspiel der Staaten zu nutzen wußte.

Maria Theresias gradlinige Natur verlangte nach der Ergänzung durch die geschmeidig-gewundene und hochgewitzte Argumentation, die ihr Kaunitz zur Verfügung stellte. Geschmeidig-gewunden und hochgewitzt war nicht nur der diplomatische Stil der Zeit. Die pathetisch-donnernde Eindeutigkeit des Spätbarocks, in der sich Maria Theresias Jugend vollzogen, wich immer mehr der morbiden Vieldeutigkeit und schillernden Differenzierung des Rokokos. Maria Theresia fühlte sich in diesem Klima isoliert, manchmal sogar düpiert, überrundet. Kaunitz vermittelte ihr den Zugang: in gewisser Weise glich er damit Voltaire. Was Voltaire für Friedrich von Preußen bedeutete, die reinste Inkarnation westlicher Kultur, das stellte Kaunitz für die Österreicherin Maria Theresia dar: ihre intensivste Kontaktstelle zum Hochstil ihrer Zeit.

Von allen Koalitionen, die im 18. Jahrhundert geschlossen wurden (die meisten, um alsbald wieder gebrochen zu werden), von allen diplomatischen Konstellationen, die in der Epoche der europäischen Kabinettspolitik hergestellt wurden, ist die Konstellation, die Wenzel Kaunitz ins Leben rief, diejenige, die sich am tiefsten in unser Gedächtnis eingegraben hat; denn sie führte zwar erst im Laufe von Jahrzehnten, doch geradewegs auf eine menschliche Tragödie zu, die – weltbekannt, weltberühmt – im Bewußtsein der Menschheit zu einem signifikanten Festpunkt geworden ist: zum Leben und Tod der Königin Marie Antoinette. Wir können uns heute kaum über

Kaunitz' Lebenswerk und diplomatische Zielsetzungen verständigen, ohne wie in einem tiefen Prospekt eine ferne Gestalt, die unglückliche Witwe Capet, auftauchen zu sehen, das an und für sich unbedeutende und doch so bedeutsam gewordene Opfer, dessen persönliches Ende unter der Guillotine auch das Ende eines Zeitalters besiegelte. Natürlich wäre es lächerlich, Kaunitz diesen Tod zum Vorwurf zu machen, und es wäre ebenso verkehrt, Maria Theresia die Schuld an dem gräßlichen Schicksal ihrer Tochter in die Schuhe zu schieben, nur weil Maria Theresia wie alle ihre Zeitgenossen dynastisch dachte und Heiratspolitik für ein probates Mittel hielt, Bündnisse zu festigen. Und doch bleibt da ein schattierender Rest.

Man hat nicht ohne Grund behauptet, Kaunitz habe Maria Theresia korrumpiert. Er hat sie jedenfalls in eine neue Phase ihres Lebens hineinmanövriert. Er hat sie gelehrt, wovon er selbst überzeugt war, daß nämlich Politik nicht ohne Lüge und Betrug möglich sei. Er hat sie mit dem machiavellistischen Element geimpft und hat sie vor allem dazu gebracht, sich mit Mächten zu verbünden, deren Repräsentanten Maria Theresia persönlich moralisch verachtete und vielleicht auch in der Tat wirklich verachten durfte. Die Tugendhafte lernte mit der hemmungslosen Zarin Elisabeth gute Freundschaft halten; sie lernte auf Madame Pompadour hoffen und durch Mittelsmänner und sogar durch persönliche Geschenke um den Einfluß der charmanten Metzgerstochter werben. Maria Theresia, die mit dem stolz-naiven Anspruch auf den Thron gekommen war, daß es königliches Recht sei, stets nur die Wahrheit zu sprechen, auch sie lernte nun allmählich Verstellung: den traurigen Kunstgriff zweideutiger Zusicherungen, schillernder Parteinahme, Floskel und Tricks. Schritt für Schritt, Zug für Zug näherte sie sich dem Usus ihrer politischen Partner. Zwar: sie setzte sich immer wieder zur Wehr und versuchte sich das Image der Unbestechlichen und Tadellosen zu bewahren.

Doch das Amt war stärker, stärker sogar als diese Frau.

Bündnis-Wehen

Kaunitz wußte nicht, welch dornige Wege er einschlug, als er sich im Frühherbst 1750 guten Mutes und mit dem schönen Selbstbewußtsein eines Mannes, der sein Vaterland als einen der größten und volkreichsten Staaten des Erdteils vertritt, nach Paris begab. Und doch mußte er wissen, wie es in Wirklichkeit um das Ansehen dieses Staates in Frankreich stand.

In französischen Augen war jedes Land östlich des Rheins halbbarbarisches Gelände. Es lag „là bas", dort hinten irgendwo im dämmrigen Osten, von unbetamten, unbeleckten, unaussprechliche Sprachen brabbelnden Völkern bewohnt. Wolfsland. Nicht so sehr, daß Österreichs Waffen im letzten Krieg so manche Schlappe hatten hinnehmen müssen, erregte den gallischen Spott: eher, daß man dort Schwarz- statt Weißbrot aß, daß man statt köstlicher Weine saure Moste und dünne Biere trank; für Versailles war Wien nichts als ein barbarisches Dorf am Rand der Türkei, Schönbrunn nichts als die ungeschickte Imitation eines bourbonischen Chateaus, die Kaiserkrone Franz Stephans nichts als eine bastardisierte Nachkommin der Krone Charlemagnes – noch dazu eine, die es gewagt hatte, einen Rang über der Krone des heiligen Ludwig zu beanspruchen.

So fand man es nur selbstverständlich, daß sich alles, was „là bas", östlich des Rheins – und damit natürlich auch in Österreich –, ein bißchen etwas auf sich hielt, nach französischem Maßstab zu richten versuchte: französisch sprach, schrieb, französisch dichtete, französische Trauerspiele und Philosopheme las und dabei – wie der Preuße Friedrich – vor Ergriffenheit weinte; daß man sich nach französischer Mode kleidete, schminkte, liebte, seine Gärten bestellte und daß man überdies und außerdem in die aufklärerische Schule der Enzyklopädisten ging, um hier französische *raison* und gallische *clarté* zu lernen.

Soweit die Stimmung im Volk, beim Adel, gewiß auch am Hof. Immerhin wußte man dort doch schon seit langem, daß es mit dem achselzuckenden Hochmut gegenüber dem Osten Europas nicht sein Bewenden haben konnte. Man hatte die bittere Erfahrung gemacht, daß die eigene zivilisatorische Perfektionierung nicht vor politischen Einbußen schützte. Das nahe England regte sich tüchtig, technisch geschickt und zielbewußt. Seine Flotte wuchs, und seine Marine wurde allmählich fürchterlich. Auch nach dem Aachener Frieden schwelte der Grundkonflikt zwischen Frankreich und England fort.

Wieder ging es für Frankreich darum, sich starke und zuverlässige Bündnispartner auf dem Kontinent zu sichern. Da war nun einmal der hochgerüstete Friedrich von Preußen. Zwar: um seine Verläßlichkeit stand es nicht eben zum besten; an seiner Stärke hingegen war nicht zu zweifeln. Friedrich hatte sich in den vergangenen Feldzügen ein gewaltiges kriegerisches Renommee geschaffen; er galt als genialer Stratege. Die Art und Weise, in der er seinen Staat regierte, unbeugsam, zielsicher und dabei doch von der Aura aufklärerischer Libertinage umgeben, imponierte. Sollte sich Frankreich diesen Bundesgenossen verprellen und sich statt seiner Österreich verpflichten?

Freilich, auch Maria Theresia hatte an Renommee gewonnen. Sie war, mit Rußland verbündet, ein beträchtlicher Partner. Ihr Reich schien unerschöpflich an Reserven. Auch jetzt nach dem Verlust von Schlesien zählte es noch immer an die 14 Millionen Einwohner; überdies hielt es zwei Pfänder in Verwahrung, die für den Bourbonen Ludwig von hohem Interesse waren. Das eine Pfand waren die Niederlande, das andere lag in Italien. Österreichs unbeugsamer Wille, Schlesien zurückzugewinnen, Preußen zu schwächen, wenn nicht ganz zu erniedrigen, würde es vielleicht geneigt machen, das eine oder das andere Pfand für ein Bündnis zu opfern.

So rechnete Frankreich. So rechnete vor allem Madame Pompadour. Sie haßte Friedrich, der sie verachtete, der überhaupt nichts von Frauen hielt und der sich damit in den Augen der Pompadour an den Grundsätzen ihrer – freilich höchst grundsatzlosen – Welt verging. Da war doch dieser Österreicher Kaunitz ein anderer Mann, ein Liebhaber der Malerei, der Musik, ein Liebhaber raffinierter Lebenskünste wie sie selbst; er schmeichelte ihr, er bedachte sie mit Geschenken, bis sie sich herbeiließ, in sein Spiel einzusteigen und dem König einzuflüstern, er möge das österreichische Angebot nicht ausschlagen. Aber Ludwigs Mißtrauen war noch zu stark. Wie, plötzlich wollte Österreich, Englands traditioneller Verbündeter, mit Frankreich liebäugeln? Das konnte eine Finte sein, da war Vorsicht am Platz, und da sich Ludwig ohnehin nichts aus raschen Entschlüssen machte, wurde die Sache auf die lange Bank geschoben.

Kaunitz war die Bank inzwischen gar zu lang geworden, und er hatte sich wieder nach Wien zurückgezogen, um seine Suppe auf heimischem Herd warm zu halten. In seinen Pariser Posten war der tüchtige Starhemberg eingerückt, er tanzte an Kaunitz' Fäden, er tanzte jahrelang.

Nur ganz allmählich gewann die Idee von der „Umkehr der Bündnisse" an Boden. Natürlich wurde auch Rußland eingeweiht, auch Sachsen wurde ins Vertrauen gezogen. Man wollte in höchster Heimlichkeit vorgehen, aber Geheimhaltung fiel schwer angesichts verräterischer Sekretäre in den Hofkanzleien, angesichts der Bestechlichkeit sogar höchster russischer Würdenträger. Friedrichs immer waches Mißtrauen wurde durch einen ersten französisch-österreichischen Vertrag aufs höchste gereizt. Kurz entschlossen unterzeichnete er mit England die sogenannte Westminsterkonvention. Dieser Schritt wieder intensivierte das französisch-österreichische Verhältnis. Im Hochsommer 1756 ließ Friedrich Maria Theresia die feierliche Frage stellen, ob sie ihn anzugreifen gedenke. Maria Theresia antwortete mit diplomatischen Floskeln. Nun war Friedrich überzeugt davon, daß man ihm die Pistole schon an die Brust gesetzt habe. Er dachte nicht daran, zu warten, bis man sie abdrückte. In seinem Berliner Palais hing ein Bild der Königin-Kaiserin. Friedrich führte einen englischen Gast vor das Portrait. „Diese Dame", sagte er, „will den Krieg. Sie wird ihn bekommen."

Und zum viertenmal schlug er als erster ohne Warnung und ohne Kriegserklärung los.

Gewissensnöte

Ja, Maria Theresia wollte den Krieg; vielleicht noch nicht eben jetzt und sofort, denn sie hielt weder sich selbst noch ihre Verbündeten für gerüstet genug. (Und es ist fraglich, ob es je zu dem Krieg gekommen wäre, wenn Friedrich nicht schon wieder als erster losgeschlagen hätte.) Immerhin: sie *wollte* den Krieg. Die Verantwortung dafür nimmt ihr niemand ab.

Man erlaube mir, hier aus dem historischen Bericht auszuscheren und einige Überlegungen anzustellen. Am Ende des zweiten Abschnittes hieß es in diesem Buch: Im Jahre 1745 ist Maria Theresias heroische Zeit zu Ende gegangen. Wir wollen hier einmal fragen: Was ist das – Heroismus? Was heißt Heroismus für den Mann, für die Frau? Was heißt Heroismus für eine Mutter? Für einen Menschen, der das Leben liebt, der der Liebe fähig ist, der Leben und Liebe ausstrahlt und ausstrahlen will?

Und doch will er den Krieg. Wie ist beides möglich? Wie erträgt er solchen Zwiespalt?

Was geht vor, wenn abends die letzten Wachslichter der Kronleuchter gelöscht sind und die Königin-Kaiserin allein gelassen ist auf ihrem breiten Prunkbett (denn der Gemahl ist zufälligerweise nicht zugegen oder er ist schon eingeschlafen und nicht mehr zu haben für zerstreuende Umarmung oder für zerstreuendes Gespräch), was geschieht da – wie ist ihr zumute? Sie hat ihr letztes Nachtgebet gesprochen, hat ihre Kinder und alle ihre Lieben noch einmal Revue passieren lassen in ihren Gedanken: „Schlaft wohl, ihr Herzchen, schlaft wohl, Mimi, Mali, Poldl – und vor allem du, süßes kostbares Sorgenkind Joseph!" – Und ihre Vorstellungen schweifen ein letztes Mal schon beinahe traumbefangen über ihre Länder, von der Donau über die schneeglänzenden Alpengipfel bis zu den istrischen Buchten, über die böhmischen Wälder und die endlosen Ebenen Ungarns, über Dörfer, Weiler und Städte, und überall schlafen Menschen, und sollen schlafen dürfen, in guter, von ihrer, Maria Theresias, strengen Obsorge bewachter Ruh, und sie, die Landesmutter, verweigert keinem, auch dem Geringsten nicht, seinen Anteil an landesherrlichem Wohlwollen. – Aber nein, da ist Unruhe, stampfendes, schnaubendes Hin und Her, Feuerpünktchen glühen auf, die Wachtfeuer einer Armee, und hinter dem Horizont zuckt roter Schein, dort brennt ein Hof, ein Weiler, vielleicht ein Dorf oder gar eine ganze Stadt. Verzweifelte Menschen schleppen ihr letztes Hab und Gut, Mütter schleppen ihre Kinder durch Bäche und Sümpfe, auf der Flucht. Doch dort bei den Wachtfeuern, da liegen die Männer auf nackter Erde und dösen frierend und hungrig und von dumpfen Angstträumen heimgesucht einem schweren Tag entgegen. Morgen wird wieder gekämpft, wird Attacke vorgetragen, wird vielleicht sogar eine Schlacht geschlagen. Dann werden Tausende von den Zehntausenden, die heute noch mit geraden Gliedern und heiler Haut einem langen Leben entgegenhoffen, hingemäht liegen auf schwarzem zerwühltem Feld, und die Schreie der Verwundeten und das Winseln der Sterbenden werden dich verfluchen, Königin-Kaiserin, dich und dein Haus, dein Reich, Gott und die Welt.

Und Mütter werden weinen und Witwen sich härmen, und Krüppel werden auf ihren Stümpfen durch den Staub kriechen.

Schlafe darum doch wohl, Königin-Kaiserin, wenn du kannst, auf deinem breiten Prunkbett, auf Kissen aus Damast, in Seide gehüllt und duftend von der feinen Essenz, mit der du dich eben noch von deiner Kammerfrau ein wenig auffrischen ließest. Vergiß, was dort geschieht in der fernen Provinz am Rande deines Reichs, vergiß das Leiden und Morden deinetwegen, deinetwegen, jawohl, weil du Schlesien nicht verlieren wolltest, weil du die Lombardei festhieltest, weil du die Panduren nach Bayern geschickt hast und weil du jetzt hoffst, sogar von Franzosen und Russen an Friedrich gerächt zu werden.

In deinem Schoß, Königin-Kaiserin, regt sich schon wieder neues Leben, dein sechzehntes Kind. Du hast es empfangen als Pfand für die Herrlichkeit deines Hauses und liebst es jetzt schon und empfiehlst es Gottes Huld und Gnade und möchtest selbst in Gottes Huld und Gnade leben, in eines Gottes Gnade, der gebot: Du sollst nicht töten.

Wie erträgst du diesen schrecklichen Widerspruch? Wie erträgt ihn dein Gewissen?

So könnten wir fragen; so fragen wir auch. Doch wir haben als Menschen des 20. Jahrhunderts formuliert. Diese Bilder und Überlegungen stammen aus unserer Zeit. Ich sage nicht, daß sie im 18. Jahrhundert nicht möglich gewesen wären. Aber das Gewissen einer Epoche, auch das individuelle Gewissen, ist jeweils bestimmt durch die in dieser Epoche möglichen, zugelassenen, vorherrschenden Vorstellungen. Das Gewissen wird durch die Bilder reguliert, die ihm die Phantasie zur Verfügung stellt. Denn Bilder verlocken oder sie schrecken ab. Moralische Empfindlichkeit kann es nur geben, wo Imaginiertes zu Empfindlichkeit erzieht.

Wir pflegen auf das Reizwort Krieg mit Vorstellungen individueller Leiden zu reagieren. Schlacht ist für uns Schlächterei, und wir können uns kaum einen Grund ausdenken, der stark genug wäre, Krieg zu rechtfertigen. Nicht immer war das der Fall. Man dachte *Krieg* auch ganz anders, als unausweichliches natürliches Mittel der Politik, man brachte es fertig, ihn mit hochpathetischen Bildern abzudecken.

„Zum Rendezvous des Ruhmes" lud Friedrich seine Offiziere, als er den Ersten Schlesischen Feldzug begann. Damals, so könnte man einwenden, wußte Friedrich noch nicht, wovon er sprach. Aber noch zwanzig Jahre später schrieb er, der den Krieg inzwischen doch kannte wie kein anderer, hochtönende Verse in akademisch donnerndem Pathos:

> „Der Rache weih ich meine Scharen.
> Gedenkt von Feindes Blut gefärbt,
> daß ihr den schönsten Lorbeer erbt
> dort auf dem Felde der Gefahren."

Und so fort. Auch er, der große unbestechliche Realist, der Schmeicheleien heute mit den Worten abwehrte: „Zum Teufel mit dem Ruhm. Was ist er? Brennende Dörfer, Metzeleien und Schrecknisse!", erlag schon morgen wieder einigen wohltönenden Tiraden, sofern sie einer bestimmten französischen Poetik entsprachen und sofern er, der König, hoffen konnte, daß er mit ihnen seinem bewunderten (Vaterbild?) Voltaire einige literarische Komplimente entlocken werde.

Und Maria Theresia?

Sie war gegen Lobsprüche weniger anfällig als die meisten Souveräne ihrer Zeit, geschweige denn, daß sie sich an eigenen dichterischen Ergüssen berauscht hätte. Doch sie war, wir sagten es schon, in einer Welt aufgewachsen, die von Werken der bildenden Künste und der Musik aufs stärkste mitbestimmt war. Und wie der Musik, der großen Oper etwa, der Marsch nicht fehlen durfte, die tempi alla marcia, alla turca, so durfte im ikonographischen Programm der großen Malerei und Skulptur auch nicht das kriegerische Emblem fehlen, die Trophäe, der gerüstete Mars, der siegreiche Cäsar oder Alexander. Da wimmelte es von behelmten Genien, die Speere,

Schwerter und Fahnen schwangen, und da war auch Herkules, das Urbild des unerschütterlichen furchtlosen Heros. Es entsprach alter habsburgischer Tradition, eben diesen griechischen Halbgott der eigenen Sendung zu unterlegen. Karl VI. als Herkules oder Apollo – so wurde er gemalt und apotheotisch überhöht. Da war jeweils die ganze Emphase, die ganze barock rauschende Leidenschaftlichkeit des Zeitalters aufgeboten, um den Helden zu feiern; himmlische Geister geleiteten ihn, reichten ihm Kronen, Zepter, Lorbeerkränze, phaetonische Rosse bäumten sich auf, Wolken und lichtvolle Himmelstiefen brauten die phantasmagorische Welt ruhmreicher Entrückung.

Das waren die Bilder des Krieges, die sich Maria Theresia in ihrer Jugend eingeprägt hatten, und ähnlich mögen auch die Berichte geklungen haben, die ihr von Lehrern und Hofdichtern über die Heldentaten ihrer Ahnen gesungen worden waren.

Kulisse, sagen wir heute, Theaterdonner, lügenhafte Vortäuschung. Wir haben leicht reden. Ich bin sicher: die Bilder eines rabiaten vitalistischen Enthusiasmus waren nicht nur leere Gaukelei, sie entsprachen dem Lebensgefühl der Zeit.

Dieser vitalistische Überschwang mußte ausgelebt werden. Wie hätte sich Maria Theresia ihm entziehen sollen? Sie meinte sich durch ihn verpflichtet, durch ihr Amt verpflichtet. Er bescherte ihr die partielle Blindheit, die es ihr ermöglichte, im Geist ihrer Zeit zu handeln, zu entscheiden, Opfer zu verlangen und Opfer fallen zu lassen. Ihre aktive Phantasie war auf die Interpretationen fixiert, die ihr von ihrer Umwelt in so reichlichem Maß und, das dürfen wir nicht vergessen, in ästhetisch oft bewunderungswürdiger Form dargeboten wurden. So war auch ihr Gewissen von dorther mitbestimmt. Und beschwichtigt.

Beschwichtigt und doch nicht ganz zu beschwichtigen; denn auch die hinreißendsten Klänge der zeitgenössischen Marschmusik, die funkelnden Schauspiele der Paraden, die schönsten gemalten Apotheosen konnten die triste und abscheuliche Realität des Krieges nicht ganz übertönen, nicht ganz verdecken. Sie drang durch die Ritzen der allegorischen Himmel, der heroischen Szenerien, sie ließ sich nicht weg-malen, weg-dichten, weg-lügen. Maria Theresia litt unter dieser Realität. Zahllos sind die Stellen in ihren Schriften, in denen sie das Schicksal der Soldaten und die Not der Bevölkerung beklagte. Entsetzen erfüllte sie über die Greuel, die die eigenen irregulären Truppen, vor allem die halbwilden Panduren, im Feindesland verübten. Den hochverdienten Draufgänger Trenck verurteilte sie zu lebenslänglicher Haft, weil er nach rohem Kriegsbrauch Frauen und Mädchen Gewalt angetan hatte.

WARNBRIEF AN TRENCK, 2. JULI 1741

... es ist Ihnen ja von selbsten bekandt, daß Sye nicht herein beruffen worden, das Land zu plündern oder sonstige Ungebührlichkeiten ausüben zu lassen, sondern alleinig dem Feind Schaden und Abbruch zuzufügen; so ist aber bis zu dato ... nicht geschehen, wohl aber gegen dem Land und dessen Inwohner, wie von allen Seiten her häufige Klagen einlauffen, grosse insolenzien, als mit brüglen, schlagen, Gelderpressungen und sonsten ausgeübet worden, welche bei schwährester Verantwortung vermieden wissen will; und wan Sye sich nicht so viel authoritet geben können, sich von ihren unterhabenden leuthen respectiren und gehorsammen zu machen, so sehe nicht worzue Sye mir allhier dienlich sein sollen ...

Andernteils wäre sie bereit gewesen, selbst an kriegerischen Aktionen teilzunehmen. „Wäre ich nicht allezeit gesegneten Leibes gewesen, so hätte nichts mich gehindert, selber entgegenzusetzen." Sie begnügte sich nicht damit, nur über Krieg und Frieden zu entscheiden, sie dachte jeden Feldzug mit, sie wollte auch, so gut sie konnte, strategisches und taktisches Schicksal spielen. Sie war es, die Khevenhüller 1741 die Schwachstelle der Bayern angreifen und tief ins feindliche Nachbarland vorstoßen hieß. Ein glänzendes Manöver, das ihre Waffen endlich wieder in die Offensive brachte. Sie erteilte Ratschläge, welche Festungen zu halten, welche preiszugeben seien, und bewies dabei vorzügliche Kenntnisse und sicheren Instinkt. Vor allem aber drängte sie immer wieder zur Eile, zu größerer Entschiedenheit, sie trieb die zögernden Feldmarschälle an, endlich zu handeln, den Feind anzugreifen und mehr Courage zu zeigen.

Man sieht sie förmlich, die Königin-Kaiserin, in ihrer Hofburg umhergehen, mit wogender Brust und stoßendem Atem, mit gerungenen Händen, voll Ungeduld und Tatendurst und in der Überzeugung: könnte sie nur selbst an der Spitze ihrer Armeen stehen, dann würde sie sich zu schlagen wissen.

DER PREUSSISCHE GESANDTE GRAF VON PODEWILS ÜBER MARIA THERESIA

Ihr Wuchs ist eher über als unter Mittelgröße. Er war vor ihrer Heirat sehr schön, aber die zahlreichen Geburten, die sie durchgemacht hat, dazu ihre Körperfülle, haben sie äußerst schwerfällig werden lassen. Trotzdem hat sie einen ziemlich freien Gang und eine majestätische Haltung...

Sie hat gewöhnlich viel Farbe. Ihr Gesichtsausdruck ist offen und heiter, ihre Anrede freundlich und anmutig. Man kann nicht leugnen, daß sie eine schöne Person ist...

Die Art und Weise, in welcher die Kaiserin mit den Leuten verkehrt, ist so einnehmend, daß sie auch die Schüchternsten ermutigt...

Mit Geduld und Güte hört sie, was man ihr vorträgt, und sie übernimmt selbst die Bittschriften, die man an sie richtet, und hat man einmal Audienz bei ihr, so braucht man sich nicht an den Gegenstand zu halten, um dessentwillen man sie sich verschafft hat... Sie trägt keine Sorge für ihre Schönheit und setzt sich ohne Schonung den Unbilden der Witterung aus. Mit Ausnahme der Galatage ist sie, mit ihr der ganze Hof, sehr einfach gekleidet...

Mater castrorum ließ sie sich nennen, Mutter der Feldlager, Soldatenmutter. Und irgendwie fühlte sie sich auch dem letzten streitenden Rekruten, dem letzten Trommelbuben wie ihren Offizieren, Generälen und Feldmarschällen auf vielschichtige Weise verbunden. Da spielte mütterliche Würde mit, aber auch ein Quentchen Lust daran, es besser zu wissen als so mancher Mann und mehr Courage zu beweisen, und es spielte letzten Endes, doch nicht zuletzt, vielleicht auch ein untergründig erotisches Moment mit, in einer, wenn auch nur grundierenden Rolle. Maria Theresia wußte, daß ihr Namenszug auf den Fahnen glänzte, die in der Schlacht über den Köpfen der Todgeweihten flatterte; daß ihr Bild (das Bild einer immer noch schönen Frau) tausendfach verbreitet in den Portefeuilles der Offiziere steckte; sie wußte, daß sie – genauso wie ihr großer Gegner Friedrich – zur Symbol- und Schlüsselfigur geworden war, weit über ihren Herrschaftsbereich hinaus, und daß sie als solche Lebenshoffnungen und -ängste, Sehnsüchte und Begierden von Millionen bündelte – und damit schließlich auch den Todestrieb des Zeitalters auf sich zog; doch davon wußte sie sicherlich nichts.

Der Krieg

Es ist ein hartes Stück Arbeit für den Historiker oder historischen Schriftsteller, das wechselnde Auf und Ab, das mühselige Hin und Her des Siebenjährigen Krieges zu beschreiben, ein hartes Stück Arbeit vielleicht auch für den Leser, einer solchen Beschreibung zu folgen, wenn Historiker und Leser nicht zufällig besondere Liebhaber kriegerischer Literatur sind. Sowenig eine Darstellung wie diese auf die einzelnen Feldzüge während des Erbfolgekrieges 1741–1748 eingehen konnte, sowenig kann sie jetzt die einzelnen Phasen des Siebenjährigen Krieges nachzeichnen und die einzelnen Schlachten chronologisch aufzählen und beschreiben.

Wir können das Kriegspanorama nur andeuten.

JOHANN WILHELM LUDWIG GLEIM

Schlachtgesang bey Eröfnung des Feldzuges 1757

> *Auf Brüder, Friedrich, unser Held,*
> *Der Feind von fauler Frist,*
> *Ruft uns nun wieder in das Feld,*
> *Wo Ruhm zu hohlen ist.*
>
> *Was soll, o Tolpatsch und Pandur,*
> *Was soll die träge Rast?*
> *Auf! und erfahre, daß du nur*
> *Den Tod verspätet hast.*
>
> *Aus deinem Schädel trinken wir*
> *Bald deinen süssen Wein,*
> *Du Ungar! Unser Feldpanier*
> *Soll solche Flasche seyn.*
>
> *Dein starkes Heer ist unser Spott,*
> *Ist unsrer Waffen Spiel;*
> *Denn was kann wieder unsern Gott,*
> *Theresia und Brühl?*
>
> *Was helfen Waffen und Geschütz*
> *Im ungerechten Krieg?*
> *Gott donnerte bei Lowositz,*
> *Und unser war der Sieg.*

Und böt uns in der achten Schlacht
Franzoß und Russe Trutz,
So lachten wir doch ihrer Macht,
Denn Gott ist unser Schutz.

Der Siebenjährige Krieg war, wenn wir die Auseinandersetzungen Frankreichs mit England mit einbeziehen, ein erster wirklicher Weltkrieg und erstreckte sich, vom unerbittlichen William Pitt dem Älteren betrieben, bis Kanada und Indien. Aber auch der europäische Kriegsschauplatz war gewaltig: Er reichte von Frankfurt am Main bis an die Weichsel, schloß die Ostsee mit ein, verheerte Preußen, Nordböhmen, beide Schlesien, Sachsen und verschonte auch Hannover nicht.

Österreich siegte mit seinen Verbündeten
 1757 bei Kolin,
 1758 bei Hochkirch,
 1759 bei Kunersdorf und Maxen,
 1760 bei Landeshut;
Friedrich 1757 bei Roßbach und Leuthen,
 1758 bei Zorndorf,
 1760 bei Liegnitz und Torgau.

Friedrichs Handikap bestand in seiner Isolation, denn sein einziger bedeutender Verbündeter, England, kam ihm nur fallweise und mit geringen Kräften zu Hilfe. Das Handikap Maria Theresias bestand dagegen ironischerweise in der Vielzahl ihrer Verbündeten, in deren gegenseitigen komplizierten Verhältnissen, in deren gegenseitigen Behinderungen und Eifersüchteleien. Frankreich suchte vor allem England zu schaden, es ging nur mit verhältnismäßig schwachen Kräften gegen Friedrich vor, und nur insofern, als Friedrich Englands kontinentalen Stützpunkt darstellte. Die Zarin operierte vor allem aus persönlichen Gründen. Sie war voll Begier, Friedrich zu zerschmettern, und versprach in Augenblicken besonderer Erbitterung riesige Armeen.

Doch meist waren diese Armeen schlecht vorbereitet, einen so entfernten und schlagkräftigen Feind anzugreifen. In äußerster Langsamkeit schoben sich die Heere voran. Waren sie endlich eingetroffen, ließ der Eifer der kommandierenden Generäle viel zu wünschen übrig, am meisten dann, wenn Elisabeth, nicht mehr gerade die jüngste und gesündeste, krank gemeldet wurde, denn in ihrem Nachfolger Peter wartete, wie ganz Europa wußte, ein leidenschaftlicher Anbeter des Preußenkönigs darauf, den Thron aller Reußen zu besteigen. Sollte die Zarin die Augen schließen, war doch jeder, der sich mit Friedrich ernstlich angelegt hatte, ein verlorener Mann –. Auf diese Weise schwankte der russische Eifer mit der schwankenden Gesundheit der Zarin – und schließlich kam es ja wirklich dahin, daß die gemeinsame Front mit Elisabeths Tod zerbrach.

Auch Schweden hatte im Schlepptau Frankreichs Friedrich den Krieg erklärt, doch blieb es bei eher untergeordneten Störaktionen. Schließlich war auch noch das Reichsheer da, das seit Franz Stephans Kaiserwahl der österreichischen Sache zur Verfügung stand, eine zwar zahlreiche, aber schlecht geschulte und unverläßliche Truppe, ein zusammengekitteter Haufen aus den verschiedensten deutschen Landen.

(Nur der Merkwürdigkeit wegen sei hier vermerkt, daß auch Schillers Vater als herzoglich-württembergischer Feldscher mit dem Reichsheer marschierte.)

In summa standen etwa 500 000 Mann im Kampf gegen Preußen.

Friedrich verfügte über 200 000 Mann. Nach menschlichem Ermessen mußte Friedrich diesen Krieg verlieren.

Nach menschlichem Ermessen konnte also Maria Theresia damit rechnen, Schlesien zurückzuerobern. Kaunitz hatte die Schlinge gebastelt, in der sich Friedrich fangen sollte; Haugwitz hatte den Staat instand gesetzt, einen kostspieligen Kampf zu führen.

Die Einnahmen hatten sich in sieben Friedensjahren verdreifacht. (Trotzdem wurde immer von Sparsamkeit gesprochen und auch wirklich einiges eingespart.) Das Heer war reformiert, wenn auch noch nicht ganz schlagbereit. An seiner Spitze stand, leider, schon wieder Carl von Lothringen, an seiner Seite der vorsichtige, doch tüchtige Daun, in immer noch subordinierter Position der begabte und tapfere Maximilian Ulysses Browne. Maria Theresia hatte es immer noch nicht über sich gebracht, bei der Besetzung der Kommandostellen von ihrem feudalen Vorurteil, geschweige denn von ihren familiären Neigungen abzusehen. So viel hatte sie freilich schon begriffen, daß Kriegführen nicht nur eine Sache des Glücks, nicht einmal auch nur eine Sache der Tapferkeit oder der Truppenzahl ist. Man hatte ihr gesagt, daß es dabei auch auf Technik, Ingenieurkunst und Wissenschaft ankomme. Sie ließ es sich gesagt sein und gründete eine entsprechende Schule, die spätere Technische Militärakademie. Brückenbau und Pontonierwesen wurden vorangetrieben. Der Krieg spannte die Kräfte der Erfindung und Organisation an. Er erhöhte (damals noch) die Mobilität des Bewußtseins.

Am deutlichsten aber spiegelte sich die Veränderung des Zeitgeistes in dem Umstand ab, daß dieser Krieg wie kein anderer zuvor zu einer Sache der öffentlichen Meinung, der nationalen Teilnahme und Parteinahme wurde. Erst dieser Krieg schuf Öffentlichkeit im eigentlichen Sinn, als Klima allgemeinen Engagements. Bis dahin hatte es ein solches Klima nicht gegeben: Man hatte in Kriegszeiten den Buckel krumm gemacht und das Unwetter dumpf leidend hingenommen. Der Wechsel von Siegen und Niederlagen ging, so schien es, nur die oberen Zehntausend an. Das änderte sich nun im ganzen Reich. Sogar die Frauenzimmer, so hieß es, nahmen plötzlich so leidenschaftlich Anteil an dem Kriegsgeschehen, daß sie sich am Abend weniger mit ihren Gebetbüchern als mit Landkarten beschäftigten. (Steckten auch sie schon Fähnchen?)

Für die tief aufwühlende Erregung jener Tage und Jahre weiß ich mir wieder keinen besseren Kronzeugen als Goethe. Der Zwiespalt, den das deutsche Volk in seiner Gesamtheit erlitt, ging auch quer durch seine Familie. Die Eltern waren friderizianisch, die Großeltern maria-theresianisch gesinnt. Was von den einen gelobt, geliebt, bewundert wurde, war den anderen verhaßt. Schwer hat das Kind unter der Entzweiung gelitten. Es fühlte wohl: hier ging es um zwei Grundtypen, Menschentypen, Herrschertypen, und weil beide nicht nur als Charaktere eigentümlich, sondern in ihrer Zeit einzigartig und hochachtbar waren (hochachtbar im Vergleich zu anderen Fürsten und Politikern), bewegten sie die Gemüter so tief; gerade deshalb schieden sich an ihnen die Geister.

GOETHE, DICHTUNG UND WAHRHEIT, ERSTER TEIL, ZWEITES BUCH
Auf diese Weise verfloß ... während meiner Kindheit eine Reihe glücklicher Jahre. Aber kaum hatte ich am 28sten August 1756 mein siebentes Jahr zurückgelegt, als gleich darauf jener weltbekannte Krieg ausbrach, welcher auf die nächsten sieben Jahre meines Lebens auch großen Einfluß haben sollte. Friedrich der Zweite, König von Preußen, war mit 60 000 Mann in Sachsen eingefallen, und statt einer vorgängigen Kriegserklärung folgte ein Manifest, wie man sagte von ihm selbst verfaßt... Die Welt, die sich nicht nur als Zuschauer, sondern auch als Richter aufgefordert fand, spaltete sich sogleich in zwei Parteien, und unsere Familie war ein Bild des großen Ganzen.

Mein Großvater, der als Schöff von Frankfurt über Franz dem Ersten den Krönungshimmel getragen und von der Kaiserin eine gewichtige goldene Kette mit ihrem Bildnis erhalten hatte, war mit einigen Schwiegersöhnen und Töchtern auf östreichischer Seite. Mein Vater, von Karl dem Siebenten zum kaiserlichen Rat ernannt und an dem Schicksale dieses unglücklichen Monarchen gemütlich teilnehmend, neigte sich mit der kleinern Familienhälfte gegen Preußen. Gar bald wurden unsere Zusammenkünfte, die man seit mehrern Jahren sonntags ununterbrochen fortgesetzt hatte, gestört ... Man stritt, man überwarf sich, man schwieg, man brach los. Der Großvater, sonst ein heitrer, ruhiger und bequemer Mann, ward ungeduldig. Die Frauen suchten vergebens das Feuer zu tüschen ... Die Besitznahme von Dresden, ..., der Sieg bei Lowositz, die Gefangennehmung der Sachsen waren für unsere Partei ebenso viele Triumphe. Alles, was zum Vorteil der Gegner angeführt werden konnte, wurde geleugnet oder verkleinert, und da die entgegengesetzten Familienglieder das gleiche taten, so konnten sie einander nicht auf der Straße begegnen, ohne daß es Händel setzte, wie in „Romeo und Julie".

Und so war ich denn auch preußischer oder, um richtiger zu reden, fritzisch gesinnt ... Es war die Persönlichkeit des großen Königs, die auf alle Gemüter wirkte. Ich freute mich mit dem Vater unserer Siege, schrieb sehr gern die Siegslieder ab und fast noch lieber die Spottlieder auf die Gegenpartei ...

Als ältester Enkel und Pate hatte ich seit meiner Kindheit jeden Sonntag bei den Großeltern gespeist: es waren meine vergnügtesten Stunden der ganzen Woche. Aber nun wollte mir kein Bissen mehr schmecken: denn ich mußte meinen Helden aufs greulichste verleumden hören. Hier wehte ein anderer Wind, hier klang ein anderer Ton ... Die Neigung, ja die Verehrung für meine Großeltern nahm ab. Dadurch war ich auf mich selbst zurückgewiesen, und ... fing nun, wegen Friedrichs des Zweiten, die Gerechtigkeit des Publikums zu bezweifeln an.

Alltag

Indessen lief das Leben in Wien und in den vom Krieg nicht unmittelbar betroffenen Erblanden weiter. Es wurde trotz allem weitergebaut, weitergemalt, -geforscht und -musiziert, beinahe wie eh und je. 1758 beendete Franz Anton Maulbertsch sein herrliches Deckenfresko in der Pfarrkirche von Heiligenkreuz-Gutenbrunn in Niederösterreich. 1759 schreibt Joseph Haydn seine erste Symphonie. 1760 wird die Studienhofkommission als oberste zentrale Unterrichtsbehörde eingerichtet, und Maria Theresia gründet im ungarischen Schemnitz die erste Bergakademie Europas. Im Jahr darauf findet ein Schüler Gerhard van Swietens, Auenbrugger, die Methode der *percussio thoracis*, die bis heute praktikabel gebliebene Methode, durch Beklopfen des Brustkorbs entzündliche Prozesse zu diagnostizieren. Zugleich klimpert der fünfjährige Mozart seine ersten Kompositionen. Ein Friedrich von Knaus hat einen ersten Schreibautomaten, den Vorläufer unserer Schreibmaschinen, ausgetüftelt. Im Schloß Schönbrunn wird das Millionenzimmer eingerichtet, dieser Traum aus Rosenholz, zart spielender Ornamentik und der exotischen Kostbarkeit persischer Miniaturen.

Im fürchterlichen Kriegsjahr 1762 beginnt man in Graz den Bau des Domherrenhofs und in Linz den Bau der eleganten und geistreichen Elisabethkirche von Triendl. Zugleich wird in Österreich als im ersten Staat Mitteleuropas eine fundamentale Neuerung, die Ausgabe von Papiergeld, auf den Weg gebracht. Trotz der exorbitanten Kriegskosten belebt man damit Handel und Wandel und bringt einen wenn auch bescheidenen Wohlstand unter die Leute. Am 5. Oktober geht die Uraufführung von „Orpheus und Eurydike" von Gluck in Wien über die Bretter. Acht Tage später dürfen Wolfgang und Nanerl der Kaiserin ihre Künste vorführen.

Auch das tägliche Leben am Hof lief in der Weise weiter, wie es die Ratschläge des Zuchtmeisters Tarouca eingerichtet hatten. Die Kaiserin brauchte jetzt niemanden mehr, der sie zur Disziplin ermahnte. Sie war selbst streng gegen sich geworden und auch ein wenig strenger gegen ihre Umgebung. Eine Frau Pichler, geborene von Greiner, erzählt uns von ihrer Mutter, die als junges Mädchen, als halbes Kind, zuerst als Vorleserin, dann als beamtete Kammerdienerin den intimen Alltag am Hof kennengelernt hatte.

„Maria Theresia führte ein äußerst tätiges und sehr regelmäßiges Leben. Um fünf Uhr im Sommer, im Winter wahrscheinlich später, stand sie täglich auf, und eine Klingel rief ihren Zofen. Es war Etikette, daß keine anders als frisiert, im seidenen Kleide, ja selbst im Reifrocke, der aber zum Negligée nur von kleinem Umfang war und Hanserl genannt wurde, vor der Fürstin erscheinen durfte. Dies machte sehr frühes Aufstehen auch den Kammerdienerinnen ... notwendig. Die Toilette der Kaiserin war der mühsamste, wie der unbelohnendste Teil des Dienstes, den meine Mutter zu versehen hatte. Da sie ihn aber mit ebensoviel Geschmack als Schnelle und Geschicklichkeit versah, so ward ihr die Pflicht, ihre Monarchin täglich zu frisieren ...

Dieses Frisieren und die Verfertigung des Kopfputzes war denn aber auch für meine Mutter eine nur zu ergiebige Quelle von Verdruß und Kränkungen." Denn in dieser Hinsicht sei, wie die Pichlerin bemerkt, auch Maria Theresia „nur eine Frau" gewesen. Doch niemals habe sie aus Putzsucht ihre wichtigeren Pflichten vernachlässigt oder gar „eine größere Aufmerksamkeit für das andere

Geschlecht" zutage gelegt. „Oft – sehr oft mußte eine Haube vier- bis fünfmal anders gesteckt werden, bis sie nach dem Geschmacke der Gebieterin war, und wer diese Art von Arbeit zu beurteilen versteht, wird wissen, daß ein öfteres Auf- und Andersmachen der Sache gar nicht förderlich ist, ja meistens die Schönheit der Stoffe und des Zubehörs ganz zerstört. Ebenso ging es mit der Frisur. Auch an dieser zupfte, rupfte, änderte die hohe Frau so viel und so lange, bis sie verdorben war und neu gemacht werden mußte, was denn bei der damaligen Art des Haarputzes gemeiniglich dahin führte, daß der ganze Bau zerstört, die Haare ausgekämmt und nicht selten neu in Papilloten gewickelt und gekräuselt werden mußten. Daß die Gebieterin dabei übellaunig wurde, daß die Zofen das entgelten mußten, ist ebenso natürlich."

So die Pichlerin.

Ganz anders hat uns freilich Tarouca berichtet. Er beklagte im Gegenteil, daß Maria Theresia viel zuwenig Aufmerksamkeit auf ihr Äußeres verwendete und gleichgültig sei, wie sie vor der Welt erschiene.

Die Pichlerin erzählt weiter: „Eine viel minder verdrießliche, wenn gleich auch anstrengende Art des Dienstes, war das Vorlesen der Geschäftsschriften in den verschiedenen Sprachen, ... deutsch, italienisch, französisch und lateinisch. Da Französisch damals noch viel mehr als jetzt die Sprache der höheren Stände, ja der gebildeten Welt überhaupt war, so war sie denn auch an Maria Theresias Hof die herrschende, zumal da ihr Gemahl, Kaiser Franz I., als geborener Lothringer kaum Deutsch verstand und es nie sprach ... Auch das Italienische war ihr geläufig. Damals wurde es überhaupt viel am Hofe und in Wien gesprochen ... Alle Schauspiele, welche dem Hofe zu Ehren oder bei feierlichen Gelegenheiten gegeben wurden, waren italienische Opern ..."

„Latein war die vierte Sprache, welche in den Geschäftspapieren ... vorkam. Die Kaiserin verstand sie vollkommen, redete sie vielleicht auch mit ihren ungarischen Magnaten." Gern erinnerte sie sich jener Tage in Preßburg, wo sie „als schöne, junge, unglückliche Fürstin auf dem Reichstag der treuen Ungarn erschien, sie zum Beistand aufforderte und solchen Enthusiasmus in ihnen erregte, daß Greise und Helden begeistert und gerührt die Säbel zogen und einstimmig, alle für ihren König Maria Theresia zu sterben, schwuren."

Stunde um Stunde ließ sich Maria Theresia vorlesen, besonders abends und nach dem sehr mäßigen Nachtessen, das die Kaiserin in ihrem Zimmer allein, das heißt ohne ein mitspeisendes Familienmitglied einnahm. Aber nicht Bücher ließ sie sich vorlesen, nicht einmal erbauliche Schriften, sondern Staatspapiere, Memoranden, Gesuche und Berichte, und die Lektüre dauerte fort, nachdem sie sich schon hatte entkleiden lassen, auch als sie schon zu Bett lag, bis der Schlaf sie überwältigte.

Dann erst hatten die Kammerfrauen das Recht, sich zu entfernen. Gewisse Angewohnheiten der Kaiserin begannen ihrer Umgebung beschwerlich zu werden. „So konnte sie als eine große starkgebaute Frau gar keine Wärme vertragen, wie sie denn überhaupt, trotz ihrer hohen Geburt und ihres königlichen Glanzes . . . in Rücksicht ihres Körpers nichts weniger als weichlich . . . war. Geheizt durfte bei ihr fast gar nicht werden, die Furcht vor Zugluft kannte sie nicht, sie wußte nicht, was ein Rheumatismus sei, selbst im Winter stand oft ein Fenster neben ihrem Schreibtisch offen", so daß der Wind die Schneeflocken hereinblies.

Maria Theresia war oft zu Fuß unterwegs. Ihr überschäumender Bewegungstrieb, der sie in ihrer Jugend ganze Nächte hatte durchtanzen und waghalsige Reiterkunststücke hatte probieren lassen, war natürlicherweise inzwischen ein wenig abgeflacht. Aber noch immer ging sie gern spazieren und scheute sich auch gar nicht, mitten durch das Volk von Wien zu wandern. Vor allem religiöse Feste gaben ihr den Anlaß dazu. Was an anderen Höfen undenkbar gewesen wäre: der Wiener Hof hielt an der Gewohnheit fest, daß der Herrscher mit seiner Familie an bestimmten Festtagen von der Burg nach St. Stephan oder zu anderen Kirchen wallfahrtete, und man fand nichts Beängstigendes dabei, wenn sich die Menge ungescheut herandrängte, die höchsten Herrschaften ansprach und sogar berührte.

Noch immer empfand Maria Theresia eine spitzbübische Freude, wenn ihr einmal ein Auftritt inkognito gelang. Eine Anekdote berichtet, sie sei einmal mit Franz Stephan allein zur Traubenzeit durch einen offenen Weingarten spaziert, was einen eifrigen Weinberghüter auf den Plan rief. Vielleicht hatte sich das Paar auch an den reifen Beeren gütlich getan: der Hüter nahm die beiden fest. Maria Theresia und Franz Stephan wollten sich vor Lachen ausschütten, als der Gestrenge sie abführte. Man kann sich denken, welch heiteren Affront es gab, als die beiden erkannt wurden.

So hatte sich diese Frau, die in ihrem schweren Amt Weltgeschichte machte, immer noch einen Bodensatz kraftvoller und vollblütiger Natürlichkeit bewahrt. So wie sie es immer noch ertrug, daß ihr ihre Vertrauten und engsten Ratgeber ungeschmeichelt die Meinung sagten, so ertrug sie auch die Molesten und Mühen, die sich unweigerlich durch ihre zahlreiche Kinderschar in ihren Alltag drängten. War doch immer ein oder das andere krank, verursachte dies oder jenes Ärger und Sorgen; aber auch an den einfachsten

Freuden nahm sie teil, ein dankbares Gemüt; eine Zeichnung von der Hand einer Erzherzogin hat uns ein, man kann wohl sagen, bescheidenes häusliches Fest der Kaiserfamilie überliefert: Franz Stephan in weißer Zipfelmütze und Pantoffeln, zeitunglesend vor dem Kaminfeuer. Die Kaffeekanne steht auf dem Tisch, die Gattin schenkt ein. Inzwischen haben die Kinder ihre Nikologeschenke entdeckt: Lebkuchen, simples Spielzeug. Eins der Kinder krabbelt unter dem Tisch herum. Die Einrichtung der *Camera* ist alles andere als prachtvoll. Wäre das Genrebildchen nicht signiert, wir würden meinen, es stellte eine bürgerliche Familie dar.

MARIA THERESIA AN GRÄFIN ENZENBERG
Viermal hab ich neu begonnen, hab sechs Kinder bei mir im Zimmer und den Kaiser dazu; so mußte ich schreiben. Man merkt es dem Brief auch an.

Eine andere Szene, die uns wieder die Pichlerin vermittelt: Maria Theresia kehrt an einem heißen Junitag nach Schönbrunn zurück. Es ist Fronleichnam. Sie ist, wie es ihr nicht nur die Etikette, sondern auch ihr eigenes Bedürfnis befiehlt, den langen, meist der Sonne ausgesetzten Weg der Prozession durch die halbe Stadt hinter dem Allerheiligsten hergegangen. Nun ist sie erhitzt und atemlos ermüdet, läßt sich sogleich entkleiden und setzt sich, nur in Mieder, Rock und Pudermantel, in die Zugluft zwischen weit aufgerissenen Fenstern und Türen. Eine Kammerdienerin kämmt ihr die Haare aus. Sie sind so durchgeschwitzt, daß sich das Mädchen immer wieder die Hände trocknen muß. Inzwischen läßt sich die Kaiserin kalte Limonade und eisgekühlte Erdbeeren reichen, stürzt beides in sich hinein, sie fürchtet keinerlei Schaden zu nehmen, ihre Gesundheit ist offenkundig eisern. Freilich setzt sie auch bei anderen eine ebenso resistente Gesundheit voraus. Weichliches Jammern über Kleinigkeiten mag sie nicht. Andernteils ist sie ungeheuer besorgt, wenn ein ihr teurer oder auch nur unentbehrlicher Mensch ernstlich erkrankt ist. Ähnlich wie ihr Vater seinerzeit an Bartenstein schreibt sie dann mahnende Billets an ihre Freunde: „Schonen Sie sich, hätscheln Sie sich; Sie wissen, ich sorge mich um Sie Tag und Nacht."

Zwei letzte flüchtige Streiflichter auf den kaiserlichen Familienalltag jener Jahre; Oberstenhofmeister Khevenhüller notiert: „Der Kurier von der Schlacht bei Hochkirch traf am Theresientage, den 15. Oktober 1758 hier ein, abends ziemlich spät, als schon die Prinzen und Prinzessinnen nach der Cour und Assemblé bei der Monarchin in ihre Zimmer zurückgezogen und angefangen hatten sich auszukleiden. Die frohe Siegesbotschaft wurde schnell von der Kaiserin in alle Kammern der Kinder gesendet und wunderlich geputzt – jene Erzherzogin mit Edelsteinen im Haar, aber im Nachtkleide, diese im Reifrock, aber mit aufgelöster Frisur; Prinzen halb in Uniform, halb im Hausrock, kamen sie eiligst wieder in das Zimmer ihrer Mutter zusammen, um ihr, nach der Feier des Namenstages, noch zur Feier des Sieges Glück zu wünschen."

Dagegen in bedrückter Lage, nach der Katastrophe von Leuthen und dem Fall von Breslau: „Den 8. (Dezember 1757) wurde der Galatag wie sonsten begangen; beide Majestäten fuhren nach St. Stephan, speisten bei dem großen Tisch mit denen älteren sieben jungen Herrschaften, und abends war Appartement. Die Kaiserin depeschierte (beeilte sich) nach Möglichkeit, um ihre wegen denen von der Armee erwartenden höchst wichtigen (Nachrichten) innerlich verspürende Unruhe vor der Welt zu verbergen; und weilen ihr das Herz nichts Gutes vorsagen wollen, ließe sie vorläufig auf der nächsten Poststation anbefehlen, die von der Armee einlaufende ... Estafette anheut nicht mehr weiters nach Wien laufen zu lassen, damit nicht etwann ... betrübte Zeitung an des Kaisers Galatag bekannt würde; wie denn auch in der Tat den 9. gegen elf der Kurier mit der ersten Nachricht der unglücklichen Bataille eingetroffen ist, worauf das heutige Diner abgesagt und beide Majestäten den ganzen Tagüber retiriret geblieben. Die Kaiserin tate nichts als weinen und ware fast nicht zu trösten, verfügte sich dennoch gleich in die Kapellen, wo sie unter beständigen Tränen ihre Gebete verrichtete ..."

Wenige Tage später muß sich Maria Theresia entschließen, ihren geliebten Schwager Carl des Oberkommandos über die schlesische Armee zu entheben: „Den 7. (Januar) langte fruhmorgens gegen 9 Uhr der Prinz von der Armee zurück an und stiege sogleich in der Burg ab ... Man ware anfänglich in etwas besorget, es dörfte ihm das Volk, so ihn einhellig als Quelle alles uns zugestoßenen Unheils ansiehet und dafür ohne Scheu offentlich ausschreiet wohl einige Avanie tun, und hatte dahero mit Fleiß vermieden, was einen Empfang markieren möchte ... Anfangs schiene mir auch seine Contenance in etwas gezwungen, allein wie der Herr das Glück hat, ein Sans-souci zu sein, so ware das Vergangene bald wieder vergessen und der Humor so lustig und aufgeraumet als wann er ganz siegreich aus der Kampagne zurückgekommen wäre."

War Carls Humor bald wieder obenauf, Maria Theresia empfand ihr Unglück tiefer, „so daß sie über eine gar so große Gelassenheit fast schockieret" endlich „mehr und mehr erkennete, daß alles, was man ihr von des Prinzen schwachen Charakter so oft und vielmalen vorgestellet, nur gar zu wahr seie".

Die höfischen Feierlichkeiten sollten von nun an nur noch gedämpft vor sich gehen: „Den 24. ware Ball bei Hofe sans masque, aber wegen deren kritischen Umständen nicht offentlich, sondern auf einem sehr restringirten Fuß, lediglich um denen jungen Herrschaften eine Unterhaltung zu machen . . . Der Pharaon-Tisch stunde in der Retirade."

Noch einmal: der Krieg

Es war einer der größten, blutigsten und am Ende sinnlosesten europäischen Kriege und vom Standpunkt der Hauptleidtragenden, der Deutschen, ein Bruderkrieg. Also Selbstzerfleischung. Und damit, wenn man will, Verrat ans Ausland.

Maria Theresia holte dieselben Franzosen über den Rhein und ins Herz des Heiligen Römischen Reiches Deutscher Nation, die sie noch zehn Jahre zuvor als „Feinde des geliebten teutschen Vatterlandes" bitter bekämpft hatte, dieselben Franzosen auch, mit denen ihre Ahnen seit Jahrhunderten um die westlichen Reichsgrenzen gerungen hatten.

Maria Theresia ging noch weiter. Sie verbündete sich mit Rußland und holte diese damals noch halbbarbarische Macht zum erstenmal in einer großen Armee bis ins Herz Europas herein. Kühlen Herzens hatte Kaunitz der Zarin Ostpreußen als Preis für Friedrichs Abschlachtung angeboten; was ging ihn, den Österreicher, diese Provinz und die dort siedelnden Deutschen an?

Dafür schrie Friedrich nicht nur nach englischen Subsidien und englischen Truppen, sondern er verhandelte auch mit der Pforte und gab sich alle Mühe, den Türken gegen Österreich in Bewegung zu setzen. Die Schrecknisse, die mit einer neuerlichen osmanischen Invasion verbunden gewesen wären, bereiteten ihm kein Kopfzerbrechen. Wäre nur Preußen für den Augenblick gerettet gewesen! – danach die Sintflut! – Wirklich – die Sintflut?

Ranke hat in langen gewundenen Darlegungen Friedrich die verschiedensten Gedankengänge unterstellt, komplizierte geniale Pläne, wie er unbeschadet aller Bündnisse die Mitte des Erdteils konsolidieren und die deutsche Sache, natürlich unter preußischer Führung, habe stärken wollen. Mag sein, daß solche Pläne im Kopf des Königs umgingen; mag auch sein, daß auch Maria Theresia ähnlich rechnete, mit umgekehrtem Vorzeichen natürlich und mit dem Ziel, die eigene Dominanz in Mitteleuropa zu sichern; mag sein, daß auch Kaunitz über den gegenwärtigen Kampf und seine Nahziele hinausdachte und bereits neue große politische Schachpartien disponierte. Die Wirklichkeit war gnadenlos und fürchterlich: ein mörderisches Schlachten.

Wir sagten im vorletzten Kapitel: nach menschlichem Ermessen hätte Friedrich den Krieg verlieren müssen. Gegen das Bündnis-Fünfeck Österreich, Rußland, Frankreich, Schweden und die Reichsarmee hatte Preußen in der Tat nur geringe Chancen. Friedrichs Basis war, wir wissen es, auch nach der Besitznahme von Schlesien ein unzusammenhängender zerrissener Fetzen Land, ein kaum zu verteidigendes Areal. Einen Heckenkönig hatte ihn Voltaire schon vor Jahren spöttisch genannt und damit gemeint, Friedrich verfüge nur über Grenzstriche. Aus einer solchen Situation kann man militärisch nur offensiv vorgehen, mit raschen Schlägen vorpreschen und den Schock des Feindes zu seiner Überwältigung nutzen. Das war Friedrich auch in den ersten beiden Schlesischen Kriegen gelungen. Aber so kann nur vorgehen, wer sich im Rücken gesichert und von wohlwollenden Nachbarn abgeschirmt weiß. Wie aber, wenn eine große Koalition von allen Seiten auf das Heckenland eindringt, die offenen Grenzen überschwemmt, alle Verbindungswege stört, die Hauptstadt bedroht oder gar einnimmt? Vernünftigerweise kann der Souverän eines solchen Landes nichts Besseres tun als sich auf Gnade oder Ungnade ergeben.

Friedrich ergab sich nicht. Er bildete eine Methode aus, die ihn nach unendlichen Mühen, Leiden und Verlusten zwar nicht zum Sieg, aber zu einem leidlichen Ende brachte. Worin bestand nun sein außerordentliches Feldherrngenie?

Man kann die hervorragende Leistung eines einzelnen immer nur am Niveau seiner Zeit und des zu seiner Zeit Üblichen messen. Üblich war noch in der Mitte des 18. Jahrhunderts die strategische Methode, die im Hochbarock entwickelt worden war und die eher etwas Schaustellerisches und Pompöses an sich hatte, als daß sie im streng materiellen Sinne effizient gewesen wäre. Wer Konrad Lorenz gelesen hat – und wer hätte ihn schon nicht gelesen? –, wird wissen, daß sich in der Tierwelt die meisten Auseinandersetzungen innerhalb derselben Art auf relativ harmlose Weise erledigen. Die Konkurrenten umkreisen ihr Revier, nehmen Drohgebärden ein, führen Scheinangriffe, setzen optische und akustische Reize, um einzuschüchtern und in die Flucht zu jagen. Selten gibt es tödliche Kämpfe. Man ist zufrieden, am Schluß das Feld zu behalten. Der geschlagene Gegner mag das Weite suchen.

Ähnlich verfuhr das Kriegshandwerk in der Zeit des Barocks: Die blutige Schlacht war verhältnismäßig selten. Die meiste Zeit verbrachte man damit, die Heere voreinander aufmarschieren zu lassen wie Scharen von sich plusternden Putern. Das zog hin und her, suchte einander von Basen und Verkehrswegen abzudrängen, einander zu überflügeln und aus günstigen Stellungen herauszumanövrieren. Im Herbst ging ohnehin alles zu Ende, da suchten die Parteien ihre Winterquartiere auf und dösten monatelang still vor sich hin. Im Grunde hoffte man einander zu erschöpfen, man hoffte mehr auf Krankheiten im gegnerischen Lager, auf Regen, Schlamm und Hunger als auf die eigene Offensivkraft. Wie im Tierreich wurde der Gegner nur in Schach gehalten, er war trotz allem noch Artgenosse, also wohl auch Mitmensch.

Diese unbewußte, aber wirksame Mitmenschlichkeit wurde durch die konsequentere Art der späteren Kriegführung eliminiert. Wie hatte der junge Friedrich gefordert? „Alle unsere Aktionen müssen ganz Nerv sein?" Er hielt sich an diesen Grundsatz. Da der neue Krieg durch ein *Raum*konzept nicht zu gewinnen war, so mußte er durch eine neue Organisation der *Zeit* gewonnen werden. Friedrich mußte seine Aktionen in einem anderen, rascheren Rhythmus setzen als seine Gegner. Er mußte ihr Tempo überrunden, indem er sein Tempo bis an die Grenzen des Möglichen steigerte. Die Beschleunigung begann schon in seinem Kopf, in der Phase der Entschließung, der Entscheidung. Während die gegnerischen Generäle untereinander berieten, bei ihren Regierungen rückfragten, aufeinander Rücksicht nehmen zu müssen glaubten oder auch gegeneinander intrigierten, hatte Friedrich schon längst allein und für sich beschlossen und in einsamer Nachtwache den Plan für den nächsten Schritt entworfen. Das war sein erster Zeitgewinn. Der nächste war schwieriger. Da der Feind oft, wenn auch nicht immer, zahlenmäßig weit überlegen war, durfte sich Friedrich nie darauf einlassen, seiner gesammelten Macht zu begegnen. Er mußte die Heranmarschierenden einzeln schlagen, das heißt, er mußte ihnen jeweils entgegenziehen und seine Truppen zu den fürchterlichsten Gewaltmärschen zwingen, die in der Kriegsgeschichte bis dahin erzwungen worden waren. Er mußte praktisch allgegenwärtig sein und noch aus der Niederlage gegen den einen die Sprungkraft gewinnen, sich gegen den nächsten zu werfen. Er mußte unermüdlich sein und von seinen Armeen Unermüdlichkeit verlangen.

Und das sieben Jahre lang.

Friedrich hatte den Krieg offensiv begonnen, indem er im neutralen Sachsen einbrach und das Recht forderte, es im Zug eines „unschädlichen Durchmarsches" zur Basis der eigenen Operationen zu machen.

Kurfürst Friedrich August II. war zwar ein schwacher Mann, aber er war zu Friedrichs Unglück nicht nur sächsischer Kurfürst, sondern auch König von Polen. So hatte er es nicht unbedingt nötig, sich mit dem Aggressor zu arrangieren. Er schickte sein Heer auf den Königstein, einen für uneinnehmbar gehaltenen Höhenrücken, hütete sich aber, die gefährliche Situation zu teilen, und zog sich lieber in seine zweite Hauptstadt Warschau zurück. Die Kurfürstin war indessen in Dresden geblieben. Mit Schneid verteidigte die geborene Habsburgerin (eine Base der Kaiserin) das geheime Staatskabinett mit seinem Schatz höchst kostbarer und höchst kompromittierender Dokumente. Ein rauher Preuße wollte ihr die Schlüssel entwinden, sie wollte sie nicht herausgeben, dabei kam es zu einem Handgemenge zwischen der Fürstin und dem Soldaten, ein für damalige Zeit unerhörter Vorgang. Als die Nachricht davon an die Tochter der Kurfürstin, Dauphine in Frankreich, gelangte, stürzte diese in das Kabinett des Schwiegervaters, des Königs, warf sich diesem zu Füßen und flehte um Genugtuung für ihre gekränkte Mutter. Der König erstarrte vor Entsetzen, daß sich ihm jemand ungerufen, unangemeldet zu nähern wagte. Dann aber erwachte er aus dieser Erstarrung und wandte sich der Klagenden zu. Allmählich sammelte sich in ihm die Einsicht: sie klagte zu Recht. Ungeheures war geschehen. Ein Angriff auf die geheiligte Person einer Regentin, doppelt, nein, dreifach geheiligt durch seine, Ludwigs XV., Schwägerschaft. Das forderte Rache, Zerschmetterung. Die bis dato nur für zweitrangig erachteten Verträge mit Österreich gewannen plötzlich an Relevanz. Seine, des Königs, mühsam überspielten mißtrauischen Einwände gegen die von der Pompadour und ihrem Günstling Bernis eingefädelten Traktate schmolzen dahin: Jaja, man mußte Preußen strafen, man mußte Krieg führen. Man mußte marschieren. Statt 24 000 Mann ließ man 100 000 über den Rhein gehen.

Unterdessen räumte Friedrich Sachsen aus. Immer mit der Beteuerung auf den Lippen, daß er sich diesem nur als Verbündeter anempfehlen wolle, leerte er Kassen und Magazine, schloß die sächsische Armee in ihrem Berglager ein, hungerte sie aus und zwang die ausgemergelten Reste, die sich nach tapferer Gegenwehr ergaben, in die eigene Armee überzutreten. (Nur die Offiziere schickte er nach Hause.)

Er benahm sich also wie ein Pirat. Andernteils gefiel er sich in formalistischen Höflichkeiten. Als ihm in der kurfürstlichen Kunstsammlung zu Dresden ein italienisches Gemälde, eine büßende Magdalena, angenehm ins Auge stach, ließ er es kopieren, doch nicht ohne zuvor die kokett artige Anfrage an den sächsisch-polnischen Hof zu richten, ob das wohl auch gestattet sei?!

So sehen wir diesen Mann in seltsam widersprüchlicher Weise sein Leben führen, ein Leben zwischen den Gräßlichkeiten des Krieges auf der einen und hochstilisierter Intellektualität und Sensibilität auf der anderen Seite. Seine Stimmung pendelte oft genug von Tag zu Tag zwischen äußerster Unbeugsamkeit und selbstmörderischer Verzweiflung. Alle Augenblicke beklagte er sich darüber, daß er der unglücklichste Mensch auf Erden sei. Unaufhörlich zog er seinen eigenen Untergang in Betracht. Einmal wollte er sich von den eigenen Batterien begraben lassen, ein andermal durch Gift sterben. Keinesfalls aber wollte er seine erwählte Lebensform auch nur um ein Jota ändern. Er fühlte sich als der unverwechselbare Prägestempel seiner Zeit.

Im ersten Kriegsjahr hatte es Friedrich nur mit den Österreichern und – in einem kurzen Zwischenspiel – mit den Sachsen zu tun gehabt. Vom zweiten Jahr an war er rundum auf die innere Linie, in die Defensive gedrängt. Strategisch in der Defensive, wandte er immer wieder, auch aus bedrängtester Lage, die schon im Zweiten Schlesischen Krieg ausgebildete Methodik der Offensivschlacht an, während der Österreicher Daun, strategisch in der Offensive, bei der von ihm erprobten kunstvoll ausgeklügelten Defensivschlacht blieb. Ein reziprokes Verhältnis also, das Friedrich dazu zwang, alle Energien seines zermarterten Staates zu mobilisieren. Unablässig bemühte er sich darum, die Feuerkraft seiner Truppen zu erhöhen, ihre Formationen zu immer höherer Beweglichkeit zu drillen und letzten Endes seine eigene hysterische Persönlichkeitsstruktur auf die ganze Armee zu übertragen. Er schonte sich dabei nicht, setzte sich oft und oft höchsten Gefahren aus. Ein Halbdutzend Pferde wurde unter ihm erschossen. Er teilte Anstrengung, Mühe, Kälte mit seinen Soldaten, saß mit ihnen am Wachtfeuer, steckte mit ihnen im Schlamm und wußte ihnen damit den Glauben einzupflanzen, daß er ganz der ihre, nur Diener des Staates und der preußischen Gloria sei.

Dieser Glaube war natürlich Illusion. Die Egozentrik des großen Individuums war in seiner Person so potenziert, daß sie zum Gemeinschaftserlebnis der Vielen umschlug. Es war dies vermutlich ein ganz neues Erlebnis in der Völkerlandschaft Europas, mehr als zwei Jahrzehnte vor dem noch ganz anders eingefärbten, doch ebenso manisch-rauschhaften Gemeinschaftserlebnis der Französischen Revolution.

Es war für Friedrichs Gegner nicht leicht, einem solchen Mann in solcher kollektiver Konstellation die Stirn zu bieten. Wenn Friedrich auch noch nicht dahin gelangte, die Napoleonische Vernichtungsstrategie zu entwickeln, geschweige denn etwa seine Gegner im Sinne moderner Kriegführung radikal auszuradieren, so kann doch kein

Zweifel sein: Friedrichs Methode brachte etwas Bösartigeres in die Kriegführung ein, als es zuvor üblich oder auch nur denkbar gewesen wäre. Auch in dieser Richtung erwies sich die erhöhte Mobilität des Bewußtseins.

Nun freilich: auch an den Österreichern war der Zeitgeist, dieser verschärfende, kühlere nachbarocke Zeitgeist, nicht spurlos vorübergegangen. Friedrich selbst hat es am deutlichsten zu fühlen bekommen. Erstaunt rief er nach einigen Erfahrungen des Siebenjährigen Krieges aus: „Das sind die alten Österreicher nicht mehr . . .", die alten Österreicher unter Neipperg, meinte er. Auch hier hatte sich der Führungsstil gewandelt, auch hier standen neue Leute, wenn vielleicht nicht gleich an der Spitze, so doch im zweiten Glied und später sogar auf obersten Kommandoposten.

Wir erinnern uns, daß Maria Theresias Heer im Jahre 1741 eine rasch zusammengeraffte Truppe darstellte, dessen lebhaftester und wirksamster Teil von den ungarischen Insurrektionskadern gebildet wurde; zähe und verwegene Leute, glänzende Reiter, doch undiszipliniert wie Kinder oder Briganten. In einem Augenblick stürzten sie sich in die Schlacht und säten Tod und Verderben, im nächsten Augenblick dachten sie nur noch an sich selbst, an Rauben, Plündern, an Gewalttaten. Heute gaben sie ihr Leben hin, um ein tolles Abenteuer zu bestehen, morgen verweigerten sie den Gehorsam und begehrten, von Heimweh und anderen Emotionen überschwemmt, nach Hause zurückzukehren. Mit solchen Leuten war ein langer und opfervoller Krieg nicht durchzuhalten.

Der Reichskriegsrat mußte auf Mittel sinnen, diesen Leuten Zucht und Ordnung beizubringen, ihre Fähigkeiten zu nutzen, ihre Untugenden zu bändigen, sie – kurz gesagt – in eine ordentliche Armee einzubinden und aus einer Naturgewalt zu einem Instrumentarium umzuschmieden.

Es ist nicht zu glauben, schrieb Maria Theresia in späteren Jahren, daß sich damaliger Zeit für ihre ganze Armee nicht die kleinste allgemeine „Regul" hatte finden lassen.

MARIA THERESIA, POLITISCHES TESTAMENT, 1750/51
Meine Hauptobsorge war, daß die bei meinen Trouppen eingewurzelte Excessen schwer abzustellen sein würden und eben darumen mir vorgesetzet, hierinfalls mit der äußersten Schärfe fürzugehen. Allein zu meiner ausnehmenden Consolation habe es dahin gebracht, daß

die Länder über einige verübende Excessen von denen Trouppen gar keine Klage führen, sondern vielmehr bitten, mit mehreren Regimentern zu Anbringung ihrer Feilschaften (verkäufliche Waren) die Länder zu belegen.

Meine Sorgfalt ist allerdings auch dahin gerichtet, damit ein gleichförmiges Exercitium und eine wohlanständige Militärdisciplin durchgehends ... introduziert werde.

Die Tendenz des Staates, partikulare Unterschiede abzubauen und alle Kräfte in ein logisch funktionierendes zentralistisches System einzubringen, wirkte auch in die Armee und wirkte dort auf besondere Weise.

Ehedem waren die Adeligen als „Kriegsunternehmer" aufgetreten, sie fühlten sich als „Regimentsinhaber" in der Tat als Eigentümer ihrer von ihnen geworbenen und dirigierten Truppe. Damit mußte es nun ein Ende haben. Zwar wagte man noch nicht, die Sitte der Regimentsinhaberschaft einfach aufzuheben, und sie hielt sich sogar bis in unser Jahrhundert; aber sie sank zu reiner Formalität herab, das Kommando ging von dem feudalen Fahnenherrn an die von der Regierung ernannten Obersten über; oder aber man beschritt den Weg, daß Söhne und Verwandte des Erzhauses, auch der Kaiser selbst, die Regimenter übernahmen. So entstanden die sogenannten Hausregimenter, der Kern der kaiserlich-königlichen Armee.

Das bunte Aussehen der bewaffneten Macht wurde allmählich zugunsten einer allgemeinen Uniformierung abgeschafft. Man setzte dabei nicht sosehr bei der Kleidung als bei der Haartracht an; alle hatten schließlich den gleichen Zopf und ein womöglich bartloses Gesicht zu tragen. Auch das war Eingriff und Abbau wildwüchsiger Individualität. (Wir erinnern uns aus unserer Zeit, wie tiefgreifend solche Zeichen empfunden werden.)

Endlich war man darauf aus, die Bewaffnung zu verbessern. Der hölzerne Ladestock, der den Füsilieren so oft in der Aufregung der Schlacht zerbrochen war, wurde endlich durch einen eisernen Ladestock ersetzt. Das Exerzieren wurde nach preußischem Muster geübt. Die Artillerie wurde laufend ergänzt, sie verdreifachte sich bis zum Ende des Krieges. Daß Brückenbau und Pontonierwesen von nun an auch wissenschaftlich betrieben wurden, ist schon an anderer Stelle erwähnt worden. So wie die Dinge liefen, erforderten sie immer gründlichere Kenntnisse, durchdachtere Methodik und abstrakteres Denken. Ein Offizier konnte seiner Aufgabe nicht mehr genügen, wenn er nichts weiter als ein tapferer Haudegen oder gar ein eitler

Geck war. Der ungebildete Troupier kam in Verruf. Man suchte den Horizont der Militärs zu erweitern, man wollte sogar humanistisches Wissen mit einbeziehen. So wurde der alte Grieche Polybios übersetzt und seine kriegsgeschichtlichen Schriften unter die Troupiers gebracht. Maria Theresia mußte immer mehr darauf sinnen, die sich lichtenden Reihen der alten Kriegsgurgeln durch frischen Nachschub aufzufüllen. Da bot sich der Bürgerstand als Reservoir bildungsfähiger und verläßlicher Talente an. Eine Militärschule sollte den Nachwuchs heranziehen, so gründete sie das *Theresianum*. Dort sollten Reiche und Arme, Söhne hoher Feudalherren und namenloser Bürgerlicher dieselbe Bank drücken und in dieselben Kenntnisse eingeweiht werden.

Mußte man nicht überhaupt darauf sehen, die Reputation des Offiziersstandes zu heben? Wer der Kaiserin diente und für sie seinen Kopf riskierte, der, so dachte sie billigerweise, sollte sich ihr auch präsentieren dürfen. Also erklärte man jetzt das Offizierskorps für hoffähig. Jeder, vom Fähnrich an, durfte – in voller Uniform natürlich – bei Hof erscheinen. Nicht selten zog die Kaiserin verdiente Kämpfer sogar an ihre Tafel. Der Sicherheit halber wurde den Gästen dann jeweils zugeflüstert, wie sie sich zu benehmen hätten: Abgenagte Knochen dürften weder unter den Tisch noch an die Köpfe der Lakaien geworfen werden, Tischtücher und Vorhänge seien nicht zum Schneuzen da. Mancher altgediente Hofkavalier geriet in gelindes Entsetzen, daß nun die misera plebs allerhöchster Gnade gewürdigt wurde. Doch wie sollte man die Leute anders bei der Stange halten? Sie besser zu besolden wäre ein Weg gewesen, gewiß. Aber der Weg war durch die ständige, kriegsbedingte Verschuldung des Staates versperrt. Pulver und Blei, Kanone und Fourage mußten auf Heller und Pfennig pünktlich bezahlt werden. Sie waren sonst nicht zu haben. Heldensinn und Ausdauer ließen sich vielleicht auch mit anderen Mitteln erkaufen.

Schon längst hatte man in Österreich die Stiftung von neuen Orden und Ehrenzeichen erwogen. Nun wurde damit Ernst gemacht. Maria Theresia stiftete 1757 nach der Schlacht bei Kolin den Militär-Maria-Theresien-Orden; er blieb bis zum Ende der Monarchie die begehrteste österreichische Auszeichnung.

Nun freilich, dieser Orden konnte nur an einige wenige verliehen werden. Einen breiter gestreuten Anreiz bot eine andere Verordnung: jeder Offizier konnte, wenn er eine Anzahl Jahre untadelig gedient hatte, um seine Nobilitierung ansuchen. Also hatten Bürger- und sogar Bauernsöhne die Aussicht, die Schranken ihrer Klasse nach oben zu sprengen und unter die Bevorzugten eingereiht zu werden. Diese Neuerung wirkte sozialpolitisch brisant, denn sie schuf neben dem alten Feudaladel die breite Schicht des sogenannten Schwertadels, der zwar vielfach mittellos, aber Staat und Dynastie treu ergeben war. Langsam, Schritt für Schritt, erweiterten sich die Zugänge zu immer höheren Positionen und Ämtern. Dem Schwertadel rückte der Beamtenadel, dann der Geldadel nach: erste schüchterne Vorformen einer Demokratisierung, vorläufig noch getarnt durch Anpassung an die feudale Struktur.

Zwei neue große Namen tauchten in der obersten Heeresleitung auf: Laudon und Lacy, beide weder Österreicher noch Deutsche, doch beide hervorragende Truppenführer. Franz Moritz Graf von Lacy, aus normannisch-irischem Geschlecht, begann seine Laufbahn als achtzehnjähriger Fähnrich, war mit fünfundzwanzig schon Oberst, wurde wegen hervorragender Leistung bei Lobositz zum Generalmajor befördert, entwarf als Generalquartiermeister unter Daun den Plan zum Überfall auf Friedrichs Lager bei Hochkirch, erzwang die Kapitulation von Maxen und drang 1760 bis nach Berlin vor. Feldmarschall Daun war sein Freund und Gönner. Beide stellten den gelehrten, theoretisch interessierten Typus des Offiziers dar, beiden wurde oft vorgeworfen, sie verdürben ihre Konzepte, sogar ihre Siege durch allzu große Bedächtigkeit. Friedrichs Schnellkraft waren sie in der Tat nicht oder nur in den seltensten Fällen gewachsen. Genauso wie der Franzose Soubise hätten sie jeweils klagen können: Unsere Pläne und Veranstaltungen waren gut; leider ließ uns der König von Preußen nicht Zeit dazu, sie zu entfalten.

Da war nun Gideon Ernst von Laudon freilich ein anderer Mann. Ursprünglich schottischer Abstammung, kam er aus Livland, einer jener Unzähligen, die in jener Zeit überquellender Kinderstuben und elender heimischer Versorgungsmöglichkeiten darauf angewiesen waren, sich in die Wirren eines Krieges zu stürzen und bei irgendeiner Partei Dienst zu nehmen. An welcher Seite, für wessen Fahne man fechten wollte, war damals noch ganz die Sache persönlicher Entscheidung und vielfach auch des Glücks. Der junge Laudon stand zuerst in russischen Diensten, in Polen und später im Türkenkrieg, bis 1740. Als die Zarin Frieden schloß, wandte er sich von Rußland ab und Preußen zu. Er trug sich Friedrich II. als Unterführer an. Friedrich mißtraute dem Ausländer und wies ihn ab. Er mag es später so manches Mal bitter bereut haben. Laudon gab nicht nach. Wollte ihn Preußens Adler nicht, so mochte der österreichische Doppelkopf zugänglicher sein. Richtig, er war es. Laudon wurde Trencks Panduren zugeteilt und beteiligte sich an deren abenteuerlichen und waghalsigen Kreuz- und Querzügen. Im Elsaß wurde er schwer verwundet, nahm dann, bald genesen, an der Schlacht bei Hohenfriedberg teil; dort mochte ihm aufgegangen sein, was ein geordnetes Heer, eine zu straffer Disziplin geschulte Truppe zu leisten im Stande ist. Er ließ sich von den Irregulären wegversetzen und erhielt schließlich eine Hauptmannstelle im sogenannten Liccaner Grenzregiment. Auch in anderer Weise wollte der nun Dreißigjährige seine Existenz konsolidieren. Er hatte erkannt, daß man in Österreich nur als Katholik Aussicht auf Karriere hat, so konvertierte er; er heiratete auch und wollte, als der Siebenjährige Krieg ausbrach, wieder in die Armee eintreten. Der Eintritt wurde ihm allerdings sauer gemacht. Zu wiederholten Malen barsch abgewiesen, wurde er schließlich von Kaunitz entdeckt, empfohlen und von nun an rasch befördert. Rastlos eilte er von Aktion zu Aktion: er führte den glücklichen Streich auf Tetschen, zeichnete sich beim Überfall auf Hirschberg aus und brachte den weichenden Preußen nach der Schlacht bei Kolin schwere Verluste bei. Inzwischen war er schon Generalfeldwachtmeister geworden, das Ritterkreuz des Theresienordens prangte auf seiner Brust. Das Großkreuz folgte samt der Würde eines Feldmarschall-Lieutenant. Doch erst bei Kunersdorf gelang ihm der große Wurf. Hier hatte Friedrich die russische Armee unter Saltykow schon so gut wie geschlagen, da warf sich Laudon auf das Schlachtfeld und gegen die bereits ermatteten und blutiggeschundenen Preußen. Die Wirkung war furchtbar. Sie brachte Friedrich an den Rand des Ruins. Von nun an war der Livländer Dauns und Lacys ausgemachter Konkurrent. Er befehligte selbst 60 000 Mann und konnte auch noch bei Landeshut und Glatz imponierende Erfolge einheimsen. Doch leider, gegen das Duo Daun und Lacy kam er nicht auf. Die beiden waren die Etablierten, Laudon der Emporkömmling. Er hätte die Unermüdlichkeit und tollkühne Verve mitgebracht, die Friedrichs Tempo aufgefangen hätten, er allein. Überdies war er ein redlicher Mann von nahezu puritanischer Zurückhaltung in eigenen Belangen. Doch ihm fehlte die Aura umständlicher Gelehrsamkeit, mit der die beiden anderen ihr blutiges Handwerk zu umgeben wußten. Ihm fehlte die hohe Herkunft. Er war für die Herren im Reichshofkriegsrat ja doch nur ein Landsknecht, ein Söldling.

Im Zwiespalt der Feldherren spiegelte sich der innere Zwiespalt, der die österreichische Kriegführung gegen Friedrich so deutlich in die Nachhand brachte: Auf der einen Seite begriff man, daß sich ein Krieg seit neuestem nur aufgrund gründlicher theoretischer Kenntnisse erfolgreich führen ließ. (Deshalb wurde auch eine neue strategisch-taktische Zentralstelle, der Generalquartiermeisterstab, der spätere Generalstab gegründet. Er sollte gleichsam das Gehirn der Armee bilden.) Auf der anderen Seite erlag man aber der altertümlichen Vorstellung, daß Theorie gegen alle Zufälle abzusichern habe, daß jedes Risiko von vorneherein auszuräumen sei. So mauerte man mit Argumenten, statt dem Augenblick gemäß zu handeln und die „Celerität" des Gegners mit eigener Schlagkraft matt zu setzen. Gelehrsamkeit führte immer zu nur noch bedächtigerem Vorgehen. Nahezu rührend wirkt eine Medaille, die man einem österreichischen Feldherrn prägen ließ, mit der Umschrift: Zögernd hast du gesiegt bisher, o Held, siege auch weiterhin so!

Eine andere Medaillenprägung läßt den ganzen Umfang der Kriegstragödie und die ganze Bitterkeit der menschlichen Komödie anklingen, als die uns die Geschichte der sieben Jahre überliefert ist. Nach der Schlacht bei Kolin ließ Maria Theresia eine Münze schlagen mit der Figur einer Göttin, die einen Blitzstrahl schleudert, dazu die Worte: frangit omne superbum, jeder Hochmut wird vernichtet. Nach der Schlacht bei Leuthen ließ Friedrich genau die gleiche Münze prägen: frangit omne superbum. Blanker Hohn ins Gesicht des Gegners.

Zuletzt waren beide erschöpft. Rund eine Million Menschen waren auf den Schlachtfeldern Europas gefallen, die blühendsten Landstriche waren verwüstet. Das Bild Canalettos von der Dresdner Kreuzkirche zeigt wie in einem Fanal Werk und Folge des Krieges, das aufgerissene Innere des alten Baus, das entblößte Skelett der ehrwürdigen Architektur, vor der sich die wüsten Trümmer der eingestürzten Gewölbe häufen. Ringsum drängen sich die Massen der Neugierigen, die meisten von ihnen zierlich gekleidete Bürger. Sie begaffen die Katastrophe, die sich in ihrer Mitte ereignet hat. Schon sind erste Gruppen damit beschäftigt, die Trümmer abzutragen. Wird ihr Ameisenfleiß mit der Ruinenlandschaft fertig werden? Aber gewiß! Dann wird das Leben weitergehen und seine Kraft bewiesen haben. In der Masse steckt die Vitalität und das Recht auf Zukunft, ob sie sich nun vorrangig als Nation oder vorrangig als Klassengesellschaft begreift.

Geben wir uns keiner Täuschung hin! Ob uns der Siebenjährige Krieg als tragisch-heroische Epoche unserer nationalen Geschichte oder aber als Advent demokratisch-revolutionärer Entwicklung erscheint: aufs Ganze gesehen war dieser Krieg doch gar nichts weiter als ein nach Mitteleuropa delegierter Nebenakt der viel weitergreifenden Auseinandersetzung zwischen den beiden Großmächten England und Frankreich, Auseinandersetzung um die koloniale Aufteilung der Erde; der Siebenjährige Krieg war also eine Art Schattenspiel des Schlagabtausches zwischen den Giganten.

(Es könnte sich uns sogar der bittere Gedanke aufdrängen: Wenn sich zwei Herren streiten, müssen sich wohl auch ihre Hunde balgen.)

Der Konflikt der „Supermächte" hatte ja schon angefangen, ehe sich Preußen und Österreich zu bekriegen begannen. Zu gleicher Zeit eskalierten die Kämpfe, zu gleicher Zeit stellten sich Entscheidungen ein. Unter diesem Aspekt sind sogar Rußlands launenhafte Kriegführung unter Zarin Elisabeth und das ebenso launenhaft-persönlich begründete Ausscheren aus der Koalition unter Zar Peter eher zweitrangig. Das Wichtigere geschah in Übersee und vor der Kreideküste Englands. Die Niederlagen Frankreichs in Quebec, am Mississippi und in Indien fanden ihr lokales Echo in Maria Theresias Niederlagen bei Torgau und Liegnitz. Als der Streit der Riesen entschieden war, ließen auch Preußen und Österreich voneinander ab. Keines von beiden konnte den Krieg noch weiter durchhalten, nachdem der Bundesgenosse keinen Impuls mehr gab. Keinem von beiden hatte aber auch der größere Partner zu einem entscheidenden Vorteil verholfen. Die ersten vorfühlenden Friedensgespräche zwischen St. James und Versailles riefen Präliminarien zwischen Berlin und Wien hervor. Im selben Monat Februar 1763 wurde sowohl in Paris als auch in Hubertusburg unterzeichnet. Hatten Friedrich und Maria Theresia doch nicht, wie sie wohl dachten, als Schlüssel-, sondern nur als Schattenfiguren gekämpft und gelitten?

Gelitten, auch das, gewiß. Beide, Friedrich und Maria Theresia, gingen aus dieser ihrer letzten direkten Konfrontation als Veränderte, Verwandelte, als zutiefst Verwundete hervor. Beide, er als knapper Sieger, sie als mit Anstand Unterlegene, hatten eine Hölle durchschritten. In dieser Hölle hatten sie ihre Jugend, ihre Spannkraft, Friedrich seine Gesundheit, Maria Theresia einen Gutteil ihrer weiblichen Potenz eingebüßt. Er war ein gichtbrüchiger alter Mann geworden, sie hatte 1756 ihr letztes Kind geboren. Beide waren menschlich bis ins Mark getroffen und leckten ihre Wunden.

Das Friedenstraktat von Hubertusburg sah vor, daß Friedrich Schlesien behielt. Man kehrte zum Status quo ante bellum, zum Zustand vor dem Krieg zurück. Das Traktat enthielt 21 Artikel und einige geheime Zusätze. In einem von ihnen verpflichtete sich Friedrich, die Wahl des österreichischen Thronfolgers Joseph zum Römischen König nicht zu behindern.

Die nächste Generation reifte heran.

VIERTER TEIL

Die Mutter

Der Kinderreigen

Die nächste Generation reifte heran.

Als Maria Theresia den Hubertusburger Frieden unterzeichnete, war ihr ältester Sohn Joseph schon drei Jahre verheiratet. Ihr erstes Enkelchen – eine kleine Maria Theresia – versuchte eben ihre ersten Schritte. Der Kaiserin jüngstes Kind, Maximilian, war soeben sieben geworden.

Sechzehn Kinder hatte die Kaiserin geboren. Es wird Zeit, daß wir uns in dieser Schar umsehen.

In den ersten beiden Teilen dieses Buches war des öfteren von Schwangerschaften und Niederkünften die Rede. Rekapitulieren wir in Kürze: mit nicht ganz zwanzig Jahren hatte Maria Theresia ihr erstes Kind, ein Mädchen, Maria Elisabeth, zur Welt gebracht. Zwanzig Monate danach folgte eine Maria Anna. Daß auch das nächste, dritte Kind eine Tochter war – Charlotte –, wurde in der ganzen Monarchie als Unglück empfunden. Nun kam der schicksalsschwere Herbst 1740. Maria Theresia, zum viertenmal schwanger, mußte ihren Vater begraben. Wenige Monate vorher hatte sie ihr erstes Töchterchen verloren. Wir haben keine Zeugnisse für ihre Trauer. Damals war sie noch keine große Briefeschreiberin, und kein Obersthofmeister fand es der Mühe wert, über die Stimmungen der Kronprinzessin genauer Buch zu führen. Nur der Vater Franz Stephan hielt in einigen Notizen Symptome und Verlauf der Krankheit fest, die ihm seine Erstgeborene gekostet hatte. Kinder starben damals leicht: eine Darmstörung, eine Grippe genügten oft, um sie auszulöschen. Was die Krankheit nicht zuwege brachte, wurde vielfach durch barbarische Behandlungsmethoden vollendet.

Maria Theresia war eine ängstliche Mutter. Natürlich mußte sie die Kleinen anderen Händen überlassen, um so häufiger, seit sie Regentin war. Doch Ammen und Kinderfrauen wurden sorgsam ausgewählt und häufig kontrolliert. In Sachen Gesundheit waren sie angehalten, nichts, aber auch gar nichts aus eigenem zu unternehmen. Jede winzigste Unpäßlichkeit mußte gemeldet, jede Kratzwunde der Mutter vorgezeigt werden. Doch was nutzte das? Schon im nächsten Januar mußte Maria Theresia das nächste Töchterchen hergeben, die kleine Charlotte. Soeben war Friedrich bis in das Herz Schlesiens vorgestoßen. Einen Monat vor der Katastrophe von Mollwitz wurde sie von Joseph, dem heißersehnten Thronerben, entbunden. Der Säugling ist gerade zwölf Wochen alt, als ihn seine Mutter verlassen und die lange Reise nach Preßburg antreten muß. Kurz darauf nähert sich der Feind der Hauptstadt, die Mutter läßt das kostbare Kind zu sich über die ungarische Grenze flüchten. Kaum ist die Gefahr so weit abgewehrt, daß sie nach Wien zurückkehren kann, ist es klar: sie erwartet von neuem, diesmal Maria Christine. Sie wird vier Tage vor der Schlacht bei Chotusitz das Licht der Welt erblicken. Indessen führt die Mutter weiterhin einen harten Kampf, läßt sich aber – abermals im sechsten Monat schwanger –, nach der Verdrängung der Bayern und Franzosen aus Böhmen, in Prag „das Narrenhäubl" aufs Haupt setzen. Rastlose Arbeit füllt ihre Zeit und verzehrende Sorgen, ob wohl der Frieden mit Bayern zustande käme – so erwartet sie ihr siebtes Kind, Karl, ihren zweiten Sohn. (Sie wird ihn mit sechzehn verlieren.) Die Fahrt zur Krönung des Gatten, wir wissen es bereits, absolviert sie von neuem guter Hoffnung: wieder ist eine Prinzessin auf dem Weg, Maria Amalia, das achte Kind.

Seit sie Joseph erwartete, führt sie Krieg, und noch immer ist kein Ende abzusehen, da im Mai 1747 ihr neuntes erscheint, ein dritter Sohn, Leopold; ein Jahr noch dauert es bis zum Aachener Friedensschluß, vier Wochen danach wird ihr wieder ein Neugeborenes in den Arm gelegt, doch es lebt nur eine kleine Weile. Hat die Mutter Zeit, das winzige Wesen zu betrauern? Sie muß mit Haugwitz die Finanzen des Staates ordnen, sie muß neue Behörden gründen, muß mit ihren Räten eine neue Verfassung schmieden. Doch daneben und darunter arbeitet ihre unermüdliche Natur, Johanna Gabriele erscheint im Februar 1750, eine Maria Josepha im März 1751, eine Maria Carolina im August 1752. Zwar sind es Friedensjahre, die diese Kinder hervorbringen, und doch sind diese Jahre von unermeßlichen Anstrengungen erfüllt. Von neuem muß Maria Theresia versuchen, die Ungarn zu höherer Beitragsleistung anzuspornen, die Justiz- und Verwaltungsreformen schreiten fort, eine neue Währung wird eingeführt, auch die Armee unermüdlich reorganisiert und vor allem: das neue Bündnissystem, das „renversement des alliances", wird zusammen mit Kaunitz in endlosen Beratungen eingefädelt. Nichtsdestoweniger besteigt Maria Theresia am 1. Juli 1754 von neuem das Kreißbett; Hof und Volk begrüßen einen vierten Erzherzog. Maria

Theresia freut sich. Allmählich beruhigt sich ihre Angst, daß das Erzhaus zuwenig männliche Nachkommen haben könnte. So ist ihr im Jahr darauf, November 1755, wieder eine Prinzessin willkommen, ein diesmal besonders niedliches Püppchen. Die Mutter hat keine Zeit, ausgiebiges Wochenbett zu halten. Noch schneller als sonst muß sie wieder auf den Beinen sein, denn die dringendsten Geschäfte müssen vorangebracht und die Zukunft des Reichs durch ein überaus kompliziertes Manöver gesichert werden. Es geht darum, die letzten Bedenken des neuen Bundesgenossen Frankreich auszuräumen. Kaunitz und die Kaiserin sehen sich knapp vor dem Ziel.

Indessen wird das neue Prinzeßchen getauft und erhält den Namen Maria Antonie.

Dann, ein Jahr später, ist es soweit. Der Krieg mit Preußen ist entfacht. Er wütet seit vier Monaten. Mit Hangen und Bangen wartet die Kaiserin darauf, daß ihre Verbündeten (ach, wozu hat man sich denn so um sie abgemüht?) endlich auf dem Kriegsschauplatz erscheinen. In diesen bangen düsteren Dezembertagen 1756 gebiert sie einen fünften Sohn, ihr sechzehntes Kind, Maximilian, ihr letztes. Weiß sie, daß es ihr letztes sein wird? Will sie es so? Sie ist neununddreißig. Hat ihr Doktor van Swieten einen Rat gegeben? Oder ist ihre Natur, diese so lange unerschöpflich spendende Bienenkönigin-Natur, doch endlich ausgepumpt? Maria Theresia tritt in einen neuen Stand ein. Der lange, überlange Sommer ihres Lebens ist zu Ende. Der Herbst kündigt sich an.

Endlich! wird sich so mancher Leser sagen. Sechzehn Kinder! Wir erschrecken heute vor einer derart exorbitanten Fruchtbarkeit, sie erscheint vielen von uns nahezu grotesk. Doch die Natur kennt Phasen der biologischen Expansion und solche der biologischen Reduktion. Wir leben in einer Phase extremer Reduktion, zumindest in unseren Breiten; aus ihr können Stimmung und Motive der Expansion nicht leicht beurteilt werden.

Die Mitte des 18. Jahrhunderts ist das Zeitalter des Physiokratismus. Noch sitzt der Schock des 17. Jahrhunderts in allen Gliedern, damals war Europa durch Krieg und Pest weithin entvölkert worden; die Folge bitterste Armut. Nun lehrte man: Volkskraft ist auch Finanzkraft. Je volkreicher ein Land, desto reicher kann es werden. Aber nicht nur der rechnende Verstand rät zu Kinderreichtum. Das ganze Zeitalter ist naiv kinderfreundlich, kinderselig gestimmt. Die Kunst kennt keinen überzeugenderen Ausdruck für ihr vitales Entzücken als den Putto: das geflügelte oder ungeflügelte Kleinkind, das um Altäre, Kanzeln, Orgeln und Portale, über Treppengeländern und Brunnenschalen schwebt, spielt, tollt, einmal die Marterwerkzeuge Christi, ein andermal kriegerische Trophäen oder Fortunas Füllhorn schwenkt. Das Kind ist Ausdruck nicht so sehr einer jungen Welt als einer Welt, die sich jung fühlen will. Das Kind ist Knospe, Versprechen auf die Zukunft, und man strebt ja mit allen Sinnen der Zukunft entgegen.

Es war gewiß nicht nur Lebenslust, sondern auch Sorge, die Maria Theresia so geduldig, in beinahe pflanzenhafter Ergebenheit die jährliche Bürde einer Schwangerschaft auf sich nehmen ließ, es war die Sorge um die Zukunft der Dynastie. War nicht das Leben ihres Vaters und damit auch ihre eigene Kindheit und Jugend verschattet gewesen durch die Gefahr, die damals dem Stamm Habsburg drohte, Aussterben im Mannesstamm? Gänzlich abgewelkt war der Verwandtenzweig in Spanien. Die Folge ein schrecklicher Krieg. Auch andere Dynastien gaben abschreckende Beispiele, wie etwa das Haus Romanow. Peter der Große hatte keinen Prinzen hinterlassen, nach ihm mußten Frauen einspringen, seine Witwe, seine Nichte, zuletzt seine Tochter, sie kinderlos, so daß sie sich einen deutschen Neffen holen mußte als Lückenbüßer, einen ziemlich mißratenen Jungen noch dazu, der sehr wenig Neigung zeigte, mit seiner Gattin legale Kinder zu zeugen, während diese wieder ganz offenkundig Bastarde heranzog: Verhältnisse, die Maria Theresia schaudern machten und Böses für die Zukunft des russischen Reiches befürchten ließen. In Frankreich gab es ebenfalls Sorge um den Nachwuchs, auch da riß die Geschlechterkette und mußte über Regentschaften vom Großvater zum Enkel geknüpft werden. Und wie war es erst England ergangen, das sich deutsche Fürsten, die Hannoveraner, holen mußte, um seinen Thron zu besetzen? Unfaßlich mochte es ihr, Maria Theresia, scheinen, daß Friedrich sich weigerte, einen Erben zu zeugen, und mit Verachtung die Pflicht von sich wies, für seine natürliche Nachfolge Sorge zu tragen. Nein, nicht um die Welt wollte sie ihrem Reich derartige Verwicklungen zumuten. Ihre Dynastie sollte blühen, in breiter Front Frucht tragen, und selbst wenn der eine oder andere Prinz (Gott verhüte es!) erkrankte oder stürbe, der Stamm selbst sollte nie mehr in Gefahr geraten.

Sie war in der glücklichen Lage, daß sich ihr Selbstverständnis als Dynastin und Mutter (Mutter weil Dynastin) in voller Deckungsgleichheit befand mit den moralischen und religiösen Grundsätzen, die ihr von Jugend an von frommen jesuitischen Lehrern eingehämmert worden waren. Modellfall Abraham. Ihm, dem Kinderlosen, hatte Gott der Herr zahlreiche Nachkommenschaft verheißen und ihm damit Erwählung kundgetan. Es bedeutete also Gnade Gottes, zahlreich zu werden wie der Sand am Meere. Sich solcher Gnade zu widersetzen, daran dachte Maria Theresia nicht – oder sie dachte es nur in flüchtigen Anwandlungen, die wenig zu besagen hatten, so, wenn sie etwa einer vertrauten Brieffreundin schrieb, sie *fürchte,* wieder schwanger zu sein, fürchte es, weil sie dadurch geschwächt würde und *auch weil es ihrem Kopf schade;* immerhin, so fügt sie hinzu, habe sie von allem Anfang an *zehn* Kinder gewollt.

Das Bett war der Altar, auf dem sie feierte: Lust und Pflicht flossen für sie in einem unausgesetzt sich erneuernden Lebensakt zusammen. Die archaische Dreiheit Bett, Thron und Altar verliehen ihrem Selbstbewußtsein die breite Basis, auf dem es ruhte und auf dem es seine nie erlahmende Tätigkeit entfaltete.

Franz Stephan

Der Gefährte im Bett, der ihr vom eigenen Vater bestimmte, im Sakrament angetraute Partner, unermüdlicher Erzeuger ihrer Kinder; „mäusl", „caro viso", gegen alle Widerstände durchgesetzter Mitregent und schließlich sogar deutscher Kaiser. Was war unterdessen aus ihm geworden?

Ein dicker älterer Herr von untersetzter Gestalt mit eckiger Stirn und ausladenden Hängebacken. Seine Kleidung ist bescheiden, selten trägt er das feierlich steife spanische Mantelkleid. Sein Auftreten ist still. Es hat, besonders bei offiziellen Anlässen, etwas beinah Schattenhaftes an sich. Großen Worten und Schmeicheleien entzieht er sich rasch. Dann und wann läuft ein nervöses Zucken über sein Gesicht, er grimassiert, verräterisches Zeichen neurotischer Anfälligkeit. Nur in gewissen Zirkeln hört man ihn lachen, plaudern, Witze reißen. Nicht immer sind dann diese Witze ganz stubenrein. Nicht immer sind die Kavaliere, mit denen er sich ergötzt, nach dem Geschmack seiner Frau, Ihrer Majestät. Ihre Majestät sind nämlich sehr streng. Ihre Begriffe von Tugend sind dann und wann beängstigend, und immer hat sie nur Arbeit im Kopf, Politik, Gesetzgebung, diplomatische und militärische Manöver. Immerfort studiert sie und raschelt mit Akten, diktiert oder schreibt. Dabei wird ihr oft der Atem knapp. Dann springt sie auf von ihrem Schreibtisch und schnappt am offenen Fenster nach Luft. Aber immer, wenn ihr Franz Stephan gut zureden möchte, es doch einmal mit einem bequemeren Tageslauf zu versuchen – und etwa mit ihm auf die Jagd zu fahren –, winkt sie ungeduldig ab oder ist schon wieder zu ihren Akten und Notizen zurückgekehrt. Immerfort konferiert sie mit ihren Sekretären oder ist in Erwartung eines ministeriellen Vortrags, auf den sie sich vorbereitet wie eine brave Schülerin auf eine Schulstunde. Einmal ist Haugwitz zu erwarten mit Berichten aus dem Directorium in publicis et cameralibus oder die Bürokraten Blümegen und Koch oder gar Kaunitz. Den Kaunitz mag Franz Stephan gar nicht leiden.

Er ist ihm undurchschaubar und in mancher Hinsicht suspekt. Überdies kommt er ihm auch oft lächerlich vor. Immer führt sich der Staatskanzler auf, als sei sein eigener Corpus die unersetzlichste Kostbarkeit auf der Welt. Trifft ihn ein Hauch Zugluft, so hüllt er sich sofort zähneklappernd in seine Pelze, wird ihm zu warm, so tut er, als müßte er ersticken, und läßt sich fächeln. Ausgerechnet dieser Mann hat einen Krieg vorbereitet, der die Schlachtfelder Deutschlands mit Leichen bedeckte und Millionen Menschen in Schmerz und Elend stürzte.

Franz Stephan haßte den Mann, und einmal ließ er sich auch hinreißen, diesen Haß zu zeigen. Wie konnte er! Es war in Maria Theresias Gegenwart, als er Kaunitz anschrie, er, Kaunitz, möge doch einmal Rechnung legen über alle die Gelder, die er zu freier Verfügung erhielt.

Kaunitz erstarrte. Auch Maria Theresia erstarrte. Sie sagte kein Wort, doch die Art, wie sie sich auf die Lippen biß, ließ sein, Franz Stephans, Herz gleichfalls vereisen. Von einer Art Panik erfaßt, sprang er auf und verließ das Zimmer.

Schon oft hatte Franz Stephan bei einer Meinungsverschiedenheit mit seiner Gattin den kürzeren gezogen. Er ertrug es einfach nicht, auf seiner Meinung zu beharren, wenn sie auf der ihren beharrte, er gab nach, fast immer gab er als erster nach. Auch heute wieder: ihn reute seine Heftigkeit. Mochte Kaunitz auch in vielen Stücken unerträglich sein: er war der Monarchie und darum auch der Monarchin unentbehrlich. Franz Stephan bekritzelte ein Zettelchen mit seiner schwankenden Schrift, in seiner grotesken Orthographie und in dem für ihn typischen Pêle-Mêle von Deutsch und Französisch: „Ma vivasite fig mir Reg an."

Das Zettelchen ließ er Maria Theresia bringen.

Diese war unterdessen allein geblieben. Kaunitz hatte die Kaiserin mit der strafenden Miene beleidigter Unschuld verlassen. Sie war eben dabei, ihrem kostbaren Staatskanzler zu schreiben, ihn um Verzeihung zu bitten, ihn zu beschwören, Franz Stephans Verdächtigungen nicht ernster zu nehmen, als sie es verdienten. Nun nahm sie das Zettelchen in Empfang. Sie atmete auf, verbesserte die Orthographie und übersetzte das halbanalphabetische Gestammel in seine wahre Bedeutung: Mich reut, daß ich so heftig war. Brief und Zettel wurden mit Eilboten an Kaunitz geschickt.

Unter solchen Umständen ist Franz Stephan nicht übermäßig begierig, an den Regierungsgeschäften seiner Frau teilzunehmen. Da geht er lieber mit einer seiner Schwestern, die ihm aus Lothringen nach Wien gefolgt ist, auf den Basteien spazieren und schwatzt mit ihr von alten Zeiten. Oder er setzt sich an den Spieltisch. Oder er sucht Zuflucht bei Mami Fuchs, der früheren Aja und Hofdame seiner Frau; sie bietet ihm mitsamt ihren beiden lustigen Töchtern erholsame Stunden.

Auch mit seinen Kindern ist er gern zusammen. Er ist ein guter Vater, liebt alle herzlich, kümmert sich um sie, hat ein Ohr für ihre Wünsche. Doch die Direktiven werden auch hier von seiner Frau, der Kaiserin, gegeben.

Kaiserin, weil er *Kaiser* ist. Kaiser! daß er nicht lache! Sein Amt ist nominell das höchste der Christenheit, doch es hat keinerlei oder doch nur noch minimale Funktionen. Dann und wann sind Ehrenzeichen zu verleihen, sind unerhebliche Streitigkeiten zu schlichten. Doch das Reichsgericht in Wetzlar ist nichts als ein Wust von Staub und Moder; der „Permanente Reichstag" in Regensburg eine schwerfällige, in allen Fugen knarrende Apparatur. Mit Müh und Not hat man es nach Verlauf eines ganzen Jahres zuwege gebracht, den Friedensbrecher Friedrich mit der Reichsacht zu belegen. Doch der arme Mann, der als Reichsnotar die Nachricht überbringen sollte, wurde in des Königs Schloß einfach die Treppe hinunter geworfen. Das wäre zu anderen Zeiten als unerhörte Schandtat, als Frevel an heiliger Ordnung empfunden worden. Jetzt lachte ganz Deutschland darüber und applaudierte dem Streich.

Franz Stephan nahm es achselzuckend hin. Aber möglicherweise ging doch etwas wie eine Ahnung in ihm um, daß die kaiserliche Würde bei ihm nicht sonderlich gut aufgehoben war. Hätte ein anderer Mann mehr aus dem Amt gemacht? Doch er, was war er schon? Ein Souverän, der auf sein Stammland verzichtet hatte; ein Oberstkommandierender, der nie etwas anderes als Niederlagen eingesteckt hatte. Er war Gatte einer Königin: Sie liebte ihn, sie lobte ihn, aber sie ließ ihn nicht regieren, obwohl sie doch alles darangesetzt hatte, ihn an ihrer Seite zum Mitregenten zu erheben. Wie war es denn dazu gekommen, daß er zur Puppe wurde? Kleinweis, kaum merklich: indem sie schneller war mit ihrer Meinungsbildung als er und entschiedener. Immer wußte sie genauer, worauf es ankam. Ehe er das Wort ergreifen konnte, war sie jeweils bereits mit ihren Ministern verständigt, und sehr bald hatten diese die Gewohnheit angenommen, nur noch in Maria Theresias Mienen zu forschen und nur noch auf ihre Antworten einzugehen.

Was nutzte es dann, daß sie ihm, allein geblieben, die Arme zärtlich entgegenstreckte und ihm ihren weißen, weichen, sinnlichen Körper darbot? Er umarmte in ihr eine Aufgabe, an deren Bewältigung er verzweifeln mußte.

AUS EINEM GESPRÄCH ZWISCHEN FRIEDRICH II. UND DEM SOHN DES MARSCHALLS BELLE-ISLE, GRAF GISORS, SEPTEMBER 1754

Sobald Friedrich mich erblickte, zog er mich lebhaft in eine Fensterbrüstung und bestürmte mich mit Fragen über Maria Theresia, ... und zwar mit solcher Lebhaftigkeit, daß ich ihm kaum zu antworten vermochte. Vor allem wollte der König wissen, wie sich die Kaiserin gegen die Truppen benähme. „Schmeichelt sie ihnen? Spricht sie mit den Offizieren?"

Ich entgegnete, ich hätte sie stets gegen jedermann leutselig gesehen ...

„Und der Kaiser?"

„Majestät, er ist sehr höflich und trug im Feldlager stets seine Uniform. Im übrigen schien es mir, als ob ihn das, was bei den Manövern geschah, nicht sehr berührte. Er bemerkte sehr richtig die Fehler, sprach und scherzte darüber, ohne sie abzustellen, und ließ den Feldmarschall Browne schalten."

„Möchte man nicht sagen", rief Friedrich aus, „daß die Frau als Mann verkleidet ist und der Mann als Frau? Wenigstens hat der Kaiser das Benehmen eines guten ehrlichen Hausmeiers, der seiner Gattin alles überläßt."

Ich schlug die Augen nieder und entgegnete, ich hätte stets bemerkt, daß die Kaiserin dem Kaiser große Rücksicht bezeigt ...

„Sie muß eine eigenartige Frau sein", versetzte der König, „und mehr männlich als frauenhaft. Macht sie einen vielbeschäftigten Eindruck?"

„Majestät, sie arbeitet von früh bis spät, und bei ihrem starken Willen würde sie zweifellos sehr große Dinge vollbringen, würde sie von ihren Ministern in gleicher Weise unterstützt. Ihr Benehmen im letzten Krieg beweist ihren Mut und ihre Charakterstärke. Besonders bemerkt habe ich an ihr eine ausgesuchte Höflichkeit gegen jedermann. Sie schien mir keinen Reiz ihres Geschlechts ungenutzt zu lassen, um die zu bezaubern, die ihr ihre Aufwartung machen. Erstaunlich, wie ihr Gesicht sich beim Sprechen verschönt und in welchem Maße sie die Gabe besitzt, den Leuten Verbindlichkeiten zu sagen, auch wenn sie es ganz anders mit ihnen meint."

Verzweifelte er wirklich?

Wir wissen es nicht. Beobachter schildern ihn zwar als ernst, von einer Aura der Traurigkeit umgeben. Eine Anekdote will wissen, daß er darauf verzichtet habe, *zum Hof* gezählt zu werden. *Der Hof,* soll er gesagt haben, sind meine Frau und meine Kinder. Ich bin nur Privatperson.

Doch das waren wohl nur Anwandlungen. So wie er sich als Junge anzupassen gewußt hatte, so wußte er auch jetzt noch das Beste aus seiner Situation zu machen. Nach wie vor war er ein leidenschaftlicher Jäger; eine gewaltige Strecke, Dutzende von Böcken und Geißen, Hunderte von Hasen und Fasanen – dieser Anblick tat seinem Herzen wohl. Hier feierte er Triumphe.

Auch andere Triumphe waren ihm erreichbar. War er nicht auswärts auf Jagd, erschien er fast jeden Abend im Theater. Dort sah man ihn nicht selten in halbverhängter Loge mit Tänzerinnen und Sängerinnen schäkern.

Zum Glück hatte er auch noch andere Liebhabereien.

Seit etwa zweihundert Jahren war es an den Höfen Europas Mode geworden, sich mit Naturgegenständen zu befassen. Die Entdeckung der Welt brachte allerlei interessante Objekte bei, riesenhafte Straußeneier, Magensteine von Kamelen, phantastische Kristalldrusen, märchenhafte Muscheln. Zwischen die Wunder der Natur wurden mit Vorliebe auch Entartungen eingereiht, zweiköpfige Kälber oder sechsfüßige Hasen. Doch auch die Welt der Sterne gewann an Interesse. Man teleskopierte, mikroskopierte, bastelte optische, hydraulische, magnetische Apparate, sogar die Dampfmaschine wurde schon angepeilt.

Franz Stephan war von diesen Dingen fasziniert. Er sammelte sie und ließ für sich sammeln: Münzen, Mineralien, ausgestopfte Tiere, medizinische Präparate. An den Hof und in dessen Nähe zog es hochinteressierte Gelehrte, in vielen Disziplinen bewanderte Männer. Sie diskutierten die in Franz Stephans Kabinetten aufgehäuften Naturgegenstände als Beispiel für eine die ganze Natur durchwaltende Gesetzlichkeit.

Er hörte ihnen gespannt zu. Doch dann und wann stieg ihr Gespräch zu Höhen auf, zu denen er nicht mehr folgen konnte. Die eigentlich wissenschaftliche, theoretisch abstrakte Erörterung war ihm unzugänglich. Ihn interessierte vor allem das Tatsächliche, Praktische und auch, ob man vielleicht nicht doch in der Art der Alchimisten versuchen sollte, Gold oder mittels Brenngläsern Diamanten herzustellen? Entschlüpfte ihm dann eine Frage in dieser Richtung, verstummten die gelehrten Herren jäh, wie aus anderen Regionen herabgeholt, ein wenig ernüchtert. Natürlich antworteten sie dann höflich, schonend geduldig, in dem Ton, in dem man Kindern zu antworten pflegt. Fühlte Franz Stephan diese Schonung als neuen Stich in sein verwundetes Gemüt?

Doch schließlich – er war selten um neue Zerstreuungen verlegen. Er ließ in der nächsten Nähe von Schloß Schönbrunn einen Tiergarten anlegen. Er komplettierte seine herrliche Münzensammlung. Er malte auch.

In seiner Jugend war er auf jener denkwürdigen Reise in die Niederlande und nach England in die Gemeinschaft der Freimaurer aufgenommen worden. Die Freimaurerei war damals in ihrer Anfangsphase durchaus noch nicht so kirchenkritisch-antireligiös wie später, sie gab sich viel eher philanthropisch in gemäßigt liberal-christlichem Sinn. Die emanzipatorische Tendenz war allerdings schon damals kaum zu übersehen. Der Vatikan trat ihr in einer päpstlichen Bulle entgegen. Die Bulle wurde in Österreich nicht veröffentlicht. Man rückte nur ganz sachte vom Logenwesen ab. Und auch Franz Stephan rückte ab.

Auch in dieser Richtung paßte er sich an.

Man sagte ihm nach, daß er ein religiöser Mensch gewesen sei, einmal habe er sich auch als Büßer gemalt. Noch ist das Bild vorhanden, das ihm zugeschrieben wird. Da ist er in einsamer Felslandschaft, ein kahlköpfiger, dicklicher Eremit mit Kreuz, Totenkopf und Geißel. Die düstere Staffage darf nicht täuschen. Er war zum Flagellanten nicht geschaffen.

Ihm, dem Gatten der höchsten Frau im Staat, flogen die Frauen zu. Wie hätte er sich jeweils aus der Affäre ziehen können? Nicht nur das kleine leichtfertige Gelichter der Damen vom Theater umschwärmte ihn. Da waren auch Damen der ersten Gesellschaft, von denen gemunkelt wurde, daß sie ihm nahestünden, eine Gräfin Tarouca, geborene Herzogin von Holstein-Beck, eine Hofdame Marianne Gräfin Palffy, spätere Gräfin Canal, und schließlich die angeblich wunderschöne Wilhelmine, geborene von Neipperg. Die kaum Siebzehnjährige war einem der vertrautesten Spiel- und Jagdgenossen des Kaisers, Hans Adam von Auersperg, vermählt worden. Nun hielt sie, eine kühle Kokette, Franz Stephan schon seit längerem in zärtlichen Banden fest.

Erstaunlich ist, daß keine dieser Frauen Maria Theresias Rache zu fürchten schien.

Die eine oder andere wurde von ihr sogar in den engsten Kreis gezogen, sie durfte mit ihr am Spieltisch sitzen. Vielleicht wollte Maria Theresia das Herz ihrer jeweiligen Nebenbuhlerin erforschen, die Neigung der jüngeren Frau zu Franz Stephan ausloten. Ihre Eifersucht wurde bekannt und zum Ziel des Spottes.

Der Einzelfall

Ihre strenge Tugend wurde von vielen heimlich verlacht. Die Zarin Elisabeth hielt sie für eine Heuchlerin. Friedrich II. entblödete sich nicht, Maria Theresia in Augenblicken der Wut eine Hure zu schelten. Zeitgenössische Stiche malten genüßlich aus, wie sie von ihren Feinden ihrer Kleider beraubt wird oder wie sie, sich erbrechend, auf dem Leibstuhl sitzt. Ihre Kinderfreudigkeit war in gewissen Zirkeln zum Gespött geworden. Und wie das immer so geht bei Leuten, die im Lichte der Öffentlichkeit stehen: zotige Phantasie durchstöberte alle Umstände ihres Lebens. All das mag Maria Theresia tief verletzt und erbittert haben. Sie reagierte darauf mit noch größerer Sittenstrenge und sturem Ernst.

NOTIZ DER KAISERIN ÜBER EINEN MASKENBALL
Es erschien ein Kavalier mit Hörnern auf der Perrücke, dazu einen Hahn; ich finde das indezent...

Ein nahezu fast tragisch anmutender Einzelfall in ihrer Zeit, hielt sie sich in Unbedingtheit an die göttlichen Gebote: Du sollst nicht Unkeuschheit treiben; du sollst nicht begehren deines Nächsten Weib. – Die Zeit war verderbt, doch Maria Theresia fand keinen Grund, gerade ihre Zeit und Gesellschaft von „ewigen" moralischen Grundsätzen loszusprechen. Sie hätte sich sonst für eine schlechte Christin, für eine gewissenlose Landesmutter halten müssen. So kam sie auf den Gedanken, eine Sittenkommission zu ernennen. Diese hatte die bizarrsten Aufgaben zu erfüllen. Nicht nur, daß sie über die Tracht der Untertanen zu wachen hatte (binnen Jahresfrist sollten die Röcke der Bäuerinnen beträchtlich verlängert und auch „die unartig ausgeschoppten Mieder auf sittsamere Weise abgeändert werden"); geflüchtete Liebespaare wurden unnachsichtlich verfolgt, Entführungen unnachsichtig bestraft. Verheiratete Männer sollten daran gehindert werden, Umgang zu haben mit leichtfertigen Frauenzimmern. „Singer und dantzer", fahrendes Volk überhaupt wurden aufs Korn genommen. Von ihnen, so hieß es, ginge Unheil aus, Verderben von Leib und Seele, Verführung zu Trunkenheit und Spiel, Ansteckung mit gefährlichen Krankheiten.

Ganz unrecht hatte Maria Theresia damit nicht. Schanker und

Syphilis forderten in jener Zeit schreckliche Opfer. Da es Mode geworden war, den verteufelten Kerl oder die leichtfertige Kokette zu spielen, und niemand, der etwas auf sich hielt, es wagte, der Mode zu trotzen, gewann sexuelle Libertinage den Charakter eines Gesellschaftsspiels. Der Kaiserin war das ein Greuel. Sie gönnte jedem Untertanen sein Stück Liebe und Lust, aber er mochte Liebe und Lust dort finden, wo sie sie selbst gefunden hatte, im ehelichen Bett.

Sie schloß also von sich auf andere. Genauso wie heute kluge Leute strikte behaupten, die Ehe sei als Institution erledigt, bloß weil sie selbst in der Ehe gescheitert sind, so folgerte Maria Theresia in umgekehrter Weise, ein wenig simpel, von ihrem eigenen Leben, von ihrer eigenen Fähigkeit zur sexuellen Treue auf das Lebensgesetz anderer Menschen und auf deren innere Möglichkeiten. Freilich, diese Folgerung setzte Maria Theresia großen Unannehmlichkeiten aus. Die von ihr gegründete Sittenkommission mußte scheitern; sie scheiterte vermutlich schon an den Charakteren jener, die sie als Handlanger benutzte. Ein Heer von Schnüfflern preschte los; aber war ihr Eifer nicht selbst von unsauberen Motiven angeheizt? Wer mochte denn schon an Ecken spionieren, an Türen lauschen und erschreckte Pärchen in flagranti ertappen? Da gab es Verleumdungen, Erpressungen, häßliche und groteske Episoden. Maria Theresias tugendhafte Vorstellungen von einer reineren und damit auch glücklicheren Welt schlugen ins Gegenteil um. Europa verlachte die Kaiserin. Der hemmungslose Sensualismus des Ancien régime mußte offenbar erst ausgelebt werden, bis Kantischer Rigorismus andere, neue, moralische Festpunkte setzte, bis die Tugendhaftigkeit eines Robespierres den Hintergrund dazu mit einfärbte: blutig.

Die Erziehung

Kehren wir zu Maria Theresias Kinderschar zurück! Nach der ungeheuren physischen Anstrengung, die sechzehn auszutragen und zu gebären, trat die andere und vielleicht noch ungeheuerlichere Aufgabe an die Mutter heran, diese sechzehn oder – wenn man von den Frühverstorbenen absieht – dieses Dutzend durcheinanderpurzelnder Menschlein zu Menschen, und das hieß in diesem Fall zu Prinzen und Prinzessinnen und potentiellen Souveränen, zu erziehen. Für diese weitläufige Arbeit mußten die Eltern einen Stab zu Hilfe nehmen, auf den sie sich verlassen konnten oder doch verlassen zu können hofften. Maria Theresia legte dabei einen strengen Maßstab an, nur die Besten schienen ihr eben gut genug, und die Besten der Besten für ihren Joseph.

Joseph, der erstgeborene Sohn, das Herzblatt, die Hoffnung der Eltern, der ganzen Monarchie! Wie die Bienen die künftige Königin von allem Anfang an in einer besonderen Zelle hegen, so sollte auch Joseph in einer Königszelle gehegt werden. Auf ihn wurde alle Sorgfalt verwendet.

Ich stelle mir vor, daß diese Kindheit ziemlich qualvoll verlief. Sie verlief nämlich in einem ganz und gar unnatürlichen Klima, im Scheinwerferlicht konzentrierter Aufmerksamkeit, in der verdickten Atmosphäre unausgesetzter Bemühung. Alles, was das Kind tat oder ließ, wurde sofort registriert, beredet, gemeldet; die Kaiserin reagierte darauf mit der ihr eigenen vorbildlichen, aber leider auch übertriebenen Pflichttreue. Sie korrigierte den Prinzen und überschüttete seine Erzieher mit neuen detaillierten Vorschriften: Das Kind müsse angehalten werden, keinen der Erzieher einem anderen vorzuziehen. Es dürfe keine Speise abweisen, auch wenn es sich ekle. Es dürfe sich weder vor Gewittern noch vor Gespenstern fürchten. Es solle daran gewöhnt werden, bei Helligkeit wie bei Lärm zu schlafen. Man dürfe es weder mit Grimassenschneiden noch mit anderen kindischen Albernheiten unterhalten und so fort. So wurde mit dem Kind nie spontan nach Lust und Laune, Stimmung und Naturell, sondern immer zwanghaft verfahren. Diese Zwanghaftigkeit übertrug sich schnell auf den Charakter des Knaben.

Der Preuße Graf Podewils berichtet seinem König über Joseph: Der Sechsjährige sei nicht eben groß für sein Alter, aber gut gebaut, ja sogar schön zu nennen. „Seine Physiognomie ist angenehm, seine Miene aber stolz und hochmüthig, sein Benehmen desgleichen. Schon hat er die höchste Idee von seiner Stellung, ... Aller Welt und selbst den Damen reicht er die Hand zum Kusse." Und später: „Der Prinz ist starrsinnig und hartnäckig, er läßt sich lieber einsperren und zum Fasten verurtheilen, als daß er sich herbeiließe um Verzeihung zu bitten. Die übertriebene Liebe, welche der Kaiser und die Kaiserin für ihn hegen, hindert sie, ihn zu strafen ... Er zeigt keine Neigung zum Lernen, und man wird Mühe haben, ihm nur die gewöhnlichsten Dinge beizubringen."

Nehmen wir diesen Bericht des Grafen Podewils nicht zu ernst, denn der Preuße wollte seinem Herrn und Meister sicher nach dem Munde reden. Aber sehr bald tauchen auch Klagen von seiten der Mutter über Joseph auf.

„Da mein Sohn," so heißt es darin, „als ein und so lieb und importantes Pfand mit großer Zärtlichkeit und Liebe von der Wiege an gepflegt worden, so ist sicher, daß seinem Willen und Verlangen in vielen Stücken zu sehr nachgegeben worden und insbesondere seine Diener ihn sowohl durch verschiedene Schmeicheleien als unzeitige Vorstellung seiner Hoheit verleitet haben, sich gern gehorchen und ehren zu sehen, hingegen jeden Widerstand unangenehm, ja fast unerträglich zu finden, sich nichts zu versagen, gegen Andere aber leichtsinnig, ungefällig und rauh zu sein."

Unterdessen ist Joseph der Obsorge seiner Kinderfrauen, einer Gräfin Bernes, einer Gräfin Saurau, entwachsen, nun hat er Lehrer und Instruktoren, und deren nicht wenige, einen für jedes Fach. Sein oberster Ajo ist ein Graf Batthyany, ein ungarischer Hocharistokrat, der sich in den Erbfolgekriegen auf den verschiedensten Kriegsschauplätzen einen guten Namen gemacht hat. Daneben sollen dem Knaben sechs Kammerherren als Gesellschafter dienen. Da Joseph in bestimmten Gegenständen sehr wenig Eifer zeigt, zieht man andere Knaben heran, die in seiner Gegenwart unterrichtet werden: so lernt er vielleicht spielend mit? Selbstverständlich sind noch zahlreiche andere Domestiken vorhanden: Kutscher, Sattelknechte, Ofenheizer, Gärtner, Jäger . . .

Am Ende umfaßt der Hofstaat des jungen Burschen mehr als dreißig Personen, mehr als dreißig aufgeblasene, eifersüchtige, die meiste Zeit faulenzerisch herumlungernde Höflinge, die nicht wissen, wie sie ihre Langeweile totschlagen sollen, aber, wo Joseph auch erscheint, dienstfertig herbeispritzen, um sich ihm angenehm zu machen. Es ist kein Wunder, daß der junge Prinz zur Selbstherrlichkeit neigt, daß er, der später so hochgepriesene Menschenfreund, einen gewaltigen Bodensatz an Menschenverachtung in sich entwickelt.

Da er nicht dumm ist, macht sich diese Menschenverachtung auch sehr bald scharfzüngig-ironisch bemerkbar. Der Mutter bleibt das nicht verborgen. Gerade diesen Zug möchte sie bekämpfen. Hänselei, Witzelei, Ironie, der Tonfall des Zeitalters: aber er ist Maria Theresia verhaßt. Sie strahlt zwar in guten Tagen Heiterkeit aus, sie konnte in ihrer Jugend lustig bis zum tollenden Übermut sein. Aber sie zuckt zurück, wo sie die Schärfe des Satirischen, wo sie Zynismus wittert. Sie stellt mit einigem Schrecken fest, daß ihr Kronprinz und Herzblatt eine für seine jungen Jahre erstaunliche Fähigkeit entwickelt, sich über seine Umgebung lustig zu machen. Dieser Höfling stößt mit der Zunge an, so pflegt ihn der Prinz nur zischelnd anzusprechen. Jener hinkt, so hüpft Joseph einseitig hinter ihm her. Ein dritter blinzelt und leckt sich unausgesetzt die Lippen, Joseph ahmt ihn so glänzend nach, daß sich die anderen Höflinge vor Lachen biegen.

Maria Theresia hat gelernt, daß man sich auf diese Weise zwar

Beifall zuzieht, aber keine Freunde macht. Sie warnt den Sohn und legt seinen Erziehern ans Herz, diesen unglücklichen Hang zu bekämpfen. Das ist leichter gesagt als getan. Joseph ist nach wie vor ein schwieriger Zögling. Der entmutigte Ajo Batthyany sucht Rat bei Bartenstein. Der vielerfahrene Staatsdiener und Menschenkenner nimmt sich des Zehnjährigen an und orakelt tiefsinnig: „Mir kommt einmal vor, daß mehr in ihm verborgen steckt als man glaubt. So meine Hoffnung verdoppelt, daß sich noch wohl mit der Gnade Gottes in Allem dürfte Rath schaffen lassen." – „Ja gewiß", antwortet Maria Theresia in einem eigenhändigen Billet, „aber das rechte Mittel zu finden ist die Kunst; ist noch nicht gefunden worden."

Welche Mühe man sich gab, den Thronerben gebührend zu unterrichten, geht aus der Tatsache hervor, daß sich Bartenstein selbst daran machte, eigene Lehrbücher für ihn zu verfassen. Sechstausend Blatt füllte der alte Federfuchser für den jungen Prinzen; deutsche Geschichte – mit besonderer Berücksichtigung des Hauses Habsburg, wie sich beinahe von selbst versteht.

Der Unterricht in Mathematik hatte vor allem den Zweck, Joseph auf die theoretischen Lehrsätze in der neuen Kriegskunde hinzulenken. Ein wenig Poetik, viel Rhetorik, gründliche Kenntnisse in Staatsrecht, Latein, Französisch, Italienisch, auch ein paar Brocken Russisch, das waren die für den erlauchten Schüler festgesetzten Lernziele, während „die Naturgeschichte eher ihren Platz unter den Unterhaltungen fand". Und was die Religion betrifft, so ist vermerkt, daß Joseph seinen Vater in der Karwoche an einem einzigen Tag in achtzehn Wiener Kirchen begleitete, um dort die Heiligen Gräber zu besichtigen. Man bedauerte den armen Jungen, daß man ihn mit so viel Frömmigkeit plagte. Ich möchte eher meinen, es handelte sich dabei mehr um Schaulust und um spätbarocken Sinn für Dekor und Gepränge als um Religion. Doch auch Dekor und Gepränge begannen dem Knaben zu widerstehen.

Joseph heiratet

Joseph war noch nicht zehn Jahre alt, als man in Europa begann, auf seine Hand zu spekulieren. Auch seine Eltern spekulierten mit ihr.

Man war mit den bourbonischen Höfen verbündet, so lag es nahe, eine bourbonische Prinzessin ins Auge zu fassen. Zuerst dachte man an eine Spanierin. Habsburg hatte sich damit abgefunden, abfinden müssen, daß sich in Italien zwei bourbonische Nebenlinien spanischer Herkunft installiert hatten, die eine in Neapel, die andere in Parma. Warum sollte man nicht versuchen, sich mittels Heirat neuen Einfluß auf der Apenninenhalbinsel zu verschaffen? Also verhandelte man mit Karl III. von Spanien (ehedem von Neapel-Sizilien). Er hatte eine Tochter Josepha. Sie war drei Jahre jünger als der eigene Thronfolger Joseph. Das mochte doch passen? Auch Prinzen gab es da, einen Karl, einen Ferdinand. Wie, wenn man dem einen oder anderen eine oder die andere junge Erzherzogin anverlobte? Karl III. stimmte begeistert zu. Er sprach schon von einer Doppel-, Dreifach-, ja Vierfach-Hochzeit. So überbot er das Angebot – und bot damit zuviel. In Wien wurde man bedenklich. Soviel Begeisterung war verdächtig. Vielleicht hatte man auch schon etwas davon läuten gehört, daß diese für Joseph in Betracht gezogene Josepha nicht gerade eine Schönheit, daß sie im Gegenteil eine abscheuliche kleine Trine war. Sollte man den schönen jungen kostbaren Sohn an eine solche verschwenden? Man zögerte also, und bald zeigte sich auch noch eine andere Konstellation.

Da lebte doch eine Fürstin in Parma, Lieblingstochter Ludwigs XV., eine ehrgeizige Dame, die keinen heißeren Wunsch hegte, als eine ihrer Töchter dem Erbprinzen von Habsburg zu vermählen. Sie wollte Kaiserin-Mutter werden. Ludwig XV. hatte ein offenes Ohr für die Wünsche seiner Tochter, so kam deren Älteste, Isabella von Parma, ins Spiel. Ein Vertrauensmann der Kaiserin, Botschafter Mercy, verfügte sich nach Parma, um die Prinzessin in Augenschein zu nehmen. Er konnte nur das Beste melden: ein herrliches Mädchen.

Joseph sah ihr Bildnis und stand in Flammen. Er bestürmte Vater und Mutter: Diese wolle er und sonst keine. Die Eltern waren etwas bestürzt über diese unvermutet aufflammende Leidenschaft. Sie hatten zwar selbst aus Liebe geheiratet und wünschten innig, ihr Sohn möge glücklich werden. Doch war einer Liebe zu trauen, die sich nur an einem Bild entzündet hatte? Und – was würde der König von Spanien sagen, wenn man nun so plötzlich das Bäumchen wechselte?

Natürlich war er erzürnt. Doch schließlich gab Josephs Liebe den Ausschlag – oder waren es doch politische Gründe, die eine Verschwägerung mit Versailles anziehender machten als mit Madrid? Schließlich stand man seit Jahren mit den Franzosen Schulter an Schulter im Kampf gegen diesen Teufel Friedrich. Trotz Kunersdorf, Maxen und Landeshut war kein Ende der Misere abzusehen. Man war auf Ludwigs Heere angewiesen, das mochte einen halben Wortbruch schon entschuldbar machen; mit gewundenen Erklärungen zog man sich aus der spanischen Schlinge und beschloß die Brautwerbung um Isabella. (Die Mutter atmete auf: ihrem geliebten Joseph entgegenzuhandeln war ihr damals noch fast unmöglich.)

Als Brautwerber schickte man den reichsten Paladin, Wenzel Fürst Liechtenstein, nach Parma. Nur er konnte würdig auftreten und *den* Glanz entfalten, den das durch den Krieg erschöpfte, an den Rand des Bankrotts gedrängte Kaiserhaus aus eigener Kasse nicht mehr berappen konnte. Erst neulich wieder war eine große Schlacht – die bei Liegnitz – gegen Friedrich verlorengegangen. Aber was verschlug's? Die Hochzeit des Thronfolgers sollte trotzdem mit allem Aufwand gefeiert werden.

Isabella wurde dem fernen Erzherzog per procuratorem angetraut. Am 1. Oktober 1760 zog sie im Sommerpalast des Prinzen Eugen vor den Toren Wiens ein. Die erste Begegnung des jungen Paares – beide gleich jung, nämlich im zwanzigsten Lebensjahr – fand auf offener Straße statt. Niemand hat Näheres darüber berichtet. Nur eins ist sicher: das entzückende Bild der Isabella hatte nicht getrogen. Joseph war hingerissen. Jedermann war hingerissen: das Mädchen, eine schlanke Schwarzhaarig-Schwarzäugige, war schön, klug, wohlerzogen, von anmutiger und geradezu seraphisch selbstbeherrschter wohldosierter Würde. Die kaiserliche Familie jubelte: Man hatte ein wahres Kleinod gefunden; Österreich würde einst die schönste und liebenswürdigste Königin haben.

Die Orchidee

Wie bekannt: das wunderbare Geschöpf lebte nicht lang. Sie starb schon drei Jahre später an den Blattern und hinterließ einen tieferschütterten Joseph, eine kaum minder tieferschütterte Maria Theresia. Wer Isabellas Schriften liest, muß allerdings staunen. Was war da für eine zauberhaft hochgezüchtete, wenn auch vielleicht nicht ganz ungiftige Orchidee in den doch mehr oder minder biederen habsburgischen Hausgarten eingepflanzt worden?

Die junge Italienerin war zweifellos genial veranlagt. Ihr psychologischer Scharfblick, ihre zergliedernde Intelligenz machten sie ihrer ganzen Umgebung weit überlegen. In ihr steckte eine Diplomatin von hohen Graden, unter sanfter Miene verbarg sie einen nahezu unnatürlich früh ausgereiften und geschärften Verstand. Sie wußte sich nahezu jedem, mit dem sie Umgang hatte, „unendlich angenehm" zu machen. Den schwierigen Joseph wickelte sie um den Finger. Der anspruchsvollen Schwiegermutter empfahl sie sich als das unübertreffliche Ideal einer Tochter. Mit dem gutmütigen und arglosen Franz Stephan hatte sie leichtes Spiel. Nur der immer kränklichen morosen ältesten Schwägerin Marianne gegenüber scheint es zu Sticheleien gekommen zu sein.

Ein besonderes Kapitel bildeten Isabellas Beziehungen zu ihrer Schwägerin Maria Christine. Sie, die viertgeborene Tochter der Kaiserin, damals etwa achtzehn, der Mutter Liebling und Vertraute, ein leidlich hübsches Mädchen, das gern und mit Geschick malte, war vermutlich die begabteste der jungen Erzherzoginnen. Begabungen ziehen einander an. So waren Isabella und Christine bald ein Herz und eine Seele. Es scheint, daß die beiden einander schon als junge Mädchen begegnet waren und eine diffus schwärmerische, freilich auch erotisch eingefärbte Neigung zueinander gefaßt hatten. War Isabella Josephs Werbung nur deshalb so gerne gefolgt, weil sie in Christines Nähe kommen wollte? Obgleich die beiden in Wien vielfach unter demselben Dach wohnten, standen sie miteinander in lebhafter Korrespondenz. Hunderte Briefe und Billets wanderten durch die Korridore der Hofburg zwischen den Damen hin und her. Zweihundert davon sind erhalten, deren Inhalt die treuen Hofhistoriographen des Hauses Habsburg lange Zeit in höchste Verlegenheit versetzte. Was sollten denn diese leidenschaftlichen Liebesbeteuerungen und Eifersüchteleien, dieses Geturtel „schöne Lisette" hin, „schöne Lisette" her, diese Komplimente für Augen, Haar und „reizenden Busen" – ? Sollte man es in der Tat für möglich halten, daß die Parmesanerin, in widernatürlicher Leidenschaft entbrannt, die Lieblingstochter der tugendhaften Kaiserin zu ähnlicher Verirrung verführt habe?

Es scheint jedenfalls so, daß Christine, die später eine biedere und glückliche Ehefrau wurde, den schmeichelhaften Werbungen der Schwägerin nicht widerstehen konnte. Sicher erlag sie Isabellas höherer, zielbewußter und virtuos disponierender Intelligenz.

Isabella kannte Christines Schlüsselstellung zu Maria Theresias Wohlwollen, auch zu Franz Stephans Geneigtheit. Vermutlich brannte sie vor Ehrgeiz, eine zentrale Stelle in der Dynastie einzunehmen. Aber Isabellas Ehrgeiz war zu sublim, als daß sie sich der üblichen Intrigen bedient – und damit auch dem Vorwurf ausgesetzt hätte, eigensüchtig zu handeln. Sie war aus feinerem Holz geschnitzt – oder sollen wir besser sagen, aus erlesenerem Elfenbein gedrechselt? Sie spielte auf einem zarteren Instrument. Obgleich gesund und von den Ärzten guter Konstitution versichert, behauptete sie unausgesetzt, einem frühen Tod geweiht zu sein: Sie werde demnächst sterben, wenn nicht in diesem Monat, so doch im nächsten, wenn nicht in diesem Jahr, so sicher im kommenden. In der Haltung der Todgeweihten beschäftigte sie sich nun damit, ein System zu entwerfen, nach dem sich ihre geliebte Christine der gesamten

Familie Habsburg unentbehrlich machen konnte. Ein pikanter Einfall, diese auf den Fall des eigenen Todes aufgezogene Rezeptur! In narzistischer Selbstverliebtheit ging Isabella von der Annahme aus, daß ihr Tod als die größte aller denkbaren Katastrophen das ganze Haus Habsburg zutiefst erschüttern würde. Doch eben diese Erschütterung, so riet Isabella, sollte sich Christine zunutze machen und durch eigene wohldosierte Trauerkundgebungen so manipulieren, daß sie sich dadurch die zärtliche Zuneigung der beiden Eltern und die brüderliche Achtung des Thronfolgers sichern würde.

ISABELLA AN CHRISTINE
Du wirst in dem Herzen der Kaiserin meinen Platz einnehmen und das wird Dich für Alles entschädigen. Ich kann sagen, daß eine geheime Stimme den Tod mir ankündigt, und dieser Ausspruch verbreitet eine Sanftmuth, eine Weihe in meiner Seele, die ich nicht begreifen und noch weniger ausdrücken kann ...

Der Kaiser liebt Dich, er besitzt ebensowohl große Eigenschaften als Fehler ... Er ist ein redlicher Mann und sein Herz ist gut ... Aber man muß sich hüten vor seiner Willfährigkeit, Leuten Gehör zu geben, welche in keiner Weise die gütige Gesinnung verdienen ... Es gibt kein anderes Mittel als den Kaiser durch den Anschein eines ganz unbegrenzten Zutrauens an sich zu ziehen, ... aber zu vermeiden, ihn jene Anhänglichkeit und jenes wahrhafte Vertrauen erkennen zu lassen, welche man für die Kaiserin hegt. Er ist eifersüchtig auf dieses Vertrauen, darum habe ich niemals vor ihm die Gefühle gezeigt, von denen ich für sie wahrhaft durchdrungen bin ... Das Glück, der Kaiserin zu gefallen, hätte mir das Herz des Kaisers völlig entfremdet.

Die Kaiserin hat ein ausgezeichnetes, zärtliches, gefühlvolles und mitleidiges Herz; ... in Wahrheit liebt sie diejenigen, denen sie ihre Neigung zuwendet, und aufopfern würde sie sich für sie oder sogar für deren Freunde ... Es wäre zu wünschen, daß sie von ihrer Erfahrung und ihren Talenten für sich selbst Gebrauch machen würde. Aber sie hält sie für schwach; sie mißtraut ihrer eigenen Einsicht; ... Daher stammen die Fehler, die sie begeht, darin wurzelt die Unentschiedenheit, in der sie sich häufig befindet.

In dem ersten Schmerze über meinen Tod wird sie nichts so Theures besitzen als Dich. In Dir wird sie mich wieder aufleben sehen, ... all das wird Dir große Gewalt über ihr Herz geben. In dem ersten Augenblicke mußt Du vor ihr Dich gehen lassen; sie wird in Deinem Charakter eine Aehnlichkeit mit dem meinigen finden, die sie an Dich fesselt ... Aber Du kennst ja ihre Weise, ihre Kinder zu lieben;

jederzeit ist sie mit einer Art Mißtrauen und anscheinender Kälte gemischt...

Je betrübter sie Dich nach meinem Tod sehen wird, umso höher wird ihre Liebe zu Dir sich steigern. Denn auch das Mitleid wird hiezu beitragen. Sie wird entzückt sein von Dir und Du wirst ihr als einzige Erscheinung, die den Verlust begreift, den sie an mir erleidet. Aber dieses Gefühl wird auch eine Quelle von Vorwürfen für die Übrigen sein. Als ein Beispiel wird sie Dich allen Anderen aufstellen...

Das ist jedoch nicht alles. Die freundschaftlichen Gefühle, die Du auch nach meinem Tode noch für mich hegen wirst, wird den Leuten den Verdacht erregen, daß Du allein die Kaiserin beherrschen willst. Man wird sie daher zu überreden suchen, daß Du nur von der Begierde erfüllt seiest, alle die Zärtlichkeit, die sie für mich hatte, für Dich zu erwerben. Das ist eine sehr gefährliche Klippe...

Ein Meisterwerk frühreifer Menschenkenntnis! Mit Virtuosität wußte die Zwanzigjährige die Charaktere der Kaiserin, des Kaisers, des eigenen Gatten zu zergliedern und alle Schattierungen familiärer Affinitäten und Diversionen durchzuspielen. Sie spielte für Christine. Wirklich nur für Christine? Worauf bezog sich denn eigentlich ihre Gewißheit, daß sie demnächst sterben würde?

Ihre erste Schwangerschaft überstand sie ohne Schwierigkeiten. Nach der Geburt eines Mädchens, einer kleinen Maria Theresia, war sie in ihrem dritten Ehejahr wieder schwanger. Sie war im sechsten Monat, als sie sich mit Blattern infizierte. In Fieber glühend, gebar sie ein totes Kind und starb acht Tage darauf.

Die Literatur hat die Frühverstorbene mit einer Aura fast ehrfürchtiger Rührung umgeben. Maria Theresia schrieb während Isabellas Todeskampf: „Wir nähern uns dem tragischen Lebensende eines Engels ... All meine Freude stirbt mit dieser unvergleichlichen Tochter ..." Später wird die Kaiserin Isabella sogar eine *Heilige* nennen.

Ich zögere, mich diesem schwärmerischen Urteil anzuschließen. Ihr Tod war wohl nichts als ein Zufall, den niemand, auch Isabella nicht, voraussehen konnte. Er beendete die Entwicklung eines Charakters, der unter dem Anschein frömmster Sanftmut etwas Dämonisches an sich hatte. Ich meine damit nicht etwa die lesbische Neigung zu ihrer Schwägerin Christine; im Gegenteil: ich sehe in dieser Neigung einen eher noch menschlich rührenden Zug, falls nicht auch sie nur gespielt und vorgetäuscht war.

Gefährlicher möchte ich den analytischen Verstand der jungen Parmesanerin nennen, ihren für ihre Jahre erstaunlich hochentwickelten Sinn für sublime Intrigen, die Kälte ihrer narzistischen Unverschämtheit, mit der sie Christine die Liebe des Kaiserpaares zum Preis und sich selbst als Schlüsselfigur der ganzen Dynastie setzte. Maria Christine war wohl zu simpel, um diese Anmaßung zu durchschauen.

Niemand durchschaute Isabella. Maria Theresia ging ihr zutraulich aufs Glatteis. Dem jungen Joseph war sie weit überlegen. Arneth schreibt, niemand wisse genau, wie die beiden miteinander gelebt hatten. Eins ist sicher: Joseph glaubte sich geliebt. Leider kommt er in den Briefen und Billets an Christine kaum vor. Einmal legte Isabella die Grundsätze dar, nach denen sie in ihrem Eheleben verfuhr: erschreckend illusionslos, kühl bis ans Herz hinan.

Wer weiß, was Joseph, Maria Theresia und ganz Habsburg mit dieser Prinzessin verlorenging oder was ihnen vielleicht auch erspart blieb?

Josephs Wiedervermählung gestaltete sich äußerst schwierig. Daß sie gleich nach Isabellas Hinscheiden geplant, ja daß sie bereits während deren Agonie ins Auge gefaßt war – wer kann sich bei der Lage der Dinge darüber wundern? Ein halbes Jahr zuvor hatte man den Hubertusburger Frieden unterzeichnet, und es war höchste Zeit, die außenpolitischen Direktiven für die Zukunft abzuklären. Dazu gehörte auch die Neuvermählung des Thronfolgers. Alle wußten das. Nur Joseph wollte nichts davon wissen. Er trauerte um Isabella. Seine Trauer war, wie sie es ja selbst vorhergesehen hatte, ebenso eigensinnig maßlos wie sein ganzes Wesen. Er war fassungslos darüber, daß ihm, gerade ihm ein solcher Verlust zugestoßen war, und hielt sich auch, ähnlich wie Friedrich nach ähnlichem Verlust, für den Unglücklichsten aller Menschen. Joseph wollte sich nur noch in den Gemächern seiner Gattin einschließen und Zwiesprache halten mit ihrem Geist. Jeder Gegenstand, den sie berührt hatte, jedes Fetzchen Papier von ihrer Hand wurde ihm zur Reliquie. Er zelebrierte seinen Schmerz in langen Briefen an seinen Schwiegervater, und gewiß genoß er es in einem Winkel seines Herzens, daß seine Trauer vom ganzen Hof, voran von seiner Mutter, mit wachsender Besorgnis beobachtet wurde. Denn, wie gesagt, das Leben mußte weitergehen, und Maria Theresia und Kaunitz streckten schon ihre Fühler aus, um neue Bande zu knüpfen. Endlich ließ sich Joseph herbei, in ein Gespräch über eine neue Heirat einzutreten. Dabei entwickelte er eine bizarre Idee. Isabella hatte eine Schwester, Marie Louise, derzeit dreizehn Jahre alt. Sie wollte er haben, wenn schon eine Frau, dann sie, die ihn an die Verewigte erinnern würde.

JOSEPH AN MARIA THERESIA, 30. MÄRZ 1764
Wenn ich eine Frau fände, welche das Herz, die Annehmlichkeiten, den Geist, die Augen, die Zähne, die Züge, kurz alle Eigenschaften meiner verstorbenen Gemahlin besäße, wer weiß was geschähe.

Doch war das Mädchen längst nach Spanien versprochen. Konnte man sie aus dem Verlöbnis loseisen? Maria Theresia seufzte bänglich, Kaunitz schüttelte den weißgepuderten Diplomatenkopf. Schließlich gab die Mutter nach und wagte es zum zweitenmal, Spanien für ihren Thronfolger zu verärgern. Die Absage kam wie erwartet. Man fand das Vorgehen Habsburgs unerträglich. Sollten Europas Höfe nur nach den Liebeswünschen seiner Prinzen tanzen?

Von nun an zeigte sich Joseph doppelt störrisch in seinem Verhalten. Nicht, daß er leugnete, eine Heirat sei unvermeidlich, aber er wollte es den Frauen schon zeigen, die ihm als Bräute zugemutet würden. Frankreich bot derzeit keine Prinzessin zur Werbung an. Eine Portugiesin schien gar zu exotisch. Eine Braunschweigerin, Nichte Friedrichs des Großen, roch doch allzusehr nach der fatalen Verwandtschaft. So kamen nur noch eine Kunigunde von Sachsen und eine Maria Josepha von Bayern in Frage. Joseph erklärte sich bereit, sie wenigstens in Augenschein zu nehmen. Erst Kunigunde: Man verabredete ein „zufälliges" Treffen in den böhmischen Bädern. Die Sächsin reiste mit ihrer Mutter an, Joseph fand sie abstoßend und war selbstherrlich genug, das auch zu zeigen. Zutiefst gekränkt fuhren die Frauen ab.

JOSEPH AN MARIA THERESIA, 7. APRIL 1764
Wenn ich ihnen nicht so sehr ergeben wäre ... würde ich für alle Zukunft Witwer bleiben, oder vielmehr ewig verbunden mit einem schönen Engel im Himmel, welchem ich die Treue nicht zurücksagte, die ich am Altar ihm zuschwor ...

Blieb also nur noch die Bayerin. Die Unglückliche wurde trotz ängstlichen Sträubens nach Straubing geschleppt und vorgeführt. Auch sie eine Enttäuschung. Nur achselzuckend schickte sich Joseph in sein Schicksal. Maria Theresia beschwor ihren Sohn, seine Braut, seine Frau mit Achtung und Rücksicht zu behandeln. Leider vergeblich. Die Mutter suchte gutzumachen, was er versäumte. Aber konnte sie das?

Der Römische König

Unterdessen waren mit Joseph große Dinge geschehen. Er war zum Römischen König gewählt worden. Diese Würde galt als Conditio sine qua non, daß er einstmals, nach dem Tod seines Vaters, die Kaiserkrone erhalten werde. Joseph reiste mit Franz Stephan nach Frankfurt. Maria Theresia begleitete sie nicht. Fühlte sie sich der langen Reise nicht mehr gewachsen – oder hatte sie keine Sehnsucht mehr, ihre Erblande zu verlassen und sich auch diesmal dem „geliebten teutschen Vatterland" zu präsentieren?

Sie mußte es ja doch als bitter empfunden haben, daß sich eben dieses „teutsche Vatterland" während des harten Ringens mit ihrem Erzfeind Friedrich von ihr und ihrer Sache abgewendet hatte. Es hatte ihr zwar nolens volens eine Reichsarmee gestellt, doch die öffentliche Meinung war von allem Anfang an eher mit Preußen als mit Österreich gewesen.

In Deutschland hatte sich in letzter Zeit überhaupt so manches verändert. Ein Klimawechsel war im Gang, man wußte nur noch nicht recht, wo hinaus er wollte. Auf der einen Seite begann man sich aus der französischen Bevormundung zu befreien. Man fühlte sich nicht mehr als der unbetamte Schüler gallischer Überlegenheit, sondern fand plötzlich wieder Geschmack an eigener Art, an eigener Sprache, man fand, daß die althergebrachten „teutschen Tugenden" wie Geradheit, Redlichkeit und Tiefsinn – Eigenschaften, die bisher nur für tölpelhafte gegolten hatten – der polierten Eleganz und dem schillernden Esprit des westlichen Nachbarn nicht ganz unebenbürtig, ja vielleicht sogar überlegen seien. Es bahnte sich also etwas wie ein regeneriertes nationales Selbstbewußtsein an. Doch – und das war das Neue – sah das wiedererwachte deutsche Nationalgefühl davon ab, sich wie früher an dem Begriff des Heiligen Römischen Reiches Deutscher Nation und damit auch in Richtung Habsburg zu definieren. Es hatte einen neuen Kristallisationspunkt gefunden, Preußen und die überragende, ganz unkonventionelle Figur Friedrichs II.

„Wir alle sind fritzisch gesinnt", schrieb Goethe, der Bürgersohn aus der alten Reichsstadt Frankfurt. Die Dichter besangen den König, die Maler malten ihn. Die Militärs waren von seiner Gestalt wie hypnotisiert, ganz gleich, ob sie unter ihm oder gegen ihn dienten. Im Siebenjährigen Krieg hätten österreichische Offiziere Gelegenheit gehabt, den König gefangenzunehmen, doch keiner hatte sich getraut, Hand an ihn zu legen. Der nachmals berühmte Prinz von Ligne, Maria Theresias jüngster Oberst, hatte bei der Einnahme von Berlin eine Feder von Friedrichs Schreibtisch an sich genommen. Er hielt sie als Reliquie hoch bis an sein Lebensende. Und selbst die deutschen Literaten, gegen die Friedrich so viel Verachtung an den Tag legte, daß er, gefragt, was er für die deutsche Literatur zu tun gedenke, antwortete: „Das Beste, was ich tun kann, ist, daß ich ihre Bücher nicht lese", selbst sie vergaben ihm alles. Er hatte einfach immer recht – und wo er einmal irrte, trug dieser Irrtum das Siegel königlicher Großartigkeit und schlimmstenfalls das einer liebenswerten, einer mindestens verzeihlichen Marotte.

Deutschland hatte vergessen, daß es die katholischen Habsburger gewesen waren, die als deutsche Kaiser jahrhundertelang verzweifelt gegen die französische Übermacht gekämpft, daß sie auch Türken und Schweden in Schach gehalten hatten. Deutschland hatte auch vergessen, daß Friedrich noch in den vierziger Jahren fremde Heere ins Herz des Reichs gelockt hatte. Doch als dann Maria Theresia im Siebenjährigen Krieg dasselbe tat, merkte man es wohl und war nicht willens, es ihr zu vergeben. (Noch viel weniger tauchte die Überlegung auf, daß Friedrich durch die Abtrennung Schlesiens den deutschen Bevölkerungsanteil im Vielvölkerstaat Österreich entscheidend geschwächt und die friedliche Assimilierung Böhmens, die zweifellos im Gange gewesen, ein für allemal unterbunden hatte.)

Trotzdem rollten Königswahl, Salbung und Krönung des habsburgischen Thronfolgers in den Apriltagen 1764 als ein schönes, pittoresk bewegtes Fest ab. Der regierende – mindestens nominell regierende – Kaiser Franz I. stellte seinen Sohn Joseph vor und empfahl ihn der deutschen Öffentlichkeit. Die freundliche Beziehung von Vater und Sohn war augenscheinlich: da war keine Eifersucht, kein gespanntes einander Konkurrenzieren, kein Generationskonflikt. Also heile Welt. So applaudierte man und freute sich über den zufrieden strahlenden Kaiser und seinen, wie es schien, noch jünglinghaft schüchternen Sohn. Brav trug dieser seinen Ornat, obwohl er, wie uns Goethe beschreibt, für seine schmächtigen Schultern viel zu wuchtig und ungeheuer war. Obwohl man die Krone gut ausgefüttert hatte, war sie zu groß für seinen schmalen Schädel und stand „wie ein Dach von seinem Kopfe ab".

GOETHE, DICHTUNG UND WAHRHEIT, ERSTER TEIL, FÜNFTES BUCH
Endlich kamen auch die beiden Majestäten herauf. Vater und Sohn waren wie Menächmen überein gekleidet. Des Kaisers Hausornat von purpurfarbner Seide, mit Perlen und Steinen reich geziert, sowie Krone, Zepter und Reichsapfel fielen wohl in die Augen: denn alles war neu daran und die Nachahmung des Altertums geschmackvoll. So bewegte er sich auch in seinem Anzuge ganz bequem, und sein treuherzig würdiges Gesicht gab zugleich den Kaiser und den Vater zu erkennen. Der junge König hingegen schleppte sich in den ungeheuren Gewandstücken mit den Kleinodien Karls des Großen wie in einer Verkleidung einher, so daß er selbst, von Zeit zu Zeit seinen Vater ansehend, sich des Lächelns nicht enthalten konnte . . .

Wäre Maria Theresia auch bei seinem Anblick „in unendliches Gelächter" ausgebrochen? Ich bezweifle es.

Auch in den Tagen der Krönungsfeierlichkeiten ließ Joseph nicht davon ab, seine Trauer um Isabella zu bekunden. Er habe doch nur Römischer König werden wollen, um Isabella als Königin neben sich zu sehen. „Ihrer beraubt bin ich stets ein von Schmerz durchdrungener König. All dieser Lärm und die Freude . . . machen mich mein Unglück nur noch lebhafter empfinden . . . Ich muß mich oft in mein Zimmer flüchten, um meine Gefühle nicht länger zurückzuhalten."

Am Tag der Wahl schrieb er seiner Mutter: „Wenn Sie, theuerste Mutter, fortfahren wollen in mir nur einen Sohn und Untertan zu sehen, so werde ich auf dem Gipfel des Glückes sein. Keine Schonung, ich bitte Sie darum, befehlen, verbieten Sie, tadeln Sie mich wie früher, denn ich bedarf Ihrer Leitung . . . Ich prüfe nicht, was gut ist oder gut wäre; ich will trachten ganz so zu sein wie Sie, und das wird mir genügen, ebenso sehr hinsichtlich politischer Anschauungen als solcher, die das Privatleben angehen. Zuversichtlich hoffe ich, daß Sie diese erste Bitte Ihres Königs nicht zurückweisen."

Kopfschüttelnd und nicht ohne den Anflug eines dumpfen ahnungsvollen Kummers mag Maria Theresia diesen Brief zur Kenntnis genommen haben. Sicher hätte sie aus ihm am liebsten nur kindliche Liebe und Zärtlichkeit herausgelesen. Doch gebärdete sich diese Liebe nicht gar zu demütig und der hier angekündigte Gehorsam gar zu schönrednerisch? Und da war dieser Satz: Ich prüfe nicht, was gut ist oder gut wäre. Dieser Satz mochte der Kaiserin widrig ins Auge stechen. Denn sie kannte ihren Sohn so weit, daß er *sehr wohl* prüfte und daß ihm – im Gegenteil – nichts unmöglicher war, als nicht zu prüfen, nicht zu beargwöhnen, nicht zu tadeln und zu verspotten. Nicht nur, daß er es liebte, seine Geschwister grausam zu necken, sie hatte auch schon etliche Zeugnisse davon erhalten, daß er auch an sie, die Mutter, einen kritischen Maßstab anlegte. In ausführlichen Schriftstücken hatte er dargetan, daß er den Staat, wie er war, ihren, Maria Theresias, Staat, ihre Gesetzgebung, ihre Institutionen, für ungenügend und in der Grundstruktur für verfehlt hielt. Das, was sie als treu sorgende Landesmutter eingerichtet und, wie sie doch glaubte, brav verbessert hatte, hielt er für ganz verfehlt. Ihm gingen andere Gedanken durch den Kopf.

Maria Theresia wollte diese ersten unreifen Denkschriften nicht zu ernst nehmen. Der Sohn hatte sie ja selbst mit „Träumereien" betitelt, und sollte Jugend nicht wirklich träumen dürfen? In Maria Theresia kämpfte zärtliches Zutrauen zu ihrem Sohn mit einer untergründigen Befürchtung. Die meisten Jahre seiner Jugend war er ein fauler Schüler und indolenter Zögling gewesen. Auch als sie ihn zu Sitzungen des neugegründeten Staatsrates heranzog, reagierte er kaum. Es war, als gingen ihn alle diese staatspolitischen Fragen, diese mühevoll zu bearbeitenden Einzelheiten nichts an. Er äußerte sich spöttisch über die Minister seiner Mutter und über deren ihn unverständlich und unnötig anmutendes Salbadern. Er erwachte nur dann, wenn von allgemeineren Ideen die Rede war, Ideen, wie sie jetzt seit neuestem in Europa herumspukten, von denen es hieß, sie könnten alles von Grund auf verändern.

Von Grund auf verändern! Maria Theresia schauderte es bei dieser Vorstellung. Was sollte das wohl heißen: alles verändern? Sie selbst hatte eine Menge in diesem Staat verändert, und sie hatte vor, weiterhin zu verändern, doch Schritt für Schritt, nach jeweils langen Bedenken, Untersuchungen, Überlegungen und in der ständigen Bereitschaft, Rückkorrekturen vorzunehmen, wenn sich Neues nicht bewährte. Für Träume hatte sie nie Zeit gehabt.

Noch hielt sie, Maria Theresia, ihren Staat in festen Händen – gemeinsam mit Kaunitz und einigen anderen guten und verläßlichen Leuten wie Koch, Blümegen, Daun. Aber täglich konnte sie einer Krankheit erliegen – wie Isabella oder der liebe und brave Sohn Karl oder die arme kleine Tochter Johanna Gabriele, beide ausgelöscht in den Unglücksjahren 1761 und 1762. Nie würde sie diese lieben Kinder aus ihrem Herzen reißen können! Nun stand sie im Wechsel, auch davor fürchtete sie sich, nicht nur, weil sie aus wohlbekannten Gründen davor bangte, die letzten Reste ihrer weiblichen Spannkraft zu verlieren – und damit auf Franz Stephan verzichten zu müssen, auf den zu verzichten sie immer noch nicht bereit war; sie fürchtete das Klimakterium, weil sie dadurch möglicherweise ihre Gesundheit, ihre Arbeitskraft, ihren *Kopf* bedroht sah. Immer mißtraute sie ihrer Denkkraft, ihrem Gedächtnis und fürchtete die schweren bleiernen Müdigkeiten, die sie dann und wann überkamen, Relikte vielleicht ihrer vielen Schwangerschaften. Was sollte werden, wenn ihr die Zügel entglitten, ehe Joseph imstande war, sie zu ersetzen?

Das Staatsgefüge

Der Krieg war zu Ende, und das Volk erwartete, nun würde es aufwärtsgehen. Die Belastungen würden weichen, die Steuern gesenkt werden. Die furchtbare Teuerung würde ein Ende nehmen.

Doch leider, so war es nicht.

Gern hätte Maria Theresia ihren Völkern gute Tage gegönnt. Sie empfand es peinlich, daß man von ihrer Regierung enttäuscht war. Es lag nicht daran, daß sie leichtfertig verfuhr. Es lag nicht an ihrem guten Willen. Woran lag es dann?

Die Aufgaben des Staates wuchsen und wuchsen. Nachdem sich die Krone einmal darauf eingelassen hatte, die Kompetenzen der Feudalstrukturen – Wirtschaft, Militärwesen, Bildung und Gerichtsbarkeit – allmählich an sich zu ziehen, wurde sie auch mit derer Problematik belastet. Erst hatte die Regierung um Zuständigkeiten gekämpft, jetzt schienen sie ihr von selber zuzuwachsen. Man hatte offenbar einen multiplikativen Vorgang in Bewegung gesetzt. Was bot sich im Ansturm der offenen Fragen anderes an, als Kommissionen zu gründen. Für jedes Problem eine Kommission, und meistens blieb es nicht bei nur einer: *Eine* Kommission sollte eine Sache untersuchen, *eine andere* sie entscheiden, eine *dritte* die Wirksamkeit der Entscheidung kontrollieren.

Die Bürokratisierung Österreichs war in vollem Gange.

Zum Glück war das Prinzip, nach dem man verfuhr, ein solides. Die neuberufenen Staatsdiener verstanden, daß ihre Ämter gegen die Auswüchse des Feudalismus, gegen Korruption und Vetternwirtschaft, geschaffen worden waren. Also hütete man sich vor derlei Lastern. Man richtete sich auf Ehrbarkeit ein. Keine Sporteln, keine „Freundschaftsbezeigungen", keine Schmiergelder mehr! Ernst und würdevoll saß man hinter den Schreibpulten der Bürozimmer und ließ, mit Akten raschelnd und Tinte verspritzend, die Untertanen fühlen, daß man der verlängerte Arm des Monarchen war, mächtig, doch „an die Gesätze gebunden".

Und doch! Wie weit war man noch davon entfernt, dieses neuartige System der Gesetzlichkeit, das gleichmacherische Netz legistischer Ordnungen, über alle Erbländer der Monarchie zu breiten!

Da war zum Beispiel Ungarn, das ganze ungeheure Gebiet des späteren Transleithanien. Es hielt sich abseits. Genauso wie es sich vor hundert Jahren dem konfessionellen Absolutismus der Habsburger entzogen hatte, so entzog es sich nun dem etatistischen; also der zentralistischen Durchdringung durch die neue Bürokratie. Ungarn blieb eine Art archaischer Festung, in der sich Feudalrecht und Ständefreiheiten uneinnehmbar verschanzt hatten. Feudalrecht hieß: alle Rechte dem Adel. Ständefreiheit hieß Versklavung des Volkes. Maria Theresia litt darunter und litt vielleicht um so mehr, als sie wußte, daß Ungarns Sonderstellung durch sie selbst befestigt worden war. Damals hatte ihr das Land Soldaten gestellt, „die Insurrektion", die sie, die Königin, vor dem Verderben gerettet hatte. Das ließ sich das Land fett bezahlen, nun schon seit vielen Jahren. Seine Steuerleistung war, an anderen Erbländern gemessen, lächerlich. So konnte es nicht bleiben.

Zum zweitenmal stellte sich Maria Theresia einem ungarischen Landtag im Jahre 1751. Damals ging es darum, alle verfügbaren Kräfte ihrer Erbländer zusammenzuraffen, um der großen Aufgabe gerecht zu werden, die auf sie zukam und der sie entgegenfieberte. Wir wissen, sie hoffte auf eine Allianz mit Frankreich, vielleicht auch mit Rußland. Wenn das gelang, so würde sich, hatte ihr Kaunitz versprochen, eine halbe Welt gegen Friedrich in Bewegung setzen. Und da wollte ihr eigenes Erbland Ungarn hinten bleiben?

Mit Franz Stephan und einigen ihrer Kinder brach die Königin auf. Die Knaben hatte sie in ungarische Uniformen gesteckt, die Mädchen und sich selbst in Roben herausgeputzt, die in den Landesfarben gehalten waren. Der kleine Erzherzog Karl hatte etliche ungarische Phrasen auswendig lernen müssen: Wenn das nichts fruchtete?!

Es fruchtete wenig – oder jedenfalls nicht so viel, wie sich Maria Theresia erhofft hatte.

Seit dem Jahr 1741 hegte sie eine Art schwärmerischer Neigung zu der ungarischen Nation. Kein Wunder, denn die Insurrektion und der begeisterte Ausbruch der Magnaten hatten ihr die ersten großen Erfolgserlebnisse eingebracht. Dachte sie, man werde sie wieder mit solcher Begeisterung feiern?

Der Landtag verlief eher ernüchternd.

Den erhöhten Forderungen der Krone entsprachen verschärfte Klagen und Beschwerden seitens der Stände. Gravamina nannte man sie – und ihrer waren nicht wenige. Geduldig hörte Maria Theresia zu – und brachte dann ihrerseits Forderungen vor. Wieder entspann sich ein hartes Ringen. Endlich vermochte sie den beiden Tafeln einige Zugeständnisse abzuringen. Tief herabgestimmt kehrte sie nach Wien zurück.

Ein dritter Landtag 1764/65 dauerte gar ganze neun Monate. Auch er verlief dramatisch genug. Dreihundert Millionen Gulden betrugen Österreichs Staatsschulden. Wollte sich Ungarn immer noch verweigern? Auch diesmal war Maria Theresia mit ihrer Familie in Preßburg erschienen. Sie hatte schon vorher durch die Stiftung eines neuen, spezifisch ungarischen Ehrenzeichens, des Stephansordens, für sich und ihre Sache guten Wind zu machen versucht. Wie üblich ging es beim Landtag langatmig förmlich, wenn auch malerisch üppig zu. Für Aufregung sorgte eine soeben erschienene Schrift eines gewissen Kolar, der zu beweisen suchte, daß die Vorrechte der Magnaten schon seit Olims Zeiten auf schwachen Füßen standen. Der Aufschrei seitens der Stände war gewaltig: Dieser Kolar sollte samt seiner Schandschrift auf dem Scheiterhaufen brennen! Die Kaiserin-Königin versuchte abzuwiegeln, so gut das magyarische Temperament abzuwiegeln war. Wie so oft versuchte sie es mit guten Worten und huldreichen Gesten. Doch – o Schrecken – die Gegenforderungen des Landes überstiegen alle Erwartungen. In eine ungeheure Suada von Ergebenheitsbeteuerungen waren nahezu tödliche Forderungen verpackt. Nun zürnte die Königin und zog sich nach Wien zurück. Sie drohte mit Ungnade und sogar damit, die ungarische Leibwache aufzulösen. Schließlich wurde doch ein Kompromiß ausgehandelt. Die Kontribution des Landes wurde um etliche hunderttausend Gulden auf etwa vier Millionen erhöht. Doch die feudale Festung hatte widerstanden. Noch einmal waren die Vorrechte des Adels zementiert worden. Maria Theresias landesmütterliche Ermahnungen, sich des schwer leidenden Volkes zu erbarmen, waren in den Wind gesprochen. Die Lawine der neuen Lasten rollte auf den Bauern zu. Voll Bitterkeit wandte sich Maria Theresia gegen den Erzbischof und einen Batthyany, die sie beide für mitschuldig hielt. „Diser Landtag hat mich gut die Leute kennen machen", schrieb sie, „wan nur diesen profit davon hätte, ist er groß genug."

Van Swieten und die Folgen

Mit mehr Glück verfuhr Maria Theresia in ihren westlichen Erbländern. Hier hatte sie nun schon seit Jahren ein gerechteres Steuersystem eingeführt und eine halbwegs vernünftige Abstufung der

Lasten erreicht. So zahlte etwa ein Bischof oder Herzog sechshundert Gulden Steuer von seinem Einkommen, ein Konferenzminister zweihundert. Eine Hofdame hatte hundert Gulden von ihrem Salär abzuzweigen, eine Kammerfrau berappte zwölf, ebenso ein Beichtvater, ein Künstler ersten Ranges und ein Rittmeister. Ein angesessener Bauer hatte achtundvierzig Kreuzer zu entrichten, Knechte und Mägde vier.

So weit, so gut oder halbwegs gut. Doch man begriff, daß die Aufgaben des Staates nicht nur darin bestehen konnten, den Glauben zu vertiefen, den Hof zu erhalten, die Grenzen zu verteidigen. Man fühlte, daß man dem einzelnen Staatsbürger noch mehr schuldete; man schuldete ihm Wissen und Bildung, Teilnahme an höheren Gütern, und hoffte natürlich zugleich, daß höhere Bildung und fundiertere Kenntnisse auch wieder Früchte für den Staat bringen würden.

Aber in welchem Verhältnis befand sich Maria Theresia, Tochter des erzkonservativen Karls VI. und ihr Leben lang ängstlich bemühte Katholikin, zum wachsenden Wissen, zur aufklärerischen Bildung ihrer Zeit? Da wehte doch seit längerem schon ein scharfer, rauher, Maria Theresias Geschmack widriger Wind. In England und Frankreich war es Mode geworden, ätzende Kritik an Kirche und Religion zu üben. Autoritäten wollte man nicht mehr gelten lassen. Ein rabiater Empirismus griff um sich. Respektlos stellte man die höchsten Güter in Frage.

Das mußte Maria Theresia ein Greuel sein. Trotzdem hat sich das geistige Klima auch in Österreich unter ihrer Herrschaft, ja sogar durch ihre Herrschaft verwandelt. Eine neue Bildungspolitik hielt Einzug unter ihr. Wie kam das?

Im Grunde ging alles darauf zurück, daß Maria Theresia den Niederländer Gerhard van Swieten an ihren Hof berufen hatte. Es war in jenen dunklen schmerzlichen Spätherbstwochen 1744, als Maria Theresias geliebte Schwester Marianne in Brüssel dahinsiechte und alle irgendwie greifbaren Kapazitäten der Medizin bemüht wurden, die Sterbende zu retten. Unter ihnen war auch van Swieten, Schüler des berühmten und genialen Boerhaave. Auch van Swieten konnte nichts ausrichten, doch irgendwie hatte die Königin Zutrauen zu dem Mann gefaßt und berief ihn nach Wien. Sie berief ihn zuerst nur als Leibarzt ihrer Familie. Aber der Umgang mit ihm beschränkte sich bald nicht mehr nur auf medizinische Ratschläge und therapeutische Handreichungen in Fällen der Not. Wie immer, wenn Maria Theresia mit einem gebildeten Mann umging, von dem sie lernen konnte, *wollte* sie auch lernen. Für sich keineswegs zimperlich, hatte sie doch immer Sorgen um ihre Familie, sie entwickelte in dieser

Richtung geradezu hypochondrische Züge und damit auch ein außergewöhnliches Interesse an der menschlichen Physis im allgemeinen. Der menschliche Körper gab in jener Zeit noch unendliche Rätsel auf, man hatte gerade erst damit begonnen, die Medizin der rein spekulativen Methode zu entziehen und die Therapie von alten magischen Praktiken zu trennen. Der Fortschritt war sehr langsam. Noch immer waren Aderlässe und Klistiere die beliebtesten ärztlichen Maßnahmen. Immerhin hatte man schon herausgebracht, daß die gefürchteten Blattern durch Impfungen einzudämmen seien, und es war auch nicht mehr *jede* Operation tödlich.

Van Swieten war einer der Männer, die sich in diesem Stadium der Wissenschaftsgeschichte als Pioniere hervortaten. Er entwickelte keine umstürzenden Theorien, sondern ging immer nur vom einzelnen Fall aus. Da fand er bei Maria Theresia ein offenes Ohr. So wurde ihr Denken von Fall zu Fall in Richtung Ratio infiltriert. Es war ein Glück, daß sie von van Swieten nicht mit einem System aufklärerischer Grundsätze überfallen wurde. Er ließ es auch nicht an Beweisen der am österreichischen Hof geforderten Frömmigkeit fehlen. Er war kein Radikaler, sondern Jansenist, das heißt, er gehörte jener Richtung an, die das Christentum aus den steinernen Bollwerken des Dogmatismus in die freundlichen Gärten der Philanthropie umzusiedeln versuchte. Dafür hatte Maria Theresia Verständnis. Ihr Zutrauen wurde vollkommen. Sie nannte van Swieten ihren Lehrer, ihren Erretter, sogar ihren Wohltäter, und es entsprach der Großherzigkeit und der ganz unweibisch sachbezogenen Gefaßtheit ihrer Natur, daß sie ihm Dank erzeigte, wenn seine Behandlung glücklich, daß sie ihm aber nie Vorwürfe machte, wenn sie unglücklich verlief.

Diesen Mann stellte Maria Theresia an die Spitze des österreichischen Bildungswesens.

Das Bildungswesen, vor allem das höhere, war bis vor kurzem von den Jesuiten beherrscht worden. Dagegen hatte sich der Zeitgeist mobilisiert.

Worum ging es nun bei dieser vielverschrienen Gesellschaft Jesu?

Im Orden des Ignaz von Loyola war zum erstenmal auf europäischem Boden der ganz bewußte Versuch gestartet worden, die menschliche Natur im Dienst einer Idee zu transformieren. (Preußen hat diesen Versuch fortgesetzt.) Kraft dieser Disziplin rettete der Orden den Katholizismus und damit auch die ungebrochene Überlieferung der mediterranen Kultur nördlich der Alpen. *Ungebrochene* Überlieferung heißt in diesem Fall aber nicht *unveränderte* Überlieferung. Die gegenreformatorische Kirche war nicht die vorreformatorische. Sie hatte sich im Tridentinum ein in sich schlüssiges, fugenlos logisches System geschaffen – und dessen tragender Pfeiler war die Gesellschaft Jesu. Trotz ihrer großen Strenge war sie eine stark integrierende Kraft. Im Grunde hat sie den Barock ermöglicht. Ihr aristotelisch-thomistisches Weltbild hat zur vitalen Monumentalität, zum optimistischen Überschwang des barocken Ganzheitsgefüges ermutigt. Dieser Optimismus überrundete vor allem auf dem Gebiet der bildenden Künste sowohl die mystische Weltflucht als auch die puritanische Engführung der Reformation. Ein Verdienst, mindestens Mit-Verdienst der Jesuiten. In den katholischen Ländern wurde der Orden auch zum Träger der Bildung und des Schulwesens. Hier machte er weniger gute Figur. Der Erkenntnisdrang der neuen Zeit unterlief ihn, der Orden verlor seinen guten Ruf, die öffentliche Meinung verteufelte ihn. Als entschiedene Feinde traten Portugal, Spanien und auch Frankreich auf. In Österreich zögerte man. Die habsburgische Dynastie war zu lange, zu eng mit der Gesellschaft Jesu verbunden gewesen.

Van Swieten war einer von jenen, der die allmähliche Ablösung einleitete. Er brachte Maria Theresia bei, daß der Zustand der höheren Schulen in Wien und ganz Österreich höchst unbefriedigend sei. So konnte ein großer Staat nicht weitermachen! War nicht er selbst, van Swieten, der Holländer, ein lebendiges Beispiel dafür, daß sich Wien vom Ausland versorgen mußte, wenn es gelehrte Leute brauchte? Warum diese Gelehrten nicht selbst erzeugen? Dieses Argument ging Maria Theresia ein. Schon in den späteren vierziger Jahren begab sie sich auf den reformatorischen Weg auch in Sachen Bildung.

Höchst dringend schien die Umgestaltung der juristischen Studien. Man wollte doch tüchtige Staatsdiener heranbilden! Nicht weniger dringend war die Erneuerung der medizinischen Fakultät. Dort taten sich zwei kluge Männer hervor, der Kameralist Justi und der Reichs- und Naturrechtler Riegger. Hier war van Swieten in seinem Element. Der einer milden Aufklärung zuneigende Erzbischof von Wien, Trautson, zog am selben Strang. Sogar unter den Jesuiten fanden sich reformfreudige Gelehrte.

Das mobil gewordene Bewußtsein schälte sich aus der Zwangsjacke alter Bevormundung. Es wollte sich nicht mehr mit, wie es schien, unnötigen metaphysischen Spekulationen abmühen, sondern frisch und fröhlich auf die Realien zusteuern. Bis jetzt hatte jeder Vortrag und jede Prüfung in Latein zu erfolgen. Man merkte, daß die tote Sprache nicht immer taugte, neue Wissensinhalte zu formulieren. Der Begriff freier Forschung tauchte auf und faszinierte. Eine Universität, eine Akademie, sollte nicht nur alte Ergebnisse vermitteln; hier sollten sich Männer versammeln, die selbst Neuland entdeckt hatten und weiterhin entdeckten.

Freilich, der große Sprung nach vorne war nicht so schnell zu bewältigen. Es dauerte bis in die frühen fünfziger Jahre, bis auch nur ein Lehrplan in Umrissen hergestellt war. Der Siebenjährige Krieg bremste alle Reformen. Dennoch griffen die Reformtendenzen weiter um sich. Nicht nur die Universitäten, auch die Gymnasien sollten umgestaltet werden. Und ganz von ferne tauchte auch schon der Gedanke auf, die allgemeine Volksschule einzuführen.

Doch so eifrig Maria Theresia bemüht war, alles ihr Einleuchtende zu unternehmen und zum Wohl ihrer Völker, natürlich auch ihres Staates, ins Werk zu setzen, so halsstarrig war sie, wo sie auf Gedankengut stieß, das ihrer Natur zuwider, das ihr nicht nachvollziehbar war. So wie sie Ironie haßte und Frivolität fürchtete – und beides aus der unbewußt wachsamen Reaktion ihrer Weiblichkeit –, so sträubte sie sich auch ganz instinktiv gegen den Anspruch ihrer Zeit auf ungehindert freies und deshalb auch respektloses Schalten und Walten menschlicher Erkenntnis. Sie entsetzte sich über Voltaires sardonische, über Montesquieus relativierende Intelligenz. Sie haßte Friedrich nicht nur, weil er ihr Schlesien weggenommen hatte, sondern weil sie in ihm einen Nihilisten erblickte. Sie glaubte an die Notwendigkeit fester Regeln. Von Toleranz hielt sie wenig und konnte eigentlich auch als strenggläubige Katholikin nicht allzuviel davon halten. Denn sie war zutiefst überzeugt, daß ihre Religion untrügliche Wahrheiten vermittelte. Sie fühlte sich von diesen Wahrheiten durchdrungen, und es schauderte sie, daß es Menschen gab, denen sie nichts mehr bedeuteten. Überdies machte sie die Erfahrung, daß sich Toleranz vielfach nicht nur als edle Duldsamkeit gegen den (irrenden) Mitmenschen zeigte, sondern daß sie in vielen Fällen nichts weiter war als der modische Deckmantel für bare Gleichgültigkeit und geistige Schlamperei. Sie fühlte sich als Fürstin für das Seelenheil ihrer Untertanen verantwortlich. Also war sie für Abwehr von Ideen, die dieses Seelenheil gefährdeten. Sie war für Zensur.

MARIA THERESIA, POLITISCHES TESTAMENT, 1750/51
Gleichwie die Pietät jene Grundsäulen ist, wodurch ein Regent den göttlichen Segen anhoffen kann ... solcher Gestalten aber die göttliche Gnad und deren kräftigsten Beistand bei denen äußersten Gefahren sich zugezogen, ... auch ich selbsten meine gänzliche Erhaltung ... zu danken habe ...: also kann nicht umhin, meine

Nachfolger wohlmeinend zu erinnern, diesem Beispiel ... auf das sorgfältigste nachzugehen ...

Van Swieten sollte ihr auch in diesen Belangen beistehen. So wie er Nahrung und Medizinen für ihre Familie kontrollierte, so mochte er auch die moralische und die geistige Kost ihrer Völker kontrollieren. Er tat es mit Zurückhaltung, in milder Strenge. Er verfuhr der Kaiserin gegenüber als kluger Psychologe: Das durchaus Anstößige wurde verbannt; das irgendwie Vertretbare mochte passieren. Van Swieten und Kaunitz hatten den richtigen Modus gefunden, die ängstliche Katholikin und manchmal allzu gluckenhaft besorgte Völkermutter zu einer halbwegs aufgeklärten Herrscherin zu modeln.

Der Keulenschlag

Im Sommer 1765 sollte nun auch Maria Theresias zweiter (noch lebende) Sohn Leopold heiraten. Er war sehr jung, gerade achtzehn geworden. Auch für ihn waren seine Eltern schon längst vorausplanend, vorfühlend und verhandelnd tätig gewesen.

Was hatte eigentlich ein nachgeborener Erzherzog von seiner Zukunft zu erwarten? Verglichen mit dem Los des Ältesten war sein Los ziemlich kläglich. Ihm standen 40 000 Gulden Apanage und eine lebenslängliche Anstellung im Dienste seines Hauses zu.

Die Eltern wollten wenigstens ihrem Zweitgeborenen eine bessere Position sichern. Er sollte wie Joseph Souverän werden, wenn auch natürlich in einem kleineren Bereich. Da war doch dieses Großherzogtum Toskana. Mit ihm war Franz Stephan vor fast dreißig Jahren für sein Stammland Lothringen entschädigt worden. Es war, auf Frankreichs Weisung, auch in den ärgsten Zeiten des Erbfolgekrieges immer unbestritten österreichisches Land geblieben. Doch es lag weit entfernt von Österreichs Grenzen.

Sollte man es nicht als Sekundogenitur für Leopold einrichten? Das widersprach zwar dem Buchstaben der Pragmatischen Sanktion, doch schien es politisch ratsam: Da die Bourbonen in Italien Sekundogenituren eingerichtet hatten, sollte man mit ihnen gleichziehen. Als Leopolds Gattin war gleichfalls eine Bourbonin vorgesehen, Maria Ludovica, Tochter des Königs von Spanien. Sie war älter als Leopold und keine glänzende Erscheinung. Doch Leopold hatte nicht die Ambitionen seines Bruders, er ließ sich geduldig verloben.

Als Hochzeitsort wurde Innsbruck bestimmt.

Noch heute steht der Bogen aus grauem Stein, die Triumphpforte, die man damals zu Ehren des hohen Festes am südlichen Stadtrand von Innsbruck errichtet hatte. Die Aufregung im ganzen Land war groß. Das Land war gut habsburgisch gesinnt, vollständig rekatholisiert, durch eine intensive jesuitische Mission an Glaube und Gedankensystem des Tridentinums gebunden. Der Adel war im Vergleich zum Adel in anderen Erbländern wenig begütert. Dafür hatte sich etwas wie ein freies Bauerntum entwickeln können. Wild und rauh war die Natur des Landes, das Volk an Entbehrungen gewöhnt. Trotzdem zeigte die Kunst hier herrliche Blüten, nicht nur, daß man in letzter Zeit eine Hofburg erbaut, daß man in der Hauptstadt und deren nächster Nachbarschaft etliche bedeutende Kirchen errichtet und großartig ausgestattet hatte; selbst in abgelegenen Hochtälern war der fromme bildnerische Sinn tätig gewesen und hatte unzählige rührende und etliche sogar glänzende Zeugnisse barocker Frömmigkeit geschaffen wie in Hopfgarten, Pill und Obernberg.

In dieses Land reiste man nun und wollte sich gnädig zeigen. Zwar: Leopold, der Bräutigam, war knapp vor der Hochzeit erkrankt, und Erzherzogin Christine hatte Liebeskummer. Zwischen Mutter und Tochter wurde eifrig beratschlagt und getuschelt. Christine war schon vor einiger Zeit mit einem Sachsen bekannt geworden, einem Sohn Friedrich Augusts II.; Albert hieß der junge Mann, er hatte sich in Christine verliebt, Christine hatte sich in ihn verliebt, Maria Theresia fand, die jungen Leute paßten zueinander, und sie gönnte ihrer Lieblingstochter das Glück einer Liebesehe, das sie, wir wissen es schon, ihren anderen Kindern nicht so ohne weiteres gönnen konnte. Aber noch schien die Sache nicht spruchreif zu sein, denn der Vater war nicht eingeweiht. Er hatte andere Pläne. Franz Stephan, der sonst so selten mit eigenen Initiativen hervortrat, hatte gerade für seine Tochter Christine selbständig ein Vorhaben entwickelt. Er hatte Verwandtschaft in Piemont-Savoyen, also wollte er sie mit einem Piemontesen verheiraten. Dieser, ein Herzog von Chablais, war von ihm nach Innsbruck eingeladen worden. Ein für Christine gefährlicher Augenblick. Was sollte geschehen, wenn der Kaiser dem Kavalier so auffallende Avancen machte, daß sie, die Tochter, in eine peinliche Lage geriet? Denn – war die Werbung ausgesprochen und vom Vater befürwortet, wie sollte sie dann noch abgewiesen werden?

Mit Spannung erwartete man die bourbonische Braut. Als sie eintrat, atmete man auf. Sie war nicht schön, nicht häßlich, war still, geduldig, fromm. Leopold erholte sich bei ihrem Anblick. Die

Hochzeit wurde vollzogen. Jetzt sollten lange Nachfeiern folgen, Bankette, Empfänge, Opern.

Es war Mitte August. Vielleicht war Föhn. Man weiß, was der Föhn in Innsbruck bedeuten kann für Leute, die einen schwachen Kreislauf haben. Franz Stephans Kreislauf war sicher belastet, belastet durch üppige Nahrung, müßiges Leben, vielleicht auch durch geheime Kümmernisse. Am Abend des 17. fühlte er sich nicht wohl, die Kaiserin riet ihm, den Arzt zu befragen, sich Blut abzapfen zu lassen. Er lehnte ab.

Am 18. besuchte er das italienische Schauspiel, verließ es aber vorzeitig. Joseph begleitete ihn in die Hofburg hinüber. Der Sohn bemerkte, daß der Vater taumelte. Er wollte helfen. Der Vater wehrte ab. Der Sohn entfernte sich einige Schritte, doch behielt er den Vater im Auge. Da kippte Franz Stephan um. Joseph schleppte den Röchelnden auf das Rollbett eines Lakaien. Dort starb Franz Stephan, der deutsche Kaiser.

Entsetzensrufe erfüllten die Hofburg. Maria Theresia brach über der Leiche zusammen. Das freudige Fest wurde zur Totenfeier.

Christines Liebesheirat war gerettet.

Die Witwe

Media in vita mortis sumus. Nach diesem Leitsatz des Barocks verfahrend, hatte man schon vor einem Jahrzehnt das Grabmal des Herrscherpaars im Kapuzinerkloster zu Wien vorbereitet: einen riesigen Doppelsarkophag mit üppigem Aufbau; oben der Kaiser und seine Gattin, ringsum figuraler Dekor, der an die Würde der Verewigten und ihre triumphalen Lebensaugenblicke erinnern sollte. Ein einsames Prachtstück zwischen vielen schlichten Särgen, viel größer und prunkvoller als selbst der vom selben Künstler, Balthasar Ferdinand Moll, geschaffene Sarkophag Karls VI. Franz Stephan bezog das Prachtgehäuse als erster. Er hinterließ eine untröstliche Witwe. – Wie war diese Untröstlichkeit zu verstehen?

Maria Theresia hatte ihren Franz Stephan als ein Stück ihres eigenen Lebens geliebt. Nun war er ihr jäh entrissen: ein schwerer Schock. Maria Theresia fühlte sich bis ins Mark getroffen. Vielleicht war Franz Stephan wirklich der einzige Mensch gewesen, vor dem sie sich hatte ein wenig gehenlassen können, der einzige Mensch, der sie zwar oft mit ihren Sorgen allein gelassen, mit dem sie dennoch die Überreste infantiler Strukturen, die sich ja in jedem menschlichen Individuum bis zuletzt vorfinden, ausspielen hatte können?

Doch eine Person in Maria Theresias Stellung bleibt in jeder Lage eine öffentliche Person, und Öffentlichkeit erzwingt Stilisierung. Es war ihr gelungen, ihre Ehe zur „glückseligsten", mit dem besten, bewunderungswürdigsten, ja adorablen Gatten, hinaufzustilisieren und damit als schattenlos untadelige Urzelle ihrer Familie – und so auch des ganzen Reiches – exemplarisch zu machen. Genauso war sie jetzt entschlossen, ihre Witwenschaft mit derselben Konsequenz und Unbedingtheit zu leben. Sie legte Trauerkleider an, um sie nie mehr abzulegen. Sie verteilte ihre Garderobe. Sie streifte ihre Juwelen ab, um sich nie mehr mit ihnen zu schmücken. Sie wollte nie mehr auf einem heiteren Fest erscheinen, nie mehr ein Theater betreten. Sie dachte anfangs sogar daran, alle ihre Ämter niederzulegen, zurückzutreten und in einem Kloster zu verschwinden.

Aber sie gelangte sehr schnell dahin, diesen letzten Wunsch abzubauen.

Franz Stephans Leiche war nach dynastischem Bestattungsbrauch geöffnet, einbalsamiert, sein Herz war in einen silbernen Becher, seine Eingeweide waren in einen kupfernen Kessel eingelötet worden. So wurden seine sterblichen Überreste in Hall auf eine Innplätte geladen und flußabwärts durch Tirol und Bayern immer zu Schiff nach Wien gebracht. Die Trauerfeierlichkeiten waren lang und von fast ausschweifender Gründlichkeit. Hunderte, ja Tausende Messen wurden gelesen. Am liebsten hätte Maria Theresia ganz Wien in Trauerflor gehüllt. Strenge Anweisungen waren an den Hof ergangen: Jeder hatte seinen Anteil an Gram oder doch an Grämlichkeit beizutragen. Den Damen war das Schminken aufs strengste verboten worden. (Und da geschah das Unglaubliche: gerade Franz Stephans Favoritin, die schöne Wilhelmine Auersperg, muckte gegen das Verbot. Ihr war die Kaiserin bei der Trauerkur mit großmütigen Worten entgegengekommen: „Wir beide haben viel verloren!" Aber die Junge blieb ungerührt. Nicht schminken sollte sie sich, wegen Franz Stephans Tod? Sie wüßte nicht, begehrte sie auf, daß sie ihr Gesicht vom Staat bekommen hätte.)

OBERSTHOFMEISTER KHEVENHÜLLER-METSCH NACH
FRANZ STEPHANS TOD, 31. AUGUST 1765
Das Volk zeigte bei heutiger lugubren Funktion eine sehr wahre Betrübnis. Jedermann hatte den verstorbenen Herrn wegen seiner Ehrlichkeit, leutseligen Umgangs und als einen guten Haushalter

geehret und geliebet, man ware ... mit der für ihn sehr schmeichelhaften Meinung fast familiär geworden ... ob er nicht immer schon so viel Crédit und Ascendant sur l'ésprit de la souveraine gehabt ... Allein nebst deme, daß er von Natur nicht sehr arbeitsam, dann langsam und unentschlossen ware, so fehlete ihm auch an der nötigen fermeté (Entschlossenheit), um denen immer sehr hitzig ausbrechenden Vivacités seiner Gemahlin den behörigen Widerstand zu leisten nicht immer Gelegenheit gefunden ...

Ein halbes Jahr später, am 12. Februar 1766, dem dreißigsten Jahrestag ihrer Hochzeit, schrieb die Witwe an ihre Freundin Gräfin Enzenberg in Tirol: „Noch vor einem Jahr war dies der glücklichste Tag meines Lebens ... dieses Glück hat sich tief eingeprägt in mein unseliges Herz ... es ist heute mit bitterstem Schmerz vermengt. Einen großen Trost habe ich heute bei der Einäscherung (kirchliche Zeremonie am Aschermittwoch) gefunden; das ist mein Theil, den ich mit viel Bereitwilligkeit umfasse. Was mir übrig bleibt und was ich mit Ungeduld erwarte, ist meine Bahre und mein Sterbekleid."

Und im selben Brief: „Ich habe den Tag allein in meinem Cabinett zugebracht, umgeben von den Bildnissen unseres geliebten und großen Gebieters ... nicht ohne bittere Reue ..."

Reue also, sogar *bittere* Reue.

Gewiß stieg in Maria Theresia jetzt das Bewußtsein unabweislicher denn je empor, daß ihr Gemahl, den sie so oft „Gegenstand und Zielpunkt all ihrer Handlungen, all ihrer Zärtlichkeiten" genannt hatte, daß dieser Gemahl neben ihr doch eine mehr oder minder unglückliche Rolle gespielt hatte. Mag sein, daß ihr jetzt so manche Erinnerung aufstieg, die ihr peinlich war, etwa, wenn sie in ihrem Ministerrat die Einwände des Gatten vom Tisch gewischt, wenn sie über seine Leichtfertigkeit gegrollt oder einer Hofdame warnend zugerufen hatte: „Sie wollen heiraten? Nehmen Sie sich ein Beispiel an mir und hüten Sie sich vor einem Mann, der nichts zu tun hat."

Lästige Erinnerungen, schmerzhafte Erinnerungen. Maria Theresia versuchte sie zu überspielen, indem sie Franz Stephans Gedächtnis in eine glorifizierende Aura hüllte. Plötzlich war er nicht mehr nur der beste Gatte und liebevollste Vater, sondern sogar ein großer Herrscher, ein weiser Monarch. Es fehlte noch, daß sie ihn zum Heiligen verklärte. (Ansätze dazu sind in ihren Briefen vorhanden.)

Der Mitregent

Mit Sterbekleid und Bahre hatte es für Maria Theresia zum Glück noch gute Weile. Eine Herrscherin ihrer Art kann ihr Reich nicht aus persönlichem Kummer von heute auf morgen verwaisen lassen, und zuletzt kann sie ihre Hand von ihren Kindern abziehen. Schon zehn Tage nach Franz Stephans Tod schrieb sie an Kaunitz: „Ihrem Rat zufolge lasse ich mich nach Wien schleppen, einzig und allein um für neun Waisen Sorge zu tragen ... Ihr guter Vater vergötterte sie und wußte ihnen niemals etwas zu versagen. Ich aber kann in gleicher Weise nicht fortfahren ... Jeder Tag macht mich zittern um ihr Geschick ... um die Versorgung meiner Familie wie unseres Staatssystems."

Wir merken: selbst in der tiefsten Trauer kann Maria Theresia ihr Wesen nicht verleugnen. Ihr Wesen ist Obsorge, Vorsorge, Tatkraft, die Prägekraft des geborenen Herrschers. Der Schock setzt sich rasch bei ihr in nur um so emsiger wachsame Energie um. Noch eifriger als bisher will sie ihre Pflichten erfüllen, und da sie es für ihre Pflicht erachtet, ihren Sohn zum Mitregenten zu berufen, so schreitet sie ungescheut und energisch auf dieses Ziel zu. Sie erreicht es auch sofort. Niemandem fällt es ein, gegen den jungen Erzherzog – jetzt auch deutscher Kaiser – zu protestieren. Freilich fügt die Mutter der öffentlichen Verlautbarung der Mitregentschaft die beruhigende Versicherung zu, es liege ihr fern, irgend etwas „von der Beherrschung der für allezeit untrennbaren österreichischen Staaten zu vergeben".

Ob sie wußte, worauf sie sich da einließ?

Im Hause Habsburg geschahen Zeichen und Wunder. Wie einstmals Friedrich der Große nach dem Tod seines Vaters verwandelte sich Joseph, der bis dahin desinteressierte, schlapp dahintrödelnde Thronfolger, von heute auf morgen zu einem „glühend beeiferten Staatsdiener". Freilich hatte Joseph, anders als Friedrich, eine Mutter neben sich, mit der er rechnen mußte. Doch augenblicklich schien ihn das wenig zu stören. Er fuhr fort, ihr lange Episteln voll schmeichelhaftester Zärtlichkeiten zu schreiben und sich als ihr Geschöpf und ihren untertänigsten Diener zu bezeichnen. Daneben legte er ihr allerdings ganz andere Schriftstücke vor, Fortsetzungen jener „Träumereien", mit denen er die Kaiserin schon früher beunruhigt hatte. Er tat zwar, als habe er sich von seinen ersten unreifen Entwürfen entfernt, doch im Grunde war der Tenor derselbe. Joseph forderte *despotisme lié*, die absolute Macht für den Herrscher (und damit wohl für sich). Der Herrscher allein kann alles überschauen, also auch alles neu gestalten. Dazu muß der Adel entmachtet werden. Alles Alte und Hergebrachte ist schlecht und verfehlt, nichts als Plunder. Joseph will die Gesellschaft von ihren Wurzeln trennen, ihre Vergangenheit annullieren. Jedermann sollte nur für den Staat da sein, nur durch den Staat und mittels des Staates existieren.

Also: der Staat als neue Gottheit? Maria Theresia wußte vielleicht zuerst nicht einmal, was ihr an Josephs Gedankengängen so widrig war, denn sie hatte ja selbst ihr Leben damit zugebracht, den Staat zu fördern.

Doch dann stieß sie auf eine Stelle, die ihr die Schuppen von den Augen fallen ließ. Da schrieb Joseph in deutlicher Bezugnahme auf seine eigene Erziehung: „Die guten Seelen glauben, alles erreicht und einen großen Staatsmann herangebildet zu haben, wenn ihr Sohn in der Messe ministriert, seinen Rosenkranz betet, alle vierzehn Tage beichtet und nichts Anderes liest als was der beschränkte Verstand seines Beichtvaters ihm gestattet. Wer würde kühn genug sein, nicht zu sagen: Das ist ein netter Junge; sehr gut erzogen. Allerdings, würde ich antworten, wenn unser Staat ein Kloster und unsere Nachbarn Carthäuser wären."

MARIA THERESIA AN JOSEPH, 14. SEPTEMBER 1766
Glaubst du dir, ... brauchbare Leute zu erhalten? Ich fürchte, du wirst in die Hände von Schurken fallen ... Du freust dich daran, den Dolch ins Herz stoßen mit ironischen Worten und übertriebenen Vorwürfen ... diese beißenden, ironischen, ja, böswilligen Züge ... das ist es, was das Unglück Deines Lebens bilden und das Unglück der Monarchie und unser Aller nach sich ziehen wird ... Dein Herz ist nicht böse, aber es wird es werden. Es ist hohe Zeit, nicht an allen diesen Wortspielen, diesen geistreichen Redensarten Gefallen zu finden, welche nur darauf abzielen, andere zu demütigen ... Du bist eine Coquette des Geistes, und wo Du diesen vermuthest, läufst Du ganz urtheilslos hinterher ...

Josephs Worte trafen Maria Theresia ins Herz. Sie zuckte unter diesem Hohn zusammen. Denn, allerdings, sie hatte immer gedacht, Staatsdienst sollte auch Gottesdienst sein und es sei unmöglich, einen Staat gut zu verwalten, wenn man ihn nicht auch zur Ehre Gottes verwaltete. Christlichkeit und Kirchlichkeit waren für sie identisch.

Für sie war der Glaube nicht abgetrennt vom Leben, er war ihr nicht der schimärisch schwankende Überbau, den etwa unsere Zeit in ihm erblickt, sondern die Substanz des Daseins überhaupt.

Ja, es war richtig, sie hatte ihre Kinder zu Frömmigkeitsübungen angehalten, hatte die Knaben zu Ministranten und die Mädchen zu geduldigen Rosenkranzbeterinnen gedrillt. Aber, mein Gott, wie wollten sie denn jemals glückliche Menschen werden, wenn sie nicht glaubten, und – vor allem – wie wollten sie denn jemals gute Souveräne werden, wenn sie ihr Tun und Lassen nicht an Gottes Gebote banden? Und wie, fragte sich die Vielerfahrene, Vielgeprüfte, sollten sie jemals Enttäuschungen und Leiden überstehen, wenn sie die Zuflucht verschmähten vor dem Altar? Hunderte Male hatte sie, die Kaiserin, es erfahren, daß sie nach schweren Schicksalsschlägen benommen in die Burgkapelle wankte und sich dort unter Tränen in Stille und Einsamkeit wieder Trost und Kraft holte. Keine Sekunde zweifelte Maria Theresia, daß die innere Evidenz dieser Erlebnisse jedermann zugänglich sei, der nur ein kleines Quentchen guten Willens dafür aufbrächte. Sie begriff nicht, warum die kirchlichen Formen, dieses herrliche Kleid, in das die Botschaft Christi so lange eingehüllt gewesen war, plötzlich als leerer Formelkram abgetan werden sollte.

Freilich, auch sie hatte Maßnahmen ergriffen, mit denen sie bestimmte Auswüchse einzudämmen suchte, die vielen Feiertage etwa, die üblich geworden waren und die Erwerb, Handel und Wandel lähmten. Wo sich Religion mit Aberglauben mischte, da hatte sie eingegriffen und mit Strafen gedroht, genauso wie bei Zauberei, Wahrsagerei oder Alchimie. Aber es tat ihr in der Seele weh, daß es jetzt so viele Leute gab, die dem ganzen Glaubensgebäude abergläubische Ideen unterschoben und in der Lehre der Kirche nichts weiter erblickten als aufgeputzte Vulgärmagie. Religion, so tönte es von dieser Seite, sei zwar nötig, um das Volk zu bändigen; doch der kluge, der gebildete Mann könne doch wohl nur darüber lächeln. Voll Herzensangst forschte die Mutter im Gesicht ihres Joseph, ob sich auch hier schon jenes Lächeln zeigte, jener Zug kaltherzigen Hochmuts, jener Zug der Verweigerung?

Warum konnte sie nicht einfach nur vertrauen, wie andere Mütter das taten?

Trotz ihrer – vor aller Welt so oft bezeugten – Tapferkeit muß eine tief eingewurzelte Lebensangst in ihr gesessen sein. Das war wohl habsburgisches Erbe: die Düsternis der Ferdinande, die Menschenfurcht des Zweiten Rudolf spukten in ihrem Blut. Mit nicht geringem Schrecken glaubte sie wahrnehmen zu müssen, daß sich das offenkundige Laster auf den Thronen Europas eingenistet hatte:

Mord und Totschlag in Rußland, Zynismus in Preußen, laszive Genußsucht in Frankreich. Und in einer solchen Welt sollten ihre, Maria Theresias, Kinder ihre Rollen spielen?

Was konnte gegen das allgemeine Verderben der Zeit aufkommen als die Religion?

Sie war der Schutzschild, mit dem sich das Herz panzern konnte gegen Verführung und Verzweiflung. Maria Theresia war felsenfest überzeugt, daß der Mensch in keiner Lage verloren war, wenn er seinen Gott nicht verloren gab. Er mochte leiden; solange er betete, hatte er Teil am Sinn der Welt, lebte sinnvoll – und darauf kam es an.

Es war die Furcht vor dem Einbruch der Sinnlosigkeit, die die Kaiserin Zuflucht zur Strenge nehmen ließ. Darum die Verschärfung der Strafen in ihrem neu herausgebrachten Gesetzbuch; darum die Zensur.

Doch gerade für die Zensur zeigte Mitregent Joseph keinerlei Verständnis. In Dingen des Glaubens und der Sitte, so ließ er sich vernehmen, bekehre nicht der Zwang, sondern nur die eigene Überzeugung.

Wohl, wohl, die eigene Überzeugung! Doch woher sollte diese Überzeugung kommen, wenn sich die Köpfe füllten mit aufrührerischen Ideen? Wenn sie vollgestopft wurden mit frechen Satiren oder mit so gotteslästerlichen Behauptungen wie denen, daß die ganze Schöpfung nichts als ein Produkt des Zufalls oder nur eine riesige aus sich selbst funktionierende Maschine sei?

Wie konnte die Menschheit, wie konnte der Staat auf die Dauer existieren unter derlei Voraussetzungen?

In Maria Theresia ballte sich der Argwohn, daß Joseph damit liebäugelte, selbst solche Bücher zu lesen, daß er sie vielleicht gar für schätzenswert und vernünftig hielt, daß er sie womöglich sogar in seinen Staaten verbreiten wollte.

Schon lange hatte die Mutter bemerkt, daß ihr Sohn ein seltsam gespaltenes Verhältnis zu ihrem alten Erzfeind Friedrich entwickelt hatte. Joseph war seit seiner Ernennung zum Mitregenten und damit zum obersten Kiegsherrn Tag und Nacht darauf aus, das Kriegswesen in Österreich zu fördern. Nichts tat er lieber als inspizieren, kommandieren, Paraden abnehmen, Zeughäuser besichtigen – wie Friedrich. Er legte das höfische Mantelkleid ab und zeigte sich von nun an fast nur noch in Uniform – wie Friedrich. Er nahm an Feldübungen teil, reiste nach Böhmen, besichtigte die Kriegsschauplätze der letzten Jahrzehnte, prüfte den Zustand von Festungen und die Möglichkeit, neue anzulegen. Alles in Friedrichs Manier. Er reiste ganz prunklos und oft inkognito, tadelte seine Generäle und unterhielt sich leutselig mit seinen Soldaten – alles genau wie Friedrich. Und er war wie Friedrich davon überzeugt, daß alle Entscheidungen nur in seinem, des Souveräns, Hirn zu reifen hätten.

Es war nicht schwer zu erkennen, daß Joseph den Preußenkönig bewunderte und daß er doch – unter seiner Bewunderung – einen einzigen brennenden Wunsch hegte: zu einem großen Feldherrn heranzureifen und jenem dann Kontra zu geben.

Maria Theresia schob diesen Gedanken von sich. Nie mehr, so hatte sie sich geschworen, würde sie wieder zu Felde ziehen, ausgenommen den Fall, sie würde angegriffen. Zu schwere Wunden hatten ihr die langen Kriege geschlagen, und was Schlesien betraf, hatte sie resigniert.

Aber niemals wollte sie resignieren, was Josephs Herz und Gesinnungen anging.

Es traf sie wieder wie ein Keulenschlag, als Joseph im Januar 1769, also im vierten Jahre seiner Mitregentschaft, ihr plötzlich kund und zu wissen tat, er werde Aktenstücke, die sich auf Staatsgeschäfte bezögen, künftighin nicht mehr anders als mit einem Zusatz unterzeichnen, aus welchem ersichtlich werde, daß er dies nur in Erfüllung der Pflicht, nicht aber aus eigenem Antrieb tue. Das hieß nicht weniger, als daß Joseph die Entschlüsse seiner Mutter mißbilligte und daß er das auch in aller Öffentlichkeit bezeugte. Damit tat er Auflehnung kund.

Maria Theresia antwortete ihm: „Du wirst mich nicht dazu bringen, eine feierliche Vereinbarung zu ändern" – sie meinte damit: die Mitregentschaft aufzuheben. „Denn ich wünsche keinen Augenblick zu leben, ohne von Deiner Liebe zu mir, von Deiner Achtung und Deinem Vertrauen überzeugt sein zu können."

Joseph antwortete mit einer langen halb schmeichelhaften, halb verzweifelten blumigen Suada. Mag sein, der junge Mann war in der Tat verzweifelt. Er *hieß* Mitregent, aber er fühlte dabei das Schicksal seines Vaters auf sich zukommen. Er bäumte sich dagegen auf, daß seine Vorstellungen im Kabinett seiner Mutter unberücksichtigt blieben. Auch wenn er den Vorsitz führte: sie blieb die Stärkere. Noch einmal versuchte er ihr seine Ergebenheit zu Füßen zu legen. Sie fand nur eine kühle Erwiderung: „Ich weiß wohl daß Du gut zu reden und zu schreiben verstehst. Ich hoffe sogar noch, daß Du dasjenige fühlst, was Du sagst, aber Deine Halsstarrigkeit und Deine Vorurtheile werden das Unglück Deines Lebens ausmachen, wie sie jetzt das meinige verursachen. Du selbst würdest mich verachten,

wenn ich in einer so einfachen Sache zurückweichen wollte ...
Kehre also zurück zu Deiner Pflicht; ich werde Dich keine Vorwürfe
hören lassen; Gott allein weiß was ich leide."

Der Selbstlose

„Kehre zu Deiner Pflicht zurück!" – Indessen hatte Joseph schon
längst einen großartigen, ja unübertrefflichen Beweis seiner hochge-
spannten Pflicht- und Staatsauffassung gegeben. Kurze Zeit nach
Franz Stephans Tod war in der „Toscanischen Kanzlei" in einem
unansehnlichen Vorzimmerschrank das Testament des Verstorbenen
aufgefunden worden. Es stellte sich heraus: Franz Stephan war ein
reicher Mann gewesen, ein in der Tat „sehr gutter hauswirth";
zweiundzwanzig Millionen betrug sein Vermögen, darunter viele
Staatspapiere.

Joseph war des Vaters Universalerbe. Doch er dachte gar nicht
daran, sich das Vermögen anzueignen. Mochten die meisten Souveräne Europas ihre Völker bis zum Weißbluten auspressen, *er* nicht.
Er ließ die Staatsobligationen öffentlich verbrennen, er schenkte alles
dem Staat.

Als Friedrich der Große von diesem Verfahren hörte, nickte er
respektvoll: „Der fängt gut an! Gott weiß, wohin er noch kommen
wird."

Nicht jede Mutter hätte solcher Freigebigkeit zugestimmt. Maria
Theresia war einverstanden. Als Joseph nun auch gegen seinen
Bruder Leopold Forderungen erhob – denn auch in der Toskana hatte
der Vater Schätze gesammelt –, schwankte ihr Mutterherz zwar für
eine Weile beängstigt; aber dann konnte sie nicht umhin, sich Josephs
strengerer Auffassung zu beugen und den Jüngeren zur Herausgabe
zu bewegen. So stimmte die alternde Kaiserin in unzähligen Belangen
mit dem jungen Kaiser überein: sie ließ es sich gerne gefallen, daß ihr
Marstall aus Sparsamkeitsgründen mit dem Marstall des Sohnes
vereinigt und die Zahl der Pferde drastisch reduziert wurde. Sie war's
zufrieden und mehr als zufrieden, daß das Wild in den großen
Gehegen um Wien zum größten Teil abgeschossen wurde; auf diese
Weise wurde die Plage des Landmanns verringert. Die frühere
Schweizergarde wurde entlassen, ihre bunten Trachten verschwanden
aus dem Bild des kaiserlichen Hofes. Maria Theresia war einverstanden. Einverstanden auch, daß man die unnötigen Pagen entließ, daß
die Praterauen und der Garten der kleinen Favorita drüben in der
Leopoldstadt – Josephs Residenz – dem *publico* geöffnet wurde. Es

tat ihr nicht leid um die erholsame Stille dort, deren sich früher nur die kaiserliche Familie und ihr Gefolge hatten erfreuen können. Jetzt strömte das ganze buntgewürfelte Volk von Wien in die „Lustgärten" ein, Hofräte so gut wie Metzgersburschen, Hofdamen wie Wäscherinnen. Freilich wollten diese Leute nicht nur frische Luft atmen und sich am Gesang der Vögel ergötzen. Sie wollten auch handfestere Genüsse, und so wuchsen die Buden aus dem Boden, Bierzelte, Weinzelte, Puppen- und Hanswursttheater. Überdies wurde zu der Wiener nicht geringer Genugtuung vom Kaiser verfügt, daß niemand eine Reverenz erweisen müßte, wenn er oder sonst ein Mitglied des Hofes im Prater erschiene. Das Volk sollte sich in seinem Vergnügen als Souverän empfinden und ganz unter sich.

Auch mit dieser Neuerung scheint Maria Theresia einverstanden gewesen zu sein.

Wir merken also, sie folgte dem Sohn in vielen Belangen, in denen sich andere fürstliche Mütter vermutlich weniger willfährig erwiesen hätten. Sie zögerte nicht, auf alte liebgewordene Gewohnheiten zu verzichten, wenn sie glaubte, damit einer Forderung seines Gewissens zu entsprechen. An Äußerlichkeiten lag ihr nicht mehr viel, sie opferte sie gerne auf. Und trotzdem widerstand sie ihm immer wieder – und widerstand nun ihrerseits aus Gewissensgründen. Forderte denn *sein* Gewissen anderes als das *ihre*? Genau so war es. Gewissen trat gegen Gewissen an. Daher rührte der qualvolle Widerspruch, in dem sich die beiden immer wieder gegeneinander befanden. Nicht widerstreitende Interessen, sondern Strukturunterschiede ihrer Gesinnungen trugen sie gegeneinander aus. An ihrer gegenseitigen Bindung und Anhänglichkeit konnte niemand zweifeln. Nicht einmal sie selbst. Oft schrieb sie ihm lange Briefe voller Vorwürfe, voll düsterer Prophethien und endete dann doch in einer Wallung verzweifelter Zärtlichkeit: „Ich schließe diesen Brief und nehme Dich beim Kopf, umarme Dich zärtlich und wünsche, daß Du mir die Langeweile dieser üblen Predigt verzeihen mögest. Sieh doch nur auf das Herz, dem sie entspringen! Ich wünsche ja nichts, als daß Du von aller Welt so geschätzt und geliebt wirst wie Du es verdienst. So bleibe ich immer Deine gute alte Mutter."

Der Sohn antwortete: „Ich bin durchdrungen von Ihrer Güte und küsse Ihnen dafür die Hände."

Aber nicht lange darauf, so standen sich die beiden wieder wie Feinde gegenüber. Tragödie der Liebe.

Das Blatternjahr

Jene Jahre waren für Maria Theresia Jahre schwerer und schmerzlicher Verluste. Kaum drei Wochen nach Franz Stephan starb der treue und selbstlose Ratgeber Graf Haugwitz, fünf Monate später Feldmarschall Daun. Ein Jahr darauf verließ der bis zuletzt immer eifrig bemühte alte Bartenstein seinen Posten. Dieses Jahr 1767 war ein Jahr schwerster Verluste, es war das fürchterliche Blatternjahr, das tiefe Lücken in die kaiserliche Familie riß und der Kaiserin selbst beinahe das Leben gekostet hätte.

Halten wir noch einmal kurz Umschau in dieser Familie! Damals waren noch sieben von Maria Theresias elf Töchtern und vier ihrer fünf Söhne am Leben: die Älteste, Marianne, leider verkrüppelt und stets krank; die zweite, Maria Christine, seit kurzem glücklich verheiratet und guter Hoffnung; die um ein Jahr jüngere Maria Elisabeth – ein wunderhübsches Mädchen, nur ein wenig zu eitel und äußerst kokett, so daß die Mutter tadelnd bemerken mußte, dem Mädchen sei es ganz gleich, ob ihr ein Schweizer oder ein Prinz schöne Augen machte; dann die, wie es den Anschein hatte, harmlos fügsame Maria Amalia (über sie gab es Absprachen mit dem Hof von Parma); ihr folgte Maria Josepha, schon in jüngsten Jahren dem jungen Ferdinand von Neapel zugedacht. (Die Mutter sah ihrer Zukunft mit Bangen entgegen, denn von dem Bräutigam hörte man nicht viel Gutes. War dieses Mädchen geboren, um ein Opfer der Politik zu werden?) Die nächste, Maria Carolina, ähnelte der Mutter am meisten; und endlich war da das niedliche Püppchen Maria Antonie, von der man hoffte, daß sie einst den glänzendsten Thron der Erde, den Frankreichs, besteigen werde. Ein reizendes Kind, dessen Gutherzigkeit sich bei allen möglichen Gelegenheiten kundtat; so soll die kleine Antonie einmal einem fremden Musikantenknaben, der, ins Schloß zu Schönbrunn geladen, auf dem glatten Parkett ausglitt und hinfiel, beigesprungen sein und ihm wieder auf die Beine geholfen haben, worauf dieser, ein kecker Schelm, die kleine Erzherzogin um die Taille gefaßt und gesagt haben soll: „Ich werde Sie heiraten."

Die Söhne, ihrer vier: Joseph, verwitwet und aus Staatsraison in lieblöser Ehe wiedervermählt mit der Bayernprinzessin Maria Josepha; Leopold, der mit seiner Maria Ludovica seit zwei Jahren in Florenz regierte; Ferdinand, ein blasser und recht unbedeutender Knabe – ihn wollte man dereinst als Statthalter in die Lombardei schicken; und schließlich Maximilian, ein vifer prächtiger Junge, für den man den Posten eines Großmeisters des Deutschen Ordens ins

Auge faßte, „denn was hätte ein nachgeborener Erzherzog sonst überhaupt zu hoffen?".

Eine vielköpfige Schar also, in Schmerzen geboren, mit Sorgfalt erzogen, behütet und für hohe Bestimmungen vorgebildet. Europa blickte auf diese Kinder, auf diese halbwüchsigen jungen Leute; einige von ihnen werden einmal auf Thronen sitzen, andere in die Nähe von Thronen gelangen. Ihre Mutter, die Kaiserin-Witwe, ist eifrig dabei, ihre Schicksale zu lenken.

Die Unglückssträhne des Jahres 1767 begann damit, daß sich Maria Christinens Entbindung nicht gut anließ. Wir wissen, Christine war Maria Theresias Lieblingstochter, und die Mutter hatte mit ihr in zärtlicher Freude und ängstlicher Hoffnung ihrer schweren Stunde entgegengebangt. Mitte Mai war es soweit. Doch die Geburt war endlos und äußerst qualvoll. Das Kind starb sofort, Maria Christine wurde gerade noch gerettet, aber es war klar, daß sie niemals wieder gebären konnte. Am selben Tag, an dem diese bittere Nachricht aus Preßburg eintraf, wurde die junge Kaiserin, Schwiegertochter Maria Josepha, von schwerem Unwohlsein befallen. Maria Theresia eilte an ihr Krankenlager. Sie kam gerade zurecht, als der Arzt Maria Josephas Arm entblößte, um ihr die Ader zu schlagen. Maria Theresia beugte sich vor und sah voll Entsetzen die wohlbekannten roten Flecken, Symptome der Blattern. Obwohl sie wußte, was sie damit riskierte, umarmte sie die Schwiegertochter, küßte sie und kündigte ihr unter Tränen an, daß sich Josepha darauf vorbereiten müsse, von der kaiserlichen Familie abgesondert zu werden, denn weder Maria Theresia noch ihre Kinder Elisabeth, Josepha, Ferdinand und Maximilian hatten bisher die Blattern gehabt.

Eine Woche später lag Maria Theresia selbst darnieder. Während sich die Krankheit der alten Kaiserin der Krise näherte, erlosch die junge, Josephs glücklos gebliebene Frau. Selbst vom Tode bedroht, gab Maria Theresia noch Anweisungen, daß das Leichenbegängnis feierlich abgehalten werde: die oft Gekränkte, stets Zurückgesetzte sollte wenigstens im Tod Genugtuung erfahren. Am 1. Juni wurde Maria Theresia öffentlich versehen. Im ganzen Land wurden Bittgottesdienste für ihr Leben gehalten. Joseph, der die Blattern schon früher überstanden hatte, wich kaum von ihrem Lager. (Dem Begräbnis seiner Frau hatte er nicht beigewohnt.) Leider erschien auch Schwiegersohn Albert von Sachsen-Teschen bei der Zeremonie der Letzten Ölung und steckte sich ebenfalls an.

Nur ganz allmählich trat bei der Kaiserin eine leichte Besserung ein. Erst jetzt sollte Maria Christine durch ein selbst diktiertes Billet der Mutter von deren schwerer Krankheit erfahren. Am 14. Juni erfolgte in der Kathedralkirche von St. Stephan der Dankgottesdienst für die Genesung. Ganz Wien war auf den Beinen und voll Erleichterung und Freude. Aber des Unglücks war noch kein Ende.

Am 30. August erfolgte der feierliche Einzug des neapolitanischen Botschafters Duca di Santa Elisabetta in Wien. Er brachte die Werbung seines Monarchen, Ferdinand von Neapel, um die Erzherzogin Maria Josepha. Die Hochzeit sollte mit großem Aufwand gefeiert werden. Doch mitten in die Kette glanzvoller Feste platzte die Nachricht, die junge Braut fühle sich krank. Schon am nächsten Tag konnte kein Zweifel bestehen: auch sie war von den Blattern befallen. Maria Josepha starb zehn Tage später im Alter von sechzehn Jahren. Das Entsetzen war allgemein. Es verwandelte sich in Panik, als es hieß, auch die schöne Maria Elisabeth sei zusammengebrochen. Während der Totenmesse für die verschiedene Schwester war sie von Fieberschauern erfaßt worden. Sie wußte sogleich: auch sie hatte die Blattern. Mehr als den Tod fürchtete das junge Mädchen die Entstellung. Sie ließ sich einen Spiegel reichen und beobachtete, wie die roten Flecken auf ihrem Gesicht erschienen, sich die Blasen aufwarfen, eiterten, näßten, schorften. Van Swieten verordnete Aderlässe und immer nur Aderlässe. Es war ein Wunder, daß das zarte Mädchen Krankheit und Behandlung überstand. Doch wer weiß, ob sie nicht lieber gestorben wäre? Sie war, als sie aufstand, aufs schrecklichste verunstaltet.

„Wir haben heute", schrieb Maria Theresia, „das Te Deum für Elisabeth abgehalten. Nur in Thränen vermochte ich es zu beten . . . Fünfzig Jahre mußte ich werden, um jetzt meine Kinder vor mir sterben zu sehen . . ."

Noch war der letzte Schlag nicht gefallen. Nach einer Atempause von zwei Jahren ereignete sich in der Dynastie ein neuer Trauerfall. Josephs einziges Kind, „sein anderes Selbst", einziges Andenken an die heißgeliebte Isabella, erlag mit acht Jahren einer Lungenentzündung. Wieder war Joseph fassungslos. „Ich habe den größten Verlust erlitten, welcher einem Vater, einem Fürsten und einem Sterblichen jemals auferlegt wurde. Darum halte ich mich auch für den unglücklichsten und bedauernswürdigsten aller Menschen."

Indessen kniete Maria Theresia in der Burgkapelle und rang wie nach jedem schweren Verlust ihres Lebens um Ergebung in das Unabänderliche; sie rang um die Kraft, über alle Bitterkeiten hinweg, die verlorenen Geliebten dem Willen Gottes aufzuopfern.

Umarmungen

Joseph war gerade ein Jahr deutscher Kaiser, als es zum erstenmal durchsickerte, daß der junge Souverän mit dem Gedanken spiele, Friedrich, den alten Widersacher seiner Mutter, aufzusuchen. Wie lange Joseph sich mit diesem Wunsch trug, wissen wir nicht. Doch die ungeheure Faszination, die von dem Preußenkönig ausging, muß auch den österreichischen Thronfolger früh erfaßt haben. Friedrich kam etwas von diesem Plan zu Ohren, er zeigte sich geneigt. Maria Theresia aber reagierte entsetzt. Wie, ihr Joseph wollte das „Ungeheuer" besuchen? Obersthofmeister Khevenhüller vermutete gleich, Friedrich werde den jungen Kaiser bis Berlin verschleppen! Joseph, sicher selbst noch schwankend zwischen Bewunderung und Mißtrauen, Neugier und Abwehr, ließ sich in den Vorbereitungen zu diesem Rendezvous beirren. Nun zog Friedrich seinerseits zurück. Das Treffen schien gescheitert. Doch es war nur verschoben.

Jahre vergingen, in Mitteleuropa Jahre des Friedens. Die alten Gegner Preußen und Österreich lagen einander still gegenüber. Alter Argwohn war nicht abgebaut, aber auf Eis gelegt. Wenn es Konflikte gab – und immer gab es welche –, so kochten sie doch eher auf leiser Flamme. In dieser Atmosphäre leidlicher Aufheiterung konnten die zwei ungleichen Monarchen neuerdings eine Zusammenkunft ins Auge fassen. Friedrich lud Joseph ein.

Nein, er hatte nicht vor, ihn gleich bis Berlin zu verschleppen. Es genügte ihm, wenn sich Joseph nach Neisse begab, Neisse in Schlesien. Wenn der junge Kaiser kam, bestätigte er feierlicher als im schönsten Traktat, daß er Schlesien als Preußens rechtmäßigen Besitz anerkannte. Und Joseph kam.

Er reiste auch diesmal wie so oft halb inkognito mit kleinem Gefolge als Graf Falckenstein. Lacy und Laudon begleiteten ihn. Friedrich erschien mit seinem Bruder Heinrich und dem „neveu", dem Neffen, seinem designierten Thronfolger, den er trotzdem verachtete.

Die Monarchen umarmten einander. Dann setzten sie sich zum Diner. Da Fasttag war, ließ Friedrich dem Katholiken Joseph zuliebe Fastenspeisen servieren. Die Herrscher tauschten Komplimente. Joseph lobte Friedrichs Feldherrngenie. Der König lobte die österreichischen Generäle, von ihnen habe er das Kriegführen erst gelernt. Kokett wie immer, wenn er jemanden gewinnen wollte, spielte er den Freimütigen, der Fehler zugab und Bekennermut bewies. „Als ich jung war", sagte er, „war ich ehrgeizig, heute bin ich es nicht mehr. Man hielt mich für hinterhältig und – nun ja, ein wenig bin ich es auch gewesen . . . Das ist vorüber."

Der junge Kaiser lauschte hingerissen, als Friedrich vom *patriotischen System* zu schwärmen begann. „Wir sind Deutsche", ließ sich der König vernehmen, „wir können nichts Besseres tun als uns vertragen." Joseph bekannte seinerseits, daß sein Heer gut gerüstet und zu jedem Waffengang bereit sei. Der König lächelte und wiegte nachdenklich den Kopf. Der große Kriegsheld gab sich abgeklärt: Er hege nur noch friedliche Gedanken. Joseph war tief beeindruckt von Friedrichs milder Weisheit. Immerhin fiel es ihm auf, daß in des Königs Gegenwart niemand aus seinem Gefolge, nicht einmal Prinz Heinrich, nicht einmal der Thronfolger, den Mund auch nur ein einziges Mal aufzutun gewagt hatte.

Am nächsten Tag ging eine großartige Truppenschau vor sich. Friedrich zeigte Joseph, was seine Armee vermochte. Alles klappte in altbewährter Disziplin.

Vier Tage dauerte das Treffen.

Joseph berichtete seiner Mutter. Er konnte es sich nicht versagen, seine Bewunderung für den König auszudrücken; es sei *sehr belehrend*, mit ihm zu sprechen. Und doch, fügte Joseph hinzu, habe er etwas von einem Schurken an sich.

War das Balsam für Maria Theresias eifersüchtiges und ängstliches Mutterherz?

Auch Friedrich ließ sich über Joseph aus: Ein lebhafter Geist, ein Mann von gewinnendem Wesen, aber von Ehrgeiz verzehrt. „Ich kann nicht sagen, ob er es im Augenblick auf Lothringen, oder auf Venedig abgesehen hat. Eins ist sicher: Europa wird in Flammen stehen, sobald er zur Herrschaft gelangt."

Schon war der Gegenbesuch vereinbart: diesmal würde Friedrich Josephs Gast sein. Das Rendezvous sollte im mährischen Neustadt, in der Nähe von Brünn, über die Bühne gehen. Diesmal führte der Österreicher seine bestexerzierten Soldaten herbei. Diesmal wollte *er* den Preußen durch glänzende Manöver imponieren. Doch wichtiger war, daß bei dieser Zusammenkunft eine dritte Person ins Spiel kam: Kaunitz. Wo Kaunitz erschien, ging es nicht nur um Paraden und Komplimente, es ging um Politik.

Er, den Friedrich in Neisse den größten Staatsmann des gegenwärtigen Europa genannt hatte, wollte die Gelegenheit wahrnehmen, die Gespräche der Monarchen auf die Ebene politischer Abmachungen zu lenken. Wieder einmal hatte er eine langatmige und äußerst akribische Denkschrift verfaßt, er wollte sie dem König zur Kenntnis bringen. Friedrich zögerte sich Kaunitz' Beredsamkeit auszuliefern. Schließlich gelang es dem Staatskanzler, Friedrich in eine Nische zu manövrieren, dort zog er das dicht beschriebene Bündel Blätter aus einer Rocktasche, las vor, erläuterte, schweifte ab, las wieder vor. Friedrich wird ungeduldig. Kaunitz läßt sich nicht bremsen. Friedrich springt auf und umarmt den andern, nur um seinen Redefluß zu dämmen. Doch dieser ist hartnäckig. Erst am Abend kann sich Friedrich im Ballett von Kaunitz' lückenloser Beweisführung erholen.

Zum großen Manöverspiel kam es dann nicht, leider. Ein wütendes Unwetter brach los, zersprengte die Truppe, durchnäßte die Kommandierenden, zerfetzte das Lager, ließ Geschütze und Artillerie im Schlamm versinken.

Mit Mühe und Not hatten sich die hohen Herren in ein Wirtshaus gerettet. Dort saß dann der König von Preußen, nur in einen Mantel gehüllt, am Feuer in der Küche und wartete darauf, bis sein triefender Rock und seine kotigen Beinkleider getrocknet waren. Er war in der weißen Uniform eines österreichischen Generals zu dem Treffen erschienen, eine galante Geste gegenüber dem Kaiser. Nun hatte er keinen zweiten Rock mehr bei sich und spürte seine Gicht.

Katharina, Friedrich und das Elend von Polen

Was hatte denn Kaunitz für Gründe gehabt, Friedrich gegen dessen Willen in einen hochpolitischen Diskurs zu verwickeln? Kaunitz' Gründe waren triftig genug. Es ging um die Türkei, um Rußland und Polen. Wieder einmal um Polen.

Armes Polen, armselig ungefüges, von düstern Wolken der Ohnmacht und Trauer verschattetes Land. Zwar groß nach Fläche und bedeutend nach Volkszahl, war es durch seine Verfassung zu einem der unglücklichsten Staaten dieser Erde geworden. Es hatte etwas wie Demokratie versucht, doch auf die verkehrteste Weise. Es hatte sich dem *liberum veto* ausgeliefert. Ein ursprünglich großartiger Entwurf, eine bestechende Idee, die besagte, daß nie ein Entschluß gefaßt werden sollte, der auch nur einem einzigen der Beschlußfassenden unannehmbar schien; und doch war diese Idee der Ursprung endlosen Elends, Ursprung und Grund absoluter nationaler Desorganisation.

Das Reich nannte sich Republik; es war in Wirklichkeit eine chaotische Oligarchie. Es nannte sich Wahlkönigtum; doch seine

Könige wurden weniger gewählt als durch Bestechung und Terror auf den Thron gehievt. Neben einigen ungeheuer reichen Feudalherren vegetierte ein nach Millionen zählender breitgestreuter Betteladel, der den Feudalschichten anderer Länder nur darin glich, daß er seine wenigen Hintersassen mit derselben Habsucht und in womöglich noch zügelloserem Hochmut aussog. Der Bauer war schlimmer als ein antiker Sklave in nahezu tierischer Abhängigkeit gehalten. So war es etwa unter Strafe gestellt, einen Bauern in Lesen und Schreiben zu unterrichten.

Die wettinischen Kurfürsten von Sachsen hatten sich in den letzten Jahrzehnten als Könige von Polen mühsam genug über die Runden gebracht. Sie waren große Genießer und kunstsinnige Leute, doch für ihr Land taten sie wenig, der Siebenjährige Krieg unterhöhlte auch die Reste ihrer politischen Ambitionen. Polen wurde zum Durchmarsch-, zum Aufmarschgebiet der russischen Heere. Unter solchem Druck zerbröckelten die Überbleibsel nationaler Selbstorganisation. Russen und Preußen verfügten ungeniert über Land und Leute, Münzgerechtigkeit und Wirtschaft. Österreich, das mit dem kurfürstlichen Haus freundschaftlich verbunden war, versuchte den Schein zu wahren. Maria Theresia bemühte sich, im Hubertusburger Frieden wenigstens einige der erlittenen Schäden ihrer sächsischen Freunde auszubügeln (dazu gehörte auch, daß sich Joseph in zweiter Ehe mit einer Sächsin vermählen sollte). Vergeblich. Nun brach das letzte Band. August III. starb, sein Erbe folgte ihm fast unmittelbar ins Grab.

Er hinterließ nur einen unmündigen Sohn. Die Katastrophe war da.

In das machtpolitische Vakuum am Rande Mitteleuropas strömten stärker denn je fremde Energien ein. Da war zuerst einmal Rußland unter Katharina II., später die Große genannt.

Wessen hatte sich Polen von ihr zu versehen? Und wessen Österreich?

Das Verhältnis des Wiener Hofes zu Moskau–St. Petersburg war seit Elisabeths Tod ziemlich kompliziert geworden. Nicht, daß es vorher unbelastet gewesen wäre! Doch Maria Theresia mag seit dem Siebenjährigen Krieg manchmal geradezu wehmütig an die Zeiten zurückgedacht haben, da noch die launenhaft-unberechenbare Tochter Peters des Großen auf dem Thron aller Reußen gesessen hatte. Auf Elisabeth war – nach dem kurzen Zwischenakt des unglücklichen Peter – dessen Gattin Katharina gefolgt, eine deutsche Prinzessin, geborene Anhalt-Zerbst: das junge Mädchen aus dem Zwergland, von einer ehrgeizbesessenen Mutter in das ungeheure Rußland verschleppt und dort einem maßlosen Schicksal überlassen, maßlos, weil es immerfort auf des Messers Schneide balancierte zwischen höchster Macht und elendem Tod, zwischen blendendem Glanz und totalem Verderben.

Nach dem Tod der Tante in Gefahr, von ihrem Gatten verstoßen zu werden, aber umschart von der für ihre Schönheit und Klugheit begeisterten kaiserlichen Garde, überstand Katharina mörderische Wochen, bis ihr endlich Peters Tod gemeldet wurde. Einer ihrer Liebhaber hatte den Halbverrückten abgetan. Zerknirscht brachte er ihr die Nachricht: O Mütterchen, wie konnte das geschehen, o Mütterchen, verzeih!

Was hatte Katharina zu verzeihen? Jetzt war sie Alleinherrscherin. In allen Feuern gehärtet, kalt, skrupellos, „die schillernde Schlange mit den diamantenen Zähnen", elastisch, klug und geschickt, sich den intellektuellen Forderungen des Zeitalters anzupassen: ihre Ähnlichkeit mit dem Preußenkönig war nicht zu übersehen. Beide hatten denselben zupackenden politischen Griff. Der Unterschied war: er herrschte in ein paar kleinen Länderfetzen, denen er mit aller Mühe einen weiteren Fetzen zugeflickt hatte; sie herrschte in einem ungeheuren, seit Jahrhunderten allseits kräftig wachsenden Reich.

Es ist richtig: Katharina hatte nach ihrer Thronbesteigung nicht in Peters Kerbe gehauen und war nicht, damals im sechsten Jahr des Siebenjährigen Krieges, gleich umgestiegen in die Allianz mit Preußen. Sie hatte sich zuerst in den opaken Mantel strikter Neutralität gehüllt. Doch in dem Augenblick, da das Haus Wettin in Polen 1763 nur noch von einem Knaben repräsentiert wurde, sah Katharina ihre Stunde gekommen: Sie holte einen abgelegten Liebhaber, den Polen Poniatowski, aus der Versenkung und setzte ihn im Schutz russischer Bajonette in Marsch nach Warschau. Das Verfahren hatte etwas Skandalöses, aber Katharina war nicht leicht zu erschüttern. Eben hatte das Kaiserpaar in Wien seinem Sohn Joseph die Römische Königswürde zuerkennen lassen, da wandte sich die Zarin gleichsam augenzwinkernd an dessen Mutter: Habe sie, Maria Theresia, nicht soeben einen König gemacht –? So solle man auch sie, Katharina, *ihren* König machen lassen.

Allerdings: kaum war Stanislaus Poniatowski an der Weichsel, änderte sich das Spiel. Offenkundig war er doch nicht gewillt, nur als Puppe der Zarin zu gelten. Er suchte Anlehnung an westliche Höfe, nicht zuletzt an Wien. Maria Theresia hielt soeben ihren unglücklichen Landtag in Preßburg ab: da erschien Poniatowskis Bruder und legte ihr dessen Ergebenheitsadressen vor. Die Kaiserin konnte die Gelegenheit nicht vorübergehen lassen, nun auch mitzumischen. Sie verlieh Poniatowski einen hohen Orden, ließ sich sogar Heiratswünsche vortragen: Stanislaus habe von der märchenhaften Schönheit der Erzherzogin Maria Elisabeth vernommen und würde sich glücklich schätzen, um sie werben zu dürfen. (Noch hatten damals die Blattern Elisabeths Heckenröschengesicht nicht zerstört.) Maria Theresia versprach, wie üblich, wohlmeinend zu prüfen und zu überlegen.

Doch Prüfung und Überlegung vergingen ihr schnell. Die Nachrichten über den frischgebackenen König lauteten bald sehr schlecht. Zwischen ihm und dem Adel seines Landes rissen Klüfte auf. Glaubenskämpfe vertieften sie. Polen war von jeher ein katholisches Land, aber es war weder nur von Katholiken noch nur von Polen bewohnt; in den Ostprovinzen lebten Ruthenen und Russen, das heißt Orthodoxe, im Westen und Norden Deutsche und damit Protestanten. Jede Nation und jede Konfession verlangte nun ihrerseits Hilfe vom Ausland. Die *Dissidenten* wurden zu *Konföderierten;* der Bürgerkrieg war da. Schließlich brach noch in der rechtsufrigen Ukraine der Aufstand der Hajdamaken aus. Russische Truppen machten ihm ein blutiges Ende. Nun aber trat auch die Pforte auf den Plan und warf Rußland vor, es habe türkisches Gebiet verletzt und verheert. Der alte Konflikt zwischen Istanbul und Moskau flammte von neuem auf, ein von urtümlichen Leidenschaften angeheizter geopolitischer Grundkonflikt. Es ging darum, wer das Schwarze Meer beherrschen sollte! Für Rußland eine Lebensfrage: es strebte mit allen Kräften südwärts, Dnjepr, Dnjestr und Don entlang zu den Häfen an der Krim, den Dardanellen entgegen.

Das früher so furchtbare Osmanische Reich war Katharinas Rußland nicht mehr gewachsen. Mit Mißbehagen beobachtete das übrige Europa, wie das in seiner Mitte so mühsam austarierte *Gleichgewicht der Kräfte* in Gefahr geriet, vom Südosten her neuerdings aufgerollt zu werden; denn wenn die Pforte zusammenbrach, wurde Rußland übermächtig. Niemand konnte das wünschen, am wenigsten die beiden Anrainer Polens: Österreich und Preußen.

So standen die Dinge, als Kaunitz mit seiner Denkschrift im mährischen Neustadt eintraf und versuchte, Friedrich von seinen Ideen zu überzeugen. Kaunitz' Idee war, zwischen Rußland und dem Sultan zu vermitteln, die Pforte zu retten, Polen zu konsolidieren und trotzdem noch ein paar kleine Gewinne für Österreich und Preußen herauszuschlagen. Friedrich schenkte dem Staatskanzler nur ungern Gehör. Kaunitz' ausgewogenes System konnte ihm nicht imponieren. Er wußte den Entwurf von den Ereignissen bereits überholt.

Polen konnte in seiner jetzigen Gestalt nicht mehr konsolidiert werden. Und wozu auch? Ein machtpolitischer Leerraum war nicht dazu da, um von seinen Nachbarn abgestützt und saniert zu werden. Zum politischen Krankenwärter fühlte sich Friedrich nicht geboren.

So wenig wie seine Verwandte Katharina. Die beiden standen seit Jahren in enger Verbindung. Sie kooperierten miteinander und belauerten einander. Friedrich wußte, daß Katharina begriffen hatte: über Poniatowski war Polen nicht mehr zu beherrschen. Sie mußte also nach einer anderen Lösung suchen, einer, die auch Preußen und Österreich einbezog; denn die beiden Staaten hatten sich nach dem Siebenjährigen Krieg so weit erholt, daß man sie nicht mehr übergehen konnte. Mit der Pforte fertig zu werden, traute sich Katharina zu, nicht aber, wenn sie sich eine der beiden anderen Mächte an den Hals zog, geschweige denn, wenn sie beide gegen sich aufbrachte.

Der katzenpfötigen Taktik der Zarin entsprach die noch vorsichtigere des preußischen Königs. Nie hatte er geduldiger Intrigen gesponnen, nie feinere Netze ausgelegt. Er hatte sich den jungen Kaiser gut angesehen. Joseph war ehrgeizig. Konnte man seinen Ehrgeiz nicht reizen? Konnte man ihm nicht einen Köder auslegen? Dieser Joseph würde anbeißen. Möglicherweise biß sogar seine Mutter an, die alte Kaiserin. Friedrich kannte die Schwächen der Menschen, dieser „niederträchtigen Rasse", und rechnete mit ihnen. Keinesfalls aber wollte er in der Sache Polen einen Krieg riskieren. Längst waren die Zeiten vorüber, in denen er sein Offizierskorps „zum Rendezvous des Ruhmes" lud. Der strahlende Kriegsheld der vierziger Jahre war unterdessen gichtisch, zahnlos und mürrisch geworden. Nur sein Geist war unentwegt tätig. Diesmal wollte er gewinnen, ohne auch nur einen Soldaten zu opfern.

Der erste Köder, den Friedrich auslegte, war, Österreich zu ermutigen, als Friedensstifter zwischen Rußland und dem Sultan aufzutreten. Eine ehrenwerte Rolle –! So möchte man meinen. Doch leider war diese Rolle nicht ganz ehrenhaft zu spielen. Österreich erweckte im Sultan den Glauben und die Hoffnung, es werde dem schwer angeschlagenen türkischen Reich zu Hilfe kommen. Dafür wollte dieses auch zahlen; zweiundfünfzig Kisten voll guten Geldes wurden in Istanbul für Wien verladen. Eine riesige Summe. Joseph war wie geblendet. Aber er wagte es doch nicht, mit einem Heer gegen Rußland aufzubrechen. Maria Theresia schrieb: „Ich nehme nicht gern Geld von disen Leuthen." Dennoch nahm sie – sie oder der Staat. Was war das eigentlich, der Staat? Die Krone, die Armee? Oder ein Gewebe von Sachzwängen, ein System von Interessen, kaum überschaubar, ein immer komplizierteres Konstrukt, das über ihre, Maria Theresias, Begriffswelt hinauswuchs?

Teilung des Kuchens

Noch immer saß die Kaiserin fleißig an ihrem Schreibtisch und durchackerte die politische Materie. Noch immer ließ sie sich Bericht erstatten, gab Audienzen, unermüdlich und bemüht. Und doch geschah es immer öfter, daß sie sich aus dem Mittelpunkt gerückt fühlte. Nicht, daß es ihr darum gegangen wäre, im Mittelpunkt zu stehen. Aber sie merkte, daß die Fäden der Entscheidungen nicht mehr alle so straff durch ihre Finger liefen. Durch Josephs Mitregentschaft – sie hatte sie ja selbst gewollt! – wurde die Stringenz ihrer Verordnungen abgeschwächt. Sei es, daß jedes Dekret von Joseph jeweils mitunterzeichnet werden mußte und damit einen Umweg nahm, der verzögerte, der Rückfragen brachte und damit Abänderungen; sei es, daß sie den Vorschlägen, die von Joseph ausgingen, nicht mehr allein zuzustimmen noch sie abzulehnen wagte. Sie fragte bei Kaunitz an, immer wieder bei Kaunitz, und je schwieriger es ihr wurde, mit Josephs Planideen zurechtzukommen, desto häufiger fragte sie und desto mehr lieferte sie sich dem Urteil des Kanzlers aus. Dann und wann merkte sie – und sie merkte es vor allem im Zug dieser letzten außenpolitischen Verwicklungen rund um Polen –, daß sich die Männer jeweils längst über eine Materie abgesprochen hatten, ehe sie, die Kaiserin, überhaupt damit befaßt wurde. Sie arbeiteten Hand in Hand, die beiden, offenbar. Maria Theresia wollte damit zufrieden sein, denn nichts hatte sie sehnlicher gewünscht, als daß sich Joseph mit Kaunitz vertrug, ihr schwieriger Joseph mit dem kaum weniger schwierigen Kaunitz, und sie wollte sich freuen darüber, daß jener diesen schätzte und daß dieser jenem ein ebenso nützlicher und ergebener Diener zu werden versprach, wie er ihr, der Kaiserin, so viele Jahre lang ein nützlicher und ergebener Diener gewesen war. Nichts hätte sie mehr beunruhigt als ein Zwist zwischen den beiden, und wenn einmal Entzweiungen auftraten – auch das kam vor –, bereiteten sie ihr, der Mutter-Herrscherin, schlaflose Nächte.

Und doch – und doch. Es begann ihr manchmal empfindlich zu werden, wenn, wie in letzter Zeit und eben in Sachen Polen, über ihren Kopf hinweg spekuliert, traktiert und schließlich sogar beschlossen wurde. Beschlossen, ja! Natürlich wurden ihr alle Dokumente zur Unterschrift vorgelegt. Natürlich wurden ihr alle Reverenzen erwiesen, ehrerbietigst und tadellos. Doch wenn sie näher hinsah, mußte sie sich sagen: es geschahen Dinge, die sie nicht wollte. Aber sie geschahen trotzdem, weil sie schon eingeleitet waren, ehe sie davon erfuhr.

Da war diese Besetzung der Zips, eines Gebietes, das vor Olims Zeiten an Polen verpfändet worden war; es war seither polnisch. Keine Frage. Nun aber hatten sich Rotten von Konföderierten darin festgesetzt, Stanislaus Poniatowskis Feinde. Stanislaus hatte Österreich gebeten, ihm zu Hilfe zu kommen, die Zips zu besetzen, dem Spuk des Aufstands ein Ende zu machen. Joseph und Kaunitz ließen Truppen marschieren. Aber sie setzten auch gleich einen österreichischen Statthalter ein. Der kaiserliche Adler wurde auf neuen Grenzpfählen befestigt. War das Annexion? Die Kaiserin begriff nicht, auf welcher Grundlage eine solche erfolgen konnte. Sie schrieb: Ich halte unsere Ansprüche für äußerst fragwürdig.

Doch nicht genug damit. Joseph rückte gleich in weiteren Starosteien ein. Konnte er, der immer von Gerechtigkeit und Philosophie sprach, der Lust nicht widerstehen, fremdes Land an sich zu ziehen?

Es war richtig: das polnische Reich hatte seit längerer Zeit in der gebildeten Welt Europas einen sehr schlechten Ruf. Es war katholisch; das machte es den klugen Köpfen im Westen schon verdächtig; es war feudalistisch, damit verächtlich; es war zivilisatorisch zurückgeblieben und galt damit als nichtswürdig. In gebildeten Kreisen fand man: das Reich habe gar keine Lebensberechtigung mehr. Auch Joseph schien dieser Meinung zuzuneigen.

Gewiß war die Kritik am polnischen Adel berechtigt, doch daß man das ganze Volk, die ganze alte Struktur Polens verächtlich abtat, war nur von plattem Hochmut diktiert. Dieses vernichtende Urteil der öffentlichen Meinung ermutigte zu Übergriffen. Mochten sie zuerst nur den Charakter von Rempeleien haben, sie machten den Anfang, den Anfang vom Ende Polens.

Friedrich ließ die Besetzung der Zips wie der „gallitzischen" Starosteien ohne Protest passieren. Auch Katharina ließ sie passieren, ganz so als ob die Besetzung in ihrem eigenen Interesse gelegen wäre. Und sie lag auch in ihrem Interesse. Der Zugriff Österreichs hatte einen Präzedenzfall geschaffen, er war Friedrich und Katharina Goldes wert.

BERICHT PRINZ HEINRICHS VON PREUSSEN AUS ST. PETERSBURG, 8. JANUAR 1771
Scherzend erzählte die Kaiserin (Katharina) mir, daß sich die Österreicher zwei Starosteien in Polen bemächtigt und an den Grenzen dieser Gebiete ihre Grenzadler aufgepflanzt hätten. Sie fügte hinzu: „Aber warum sollte auch alle Welt nicht zugreifen?" Ich

erwiderte, Du lieber Bruder (Friedrich), habest einen Grenzkordon gegen die Pest in Polen gezogen, jedoch keine Starosteien okkupiert. „Aber warum nicht okkupieren?" sagte lachend die Kaiserin. Und ... Tschernitschew ... schloß: „Schließlich muß doch jeder etwas bekommen."

Indessen neigte sich der Krieg am Schwarzen Meer seinem Ende zu. Die Türkei hatte ihn schon verloren. Rußland rückte auf der Krim ein. Daß die Pforte nicht gänzlich zertrümmert wurde, hatte sie vielleicht doch österreichischen Vermittlungen zu verdanken. Im Juli 1774 wurde in Kütschük-Kainardschi unterzeichnet. Maria Theresia sprach fast zärtlich von „ihren Türken", von den „guten Muselmanen". Sie hatte der Pforte nicht vergessen, daß sie ihr damals – 1741 – den Rücken gedeckt und ihren Untergang verhindert hatte. Nie vergaß sie eine Wohltat. War das nicht anachronistisch?

Aber der Friedensschluß an den Dardanellen war eigentlich schon der zweite Akt des großen Dramas, das die Grenzen und Machtbereiche zwischen Eurasien und Zentraleuropa neu regeln sollte. Vorher war Polen gerupft, genauer ausgedrückt: rundum amputiert worden.

Es muß hier noch einmal gesagt werden: Die Teilung Polens (später die Erste genannt) vollendete nur die Tragödie, die sich die ganze abendländische Geschichte hindurch sowohl im west- als auch im südslawischen Raum abspielte. Weder West- noch Südslawen waren jemals zu übergreifenden politischen Gebilden zusammengewachsen wie etwa die germanischen Stämme der Bayern, Franken, Sachsen, Alemannen zum deutschen, wie Neustrier und Aquitanier zum französischen Volk zusammengewachsen waren. Sowohl Polen, Tschechen, Slowaken, Ruthenen einerseits, wie Slowenen, Kroaten, Serben, Bulgaren andererseits blieben (bis auf wenige historische Augenblicke) jeweils partikular vereinzelt und damit dem Zugriff mächtigerer, weil geeinter Nachbarn preisgegeben. Vom Osten hatte das türkische Reich, vom Westen das deutsche den Raum wechselnd besetzt. Nun trat als dritte Macht Rußland auf. Damit war es auch um den letzten eigenständigen westslawischen Staat, um das polnische Reich, geschehen. Noch war Rußland nicht stark genug, es als Ganzes für sich zu beanspruchen; immerhin war der Augenblick gekommen, wo es sich mit den anderen Nachbarn über Polens Schicksal verständigen konnte. Die verbündete Türkei war ausgeschaltet, so konnte Katharina das Land östlich der Düna und des Dnjeprs beanspruchen. Friedrich hatte ein brennendes Interesse daran, seine Marken mit dem Königreich Ostpreußen zu verbinden und seiner Hauptstadt Berlin in Westeuropa und dem Netzedistrikt ein gutes Vorfeld zu verschaffen.

Und Österreich? Es hatte sich einige Landstriche angeeignet, ohne große Pläne damit zu verbinden. Es hatte am Kuchen genascht, vielleicht – ja wahrscheinlich nur, um zu naschen. Ein paar Krümel. So schien es. Doch sie brachten mehr ins Rollen. Auf einmal wurde es klar, daß man Folgerungen zog aus diesem Krümelnaschen und daß das Messer bereit lag, den Kuchen zu teilen, wenn auch noch nicht *auf*zuteilen.

Maria Theresia erschrak. Sie hatte die Besetzung der Zips und der Starosteien als eine Sache geduldet, die unter Umständen auch wieder rückgängig gemacht werden konnte. Nun winkte man mit einem weit bedeutenderen Zugewinn. Friedrich winkte – auch Rußland winkte. Auf einmal war polnisches Land billig zu haben.

Eine schwere Versuchung. Sogar für Maria Theresia.

Maria Theresia war zeit ihres Lebens eine Verfechterin des Status quo. Sie, die als Repräsentantin der Pragmatischen Sanktion angetreten war, hielt Grenzverschiebungen auf Kosten kleinerer schwächerer Nachbarn für grundsätzlich unerlaubt. Sie verfuhr dabei wieder wie eine Bäuerin, die zwar ihr eigenes Erbe mit Klauen und Zähnen verteidigt, es aber unter ihrer Würde hält, sich auch nur einen Ackerrain des Nachbarn anzueignen. Gebietsgewinn hielt sie nur für gestattet, wenn dynastische Verbindungen dazu führten, allenfalls auch auf dem Tauschweg oder durch Kauf. Nun sollte sie einem Raub zustimmen, der den Beraubten, das polnische Reich, um ein Drittel seines Gebietes und um fünf Millionen Menschen bringen sollte. Österreich war „Gallitzien und Lodomirien" angeboten und damit zwei Millionen Seelen. Maria Theresia entsetzte sich.

„Mit welchem Recht", schrieb sie, „kann man einen Unschuldigen berauben, den vertheidigen und unterstützen zu wollen wir uns immer gerühmt haben? Besitzt ein Fürst andere Berechtigungen als jeder Privatmann? Das beweise man mir, dann bin ich bereit mich zu unterwerfen. Trachten wir doch lieber danach, die Begehren der anderen zu verringern als mit ihnen zu theilen. Suchen wir eher für schwach als für unredlich zu gelten."

Ihre hochherzigen Anmahnungen stießen auf taube Ohren. Polen wurde geteilt. Es verlor viel, und es begann damit, alles zu verlieren. Auch der Türkei wurden schwere Nachteile zugefügt. Maria Theresia weinte.

„Sie weinte, aber sie nahm", glaubte Friedrich höhnisch feststellen zu können. – Sie weinte, aber sie gestattete ihrem Sohn zu nehmen, dürfen wir korrigieren. „Treu und Glauben ist hin!" sagte sie bis zuletzt, und als alles schon abgemacht war und die Proklamation an das *Wiener Diarium,* die amtliche Zeitung, gelangen sollte, redigierte sie selbst den Text. Darin war von *rechtmäßigen* Ansprüchen die Rede. Sie ergriff die Feder, strich „rechtmäßig" an und schrieb daneben: „Hat wegzubleiben." Nichtsdestoweniger erschien die Proklamation im alten Wortlaut. Wer hatte die Streichung gelöscht, wer sie zu löschen gewagt?

An einem Wort wird manchmal klar, wann Ablöse einsetzt.

Die Töchter

Von allen tragischen Kapiteln dieses mit tragischen Elementen doch wahrlich dicht durchsetzten Lebens ist das Kapitel der Töchter vielleicht das düsterste. Und nicht nur, weil die jüngste dreizehn Jahre nach der Mutter Tod und nach dem Untergang einer ganzen Welt den Weg zum Schafott antreten mußte. Diese Ereignisse lagen weit außerhalb des Gesichtskreises der Kaiserin, und wenn auch manche ihrer mütterlichen Warnungen so gelesen werden können, als hätte sie die ganze unermeßliche Katastrophe vorausgeahnt, so dürfte das Täuschung sein: so weit schaute Maria Theresia auch in ihren schwärzesten Stunden nicht in die Zukunft. Es müssen andere Gründe gewesen sein, die ihre Beziehungen zu den Töchtern verschatteten. Lag es daran, daß sie selbst zu ihrer eigenen Mutter kein besonders gutes Verhältnis gehabt hatte? Möglicherweise setzte sich diese Verschattung fort. Möglicherweise aber war sie auch nur enttäuscht, enttäuscht von den kleinen Mädchen, die sie da Jahr um Jahr in die Welt gesetzt hatte, diese Mariannen, Elisabethen, Gabrielen, Josephen. Sie waren herzlich unbedeutend – oder schienen der Mutter so. Ja, das war es wohl! Maria Theresia erwartete und forderte von ihren Kindern *Außerordentliches* und war zutiefst enttäuscht, wenn sie dann doch bloß *ordentlich* waren. Isabella von Parma hatte in ihrer perfekten Familienanalyse geschrieben: „Ihre Art ihre Kinder zu lieben ist jederzeit mit Mißtrauen und anscheinender Kälte durchsetzt." Isabella hatte wohl recht. Die ungeheure Anforderung, die Maria Theresia mindestens seit ihrer Thronbesteigung an sich selbst stellte, verzerrte ihr Urteil über andere, vor allem, wenn diese zu ähnlich hohen Ämtern berufen waren wie sie selbst.

Wie schon gesagt: in bienenköniginhafter Fruchtbarkeit hatte sie Wiege um Wiege gefüllt, immer mit dem Blick auf Europas Landkarte. Sie gebar, um ihr Reich zu sichern, aber auch, um womöglich andere Länder mit Souveränen und Souveräninnen zu versorgen. Wie sie selbst schon im Kleinkindalter als Pfand eingesetzt worden war im großen Pfänderspiel der Politik, so setzte sie auch ihre Kinder ein und hätte nicht begriffen, daß es menschlicher, daß es jedenfalls mütterlicher gewesen wäre, auf diesen Einsatz zu verzichten. Sie dachte dynastisch, wie alle Welt damals dynastisch dachte: das heißt, sie dachte nicht nach dem Maßstab persönlichen Glückes, sondern nach den Maßstäben von Ländern, Völkern und Koalitionen.

Freilich, nicht alle ihre Töchter waren als Einsatz geeignet. Wir wissen es schon: gleich die älteste der Überlebenden, Marianne, war verkrüppelt. Sie scheint einen Rückgratschaden gehabt zu haben, der auch ihre Lunge beeinträchtigte. Sie spuckte Blut. Diese Tochter konnte keinem Land als Prinzenbraut angeboten werden. Die Mutter litt um sie. Irgendwann einmal taucht in einem ihrer Briefe der Seufzer auf, diese Tochter könne sie niemals hergeben. Später gab sie sie doch her. Marianne wurde Äbtissin, nicht ohne eine gewaltige Mitgift in ihr Stift einzubringen. Trostpflaster für das diesem Mädchen versagte Lebensglück?

Anders stand es um Maria Christine oder „Mimi". An ihr hing Maria Theresia nicht nur aus mütterlichem Pflichtbewußtsein, sondern aus ganzer Seele. Mimi bekam den Mann, den sie liebte; die Mutter verhalf ihr dazu. Bitter schmerzte es sie, als die Tochter nach einer schwierigen Totgeburt unfruchtbar wurde. Von den acht Millionen, die die Kaiserin für die Dotierung ihrer Kinder zur Verfügung hatte, wurden ganze vier Millionen Mimi zugeschanzt, der Gatte Albert überdies auf den hervorragenden Posten eines ungarischen Statthalters berufen. Eine exzellente Versorgung! Noch dazu blieb Mimi auf diese Weise in der Mutter Nähe. Nirgendhin wollte Maria Theresia in späteren Jahren reisen, nur noch nach Preßburg, um Mimi zu besuchen, oder nach Schloßhof, um Mimi dort zu treffen. Wenn von irgendeinem Kind, fiel von ihr helles Licht in Maria Theresias Leben.

Aber dann: Maria Elisabeth, das kokette Mädchen, das sich so gern in Bewunderung sonnte, die schönste der Erzherzoginnen; sie schien so recht geeignet für eine glänzende Laufbahn. Es konnte nicht ausbleiben, daß sich mehrere Anwärter meldeten: der von Katharina kreierte neue polnische König Stanislaus Poniatowski, dann ein Herzog von Chablais, jüngerer Sohn des Königs von Savoyen. Doch beide fielen durch. Konnte denn einer Prinzessin aus dem Hause Österreich zugemutet werden, einen Mann von Poniatowskis Herkunft und Mißgeschick in sein vom Bürgerkrieg zerpflügtes Land zu folgen – oder als mittellose Herzogin von Chablais darauf zu warten, vom eigenen Vaterland versorgt zu werden?

Als dritter Anwärter auf Elisabeths Hand wurde – man kann nur staunen – Ludwig XV. in Betracht gezogen.

Die Anregung ging nicht vom Wiener Hof aus. Die Anregung kam vom Minister Choiseul, dem langjährigen listenreichen Lenker der französischen Politik, einem Mann von großen Gaben und abgründig frivolem Charakter. Er spielte mit dem Gedanken, seinen alternden König mit der schönen Prinzessin aus Wien zu verkuppeln, obwohl der König zu jener Zeit noch verheiratet und an Maria Leszczynska gebunden war. Doch die Leszczynska kränkelte – und Choiseul war nicht der Mann, der sich in solchen Belangen durch zartes Taktgefühl ausgezeichnet hätte. Auch Ludwigs Töchter mögen mitgesponnen haben, diese nun schon ältlich gewordenen, verbitterten Dames de France, die unter des Königs schamloser Mätressenwirtschaft litten und jetzt vielleicht hofften, ihren unersättlichen Vater mittels einer leckeren Österreicherin doch noch auf den Pfad der Tugend zu locken. Besser eine blutjunge Stiefmutter, mögen sie gedacht haben, als eine neue und vielleicht noch schlimmere Pompadour.

Der Gedanke, die siebzehnjährige Elisabeth an den fünfundfünfzigjährigen Ludwig zu bringen, war absurd. Konnte sich Maria Theresia wirklich mit der Vorstellung eingelassen haben, eine ihrer Töchter dem alternden Wüstling auszuliefern? Die spärlichen Andeutungen, die sich in den Korrespondenzen dazu finden lassen, tragen eher Kaunitz' und Josephs Handschrift als die der Mutter. Und dann trat das Unglück ein, daß Elisabeth durch die Blattern verunstaltet wurde. Sie schied aus dem Reigen der anbietbaren Partien aus; und jede weitere Erörterung des Themas verbot sich von selbst, als der König, nun in der Tat verwitwet, sich – statt einem ehrbaren Greisenalter entgegenzugehen – mit der skandalösen Dubarry verband.

Elisabeth, durch die Blattern häßlich geworden, sah einer tristen Zukunft entgegen, einer Zukunft, die ihr um so unerträglicher erschien, als sie glaubte, daß sie sie neben ihrem Bruder, dem Kaiser, verbringen müßte. Joseph war kein angenehmer Familienchef und wenig rücksichtsvoll gegen seine Schwestern, die er allesamt für mehr oder minder dumme Puten hielt. So war es Elisabeth vielleicht doch ein Trost, daß auch sie schließlich Äbtissin wurde. Sie übernahm das adelige Damenstift in Innsbruck und beschloß, von den Tirolern wenig schmeichelhaft, aber in rauher Zärtlichkeit „kropferte Lisel" genannt, 1808 ihr eintöniges Leben.

Die nächste Tochter: Maria Amalia. Sie war, wie einst Maria Theresia selbst und alle ihre Schwestern, erzogen worden, nicht um zu herrschen, zu entscheiden und ein Staatswesen zu führen, sondern um Kinder zu bekommen und die Rolle einer tugendhaften Fürstin zu spielen. Maria Amalia schien sich auch gern so erziehen zu lassen. Sie fügte sich gehorsam und erregte keinerlei Aufsehen, ein gutes

Kind, wie ihre Mutter schrieb, das nie Kummer bereitet hatte. Freilich, mit fünfzehn verliebte sie sich, ihre Flamme war ein Prinz von Zweibrücken, ein unbedeutender Habenichts. Weder die Mutter noch der allmächtige Kaunitz ließen sich herbei, die Schwärmerei ernst zu nehmen. Denn seit Jahren war Amalia für Parma bestimmt. Der Bräutigam war ganze drei Jahre jünger als sie. Maria Theresia bedauerte das und fürchtete mögliche Verwicklungen. Um so dringlicher bat sie ihre Tochter, eine brave Gattin und fromme Landesmutter zu werden. Maria Amalia nickte und versprach alles Gute. Dann fuhr sie nach Parma ab – und der Teufel war los. Kaum angekommen, machte sie das Herzogtum mit ihrem halbwüchsigen Gatten zusammen zum Zirkus ihrer kindischen Ausgelassenheiten. Nicht genug damit: sie beleidigten und foppten ihre Minister, die ihnen doch von französischen und spanischen Interessen zudiktiert worden waren. Karl III. von Spanien, der die bourbonische Sekundogenitur in Parma nach wie vor als Filialstelle seines Reiches betrachtete, war empört: Er hatte von einer habsburgischen Prinzessin bessere Haltung erwartet. Des Königs Vorwürfe waren Maria Theresia höchst empfindlich. Sie überschüttete ihre Tochter mit mahnenden Briefen, sie schickte ihr moralische Zuchtmeister nach. Vergeblich. Amalia ließ sich nicht zügeln. Maria Theresia fühlte sich ohnmächtig. Man konnte diese Tochter und ihren Mann doch nicht einsperren lassen, „ohne sie vorher für verrückt oder blödsinnig zu erklären". Schließlich schlug ihre mütterliche Sorge in Erbitterung um. Sie brach jeden Verkehr mit Maria Amalia ab, und auch als diese später reumütig, da vielleicht vernünftig geworden, an der Mutter Tür klopfte, wies sie sie ab.

Ein anderes Schicksal: Maria Carolina. Sie erreichte, was den meisten ihrer Schwestern sicher als höchstes Ziel ihres Lebens vorgeschwebt: die Krone einer Königin. Doch um welchen Preis erreichte sie diese Krone – und welchen Preis hatte sie ihr Lebtag dafür zu bezahlen!

Ihre Vermählung mit dem König von Neapel hatte eine traurige Vorgeschichte, die wir schon kennen: Maria Josepha war als sechzehnjährige Braut an den Blattern gestorben. Man hätte meinen können, daß, als die Nachricht davon in Neapel eintraf, der junge König Betroffenheit gezeigt hätte. Aber sein Gemüt sagte ihm nichts dazu. Er ärgerte sich nur darüber, daß ihm das Hofzeremoniell verbot, an diesem Trauertag zur Jagd zu reiten. Womit sollte er denn sonst seine Zeit verbringen? Um die schlechte Laune des Gebieters aufzuheitern, ließen sich seine Freunde eine makabre Unterhaltung einfallen. Man wollte Josephas Funeralien spielen, steckte einen Pagen in Frauenkleider, legte ihn auf eine Bahre, entzündete Kandelaber und durchzog das Schloß unter geheulten Totengesängen. Um dem Schauspiel einen naturalistischen Anstrich zu geben, hatte man Gesicht und Hände der falschen Pockenleiche mit Schokoladetröpfchen bespritzt. Der junge König, wurde berichtet, amüsierte sich köstlich.

Ein Jahr darauf war es so weit, daß die nächste, nun ebenfalls sechzehn gewordene Erzherzogin in die Fußstapfen der Verstorbenen trat. Maria Carolina war allerdings noch weniger als Josepha zur Souveränin erzogen worden. Doch dynastische Absprache blieb dynastische Absprache, eine Krone blieb eine Krone, und nach wie vor mußte Habsburg daran gelegen sein, enge Verbindung zu den Bourbonen zu halten. So wurde noch einmal Hochzeit per procuratorem gefeiert und die Prinzessin auf den Weg geschickt. Gewiß: das Königreich Neapel und Sizilien galt mit Recht als eines der schönsten der Welt und das Leben am dortigen Hof als ein endloses Fest in einer gesegneten Natur, bei einem Volk, dessen Heiterkeit sprichwörtlich geworden war: belcanto in bella vista. Doch dieses glänzende Bild wurde aufgewogen durch das Elend einer Ehe mit einem jungen Mann, der nichts im Kopf hatte als rohe Vergnügungen, der am Tag nach dem Beilager über seine junge Frau nichts weiter zu sagen wußte als: „Sie schläft wie eine Tote und schwitzt wie ein Schwein."

Maria Carolina nahm ihr Schicksal mit zusammengebissenen Zähnen auf sich. Sie wollte ihren Ferdinand lieben, wie ihre Mutter ihren Franz Stephan geliebt hatte. Sie gebar ein Kind nach dem anderen – wie ihre Mutter. Sie wollte ihrer Herkunft keine Schande bereiten. So hielt sie eine Zeitlang durch, verfiel dann der Korruption, die sie umgab, raffte sich wieder auf und kämpfte tapfer weiter bis zuletzt. Sie erlebte, was Maria Theresia und auch vielen ihrer Geschwister zu erleben erspart blieb, die Kataklysmen der Revolution und der Napoleonischen Herrschaft. Schließlich wurde sie von den Franzosen aus ihrem Königreich vertrieben. Endlich durfte sie für eine Weile in ihre Heimat zurückkehren, nach der sie sich in Neapel so lange gesehnt hatte. „Könnte ich dieses Paradies mit all seinen Bewohnern verlassen! . . . ich wärs zufrieden in Hernals zu leben!"

Antonie wird Antoinette

Und dann als jüngste Tochter zwischen den Söhnen Ferdinand und Maximilian im Jahre 1755 geboren: Maria Antonie. In jenem Jahr 1755 also, in dem die Allianz zwischen Frankreich und Österreich angeknüpft worden war. Diese Allianz sollte, das war von Anfang an vorgesehen, durch eine Heirat auf höchster Ebene bekräftigt und besiegelt werden. Ludwig XV. zögerte noch eine Weile, dieses Bündnis endgültig abzusegnen. Doch mit der Zeit wurde es ihm selbst teuer. Da mögen persönliche Gründe mitgespielt haben. Er, unter dessen Herrschaft das französische Königtum seinen moralischen Kredit weitum verlor und zum Paradigma blutsaugerisch-korrupter Tyrannei verkam, er hegte eine seltsam anmutende Hochachtung vor der tugendhaften Kaiserin in Wien. Selbst kaum noch fähig, sich aus einer morbiden, nur noch aus Langeweile fortgesponnenen Genußsucht hochzureißen, wollte seinem Haus doch konsolidierende Elemente zuführen. Und Konsolidierung, so mochte ihm scheinen, war noch am ehesten aus Maria Theresias kinderreichem Nest zu erhoffen. Als erste Gespräche über eine zu planende Hochzeit einsetzten, meinte der König: „Alle Erzherzoginnen sind schön und gut erzogen." Eine jede also werde ihm recht sein.

Trotzdem konzentrierten sich die Überlegungen sehr schnell auf die jüngste Tochter der Kaiserin, Maria Antonie. Der Grund war einfach: sie paßte dem Alter nach am besten zu dem um zwei Jahre älteren Duc de Berry, dem Thronerben Ludwigs. In dem Augenblick, in dem Maria Antonie Zeichen weiblicher Reife geben würde, würde voraussichtlich auch Berry soweit sein, die Ehe vollziehen zu können. Mithin war mit der Heirat rund um das Jahr 1770 zu rechnen. Nun galt es für Maria Theresia nur noch, die kleine Tochter zur künftigen Königin von Frankreich zu erziehen.

Der Bräutigam, Ludwig Duc de Berry, war ein Enkel Ludwigs XV., hinterbliebener Sohn eines unglücklichen, in jungen Jahren der Schwindsucht erlegenen Elternpaares; er selbst ein mißgeschicktes, von vielen Krankheiten geplagtes Kind. Sein Großvater sorgte sich um ihn, aber er war der letzte, der imstande gewesen wäre, den Knaben zu einem glücklichen Monarchen zu erziehen. Auf dem Jungen lag eine schreckliche Last: seine künftige Berufung auf den Thron aller Throne. Es scheint, daß seine ganze Natur gegen diese Berufung revoltierte. Seiner Natur nach wollte er ein einfacher Mensch sein. Nichts tat er lieber als einfachen Leuten zusehen, wenn sie arbeiteten, Handwerkern und Bauleuten, wenn sie sägten, hämmerten, Mörtel mischten. Gern griff er selbst zu. Dann war das göttliche „enfant de France" mit Staub und Kalkspritzern bedeckt, seine seidenen Galakleider waren verdorben, seine kostbare Perücke zerzaust. Lachend setzte er sich über das Geschrei der Höflinge hinweg: Er war doch wenigstens eine Stunde lang glücklich gewesen! Aber seine schwerfällig täppische Natur reichte nicht hin, sich wirklich über die Zwänge seines Standes zu erheben. Statt sich Ziele zu setzen, ließ er sich treiben. Statt Profil zu zeigen, verfiel er unmäßiger Eßlust, Schlafsucht, Jagdlust. Trotzdem fanden ihn viele Menschen bezaubernd natürlich, gutherzig, brav.

Für diesen Mann – vorläufig noch ein grüner Junge – wurde in Schönbrunn die kleine Maria Antonie erzogen. Nach demselben Maßstab und dem etwas blumigen Erziehungsideal, das bei Prinzessinnen üblich war: Sprachen, Musik, Religion und Tanz. Die Mutter hielt ihr lange Predigten: Erste Pflicht werde es für sie sein, ihrem Gatten zu gefallen, ihn zu lieben und zu ehren. Fast ebenso heilige Pflicht, dem König von Frankreich Ehrerbietung zu erweisen. Er mochte was immer für Eigenschaften haben, er war der absolute Herr. Die Töchter des Königs – höchst achtbare Damen. Auch ihnen gegenüber sind Respekt und Neigung geboten, mit einer Prise Vorsicht versetzt. Volles Vertrauen gegen Mercy, den österreichischen Botschafter! Demut gegen den Beichtvater! Distanzierte Freundlichkeit gegen die Brüder des Dauphins! Kühle gegen den englischen Botschafter! Güte gegen Bittsteller, doch keine übereilte Nachgiebigkeit! Und Treue, Treue gegen Österreich: denn du kommst als Botschafterin deiner Heimat nach Frankreich, als Repräsentantin deines Hauses, als meine Tochter, Maria Antonie, hörst du, als *meine, Maria Theresias*, Tochter, mache mir keine Schande! Und obgleich du in keinem Augenblick deines Lebens vergessen sollst, daß du Deutsche bist, so hüte dich doch, allzudeutlich daran zu erinnern. Vor allem bist du Königin von Frankreich, deinem Reich verpflichtet, deinem Volk, deinem König – und nur insofern du die Pflichten als Französin aufs tadelloseste erfüllst, darfst du hoffen, auch deiner Heimat nützlich zu sein.

So spricht die Mutter und mahnt und bittet, und Bitten und Ermahnungen gehen der kleinen Tochter zum einen Ohr hinein und zum anderen hinaus. Sie ist überfordert, kein Zweifel. Sie weiß: der König von Frankreich läßt sich wöchentlich Bericht erstatten über ihre Fortschritte. So lernt sie eifrig Französisch. Sie lernt königlich schreiten und huldvoll lächeln. Sie erträgt es auch, daß man ihre Zähne herrichtet (weiß Gott, wie man das damals machte). Sie spielt das gehorsame Kind, wenn ihr die Mutter strenge religiöse Übungen vorschreibt, Messen, Rosenkränze und Erbauungsbücher. Doch während sie Litaneien und Paternoster murmelt, schweifen ihre Gedanken zu goldenen Kutschen und perlenbesetzten Roben, zu Singspielen, Feuerwerken und Maskenfesten.

Im April 1770 war es soweit. Nach einem rauschenden Vermählungsfest wurde Maria Antonie in einen mit Samt ausgeschlagenen, mit Goldwedeln geschmückten Prunkwagen gesetzt – Geschenk der französischen Krone im Wert von mindestens 40 000 Livres – und nach Frankreich gefahren. Es gab damals wahrscheinlich nur wenige Menschen, die das junge Mädchen nicht beneideten: es war dabei, den Gipfel des irdischen Glückes zu erklettern. Eine, nach allem was wir wissen, naive Vorstellung. Doch unter Umständen hätte alles noch gutgehen können. Wäre Maria Antonie eine Maria Theresia gewesen oder eine Katharina – oder vielleicht hätte sie auch nur um einige Jahre älter sein müssen! –, sie hätte unter Umständen das Steuer ergreifen, das Ruder herumreißen, sie hätte dem Volk von Frankreich zeigen können, daß es seine Zukunft nicht unbedingt in der Revolution und in der radikalen Zertrümmerung der alten Formen hätte suchen müssen.

Aber nichts davon. Das kleine Mädchen, das nun als *Marie Antoinette* über den Rhein verfrachtet wurde, hatte bei seiner Mutter doch zu wenig gelernt: Lächeln, Anmut, den Schein von Würde; Standhaftigkeit, wenn es darum ging, endlose Kuren abzunehmen, Unermüdlichkeit, wenn es hieß, jubelndes Volk vorbeidefilieren zu lassen, stundenlanges Knien bei kirchlichen Zeremonien, darin hatte man sie eingeübt, und diese Haltung begleitete sie bis zuletzt. Aber sie war zu jung, um die Tragikomödie ihrer Ehe zu ertragen, dieser Ehe, die so lange keine war. Die Umstände, unter denen Ludwig und Antoinette zusammenlebten, sind oft genug beschrieben worden. Die Fünfzehnjährige war darauf vorbereitet, einen Gatten zu umarmen, und erhielt nur einen dicken, überfütterten und schnarchenden Lümmel als Schlafgenossen. Das mußte sie beleidigen. Aber es kam noch schlimmer: Denn mit der Zeit erwachte der Dauphin zum Mann, besser gesagt, zum Jüngling, er verliebte sich in seine junge schöne Angetraute und wollte sie besitzen. Eine angeborene Anomalie verhinderte ihn daran. Man sagte ihm, er könnte sie beheben lassen. Doch er fürchtete sich vor der kleinen Operation. Also versuchte er, so verzweifelt wie vergebens, die Ehe zu vollziehen, Nacht für Nacht belästigte er das Mädchen mit seinen Versuchen. Dieses Verfahren mußte Marie Antoinette neurotisieren, und die groteske Situation wurde nur noch grotesker dadurch, daß der ganze Hof, ja die halbe Welt daran teilnahm. Ihre Umgebung widertönte von Fragen, Ermahnungen, Ratschlägen, gutgemeinten und frivolen, von Schlüpfrigkeiten und derben Witzen. Kein Wunder, daß Antoinette ausbrach; sie brach aus in ein Leben blinder Verschwendung, grenzenlosen Leichtsinns, wütender Vergnügungssucht. Sie putzte sich heraus, sie spielte hoch, sie wollte von ganz Paris angebetet werden. Sie warf sich einer Kamarilla in die Arme, die aus den gewissenlosesten und kaltherzigsten Intriganten bestand. So wurde sie die verhaßte *Autrichienne* und war eigentlich nichts als ein armes und verstörtes Kind.

Im fernen Schönbrunn saß eine alternde Mutter und schaute dem Vorgang mit starrem Entsetzensblick zu. Seit jeher hatte sie Böses geahnt, was ihre Kinder betraf. (Darum das Mißtrauen und die scheinbare Kälte.) Doch die Nachrichten aus Frankreich übertrafen ihre schlimmsten Erwartungen. An Nachrichten fehlte es nicht. Der österreichische Gesandte Mercy d'Argenteau hatte strikteste Vorschrift, ihr, der Kaiserin, von allem zu berichten, was die Dauphine betraf, von allem also, was sie tat und ließ, mit wem sie umging, wie hoch sie spielte, welche Mode sie trug, ob und wie schnell sie ritt und vor allem, ob sie endlich Frau geworden war. Da Mercy unmöglich alles selbst erkunden konnte, so umgab er die Dauphine mit einer Schar von Spitzeln. Ihre Berichte wurden von Mercy gesammelt und nach Wien weitergegeben.

Diese Berichte waren dazu angetan, das Herz der Kaiserin mit immer schwererer Bangnis zu füllen. Aber sie kapitulierte nicht, so wie sie im Falle Maria Amalias kapituliert hatte, indem sie die Hand von dieser mißratenen Tochter zog. Parma konnte aufgegeben werden, ohne daß der Himmel über Österreich einstürzte. Doch Frankreich, der wichtigste Verbündete, konnte nicht aufgegeben werden. Maria Theresias Herz rang ebensosehr um die geliebte Tochter als um deren Position im Partnerland, ebensosehr um das Lebensglück eines zärtlich gehätschelten Kindes als um die durch diese Ehe mitgarantierte Allianz. Die Kaiserin ließ Marie Antoinette wissen, daß sie unterrichtet war. Trotzdem verlangte sie auch von der Tochter selbst unterrichtet zu werden. „Ich beschwöre Sie, Madame, meine geliebte Tochter, daß Sie mir die Wahrheit schreiben. Ich beschwöre Sie, mäßigen Sie sich! Ich beschwöre Sie: beten Sie! Ich beschwöre Sie, ohne die Zustimmung Ihres Beichtvaters kein Buch zu lesen! Ich beschwöre Sie, ihre Tage mit Ihrem Gatten zu verbringen. Auf Sie kommt es an, auf Sie und den König, ob Frankreich zugrunde geht oder noch gerettet werden kann."

Mit noch stärkerem Geschütz zog Joseph über die Schwester her: „Erlauben Sie daher, daß ich zu Ihnen mit der ganzen Freimütigkeit spreche, die die Liebe allein und mein Interesse für Sie rechtfertigen. Wieso können Sie wünschen, daß ich Sie besuche und mich in der hohen Gesellschaft des Hofes präsentiere . . . angesichts der Lage in die Sie sich selbst gebracht haben? Soviel ich weiß, mengen Sie sich in unendlich viele Dinge, die Sie nichts angehen, von denen Sie nichts verstehen, indem sie bald Ihre Eigenliebe, bald Ihr Verlangen zu glänzen, aufzustacheln und Haß und Groll zu nähren wissen. Das alles ist geeignet, Ihr Lebensglück zu trüben . . . und früher oder später schmerzliche Peinlichkeiten zu verursachen. Haben Sie sich nur einmal gefragt, mit welchem Recht Sie sich in die Angelegenheiten der französischen Monarchie einmengen? Welche Studien haben Sie denn gemacht? Welche Kenntnisse haben Sie erworben? Sie, eine liebenswürdige Person, die den ganzen Tag nur an eitle Dinge, an ihre Toiletten und Amüsements denkt, die weder etwas Vernünftiges liest noch auch nur eine Viertelstunde im Monat einem vernünftigen Gespräch zuhört, die niemals überlegt oder nachsinnt und die Folgen Ihrer Handlungen erwägt . . . Ich kann nur das Malheur Ihres Lebens kommen sehen."

Konnte denn Joseph, konnte denn die Kaiserin hoffen, mit solchen Episteln etwas zu erreichen? Vergessen wir nicht: das 18. Jahrhundert war ein pädagogisches Zeitalter. Auch Konservative wie Maria Theresia waren vom Zeitgeist eingefärbt. Man hielt dafür, daß der Mensch erziehbar sei, erziehbar durch Argumente, Vernunftgründe, durch Bitten und Beschwörungen. Man vertraute der Sprache. Man ahnte noch nicht, daß die menschliche Natur von Schichten durchsetzt ist, die durch Argumente nicht erreichbar, die womöglich nur in gegenteiligem Sinn aufreizbar sind.

Maria Theresias Briefe sind Dokumente dieses Vertrauens auf die Kraft des ermahnenden, beschwörenden, erzieherischen Wortes.

„Hier sitze ich, forme Menschen, nach meinem Bilde . . .", schrieb Goethe in jener Zeit in seinem Gedicht „Prometheus". Ein mythisches Motiv mit einem aufklärerisch pädagogischem Touch: auch Maria Theresia suchte Menschen zu formen nach dem eigenen Bilde. Sie scheiterte dabei an ihren Kindern. Oder nicht?

Die Lektüre des Briefwechsels zwischen Mutter und Tochter kann nur melancholisch stimmen. Die beschwörenden Ergüsse der Mutter wurden zwar pünktlich beantwortet, aber wie? Mit kleinen, beschämend kindischen Ausreden, halben und ganzen Lügen, mit fatal unglaubwürdigen Schmeicheleien und Anbiederungen. Die Dauphine und spätere Königin von Frankreich verhielt sich wie ein gescholtenes Schulmädchen, und wie ein Schulmädchen ließ sie sich auch von ihrem Bruder behandeln, der eines Tages bei ihr ankam, erstens und vor allem, um dem König von Frankreich zuzureden, sich endlich doch operieren zu lassen; dann aber auch, um seiner Schwester den Kopf zu waschen. Seine erste Mission zeigte den gewünschten Erfolg. Ludwig ließ den Eingriff bei sich vornehmen, und ein Jahr später konnte man der Welt melden, daß die Königin von Frankreich guter

Hoffnung war. Die Ehe zwischen Ludwig und seiner Frau war freilich nicht mehr zu retten. Erst im Absturz ins tiefste Unglück regenerierte sie sich wieder. Erst im tiefsten Elend wurde Marie Antoinette das, wozu sie ihre Mutter hatte erziehen wollen: eine würdige Königin.

Die Alternde - Versuch einer Vergegenwärtigung

Unaufhörliche unermeßliche Arbeit: nun sind es dreißig und mehr Jahre, daß Maria Theresia regiert, genauer gesagt, daß sie unter der Fron dieser Regentschaft steht, und ein Ende ist nicht abzusehen. Sie ist grau geworden, wie sie selbst schreibt, und sehr dick und unbeweglich. Ihre Augen sind geschwächt, ihre Armgelenke und Beine schmerzen. Wenn sie sich bei der Messe auf die Knie niederläßt, verbeißt sie ein leises Ächzen. Noch immer leidet sie an Wallungen, und ihr Lufthunger wird immer ärger. Aber Spaziergänge, auch größere Spazierfahrten werden ihr beschwerlich. Draußen in Schönbrunn hat sie Gelegenheit, im Freien, auf der Terrasse des Schlosses zu arbeiten. Sie hat sich ein kleines Schreibpültchen bauen lassen, das schnallt sie sich vor, da kann sie die Akte ablegen, die sie jeweils durchackert, kann sich Notizen machen und Handbillets ausstellen. Oder sie kann Briefe schreiben an ihre Kinder, an ihre Botschafter, ihre Minister, auch an alte Freunde. Sie ist eine pünktliche Gratulantin, nie vergißt sie einen Geburtstag, nie ein Jubiläum. Kranken schickt sie Genesungswünsche, Hinterbliebenen versucht sie Trost zu spenden, indem sie ehrende Worte für den Verstorbenen findet und Hilfe anbietet.

Unaufhörliche unermeßliche Arbeit: der erste Umbau des Staates damals in ihren ersten Regierungsjahren hat sich als ungenügend erwiesen. Aus der Geheimen Konferenz wurde der Staatsrat, aus ihm entwickelte sich die Staatskanzlei, schließlich die Österreichisch-Böhmische Hofkanzlei. Ständiger Überprüfung bedurfte das Finanzwesen: wie knifflich war der Umgang mit Bankozetteln, Staatsschulden, Landespraestationen und Repartitionen. Unaufhörlich mußte man darauf sehen, die Steuern zu erhöhen, ohne die Untertanen zu ruinieren. Welche Anstrengungen hatte es zum Beispiel gekostet, die Getränkesteuer einzuführen, die es ermöglichte, daß der Fiskus von jedem genossenen Gläschen Wein seinen Obolus zapfte. Um die

Gemüter zu beschwichtigen, hatte man mehr als ein Dutzend andere Steuern dafür aufgehoben; es nutzte wenig, die Aufregung blieb.

AUS DEM
Verzeichniß derjenigen Gefällsrubricken, welche ... in Ansehung der einzuführen kommenden Trancksteuer aufzuheben ... kommen sollen.
1. Schuldensteuer von der Stadt und den Vorstädten
2. Die Pferdschuldensteuer
3. Das Sperrgefäll
4. Das Taz- und Umgeld
5. Die Taz- und Umgeldsteuer davon
6. Das Kameralumgeld im Wiener Burgfried
7. Bankaltaz- und Umgeld auf den hiesigen Gründen
8. Das Liniengefäll sammt Passage und allen Landschranken
9. Das Passagegefäll
dazu auf dem Lande
... Das Schuldensteuer-Reluitionsquantum ... die Wegrobotreluition ... Das ganze Cotributionale sowohl von Haus als Ueberländ-Weingärten ...   *Summa 1,413.153*

Eine Kette von schwersten Mißhelligkeiten waren zu bestehen bei Abschaffung des Jesuitenordens durch den Papst. Was sollte aus den einzelnen Patres werden, was aus ihrem Vermögen? Die Kurie wollte es für sich einziehen, die Krone protestierte, das Ordensvermögen sollte dafür verwendet werden, neue Pfarreien zu gründen und Lehrer anzustellen. Ein langer ärgerlicher Streit.

Und eine wahre Sisyphusarbeit war das Vorhaben zu nennen, die Rechte der Grundherren gegenüber ihren Hintersassen zu beschneiden oder zumindest die ärgsten Willkürlichkeiten durch Robotpatente abzustellen. Wie viele Akten wurden damit gefüllt! Wie viele Erkundigungen eingezogen, Ermahnungen ausgesandt, Proteste in Empfang genommen und repliziert! An allen Ecken und Enden hieß es Mißstände aufdecken, Schuldige entfernen, Redliche einsetzen, das Rechte erkennen und jedem Unterschleif zuvorkommen.

Und überall das wachsame Auge der Mutter-Kaiserin, bis in die letzte, entfernteste Provinz!

Ja, bis in die letzte, entfernteste Provinz haben ihre Reformen gegriffen. Um die Wahrheit zu sagen: es war nicht immer nur Mühe dabei, es war auch Freude und inniges Vergnügen. Reinste Freude und innigstes Vergnügen hat sie, Maria Theresia, empfunden, als es ihr gelang, die Normalschule für die ganze Monarchie einzuführen. Schule des Volkes, Schule für alle: es sollte bald kein Pfarrdorf mehr geben, weder im fernen Siebenbürgen noch in den wilden Hochtälern Tirols, noch in dem unglücklichen „Gallitzien", wohin kein Schulmeister kam und Kinder um sich versammelte, um ihnen Lesen, Schreiben, Katechismus und das Einmaleins beizubringen. Noch wußte man nicht recht, woher die vielen Lehrer nehmen und woher die Schulstuben, und sicher mochte es dabei oft recht sonderbar hergehen, so etwa wenn der Totengräber seine Kammer herleihen mußte, damit ein alter ausgedienter Invalide aus dem Erbfolgekrieg mit Stockschwingen und rauhem Exerzierplatzgebrüll zwei oder drei Dutzend kleiner und größerer Bauern- und Häuslerkindern, Knaben und Mädchen, das ABC eintrichtern konnte. Doch schon waren Pflanzschulen gegründet in den größeren Städten, aus denen gut unterrichtete Leute hervorgehen sollten. Der brave eifrige Abt Felbinger, den sich Maria Theresia aus dem friderizianischen Schlesien herbeigeholt hatte, tröstete sie über die Gebrechen hinweg, die die neue Einrichtung aufwies, und wußte Hilfe dafür und kluge Verbesserungen. Es tat Maria Theresia bis ins Herz hinein wohl, sich diese Schulen vorzustellen und die Jugend, die in diesen Schulen saß und von der sie innigst hoffte, sie werde sich auch eifrig bemühen. Denn von *unentbehrlichen, nützlichen und zierlichen* Kenntnissen, davon war die Kaiserin überzeugt, führte der Lebensweg stufenweise aufwärts zu mehr und gesichertem Recht, zu fruchtbarer Tätigkeit und damit zu Wohlstand, zu Vernunft und Tugend.

Und eines freute sie, die alte Monarchin, besonders: von allen Einrichtungen, die sie mit ihren Ratgebern und Ministern geschaffen hatte, war diese die allgemeinste und umfassendste. Sogar Ungarn war mit einbezogen. Nicht einmal Ungarn hatte sich auf die Dauer wehren können gegen diese Infiltration durch gesamtstaatliche Ordnung. Das ungeheure Konglomerat der Völker und Stämme würde durch die allen gemeinsame Grunderziehung zu einem Block zusammengemörtelt werden.

Es gab Leute, die ihr rieten, den Unterricht in der Normalschule in einer einzigen Sprache erteilen zu lassen; so wie ehedem Latein in allen Schulen üblich gewesen war, so mochte jetzt die deutsche Sprache die richtige sein. Damit würden weitere Schranken innerhalb des Staates fallen, würden Kommerz und Konnubium gefördert werden. Die Kaiserin hatte sich diese Vorschläge angehört. Sie gab zu, daß sie möglicherweise Vorteile brachten. Aber in ihr regte sich Widerstand. Sie war nicht Königin, Herzogin, Fürstin so vieler Völker geworden, um diesen Völkern das eigene Wesen zu nehmen.

Sie ahnte: Sprache war Wesen und Wesen war Sprache. Verschiedene Wesen und verschiedene Sprachen sollten nebeneinander blühen. Gewaltsam gleichmacherischen Zuschnitt wollte sie nicht. Sie verordnete vielmehr, daß man die Kinder jedes Landstrichs in ihrer eigenen Muttersprache zu unterrichten habe, und wenn es in dieser Sprache oder Mundart noch keine Bücher gab, so habe man solche zu schaffen.

Auch auf die Kirche, so wagte Maria Theresia zu hoffen, werde das Anheben des Bildungspegels eine allgemein heilsame Wirkung ausüben. Sie stimmte mit Joseph darin überein, daß das religiöse Leben breiter Bevölkerungsschichten sehr zu wünschen übrigließ. Die Landgeistlichen waren, wie Joseph sagte, häufig nichts weiter als geweihte Bauern; da die kirchliche Leitung versagte, müßte der Staat eingreifen. Ja, eingreifen, auch Maria Theresia war dafür. Aber während sie die religiöse Berufung des einzelnen auf ihren metaphysischen Kern zurückführen und intensivieren wollte, zeigte Joseph ganz andere Tendenzen: er hielt nicht viel von Metaphysik. Er nannte sich zwar einen Philosophen und behauptete, mit ihm habe die Philosophie Einzug gehalten in die Politik, aber diese Philosophie schien ihr, der Mutter, seltsam flach und starr. Was nutzte es, wenn man die Vokabel Menschenliebe im Munde führte, aber dabei meinte, man könne Vernunft und Glück jedermann in gleicher Weise verordnen. Für Joseph war der Staat die große Maschinerie, die das irdische Leben von der Geburt bis zum Grabe aufbereiten, die ungeheure Apparatur, in der sich die Würde des Menschen verkörpern sollte. Was in ihre Modeln nicht einzupassen war, galt Joseph für übel. Der Mutter schwindelte es manchmal, was alles abzuschaffen er sich vorgenommen hatte. Dabei wußte sie, daß er ihr nur die Hälfte seiner Pläne mitteilte, daß er noch an ganz anderen Plänen spann. Auf endlosen Reisen inspizierte er seine Länder, endlose Reisen unternahm er auch in andere Reiche. Alles wollte er dort sehen – und vor allem das, woran Anstoß nehmen zu können er glaubte: Gefängnisse, Siechenhäuser, Spinnhäuser, alles Anstalten, in denen das Elend hauste. Joseph sog sich dabei voll mit Bildern des Leidens, des Grauens, des zugefügten Unrechts. Man lobte ihn dafür und sagte, er sei ein Philanthrop. Aber die Mutter erschrak manchmal darüber, wie ausschließlich er damit beschäftigt war, sich nur die Gebrechen der Menschheit zu vergegenwärtigen. Gab es denn nichts Gutes auf dieser Welt? Nichts, was erfreuen und zur Bewunderung hinreißen konnte?

In Maria Theresias Gemüt war noch immer ein unauslöschliches Bedürfnis danach, ein fröhliches Volk um sich zu versammeln. Wie gern hatte sie sich immer Mutter ihrer Völker nennen lassen.

Freilich: die meisten Provinzen ihres Reiches kannte sie kaum. Genaugenommen kannte sie nur das Volk von Wien, diese wimmelnde Masse der Reichshauptstadt, in der sich alle Stämme und Sprachen mischten, dieses Gebrodel aus Lebenslust, Egoismus, Gutherzigkeit, stets bereit, zu rebellieren und sich dann doch wieder geduldig in sein Schicksal zu fügen.

Maria Theresia liebte Wien und hatte sich ihr Lebtag lang in besonderer Weise darum gekümmert. Mit allem und jedem war sie hier befaßt worden: mit Pflasterung und Kanalisierung, mit Straßenbeleuchtung und Marktversorgung. Die Kaiserin überwachte Findel- und Waisenhäuser, hygienische Maßnahmen und die pünktliche, doch nicht überstürzte Bestattung der Toten. Auch sonst war ihr nichts zu gering, als daß sie nicht eingegriffen, gelenkt, beschwichtigt oder ermutigt hätte. Kalender mit abergläubischen Geschichten sollten in ganz Wien verboten werden. An Feiertagen dürften Mehlspeisen auf der Straße feilgeboten werden, nicht aber Fleisch, und keinesfalls vor den Kirchentüren. Lastträger hatten es sich angewöhnt, ihre Butten durch den Stephansdom zu tragen, um einige Schritte Weges abzuschneiden. Auch dagegen erläßt die Kaiserin eine Ordre. „In der Wiener Stadt ist alles nah, kömmt auf die Schritte nimmer an, ist zu dezidirn." Und so weiter und so fort.

So sitzt sie droben auf der Terrasse ihres prachtvollen Schlosses über ihr Pültchen gebückt, die alternde Frau im Witwenkleid. Vor ihr im Sonnenschein der große Garten mit seinen gestutzten Alleen und Heckenlabyrinthen, mit der riesigen lichtdurchfluteten Schneise des Großen Parterres, den Kreisen, Spiralen, Monden der bunt blühenden Beete. Selbst die Wege sind farbig, man hat fein vermahlenen Glasstaub unter den Kies gemischt, so daß ein sanftes Funkeln von ihm ausgeht. Hinten hebt sich das Gelände zur Gloriette auf, diesem eigentlich wuchtigen Bau, der aber aus der Ferne und gegen den Horizont wie ein zartes Gitter aussieht, ein Pavillon sublimer Ehren. Diese Gloriette ist das letzte Überbleibsel des großen Schloßentwurfs von Fischer von Erlach dem Älteren, der doch das kaiserliche Schloß auf die Höhe des Hügels setzen wollte, mit gestaffelten Ehrenhöfen und schäumenden Kaskaden, eine Art himmlisches Jerusalem. Die Idee ist geschrumpft, aber nicht verkommen, und wer weiß, ob es nicht gut ist so? Maria Theresia hat sich des Schloßfragments angenommen, das sie bei ihrem Regierungsantritt vorfand, sie hat ihm von dem tüchtigen Pacassi ein zweites Stockwerk und die Flügel zubauen lassen und hat es prächtig ausgestattet. Das Schloß ist im Geschmack der sechziger Jahre gehalten, diesem Stil, der die schwerlötigen Formen des Barocks ablöste und alles ins Leichte und Heitere wandte, Asymmetrien wagte, die Farben auflichtete, Wände und

Decken und jeden Gegenstand mit ziseliertem Rankenwerk und anmutigen Flechtmustern bedeckte. Die Räume strahlen Fröhlichkeit aus; es ist seltsam und ein verkehrtes Zusammentreffen gewesen, daß diese Ausgestaltung gerade in jenem Jahr durchgeführt wurde, in dem Maria Theresia als Witwe aus Innsbruck zurückkehrte.

Sie liebt dieses Schloß und ist gern hier; auch Franz Stephan hat schon hier gewohnt, wenn er auch allerlei an diesem Bau zu mäkeln gefunden hatte. Auch ihre Kinder haben Schönbrunn bevölkert, haben im Schloßhof Theater gespielt und ihre kleinen Gärtchen bebaut, die sie zwischen den Bosketten zugewiesen bekamen.

Maria Theresia gerät jetzt manchmal ins Sinnieren. Sie ist müde, ihr fällt es schwerer als früher, bei der Sache zu bleiben. Ihre Gedanken irren zurück in ihre Jugend, zu den Tagen, in denen sie sich in Franz Stephan verliebte, damals als Erbprinzessin. Sie rechnet aus, wie viele Jahre er gelebt hat, wie viele Monate, Tage, Stunden; die Zahlen kritzelt sie auf ein Zettelchen. Dann rechnet sie Jahre, Monate, Tage, Stunden ihrer Ehe aus und kritzelt wieder. Sie möchte den guten „vieux" herbeiziehen und weiß nicht wie. So tut sie für ihn, was sie noch tun kann, sie bestellt neuerlich Messen für sein Seelenheil, oder sie läßt anspannen und fährt nach Wien in die Kapuzinergruft.

Dort kniet sie vor dem Riesensarkophag aus schwärzlich schimmerndem Zinn. Er ist nun zwanzig Jahre alt und entspricht nicht mehr ganz dem Geschmack der neuen Zeit. Maria Theresia kommt er manchmal selbst etwas bombastisch vor, fast wie eine riesige dekorierte Zuckerdose. Wann wird sie selbst in dieser Zuckerdose zur letzten Ruhe kommen?

Diese Frage erweckt die alternde Frau aus ihrer Lethargie. Sie ist jeden Tag bereit, das sagt sie sich stündlich; aber zugleich fällt ihr ein, daß morgen Staatsratsitzung ist oder daß die neue Urbarordnung noch geprüft oder daß mit Sonnenfels noch einmal über die Abschaffung der Folter diskurriert werden muß. Sie kann nicht dulden, daß die Dinge laufen, wie sie wollen; sie kann nicht dulden, daß Joseph mit den Ministern umspringt, als wären sie Lakaien; kann auch nicht dulden, daß man neue böse Machenschaften ausheckt gegen die Türken – noch auch gegen Klöster und Klosterschulen. Sie muß auf der Hut sein wegen dieser bayerischen Erbfolge; denn zu kühn angelegt, könnte sie neue Gefahren für Österreich heraufbeschwören.

So verläßt die Kaiserin das dunkle und modrige Gewölbe der Gruft und läßt sich wieder nach Schönbrunn zurückkutschieren. Neue Akten liegen auf ihrem Tisch. Sie will sie durchsehen, obgleich ihr die Augen zufallen. Sie läßt sich eine Tasse Kaffee bringen, und richtig: der Akt enthält Wichtiges. Er muß sogleich bearbeitet werden.

So zwingt sie sich noch einmal zu Notizen und Marginalien, aber da passiert es ihr, daß die Kaffeetasse umstürzt. Ein großer brauner Fleck verunziert das Schriftstück. Die Kaiserin wischt an ihm herum. Er ist nicht wegzukriegen. Morgen soll der Akt den Ministern vorgelegt werden. Es ist ihr peinlich. Sie nimmt die Feder und schreibt unter den Fleck: „Ich schäme mich dafür."

„Aller Tadel auf mein graues Haupt"

Am 1. Januar 1778 schrieb Kaiser Joseph an Kaunitz: „Soeben habe ich die Nachricht erhalten, daß uns der Kurfürst von Bayern den Streich gespielt hat zu sterben..." Den Streich gespielt? Eine seltsame Formulierung für einen Todesfall und seitens eines Mannes, der darauf wartete, die Erbschaft des Toten anzutreten.

Mit Maximilian III. Joseph von Bayern erlosch die sogenannte wilhelminische Linie der Wittelsbacher. Wir haben uns in diesem Buch schon einige Male mit dem Aussterben eines regierenden Hauses beschäftigt. Jedesmal war der Vorgang von langen blutigen Verwicklungen gefolgt gewesen. Sollte es diesmal ähnlich gehen?

Maria Theresia warnte sofort mit starken Worten: Nur keine kriegerischen Abenteuer! Es handle sich um Glück und Frieden unzähliger Menschen, um Wohlfahrt der Völker, um Treu und Glauben; und wenn Joseph meine, er könne auf irgendwelche Rechte pochen, dann müsse sie ihm sagen: diese Rechte auf bayerisches Land stünden auf schwachen Füßen und seien nicht viel mehr wert als jene elend geklitterten Ansprüche, mittels derer einst Friedrich von Preußen gegen sie argumentiert hatte.

Soweit die Warnung der Kaiserin.

Nun, ganz so willkürlich wie der junge Preußenkönig 1741 gedachte Joseph jetzt, 1778, nicht zu verfahren. Der nächste Verwandte des Verstorbenen, und nach wittelsbachischem Hausgesetz sein Erbe, war der Kurfürst von der Pfalz, Karl Theodor. Er residierte in Mannheim in rheinischem Glanz, in rheinischer Heiterkeit, ein schwächlicher Mann ohne eheliche Nachkommen. Mit ihm hatte Joseph schon lange Verbindung aufgenommen. Karl Theodor hatte wenig Beziehung zu dem ihm hinterlassenen Bayern, und überdies hatte er einige ledige Söhne, an denen er hing und für die er hoffte, Kaiser Joseph werde sie in den Fürstenstand erheben. So hatte er sich in Verhandlungen mit dem ihm fernverwandten Habsburger eingelassen, und hätte es sich dabei nur um kleine Arrangements gehandelt, so wäre wahrscheinlich alles in Ordnung und sang- und klanglos abgelaufen.

Aber Joseph war ehrgeizig. Er hatte immer nur große Entwürfe im Auge. Hatte Friedrich II. recht gehabt, als er prophezeite, Joseph werde Europa in Flammen versetzen?

Schon längst hatte man in Wien die Möglichkeit erwogen, die inselhaft verstreuten Besitzungen in Westdeutschland gewinnbringend abzustoßen. Denn man hatte mit diesen entlegenen Erbländern fast nur trübe Erfahrungen gemacht; sie waren auf holprigen Straßen nur schwer erreichbar, die vielen Zwischengrenzen behinderten die wirtschaftliche Entfaltung, und im Kriegsfall waren sie nur unter großen Opfern oder womöglich gar nicht zu halten. Warum sollte man diese verstreuten Gebiete – Limburg, Luxemburg, Freiburg im Breisgau und etliche andere kleine Enklaven – nicht im Tauschweg loswerden, wenn man Aussicht hatte, dafür das eigene Reich mit näher und praktikabler gelegenen Landstrichen zu arrondieren? Es kam nur darauf an, in welchem Umfang ein solches Tauschgeschäft durchgeführt werden konnte.

Zwei Versionen kamen in Frage: Die kleinere sah einen Gebietszuwachs für Österreich vor östlich der Linie vom tirolischen Kufstein bis an den Bayerischen Wald in der Nähe von Cham. Die größere Version: ganz Nieder- und Oberbayern mit Einschluß von München und Augsburg, ein riesiger Happen. Aber Joseph war fasziniert von dieser Idee, und um ihr gleich gehörigen Nachdruck zu verleihen, setzte er noch vor Mitte Januar 1778 seine Truppen in Bewegung und rückte im Herzogtum Straubing ein. Hier folgte keine Gegenwehr. Auch Karl Theodor protestierte nicht. Nahm Joseph an, so werde es weitergehen? Europa werde zusehen, wie Habsburg ein so ungeheures Gebiet an seine Erbländer anschloß? Da irrte er gewaltig. Nicht einmal der so teuer erkaufte Bundesgenosse Frankreich war damit einverstanden, geschweige denn Rußland, geschweige denn Friedrich von Preußen. Und er am allerwenigsten.

Auch er machte Ansprüche geltend im bayerischen Raum; und es gelang ihm, einen jungen deutschen Fürsten, Karl von Zweibrücken, als Eideshelfer auf die Beine zu stellen. Auch Karl war Wittelsbacher und Anwärter auf die bayerischen Besitzungen. Er protestierte gegen Karl Theodors österreichfreundliche Verträge. Überdies strapazierte Friedrich die Reichsverfassung: die Gesamtheit der deutschen Reichsfürsten sollten sich gegen die Zerstückelung von Bayern erheben. Es gelang ihm, auch das von ihm so oft geschundene Sachsen für sich einzuspannen. Die bayerische Herzogin Marianne, eine seiner glühendsten Verehrerinnen, tat das ihre hinzu. So mußte Joseph begreifen, daß die Warnungen der Mutter nicht nur die hohlen

Kassandrarufe einer alternden Frau gewesen waren, sondern daß sich eine neue furchtbare Realität anbahnte, die eines neuen Krieges.

Zwar: Karl Theodor hatte den Vertrag ratifiziert. Man verlieh ihm dafür den höchsten Orden, das Goldene Vlies. So hielt man ihn für einen von nun an unerschütterlichen Vertragspartner. Doch als man nun auch Karl von Zweibrücken, ein wenig voreilig, das Vlies anbot, erlebte man einen merkwürdigen Umschwung. Karl nahm es zuerst mit lebhaften Danksagungen an, dann aber lehnte er plötzlich ab. Ein Alarmzeichen. Der Zweibrückener hatte sich nämlich inzwischen mit Friedrich abgesprochen. Friedrich war nicht untätig gewesen, er legte überall seine Minen und – er mobilisierte seine Armee.

Nur mit schrecklicher Beängstigung sah Maria Theresia den Brand des neuen Krieges heraufschwelen. Von neuem, so sah sie voraus, „werden wir unsere Völker bedrücken müssen, von neuem wird der erst glücklich wieder hergestellte Staatscredit untergraben, von neuem werden wir wieder Gewalt anwenden müssen und über Unzählige unsägliches Unglück bringen!" – Händeringend hatte sie Joseph vor dem Einmarsch in Bayern gewarnt. Jetzt mußte Joseph erkennen, daß ihm der bequeme Zugewinn im Westen eine massive Drohung von Norden her eintrug.

An der Spitze seiner Armee setzte er sich nach Böhmen in Bewegung. Sein Bruder Maximilian begleitete ihn; auch Schwager Albert hatte sich angeschlossen. Maria Theresia blieb in tausend Ängsten in Wien zurück, Kaunitz ihre einzige Stütze.

„Von allen Seiten", gestand Joseph in jenen Tagen, „gewinnen die Dinge eine düstere Gestalt. Aber", fügte er unbeirrt hinzu, „man darf dadurch doch nicht den Mut verlieren." Und kurze Zeit darauf bekannte er sich zur verzweifelten Flucht nach vorn. „Es ist besser erst nachzugeben, wenn man unglücklich war und mehrfach geschlagen wurde als zu früh. Denn jenes ist ein Unglück, letzteres aber Bekenntnis von Schwäche und Ohnmacht."

Am 3. Juli erfolgte die Kriegserklärung Preußens an Österreich. Zwei Tage später überschritt der König mit seiner Armee die böhmische Grenze bei Nachod. Joseph erwartete ihn in fester Position an der oberen Elbe zwischen Bunzlau und Jaromersch. Doch Friedrich zeigte nicht seine ganze Macht. Noch verbarg er seine Armee, trotzdem wurde es bekannt, daß sie in diesem Abschnitt um 40 000 Mann stärker war als die des Kaisers. Erschreckender aber als diese Zahl war der Ruf, der Friedrich vorausging, der eines „großen Kriegsmannes", eines unbesiegten Helden, von dessen Schlachtenruhm das Jahrhundert widerhallte. Joseph hatte Friedrich zu kennen geglaubt; war er doch mit ihm in Neisse und Neustadt zu Tisch gesessen und hatte erst neulich einen Briefwechsel mit ihm geführt, in dem sie sich gegenseitig mehr spöttisch als freundschaftlich in antiken Mystifikationen als Mithridates und Lukullus komplimentiert hatten. Jetzt aber, da ihm der Gewaltige mit seiner Heeresmacht gegenüberlag, verging Joseph das Spotten. Ihn ergriff der furchtbare Ernst der Lage. Er, der immer so gerne Paraden abgenommen und Manöver geleitet hatte, hatte noch nie eine Truppe im Felde erlebt. Noch war kein Kanonenschuß gefallen, und schon glaubte er, Zeichen des Zerfalls an seiner Armee wahrnehmen zu müssen. Er sah die Massen, die sich gegenseitig behinderten, sah, wie langsam die Kolonnen dahinkrochen, wie schwerfällig sie ihre Operationen ausführten. Er sah Kranke am Wege liegen, sah krepierte Pferde, umgestürzte Wagen, Kanonen, die im Sumpf steckenblieben. Er sah wohl auch die unheimliche Veränderung an Offizierskorps und Mannschaften, diese Veränderung ins Wilde und Barbarische, die sich in der Nähe der Gefahr einstellt.

Das ferne Gewehrgeknatter erster Scharmützel ließ ihn erschauern. Er lief in sein Quartier und schrieb seiner Mutter. Er schrieb ihr, sie sollte ihm Verstärkungen schicken. Sie sollte, wenn nichts anderes hülfe, sogar die Insurrektion in Ungarn ausrufen lassen, um die Armee zu retten. Er schrieb in einem Augenblick der Panik.

Dieser Brief wirkte auf Maria Theresia katastrophal. Er drehte etwas um in ihr. Sie, die so viele Jahre lang Krieg geführt hatte um ihr Erbe für ihre Kinder, und vor allem für diesen kostbaren Sohn Joseph, die Mollwitz und Chotusitz, Leuthen, Liegnitz und Torgau überstanden hatte, ohne in die Knie zu gehen, sie hörte Josephs Hilferuf und reagierte als Mutter, reagierte in der Art einer Glucke, die ihr Kücken in Gefahr sieht und sich der Gefahr entgegenwirft oder ihr zuvorzukommen trachtet.

Man hat sie dafür später in den Himmel gehoben: Sie habe Frieden gemacht, um ihrem Gewissen zu gehorchen. Sie habe sich gedemütigt, um ihre Völker zu schonen. Ja doch, gewiß! Das tat sie auch! Doch erstens und vor allem handelte sie für Joseph, der Mitregent, Römischer König, deutscher Kaiser, ein harter und ehrsüchtiger Mann – doch noch immer ihr Kind war; sie handelte natürlich auch für ihre anderen Kinder, Maximilian und Albert von Sachsen-Teschen, die sich ebenfalls bei der Armee befanden.

Selbstverständlich reagierte Maria Theresia auch als Monarchin, als vielerfahrener und langjähriger oberster Kriegsherr ihrer Armee. Zu Recht fand sie, daß Josephs Ruf nach Verstärkung oder gar nach der ungarischen Insurrektion unsinnig war. Denn was sollten rasch zusammengeraffte unausgebildete Truppen helfen, wenn doch die so sorgfältig ausgebildete Armee, die Joseph zur Verfügung hatte, nichts auszurichten imstande war. Nein, wenn er sich an der Spitze von

170 000 Mann nicht in der Lage sah, dem Feind Paroli zu bieten, dann war es am besten, gleich Frieden zu schließen.

Sie zögerte keinen Augenblick. Wie sehr ihr darum zu tun war, der Katastrophe zuvorzukommen, verriet sie durch die Hast und Heimlichkeit, mit denen sie zu Werk ging. Sie schrieb an Friedrich und bot ihm einen Vergleich an. Sie setzte einen Mann ihres Vertrauens auf den Weg, einen gewissen Thugut, der sich schon in den Verhandlungen mit der Türkei durch diplomatisches Geschick und zähe Beharrlichkeit hervorgetan hatte; er sollte, als Ausländer verkleidet, mit dem Paß des russischen Fürsten Gallitzin versehen, in des Königs Quartier vordringen und ihr Schreiben übergeben. Während Thugut Wien verließ, wurde ein anderer Bote an Joseph abgefertigt. Der Kaiser sollte selbstverständlich unterrichtet werden – post festum.

Als Joseph die Nachricht empfing, fühlte er sich wie von einem „Blitzstrahl getroffen". Er fühlte sich vernichtet. Soeben hatte er wieder Mut gefaßt, hatte sich innerlich aufgerichtet und der Gefahr mit Fassung entgegenzuschauen gelernt. Man hatte ihm versichert: auch um Friedrichs Armee stünde es nicht zum besten. Täglich meldeten sich Deserteure. Friedrichs Land sei erschöpft, sei menschenleer, man habe Große und Kleine, Starke und Schwache zu den Waffen gepreßt.

Eben in diesem Augenblick, da sich Joseph fassen wollte, kam die Nachricht aus Wien. Ihm mußte es scheinen, daß ihm die Mutter in den Rücken gefallen sei. Nun war alles verloren. „Gewiß ist es, daß der König von Preußen, aufgeblasen über dieses Entgegenkommen, unerträgliche Vorschläge machen wird. Es ist dadurch dargetan, daß alle Kräfte der Monarchie für nichts sind." Was nutzte es dem Sohn, wenn die Kaiserin beschwor, alles Elend solle auf ihr graues Haupt kommen, man möge sie töricht, albern und schwach nennen, man möge jeden Tadel auf sie wälzen, sie könne auch das Ärgste ertragen. „Nichts bleibt mir übrig", schreit der Tiefgetroffene auf, „als hier alles im Stich zu lassen und mich, ich weiß nicht wohin, etwa nach Italien zu begeben, ohne Wien zu berühren . . ." In einer Art selbstmörderischer Trotzreaktion erteilt er den Befehl, Prag aufzugeben und die Festungsartillerie abzuziehen; und stellte es Laudon sogar frei, ob er seinen Abschnitt Mähren verteidigen will oder nicht.

Aber gerade dieser Laudon tritt jetzt Joseph mit dem Freimut des hochverdienten alten Soldaten und loyalen Untertanen entgegen: Es sei jetzt nicht Zeit für den Kaiser, gegen die Kaiserin, seine Mutter, zu demonstrieren. Er, Joseph, solle im Gegenteil „eine große Seele zeigen". Habe Maria Theresia „milden Hertzens . . . aus Klugheit weislich nachgegeben, so werde sie sich auf den Augenblick wieder über alles zu erheben wissen". Es sei besser von dem Augenblick, „da der Friede bestätiget wird, aus solchem dermahlen mehr Nutzen zu ziehen als es durch die verflossenen sechzehn Jahre her geschehen . . ."

Nun, der Augenblick des Friedens war noch nicht gekommen. Maria Theresias Brief an Friedrich hatte keineswegs genügt, dem Elend dieses Feldzugs ein Ende zu setzen. Zwar zeigte sich der König zuerst hocherfreut. Er fand für Maria Theresia dankbar lobende Worte. Doch gleich darauf zog er zurück, meldete Bedenken an, mäkelte an ihren (höchst maßvollen) Vorschlägen, hatte auch formale Einwände anzubringen. Thugut verhandelte so treu bemüht wie nur möglich. Die Verhandlungen zogen sich in die Länge. Wie Joseph vorhergesehen, verschärfte Friedrich seine Forderungen. Inzwischen wurde es Herbst, es wurde Winter. Die Armeen lagen einander gegenüber. Sie sogen das Land aus. Zu einer Schlacht kam es nicht. Man machte einander nicht strategische Positionen, wohl aber Magazine und Unterkünfte streitig. Schließlich zogen sich der König und sein Bruder Heinrich aus Böhmen nach Sachsen zurück. Zögernd folgten die österreichischen Truppen. Wieder mußte Sachsen die hohe Politik seiner Nachbarn büßen. „Ich bitte dich", schrieb Maria Theresia an Joseph, „verbiete, daß sich unsere Truppen der Zügellosigkeit hingeben . . . um der Ehre unserer Armee willen, verbiete alle Plünderungen! Wir haben das Wüten der Preußen getadelt – und jetzt sollten wir noch schlechter handeln?" Und an ihre Schwiegertochter in Florenz schrieb sie: „Wieder neue Einäscherungen . . . das sind nicht mehr Souveräne, die miteinander Krieg führen, man führt Krieg mit dem Land und der Bevölkerung wie die Tataren."

Die Geschichtsschreibung hat die Ereignisse von 1778/79 rund um Sudeten und Elbe als *Kartoffelkrieg* oder gar als *Zwetschkenrummel* abqualifiziert: Alle Aktionen seien im Schlamm steckengeblieben, in der Misere eines langen abscheulichen Winters gestrandet. Damit wurde die Vorstellung erweckt, dieser Krieg sei nur schmutzig, aber unblutig gewesen.

Zweifellos, er war schmutzig – unblutig war er nicht. Er kostete 40 000 Menschen das Leben; 20 000 Österreicher, 20 000 Preußen blieben im Felde. Tausende Pferdekadaver verpesteten die Landschaft. Wieder einmal waren blühende Gefilde Zentraleuropas verheert, ausgemordet und ausgesogen worden.

Im März wurde ein Waffenstillstand geschlossen, im Mai ein Friedenstraktat unterzeichnet. Die Vermittlung hatten Russen und Franzosen übernommen. Josephs große Pläne waren gescheitert. Dennoch hatte Österreich einen Gewinn zu verzeichnen, das bayerische Innviertel wurde dem Land ob der Enns angeschlossen. Ein schönes und fruchtbares Land.

Deutschland wußte Maria Theresia Dank für ihren mutigen Schritt, den Frieden, wenn nicht zu stiften, so doch einzuleiten. Gewiß, sie hatte durch ihren Vorschlag dem Krieg den Giftzahn gezogen. Gewiß auch: ihr Kontrahent Friedrich war es zufrieden, daß er nicht wieder sieben Jahre lang Krieg führen mußte. Auch er war der alte Friedrich nicht mehr. Auch er war nur noch mit grämlichen Gedanken, in innerem Widerwillen zu diesem Feldzug aufgebrochen. Als junger Mann hatte er den alternden Prinzen Eugen erlebt. Der große Sieger von Höchstädt, Peterwardein und Belgrad war zu Friedrichs Zeit auch schon ein hinfälliger Greis geworden, der lieber zögerte als zuschlug. Friedrich mag sich in jenem Kartoffelkrieg manchmal an Eugen erinnert haben. Aber Friedrich war nicht nur Feldherr wie jener. Er war Monarch, Reformer, ein grimmiger Aufklärer, der Glück und Tugend zu verbreiten sich vorgenommen hatte.

Er hatte, als nun von neuem Frieden geschlossen wurde, noch ein volles Lebensjahrzehnt vor sich, ein Jahrzehnt rastloser, verbissener Arbeit.

Maria Theresia trat in ihr letztes Lebensjahr ein.

Der Abschied

Kurz nach Franz Stephans Tod hatte Maria Theresia die Leitung des Kriegswesens in Josephs Hände gelegt. Nach ihren eigenen Worten hatte sie damit den Teil der Regierung abgegeben, der ihr am meisten Herzenssache gewesen; am Rest war ihr nicht mehr gelegen.

Wir wissen, so war es nicht. Sie hatte alle Gebiete und Ressorts ihres Reiches immer mit größter Aufmerksamkeit überwacht, hatte sich mit allen Materien auseinandergesetzt, überall eingegriffen und an sehr vielen Punkten zu Neugestaltungen angesetzt. Arbeit war ihr Lebenselement; ihr Tätigkeitstrieb war immer wach. Womit immer sie in Berührung kam, es rief sie auf, es ließ ihr keine Ruhe; sie mußte sich unterrichten, mußte eingreifen, wirken, entscheiden. Ihre Natur leistete unermüdliche Wachsamkeit. So war es im kleinen, so war es im großen; so dirigierte sie ihre Minister, stiftete Ehen unter ihrem Hofgesinde, kümmerte sich um ihre Kinder, doch auch um deren Freunde und Freundesfreunde, kümmerte sich um Sitte und Anstand, Heeresverfassung und Kriminalrecht, um Bündnisse so gut wie um die Kost in den Findelhäusern, um Pockenimpfung so gut wie um die

Versorgung von Invaliden, deren Witwen, deren Waisen, deren alte Eltern.

Nicht selten war sie vorschnell in ihren Entschlüssen, aufbrausend, wenn sie sich ärgerte; nicht selten mußte sie gemachte Verfügungen zurücknehmen oder abschwächen. Aber sie hatte die Fähigkeit, sich selbst in Zweifel zu ziehen und an sich selbst Kritik zu üben. Von Menschen, die sie achtete, verlangte sie die Wahrheit zu hören und nahm sich diese Wahrheit sogar zu Herzen.

Immerhin hatte sie, seit ihres Vaters Tod, als unbestrittene Autorität regiert. Es war kein Gesetz erlassen worden, das sie nicht gewollt hätte, wozu sie nicht zugestimmt hätte, wenn sie sich vielleicht auch unter Schwierigkeiten zu dieser Zustimmung durchkämpfen mußte.

Hatte sie einmal Einsicht gewonnen und Überzeugung, dann war sie auch eins gewesen in ihren Entschlüssen und ungebrochen sie selbst.

Franz Stephan hatte sie dabei nie gestört. Noch weniger Carl von Lothringen, am wenigsten ihre eigene Mutter. Sie war Autokratin gewesen, bis Joseph an ihre Seite trat. In diesem Augenblick geschah ein Bruch in ihrem Leben, in ihrer Regierung, ein Bruch auch zwischen ihrem Herzen und ihrem Gewissen. Nicht Ablöse durch den Jüngeren setzte ihr zu, sondern durch den *anderen*.

Sie liebte ihren Sohn, und sie war stolz auf ihn, stolz auf seine rigorose Moralität, und doch fürchtete sie sich vor ihr; sie war stolz auf seine Intelligenz, und doch mißtraute sie deren Ergebnissen; sie war stolz auf seine weitgreifenden Pläne und fiel ihm doch bei der ersten Gelegenheit in den Arm. Wenn er reiste, jammerte sie ihm nach und klagte, daß er sie ohne Unterstützung ließe; war er zugegen, so stritt sie mit ihm. Sie stritt mit ihm, nicht so sehr, weil sie so verschiedener Gesinnung gewesen wären, sondern weil sich ihre Gesinnungen aus grundverschiedenen Argumenten nährten.

Joseph konnte seiner Mutter nicht so ohne weiteres vergeben, daß sie ihn gezwungen hatte, auf Bayern Verzicht zu leisten. Und in der Tat, es wäre ein für die ganze deutsche Nation ungeheurer Vorteil gewesen, wenn dieses – ursprünglich aus dem bayerischen Stammesgebiet ausgegliederte – Österreich, nun auf sein slawisch-ugrisches Hinterland gestützt, seinerseits eben dasselbe bayerische Gebiet hätte in sich eingliedern können. Es wäre vielleicht für die Sache der Menschheit viel gewonnen gewesen, wenn es Joseph früher und im Verein mit seiner Mutter gelungen wäre, das von ihm angestrebte Reformwerk nicht nur durchzuführen, sondern auch zu befestigen. Vielleicht hätte dieses Beispiel auf ganz Europa gewirkt. Schon hatten ja auch einige kleinere deutsche Fürstentümer begonnen, ihr gesellschaftliches Leben reformerisch zu vitalisieren: Dessau, Baden, Weimar, ganz abgesehen von Preußen, das ja gleichfalls hohe Leuchtkraft entfaltete. Vielleicht wäre sogar das Frankreich Ludwigs XVI. durch rechtzeitig angeregte Reformen zu retten gewesen, und Frankreich und Europa wäre ein Blutbad erspart geblieben, erspart vielleicht auch die lange und schmerzhafte Restauration.

Hypothesen.

Hypothesen können in der Geschichte zwar zu reizvollen Spielen führen, aber sie sind nur ein Spiel mit Seifenblasen. Hypothesen gehen davon aus, daß bestimmte Elemente der Entwicklung, festgelegt, in ihrem Zusammenspiel voraussehbaren Mustern folgen würden. Doch Geschichte ist ein Gewebe, in dem es keine bestimmbaren Elemente gibt. Es gibt zwar Wahrscheinlichkeiten, doch jede von ihnen kann durch ein einziges Individuum um- und abgelenkt werden. Wäre Alexander im Granikos ertrunken, wäre Cäsar von den Piraten getötet worden, wäre Luther als Knabe an den Masern gestorben oder hätte Friedrich Wilhelm seinen Sohn wirklich mit Katte zusammen köpfen lassen: die Welt sähe anders aus.

Und wäre Maria Theresia nicht sie selbst gewesen und so, wie sie war, die Welt sähe anders aus.

Freilich: sie hatte nie teilgehabt an den großen glänzenden Erscheinungen ihrer Zeit. Sie hatte nie mit genialen Männern korrespondiert wie Zarin Katharina. Sie hatte Malerei, Plastik und Musik keine neuen Anregungen gegeben wie Madame Pompadour. Sie hatte vielleicht einmal in einem Esterhàzy-Schloß dem Kompositeur Joseph Haydn die Hand zum Kuß gereicht, aber nicht gewußt, wen sie vor sich hatte. Einmal war Gotthold Ephraim Lessing am Wiener Hof empfangen worden, doch niemand hatte ihn aufgefordert, in Wien zu bleiben. Maria Theresia hat ihm keine Lebensstellung angeboten. An Mozart ging sie vorüber. Nie hat sie eine Zeile von Goethe gelesen. Und wenn ihr jemand von den „Leiden des jungen Werthers" erzählt hätte, oder von Bürger oder Lenz, sie hätte nur voll Widerwillen den Kopf geschüttelt.

In ihrer Lebenszeit gingen die letzten *gewachsenen* Stile, Barock und Rokoko, zu Ende. Die großen Entwürfe verflachten, die Farben blaßten ab. Seither sucht die Menschheit ratlos nach neuen großen Formen, die allen einleuchten, die alle beglücken können. Noch zu ihren Lebzeiten wurde das größte Buch der deutschen Philosophie, „Die Kritik der Reinen Vernunft", geschrieben. Sie hätte nie erfassen können, worum es darin ging.

Auch der bedeutende Mensch ist beschränkt und an seine Grenzen gebunden. Maria Theresia war genial, sofern es möglich ist, in stabiler psychischer Gesundheit Genialität zu leisten. Ihr großer Gegenspieler Friedrich war von Kindheit an von einer schweren Neurose gezeichnet, und doch nicht schwerer gezeichnet, als daß auch er höchst Geniales leisten konnte.

Beide waren Grenzfälle.

Sie bezeichneten äußerste Positionen menschlicher Möglichkeiten, äußerste Positionen in unserer Geschichte.

MATTHIAS CLAUDIUS

Auf den Tod der Kaiserin

> *Sie machte Frieden! Das ist mein Gedicht.*
> *War ihres Volkes Lust und ihres Volkes Segen,*
> *Und ging getrost und voller Zuversicht*
> *Dem Tod als ihrem Freund entgegen.*
> *Ein Welt-Eroberer kann das nicht.*
> *Sie machte Frieden! Das ist mein Gedicht.*

Nehmen wir Abschied von ihr in diesem letzten Kapitel, Abschied mit ihrer Krankheits- und Sterbegeschichte. Krankheit und Sterben bestand sie nicht weniger tapfer, als sie ihr Leben bestanden hatte.

Schon lange hatte sich das Leiden angekündigt, in Kurzatmigkeit, Herzdrücken und Beängstigungen. Van Swieten war längst gestorben. Einer seiner Schüler, ein Dr. Störck, hatte das Vertrauen der Kaiserin gewonnen. Doch er stand ihrem allmählichen Verfall hilflos gegenüber. Brustwassersucht nannte man das Leiden. Schon wurde es der alten Frau sauer, auch nur eine einzige Treppe zu ersteigen.

Bald wurde ihr jeder Weg beschwerlich.

Wie in jedem Herbst wurde sie auch im Herbst 1780 von einem Husten befallen. Trotzdem nahm sie noch in den ersten Novembertagen an einer sogenannten Familienjagd teil, an einem Ausflug im kleinsten Kreis, bei dem auch Fasane geschossen wurden. Das Wetter war schlecht. Obwohl die Kaiserin durchnäßt war, ließ sie es sich nicht nehmen, mit der Jagdgesellschaft zu speisen.

Einige Tage danach klagte sie über ein „gewisses Sieden" in ihrer Brust. Ein feierlicher Gottesdienst wurde abgesagt. Die Töchter fanden, die Mutter sehe sehr übel aus, ihr Gesicht sei erschreckend gelb. Dennoch verfügte sich die Kaiserin zur Messe in die Hauskapelle.

Am 20. November wurde der Husten so heftig, daß man fürchtete, sie müßte ersticken. Fieber trat auf. Trotzdem ließ sich Maria Theresia in den folgenden Tagen nicht davon abhalten, zu arbeiten, zu schreiben, zu diktieren wie sonst. Doch die krampfartigen Hustenanfälle wiederholten sich.

Die Kaiserin ertrug es nicht, im Bett zu liegen. Das Fieber stieg. Man begriff, daß Gefahr im Anzug war.

Nur Joseph mochte an eine Gefahr nicht glauben. Er mißtraute dem Arzt und äußerte die Vermutung, Störck übertreibe den Zustand der Kaiserin, um sich später, nach ihrer Genesung, einen Vorteil herauszuschlagen.

Am 26. November verlangte Maria Theresia, mit den Sterbesakramenten versehen zu werden.

Jetzt begriff auch der Kaiser, wie ernst es stand. Nichtsdestoweniger fuhr Maria Theresia fort, schriftliche Anordnungen zu treffen. Die meisten ihrer Kinder hatten sich um sie versammelt, denen, die noch fern waren, schrieb sie und kündigte ihnen den Abschied an. „Ihr meine lieben, mehr als geliebten Kinder . . ."

Dazwischen wand sie sich in Hustenkrämpfen und rang nach Luft. „Ich werde zu Stein, ich fühle es, ich werde zu Stein."

Ihre Lebensgeister wurden schwach und schwächer. Die elementare Stoßkraft ihrer Natur erlahmte. Dennoch war ihr Geist noch wach. Sie sah die Ihren leiden – und litt mit ihnen. Sie sah Christine schluchzen und schluchzte mit ihr, sah Marianne zittern und zitterte mit ihr. Längst hatte sie sich auf ihren Tod vorbereitet; und doch wollte sie wissen, wann er unmittelbar bevorstand. Sie bat Störck, ihr ein Zeichen zu geben, wenn es soweit sei, denn sie war bis in die Tiefe ihrer Seele überzeugt, daß sie in diesem Augenblick dem letzten allerhöchsten Sakrament entgegenging, der alles entscheidenden endgültigen Präsentation vor Gottes Angesicht.

Als sie wieder von einem Anfall geschüttelt wurde, wandte sie sich dem Arzt fragend zu. Er verneinte mit einer Geste. „Also muß es noch schlimmer kommen."

Am Abend des 29. November setzte der letzte Kampf ein. Störck nickte ihr zu. Noch einmal bat die Kaiserin Gott um Gnade für ihre Kinder. Sie nannte jeden Namen – der Reihe nach; zuletzt – nach einer Pause – schrie sie den Namen Maria Antonie, Königin von Frankreich.

„Majestät", sagte Joseph und suchte sie besser auf das Sofa zu betten, „Majestät liegen sehr schlecht." Der Mutter Auge wandte sich ihm zu. Ihr Atem röchelte. Ihr Auge blieb an ihm hängen, starr, groß, immer größer. Ihr Mund formte die Worte: „Gut genug, um zu sterben."

Ein letzter Widerspruch.
Gleich darauf floh das Leben aus ihr.

Verwirrung zeigte an, daß die Kaiserin gestorben war, Verwirrung in der Hofburg, in Wien, im ganzen Reich. Jedermann spürte: ein Zeitalter ging zu Ende. Mit ihr hatte es ausgelebt.

Nach ihrer Beisetzung wurde ihr Testament eröffnet. Es zeigte sich, daß sie mehr vermacht hatte, als sie besaß. Den größten Posten bildete das Legat, daß der ganzen Armee, Mann für Mann, ein ganzer Monatslohn auszubezahlen sei. Die Summe betrug anderthalb Millionen Gulden.

Joseph, der die Mildherzigkeit seiner Mutter oft bespöttelt hatte, zahlte das Legat aus seinem Privatvermögen.

Nie hörte ihn jemand darüber klagen.

Bernt Engelmann

Krupp
Die Geschichte eines Hauses –
Legenden und Wirklichkeit (8532)

Deutschland ohne Juden
Eine Bilanz (8531)

Trotz alledem
Deutsche Radikale 1777–1977 (8490)

Wir sind wieder wer
Auf dem Weg ins Wirtschaftswunderland (8456)

(Hrsg., mit Walter Jens)
Klassenlektüre
106 Autoren stellen sich vor mit von ihnen selbst ausgewählten Texten (6796)

Im Gleichschritt marsch
Wie wir die Nazizeit erlebten.
1933–1939 (6727)

Bis alles in Scherben fällt
Wie wir die Nazizeit erlebten.
1939–1945 (6786)

So deutsch wie möglich - möglichst deutsch
Hintergründliches in unserer Sprache (6707)

Einig gegen Recht und Freiheit
Deutsches Anti-Geschichtsbuch (6683)

Die goldenen Jahre
Die Sage von Deutschlands glücklicher Kaiserzeit (6665)

Die Macht am Rhein
Meine Freunde, die Geldgiganten.
Band I: Der alte Reichtum (6649)

Die Macht am Rhein
Meine Freunde, die Geldgiganten.
Band II: Die neuen Reichen (6650)

Meine Freunde, die Manager
Ein Beitrag zur Erklärung des deutschen Wunders (6609)

Meine Freunde, die Millionäre
(6608)

O wie oben
Wie man es schafft, ganz 'O' zu sein (6590)

Auf gut deutsch
Ein Bernt-Engelmann-Lesebuch (6539)

Wie wir wurden, was wir sind
Von der bedingungslosen Kapitulation bis zur unbedingten Wiederbewaffnung (6388)

Die vergoldeten Bräute
Wie Herrscherhäuser uund Finanzimperien entstanden (6363)

(Hrsg.) **Literatur des Exils**
Eine P.E.N.-Dokumentation.
Mit einem Verzeichnis der Mitglieder des P.E.N.-Zentrums Bundesrepublik Deutschland (6362)

Eingang nur für Herrschaften
Karrieren über die Hintertreppe (3699)

Preußen
Land der unbegrenzten Möglichkeiten (11300)

GOLDMANN

GOLDMANN VERLAG

Joachim Fernau
Geschichte, mit Temperament und Witz geschrieben

Ernst & Schabernack
Besinnliches und Agressives.
(6722)

War es schön in Marienbad
Goethes letzte Liebe. (6703)

Wie es euch gefällt
Eine lächelnde Stilkunde.
(6640)

Sprechen wir über Preußen
Die Geschichte der armen Leute.
(6498)

Mein dummes Herz
Lyrik. (6480)

Komm nach Wien, ich zeig' dir was
2000 Jahre Wiener Mädl.
(6383)

Die Gretchenfrage
Variationen über ein Thema von Goethe. (6306)

Und sie schämeten sich nicht
Ein Zweitausendjahr-Bericht.
(3867)

Halleluja
Die Geschichte der USA.
(3849)

Caesar läßt grüßen
Die Geschichte der Römer.
(3831)

Die Genies der Deutschen
(3828)

Deutschland, Deutschland über alles...
Von Anfang bis Ende.
(3681)

Disteln für Hagen
Eine Bestandsaufnahme der deutschen Seele. (3680)

Rosen für Apoll
Die Geschichte der Griechen.
(3679)

Meisterwerke der WELTLITERATUR in Geschenkausgabe

8672

8673

8674

8675

8676

GOLDMANN

Meisterwerke der WELTLITERATUR in Geschenkausgabe

8677

8678

8679

8680

8681

GOLDMANN

Meisterwerke der WELTLITERATUR in Geschenkausgabe

Thomas Morus
Utopia
8688

Wilhelm Raabe
Die schwarze Galeere
8689

Voltaire
Zadig oder Das Schicksal
8690

Nachtwachen
von Bonaventura
8691

Äsop
Fabeln
8692

GOLDMANN

Meisterwerke der WELTLITERATUR in Geschenkausgabe

Adalbert Stifter
Der Hagestolz
8684

Conrad Ferdinand Meyer
Die Hochzeit des Mönchs
8682

Heinrich Heine
Der Rabbi von Bacherach
8686

Jeremias Gotthelf
Die schwarze Spinne
8683

Prosper Mérimée
Carmen
8687

GOLDMANN

Goldmann Taschenbücher

Informativ · Aktuell
Vielseitig · Unterhaltend

Allgemeine Reihe · Cartoon
Werkausgaben · Großschriftreihe
Reisebegleiter
Klassiker mit Erläuterungen
Ratgeber
Sachbuch · Stern-Bücher
Indianische Astrologie
Grenzwissenschaften/Esoterik · New Age
Computer compact
Science Fiction · Fantasy
Farbige Ratgeber
Rote Krimi
Meisterwerke der Kriminalliteratur
Regionalia · Goldmann Schott
Goldmann Magnum
Goldmann Original

Goldmann Verlag · Neumarkter Str. 18 · 8000 München 80

Bitte senden Sie mir das neue Gesamtverzeichnis

Name _____

Straße _____

PLZ/Ort _____